中国社会科学院学部委员专题文集

ZHONGGUOSHEHUIKEXUEYUAN XUEBUWEIYUAN ZHUANTI WENJI

中国经济转型论集

张卓元◎著

中国社会科学出版社

图书在版编目(CIP)数据

中国经济转型论集／张卓元著.—北京：中国社会科学出版社，
2013.1

(中国社会科学院学部委员专题文集)

ISBN 978 - 7 - 5161 - 1833 - 7

Ⅰ.①中… Ⅱ.①张… Ⅲ.①中国经济—转型发展—文集

Ⅳ.①F12 - 53

中国版本图书馆 CIP 数据核字(2012)第 296318 号

出 版 人	赵剑英
出版策划	曹宏举
责任编辑	李庆红
责任校对	林福国
责任印制	戴 宽

出　　版	中国社会科学出版社
社　　址	北京鼓楼西大街甲 158 号 (邮编100720)
网　　址	http://www.csspw.cn
	中文域名:中国社科网　　010 - 64070619
发 行 部	010 - 84083685
门 市 部	010 - 84029450
经　　销	新华书店及其他书店

印刷装订	北京七彩京通数码快印有限公司
版　　次	2013 年 1 月第 1 版
印　　次	2013 年 1 月第 1 次印刷

开　　本	710 × 1000　1/16
印　　张	26.5
插　　页	2
字　　数	421 千字
定　　价	78.00 元

凡购买中国社会科学出版社图书,如有质量问题请与本社联系调换
电话:010 - 64009791

目　　录

二　转变经济增长和发展方式的途径与方法

三　深化改革　完善社会主义市场经济体制

序　言

　　进入 21 世纪后，中国经济继续高速增长，2001—2011 年年均国内生产总值增速达 10.4％，令世人瞩目。与此同时，由于多年的粗放扩张，使中国经济不平衡、不协调、不可持续的问题日益突出，2008 年爆发国际金融危机后，转变经济发展方式显得刻不容缓。中国经济需要转型，从追求数量扩张规模转变为追求质量提高效率，逐渐成为大家的共识。

　　中国经济转型问题的提出可以追溯到 20 世纪 90 年代。1995 年中央关于"九五"计划的建议明确指出，"实现'九五'和 2010 年的奋斗目标，关键是实行两个具有全局意义的根本性转变，一是经济体制从传统的计划经济体制向社会主义市场经济体制转变，二是经济增长方式从粗放型向集约型转变，促进国民经济持续、快速、健康发展和社会全面进步。"中央建议还提出，实现经济增长方式从粗放型向集约型转变，要靠经济体制改革，形成有利于节约资源、降低消耗、增加效益的企业经营机制，有利于自主创新的技术进步机制，有利于市场竞争和资源优化配置的经济运行机制。

　　2005 年，中央"十一五"规划建议重新强调转变经济增长方式。为什么要重提转变经济增长方式？我体会，主要是 1995 年我国确立实现经济增长方式根本性转变的方针以来，进展不理想，总体而言粗放式增长格局未变，影响经济的持续快速增长。我参加了这次中央建议的起草工作。起草小组开始工作时，国家发改委等已准备了大量材料，当时我看后印象最深的，一是我国主要矿产资源的对外依存度已从 1990 年的 5％上升到 2004 年的 50％以上；二是 2004 年，我国 GDP 按当时汇率计算占全世界 GDP 的 4％，但是消耗了全球 8％的原油、10％的电力、19％的铝、20％的铜和 31％的煤炭；三是 2005 年年初瑞士达沃斯世界经济论坛公布了最新的"环境可持续指数"评价，在全球 144 个国家和地区的排序中，中国居第 133 位。这些都说明，资源和环境已成为当时中国经济发展最突出的瓶颈。正是在这样的背景下，中央关于"十一五"规划的建议突出强调转变经济增长方式问题，并且对经济增长方式转变的内涵、要求作了更深刻和全面的论述，提出了要从"高投入、高消耗、高排放、低效率"的粗放扩张的增长方式，转变为"低投入、低消耗、低排放、高效率"的资源节约型增长方式，特别强调能源节约，把单位国内生产总值能源消耗比"十五"期末降低20%左右列为"十一五"的重要目标，还提出要着力自主创新，切实保护环境和自然生态等。

2007年党的十七大报告又进一步提出要转变经济发展方式。报告提出，实现未来经济发展目标，关键要在加快转变经济发展方式、完善社会主义市场经济体制方面取得重大进展。转变经济增长方式已扩展为转变经济发展方式。为什么会有这一变化呢？这是因为，2005年以后，经济继续以两位数速度增长，而这种高增长付出的资源环境代价过大，还新出现了"三过"（固定资产投资增速过快、信贷投放过多、贸易顺差过大）问题且未能有效解决，因此十七大报告进一步提出要求转变经济发展方式，并具体要求实现如下三个转变：促进经济增长由主要依靠投资、出口拉动向依靠消费、投资、出口协调拉动转变，由主要依靠第二产业带动向依靠第一、第二、第三产业协同带动转变，由主要依靠增加物质资源消耗向主要依靠科技进步、劳动者素质提高、管理创新转变。从上述三个转变的要求中可以看出，转变经济发展方式比转变经济增长方式在内涵上有新的扩展，即包括了改善或优化产业结构的内容，增加了扩大消费、改善民生、增强消费对经济增长的拉动作用的内容，提出了建设创新型国家的新要求，以及把节能减排、保护环境和生态放在更加突出的位置。总的要求是提高发展的质量和效益，实现"绿色"发展和可持续发展。

2009年年底中央经济工作会议再次强调加快转变经济发展方式，明确提出："这场国际金融危机使我国转变经济发展方式问题更加突显出来。综合国际国内形势看，转变经济发展方式已刻不容缓。我们要把加快经济发展方式转变作为深入贯彻落实科学发展观的重要目标和战略举措。"紧接着，2010年，中央在制定"十二五"规划的建议时又一次提出，制定"十二五"规划，要以科学发展为主题，以加快转变经济发展方式为主线。

建议还提出，坚持把经济结构战略性调整作为加快转变经济发展方式的主攻方向，坚持把科技进步和创新作为加快转变经济发展方式的重要支撑，坚持把保障和改善民生作为加快转变经济发展方式的根本出发点和落脚点，坚持把建设资源节约型、环境友好型社会作为加快转变经济发展方式的重要着力点，坚持把改革开放作为加快转变经济发展方式的强大动力。

正是在上述背景下，进入 21 世纪特别是 2005 年后，我用了相当一部分精力研究中国经济增长和发展方式转变及其实现途径问题，亦即经济转型问题，在报刊上发表了几十篇文章。我认为，经济转型一般指经济增长和发展方式转型，即从通过粗放扩张追求数量增长为主向通过提高劳动生产率实现产业升级和产品更新换代转型，同时也可以把经济体制的转型包括进去，因为根据中国的经验，经济增长和发展方式的转变，主要靠深化改革来推动，如果不深化经济改革包括科技体制改革和政府改革，经济增长和发展方式就很难转变。在这个意义上，我们也可以把"九五"计划建议提出的两个根本性转变统称为经济转型。

基于以上认识，我把这些年发表的有关经济增长与发展方式转变和深化改革的文章，汇编为经济转型论集出版。本论集包括三部分，第一部分为经济发展与经济转型，第二部分为转变经济增长和发展方式的途径与方法，第三部分为深化改革完善社会主义市场经济体制。全书共收集文章 60 篇，其中有 8 篇曾经在我过去出版的文集或选集中收进过，篇幅约占全书的 15%，考虑到这几篇文章与本书专题关系比较密切，所以这次也把它们收进来了。三部分的文章均按发表时间先后排序。为保留文章原貌，这次未对文章进行修改，只对个别错字和数字做了订正。

中国社会主义现代化建设实践表明，经济转型困难重重，阻力很大，进展缓慢，充分体现知易行难这一格言。看来，中国经济转型需要长期的努力，没有十年八年坚持不懈的努力难以取得实质性进展。显然，经济转型问题将继续吸引中国经济学家潜心研究，努力探寻其客观规律性。我自己也将继续关注这个问题，希望能够再做出一些研究成果，为国家建设民族复兴建言献策。

中国社会科学出版社卢小生编审在本书编辑过程中给予大力支持和帮

助，特致衷心的感谢！中国社会科学院经济研究所程锦锥博士帮我做了大量具体工作，一并致谢！

张卓元

2012 年 6 月于北京

一

经济发展与经济转型

经济发展要有新思路

在世界科技进步日新月异、经济全球化趋势继续发展、综合国力竞争日益激烈的条件下，发展要有新思路，经济发展更是如此。十六大报告提出了必须集中力量解决好关系全局的几个有关经济发展的重大问题，值得我们认真研究、体会。

一 新世纪新阶段的奋斗目标是全面建设小康社会

关于新世纪新阶段即 21 世纪头 20 年，中国的奋斗目标是全面建设小康社会还是加快现代化，曾有不同的认识。不少省市特别是东部一些省市，都提出加快和率先实现现代化的目标。因此有的同志主张用加快现代化作为奋斗目标。但是，许多同志认为，我国正处于并将长期处于社会主义初级阶段，现在达到的小康还是低水平的、不全面的、发展很不平衡的小康。2000 年，我国人均 GDP 854 美元，不仅同当年高收入国家人均 GDP 27443 美元有很大距离，而且同当年中等收入国家人均 GDP 2039 美元和下中等收入国家人均 GDP 1153 美元也有较大距离。我国生产力和科技教育还比较落后，工业化还没有完成，实现现代化还有很长的路要走；城乡二元经济结构还没有改变，地区差距扩大的趋势尚未扭转，很大一部分地区农民没有达到小康收入水平，贫困人口还为数不少（农村有 2800 万人尚未脱贫，城市有近 2000 万人领取最低生活补助金）。根据这样的国情，比较切合实际的选择是，在本世纪头 20 年，集中力量，全面建设惠及十几亿人口的更高水平的小康社会，使经济更加发展、民主更加健全、科教更加进步、文化更加繁荣、社会更加和谐、人民生活更加殷实。这是实现现代化建设第三步战略目标必经的承上启下的发展阶段，也是完善社会主义市场经济体制和扩大对外开放的关键阶段。经过这个阶段的建设，再继续奋斗几十年，到 21 世纪中叶基本实现现代化，把我国建成富强民主文明的社会主义国家。

应当看到，把全面建设小康社会作为新世纪新阶段的奋斗目标，是一个令人鼓舞、催人奋进的目标，符合中国国情，符合我国现代化建设实际，符合邓小平提出的关于分阶段、有步骤地实现现代化的战略思想，不仅易于为人民理解，而且目标不那么张扬，不会给外国人以咄咄逼人的感觉，有利于在国际上树立良好的形象。全面建设小康社会，是就全国整体水平而言的。有条件的地方，如东部一些省市，可以发展得更快一点，在全面建设小康社会的基础上，率先基本实现现代化。

全面建设小康社会的主要经济任务是，用 20 年时间，完善社会主义市场经济体制，推动经济结构战略性调整，基本实现工业化，大力推进信息化，加快建设现代化，保持国民经济持续快速健康发展，不断提高人民生活水平。全面建设小康社会同基本实现现代化的含义是有所不同的，因为基本实现现代化要求更高，要到 21 世纪中叶才能做到。

二 一个主题——新世纪头 20 年经济继续保持快速健康发展

十六大报告指出必须把发展作为党执政兴国的第一要务。这里讲的发展，最主要的是经济发展。对中国来说，发展还不是一般的发展，而是要快速发展。因此，新世纪头 20 年全面建设小康社会，其主题就是经济继续保持快速健康发展。

改革开放以来，我国经济持续高速增长。1978—2000 年，我国 GDP 年均增长 9.52%，是新中国成立以来经济发展最快最好的一个时期，也是全世界经济增长最快的国家。2000 年，我国 GDP 达 8.94 万亿元人民币，按当年汇率计算超过 1 万亿美元。根据世界银行资料，2000 年我国 GDP 总量排在美、日、德、英、法之后，超过意大利，居世界第 6 位。如果按购买力平价计算，世界银行认为，我国 2000 年 GDP 已达到 4 万亿美元。由于综合国力迅速提高，我国经济发展水平已经由低收入国家进入中下收入国家行列。根据世界银行的计算和划分标准，1999 年全世界中下收入国家为人均 GNP 756 美元以上，我国当年人均 GNP 已达到 780 美元。2000 年，我国人均 GDP（由于我们利用不少外资，因而人均 GDP，略大于人均 GNP）为 840 美元，有了进一步提高。在经济高速发展的基础上，我国人民生活水平和质量上了一个台阶，总体上达到了小康水平。

从新世纪开始，我国进入全面建设小康社会，加快推进社会主义现代化的新的发展阶段。全面建设小康社会，中心就是要用大约 20 年时间基本实现工业化和城市化，而其基础和主题，则是要在这 20 年继续保持经济的快速发展，即做到每 10 年翻一番，20 年翻两番，平均每年经济增长 7.18%。这个速度虽然比前 22 年低一些，但是仍属高速或快速发展范畴。分析各方面的条件说明，实现上述快速发展是完全可能的，工作做得好还有可能超过。

中国具有并将继续保持高储蓄率和投资率，有世界上最富裕的劳动力资源，正在迅速推进工业化、现代化建设。同时中国人民迫切要求提高生活水平和质量，中国有世界上最广阔的市场。改革开放不断解放和发展社会生产力，改善生产力的组织，能够把各种生产潜力组织起来发挥出来。因此，许多经济学家都认为，中国经济尽管已经持续高速增长了 20 多年，今后 20 年仍然具有较高的自然经济增长率，能保持 7%—8% 的平均增长水平，超过日本、韩国 20 世纪 60 年代至 80 年代持续高速增长的时间。2001 年和 2002 年前三个季度在世界经济低迷的不利条件下，中国经济增势不减，仍实现 7.3% 和 7.9% 的高速增长，这说明中国经济具有相当强的活力和发展势头。

据有关部门测算，中国经济 2001—2020 年年均 GDP 增长 7.18%，同期世界上中等收入国家年均 GDP 增长 3%，则中国人均 GDP 到 2010 年为 1592 美元，2020 年为 3027 美元，同期中等收入国家人均 GDP 为 2513 美元和 3097 美元。可见，到 2020 年，中国人均 GDP 将达到中等收入国家平均水平。到那时，中国的经济总量可能跃升到世界第 3 位，从占世界经济总量的 3.4% 上升到占 8.4%。

为在新世纪头 20 年经济继续保持快速健康发展，需要从以下几个方面努力：

第一，制订和实施恰当的经济发展战略。邓小平同志已经为我国制订了三步走和第三步发展战略的目标，即到 21 世纪上半叶基本实现现代化，达到世界中等发达国家的水平。党的十五大以来和十六大，又进一步将第三步发展战略再分为三个阶段，即第一阶段从 2001—2010 年，经济总量翻一番；第二阶段从 2011—2020 年，经济总量力争再翻一番，实现全面建设小康社会的目标；第三阶段从 2021—2050 年，经济总量大体再翻两番，基本实现现代化，实现中华民族的伟大复兴。

第二，完善发展思路，实施恰当的宏观经济政策和其他重大方针政策。首先，适应经济全球化和世界新科技革命的趋势，发展要有新的思路。概括来说，一是要以提高经济效益为中心，注重依靠科技进步和加强管理，提高经济增长的质量和效益。二是注重资源的永续利用和生态保护，更好地实现可持续发展。三是注重地区城乡协调发展和社会全面进步，不断提高人民生活水平和质量。其次，要根据经济形势的发展变化，实施恰当的宏观经济政策和其他重大方针政策。比如，中国经济是大国经济，扩大国内市场应是我国经济发展长期的立足点。当前要继续实施扩张性的宏观经济政策；相当长时期实行扩大内需的方针；更积极地推进可持续发展战略、科教兴国战略、人才战略等。

第三，深化改革，扩大开放。到 2000 年年底，我们已经初步建立社会主义市场经济体制，但经济发展的体制性障碍仍到处可见，严重影响经济潜力的发挥。进入新世纪，改革还要求有新的突破，即要以完善社会主义市场经济体制为目标，继续推进市场取向改革，从根本上消除束缚生产力发展的体制性障碍；在调整所有制结构、深化企业改革、健全市场体系、完善宏观经济调控、理顺分配关系和健全社会保障体系等方面取得新的重大进展，为经济发展不断注入新的活力。改革是经济发展的强大动力，改革的不断深化和取得成功，将最有力地推进经济的快速发展。与此同时，开放也要有新局面，即要适应我国加入世贸组织的新形势，在更大范围、更广领域、更高层次上参与国际经济技术合作与竞争，拓展经济发展空间，全面提高对外开放水平。

三　走新型工业化道路

中国新世纪新阶段的最主要任务是实现工业化。工业化一般指制造业和第二产业占 GDP 的比重上升，从事制造业和第二产业的劳动力增加而从事第一产业的劳动力不断减少的过程。我国目前已处于工业化的中期阶段，尚未实现工业化，这是大多数经济学家的共识。由于世界科技革命迅猛发展，信息化浪潮席卷全球，发达国家都已进入后工业化阶段，在这种条件下，我们已不能再走传统工业化的道路，而要用信息化带动工业化，走新型工业化的道路。新型工业化的特点，一是科技含量高，二是经济效益好，三是资源消耗低，四是环境污染少，五是人力资源优势得到充分发挥。前四条是根据我国人均资源短缺①和适应世界科技进步日新月异发展的要求，第五条则是根据中国人力资源特别丰富的国情提出来的。

走新型工业化道路，就要大力推进国民经济和社会信息化，在政务、商务和国民经济其他领域广泛应用信息技术；在着力发展高新技术产业的同时，用信息技术和其他高新技术、先进适用技术改造传统产业，实现产业结构的优化升级，形成以高新技术产业为先导、基础产业和制造业为支撑、服务业全面发展的产业格局，处理好发展高新技术产业和传统产业、资金密集型产业和劳动密集型产业的关系。信息化和现代服务业的迅速发展，使工业化的标志已不再主要体现在工业和第二产业增加值在 GDP 总量中占优势，而应是工业和现代服务业增加值在 GDP 总量中占较大优势，同时农业增加值在 GDP 总量中的比重，特别是农村劳动力在全部劳动力中的比重大大下降；建成独立完整的在国际市场上有竞争力的制造业体系，工业制成品在出口产品中取代初级产品占越来越大比重；制造业和第二产业的发展不是以拼资源、拼能源、环境恶化和生态破坏为代价，而是处处要考虑可持续发展，保护资源和环境，提倡循环使用，回收再用，重复利用，采用新技术特别是清洁生产技术，提高生产过程和产品的绿色化程度，等等。

走新型工业化道路是一个很大的课题，有待进一步研究。特别是走新型工业化道路如何同重视发展科技教育和坚持可持续发展结合起来，还有很多工作要做，有很多问题要研究。

---

① 根据国家统计局材料，人均耕地面积2000年世界平均为 0.24 公顷，而中国只有 0.1 公顷。人均淡水资源，2000 年世界平均为 8241 立方米，而我国只有 2257 立方米。人均探明可开采石油储量，2000 年美国为 13.6 吨，巴西为 6.7 吨，而我国只有 4.2 吨。

四 统筹城乡经济社会发展，提高城镇化水平

十六大报告对三农问题特别重视，在经济建设和经济体制改革部分单列一题叙述，这是过去党的代表大会报告中没有过的。报告指出，统筹城乡经济社会发展，建设现代农业，发展农村经济，增加农民收入，是全面建设小康社会的重大任务。

十六大报告的一个重要特点是既论述农业发展的方针政策，又跳出农业寻找解决三农问题的出路，明确提出要统筹城乡经济社会发展。报告肯定，农村富余劳动力向非农产业和城镇转移，是工业化和现代化的必然趋势。要逐步提高城镇化水平，坚持大中小城市和小城镇协调发展，走中国特色的城镇化道路。发展小城市要以现有的县城和有条件的建制镇为基础，科学规划，合理布局，同发展乡镇企业和农村服务业结合起来。十六大报告还提出，要消除不利于城镇化发展的体制和政策障碍，引导农村劳动力合理有序流动。这无论在理论上还是在实践上都有重要意义。中国只有走出二元经济结构状态，将成亿的农村富余劳动力向城市转移，才能使农民的收入水平有较大幅度的提高，才能从根本上解决三农问题，才能实现全面的小康，这已成为经济学家的共识。改革开放以来，我国城市化（城镇化）进程加速，至2001年已达37%，但是还不够快，至今仍有占63%的人口在农村，有占近50%的劳动力从事农业，而创造的国内生产总值只占15%。所以，今后在深化农村改革、加强农业基础地位、推进农业和农村经济结构调整、保护和提高粮食综合生产能力、增强农业的市场竞争力的同时，要更有力地推进城市化进程，促进城乡经济的协调发展。加快城市化或城镇化可说是发展新思路的一个重要方面，需认真研究诸如用城市化概念好还是城镇化概念好、城市化道路如何走、发展小城镇的地位与作用等问题。

五 继续调整产业结构和地区结构

国家"十五"计划建议把经济结构的战略性调整作为主线，这是适应新阶段新形势（如经济全球化趋势在曲折中发展、科技进步日新月异、一

般商品买方市场格局形成以及中国加入世界贸易组织）作出的正确选择。调整经济结构，除了上面已论述的调整城乡结构外，主要是推进产业结构优化升级，实施西部大开发战略，促进区域经济协调发展。

调整产业结构，一是要积极发展对经济增长有突破性重大带动作用的高新技术产业，包括信息、生物、航天航空、新材料、新能源产业，在政务、商务、公共服务和国民经济的其他领域广泛应用信息技术。二是用高新技术和先进适用技术改造传统产业，大力振兴装备制造业，包括加快老工业基地的调整和改造。三是继续加强水利、能源、交通、通信和环保等基础设施建设，重点建设和改造一批关系全局的重大项目。四是加快发展金融、物流、旅游和咨询等现代服务业，提高第三产业在国民经济中的比重，未来大规模增加就业岗位主要靠发展第三产业。做到了以上几点，我们就能实现产业结构的升级。

调整地区结构，实施西部大开发，更是要从各地区实际出发，发展本地区的优势产业。加强区域经济交流和合作，实现优势互补，共同发展。通过国家的支持和本地的努力，加快西部地区开发，首先要遏制与东中部地区差距扩大的趋势，然后才能创造条件，逐步缩小与东中部地区的差距，也许这要 2020 年以后才能做到。

十六大报告对如何推进西部大开发指明了方向，这就是要打好基础，扎实推进，重点抓好基础设施和生态环境建设，争取十年内取得突破性进展；积极发展特色优势产业，推进重点地带开发；发展科技教育，培养和用好各类人才。为做到这几点，国家主要在投资项目、税收政策和财政转移支付等方面加大对西部地区的支持，逐步建立长期稳定的西部开发资金渠道，引导外资和国内资本参与西部开发。西部地区则要进一步解放思想，增强自我发展能力，着力改善投资环境特别是软环境，在改革开放中走出一条加快发展的新路。全面建设小康社会，以及加快建设现代化，其难点在西部地区。没有西部地区的小康，就没有全面的小康；没有西部地区的现代化，就没有全国的现代化。所以，西部大开发关系全国发展目标的实现，也是促进我国区域经济协调发展的重大举措。

（原载《江苏行政学院学报》2003 年第 1 期）

发展是硬道理:科学发展观的基础

——学习邓小平关于发展问题论述的体会

邓小平同志关于发展才是硬道理等一系列关于发展问题的精辟论述是邓小平理论的重要组成部分,是对中国改革开放以来影响最大、推进社会主义现代化建设成效最为显著的指导思想,至今仍光辉夺目,令人叹服。发展是硬道理,以及邓小平关于发展问题的其他论述,为我们今天很好地理解和树立科学的发展观奠定了坚实的基础。

在学习和讨论科学发展观问题中,有的同志认为,全面、协调、可持续的发展观是我们对发展问题认识的一大飞跃,是全新的发展观,是对过去邓小平倡导的不平衡发展论、先富论的重大转变。这是一个值得很好研究的问题。我个人认为,应当更多地看到科学发展观同邓小平关于发展问题的观点相一致、相联系的方面,是对邓小平理论的继承和发展,首先是继承,然后才是发展。本文拟着重先讲邓小平关于发展问题一系列光辉论述的重大意义和科学发展观对邓小平理论的继承方面,然后再讲科学发展观对邓小平理论的发展方面。

一 发展是硬道理,使我们对发展的重要性和意义的认识大大提高了一步

邓小平关于发展是硬道理的论述,是在 1992 年初南方谈话中提出来的。他说:"发展才是硬道理。这个问题要搞清楚。如果分析不当,造成误解,就会变得谨小慎微,不敢解放思想,不敢放开手脚,结果是丧失时机,犹如逆水行舟,不进则退。"① 在这里,邓小平把搞清楚发展是硬道理同解

---

① 《邓小平文选》第三卷,人民出版社 1993 年版,第 337 页。

放思想，同放开手脚，同是抓住机遇还是丧失时机等联系在一起。这是极具战略眼光的远见卓识。因为在 20 世纪 90 年代初，是否敢于抓住机遇，加快发展，包括是否敢于解放思想，扩大对外开放，利用外资，促进国内的改革和发展，在一些干部和群众中，认识并未统一和解决，以至于在实践上有些同志不敢放开手脚，大胆地向前闯。邓小平用发展是硬道理这样简洁而又深刻的论断，使人豁然开朗，精神为之一振。思想的解放迅速变为巨大的物质力量。发展是道理一时传遍全中国，很快就得到各方面的拥护，从而极大地推动了 1992 年以后我国改革开放和现代化建设事业的迅速发展。

　　邓小平关于发展才是硬道理的精辟论述，大大提高了人们对发展的重要性和意义的认识。发展首先是经济发展，"必须一天也不耽误，专心致志地、聚精会神地搞四个现代化建设"。① 没有社会主义生产力的发展，就不能摆脱贫穷状态，而贫穷不是社会主义，发展太慢也不是社会主义。所以，要迅速地坚决地把工作重点转移到经济建设上来，把经济建设当作中心。其他一切任务都要服从这个中心，围绕这个中心，决不能干扰它，冲击它。就是爆发大规模战争，打仗以后也要继续干，或者重新干。与此同时，还要认识到，"中国解决所有问题的关键是要靠自己的发展"②。不仅经济方面的问题，如摆脱贫困问题，增加就业问题，建立社会保障体系问题，扩大对外经济交往问题等，要靠经济发展，增强国家的物质基础来解决。而且许多社会问题，包括发展社会事业，如实行九年制义务教育，扫除青壮年文盲，增加文化、科普设施，建立和完善公共卫生体系等，也要靠发展来解决。我国 2003 年那么顺利地战胜"非典"的袭击，同我国经过改革开放 20 多年的迅速发展，经济实力大大增强有密切的关系。邓小平还说过，"中国最终要统一。能否真正顺利地实现大陆和台湾的统一，一要看香港实行'一国两制'的结果，二要看我们经济能不能真正发展"③。又说"如果我们国家发展了，更加兴旺发达了，我们在国际事务中的作用就会大"④。这些都是至理名言。

---

① 《邓小平文选》第二卷，人民出版社 1994 年版，第 241 页。
② 《邓小平文选》第三卷，人民出版社 1993 年版，第 265 页。
③ 同上书，第 265 页。
④ 同上书，第 240 页。

邓小平关于发展是硬道理的论述是 20 世纪 90 年代初提出来的，但这是他一贯的思想。"文化大革命"结束，邓小平复出后，他就力排异议，坚决主张把党的工作重心转移到经济建设上，废止"以阶级斗争为纲"。而且提出要紧紧抓住经济建设这个中心不放，"顽固"一点，毫不动摇。发展是硬道理，进一步提高了人们对发展的重要性的认识，特别是同抓住机遇加快发展结合在一起，同深化改革扩大开放推进发展结合在一起，赋予发展一系列新的丰富的内涵。邓小平的这一光辉理论，不仅进一步指明了中国改革开放和社会主义现代化建设的方向，而且对党和国家今后的战略决策有重要的指导作用。邓小平规划我国三步走的发展战略目标，至今仍然是我国今后发展的重要指导方针。经过改革开放 20 多年的努力，我国已顺利实现第一、第二步的发展战略目标，人民生活总体上达到小康水平。进入 21世纪后，我们首先要在头二十年全面建设小康社会，并在此基础上，再经过约 30 年的努力，基本实现现代化，全面实现邓小平提出的三步走发展战略目标。去年党的十六届三中全会提出树立全面、协调、可持续的发展观；2002 年党的十六大作出的必须紧紧抓住新世纪头二十年重要战略机遇期加快发展，全面建设小康社会的战略决策，2000 年党的十五届三中全会关于"十五"计划要把发展作为主题，把结构调整作为主线，把改革开放和科技进步作为动力，把提高人民生活水平作为根本出发点的建议等，都是对邓小平关于发展问题的论述的具体运用和发展，是和邓小平理论一脉相承的。

二 发展是硬道理为科学的发展观奠定了坚实的基础

2003 年 10 月，党的十六届三中全会第一次提出树立科学发展观问题，提出"坚持以人为本，树立全面、协调，可持续的发展观，促进经济社会和人的全面发展"。此后，科学发展观问题引起广大干部和理论界的关注和重视，展开了深入的研究和讨论。这无疑对我国进入新世纪新阶段后，抓住难得的战略机遇期，加快发展，全面建设小康社会，基本实现工业化，有重要的现实意义和深远的历史意义。通过学习，我们深刻地体会到，邓小平关于发展是硬道理等一系列关于发展问题的理论观点，为科学的发展观奠定了坚实的基础，是我们把握科学发展观必须认真学习和很好领会的。

　　树立科学的发展观，就是要更好地坚持邓小平关于发展是硬道理，抓住一切机遇加快发展的重要论断。党的十六大报告提出，必须把发展作为党执政兴国的第一要务，用发展的办法解决前进中的问题。在经济发展的基础上，促进社会全面进步，不断提高人民生活水平，保证人民共享发展成果。中国是一个发展中大国，经济和技术都同发达国家有较大差距。我们必须急起直追，抓住机遇实现持续的较快发展，即比其他国家更快的发展，不但补上工业化这一课，而且要经过几十年的努力，在全面建设小康社会的基础上，基本实现现代化，实现中华民族的伟大复兴。

　　树立科学的发展观，必须继续坚持以经济建设为中心。中国现在处于而且将长时期处于社会主义初级阶段，根本任务是发展生产力，这是落后国家建设社会主义必须紧紧抓住不能有丝毫松懈的。经济是基础，没有经济建设的发展，就没有必要的物质基础解决所有的问题。经济不发展，经济的发展速度不比别人快一些，并且在经济建设中实现速度、结构、质量和效益的统一，人民群众的物质文化生活就不能得到较快的改善，我国在国际竞争中就会处于被动的劣势地位，这在经济全球化的今天更是如此。所以，邓小平在20多年前给我们制订的以经济建设和四个现代化建设为中心的根本方针，至今还是完全适用的，也是我们今天树立和落实科学的发展观必须很好把握的要点。

　　树立科学的发展观，就能较好地实现邓小平为我国规划的长远的、全面的发展目标。邓小平规划了我国三步走的发展战略目标，领导和指导第一、第二步发展战略目标的实现，而且为我们今天和今后逐步实现第三步发展战略目标提出了许多重要思路和原则。例如，关于地区协调发展问题，邓小平关于两个大局的理论至今还是我们实行西部大开发战略和区域协调发展方针的重要根据。他说："沿海地区要加快对外开放，使这个拥有两亿人口的广大地带较快地先发展起来，从而带动内地更好地发展，这是一个事关大局的问题。内地要顾全这个大局。反过来，发展到一定的时候，又要求沿海拿出更多力量来帮助内地发展，这也是个大局。那时沿海也要服从这个大局。"① 又如，邓小平的"先富论"和"共同富裕论"是相统一而

---

　　① 《邓小平文选》第三卷，人民出版社1993年版，第277、278页。

不是相分离的，是我们协调各方面利益关系的重要指针。他说："社会主义的目的就是要全国人民共同富裕，不是两极分化。""我们提倡一部分地区先富裕起来，是为了激励和带动其他地区也富裕起来，并且使先富裕起来的地区帮助落后的地区更好地发展。提倡人民中有一部分先富裕起来，也是同样的道理。对一部分先富裕起来的个人，也要有一些限制，例如，征收所得税。还有，提倡有的人富裕起来以后，自愿拿出钱来办教育、修路。"① 邓小平的上述发展理论，是符合社会主义市场经济发展规律的，不能只用"不平衡发展论"来概括。我们今天树立和落实科学发展观，正是为了更好地逐步实现邓小平 20 多年前提出的艰巨任务和宏伟目标。

树立科学发展观，就是要更好地推进邓小平倡导的中国特色社会主义建设事业，加快社会主义现代化进程。邓小平明确地提出了走自己的路，建设有中国特色的社会主义的历史任务。这是我们今天树立和落实科学发展观的目的所在。建设中国特色社会主义，这是实现国富民强的必由之路，是实现中华民族伟大复兴的必由之路。邓小平在强调发展的重要性，规划发展的道路和方针政策等时，从来都是同发展的目标，同中国的社会主义现代化建设紧密联系在一起的，也就是同全中国人民过上富裕幸福的生活紧密联系在一起的。这也是我们今天学习科学发展观时需要很好掌握的一个重点。

三　以人为本，全面、协调、可持续的科学发展观是对邓小平发展理论的重大发展

自从邓小平在 20 世纪 70 年代末提出全党工作重心转到以经济建设为中心的轨道上和 1992 年提出发展是硬道理以来，中国获得了让世人瞩目的发展，1978—2003 年，年均 GDP 增速达 9.4%，处于世界前列，GDP 总量已跃居世界第 6 位，人均 GDP 突破 1000 美元。与此同时，国内国际形势出现了一些新的情况。为适应经济全球化和科技进步加快的国际环境，适应全面建设小康社会的新形势，2003 年 10 月，党的十六届三中全会提出了"五

---

① 《邓小平文选》第三卷，人民出版社 1993 年版，第 110、111 页。

个统筹"(即统筹城乡发展、统筹区域发展、统筹经济社会发展、统筹人与
自然和谐发展、统筹国内发展和对外开放)和树立全面、协调、可持续的
发展观,以便更好地抓住机遇,实现更好更快的发展。这是党中央总结我
国改革开放以来丰富的发展经验基础上的又—次理论创新和观念创新,是
与时俱进的产物和成果,标志着我们对发展问题的认识更加全面、准确,
更加符合不断变化的客观实现。这主要表现在:一是更加注重发展的全面
性,如注重经济、社会和人的全面发展,二是更加注重发展的协调性,城
乡之间、区域之间、经济社会之间、国内发展和对外开放之间,都要协调
发展;三是更加注重发展的可持续性,注重人与自然的和谐发展,这是世
界潮流,也是我国发展的内在要求;四是更加注重发展的目的性,即以人
为本,发展的目的是满足人民群众不断增长的物质文化生活需要,实现人
的全面发展。以"五个统筹"为根本要求的科学发展观,是对邓小平关于
发展的理论的具体运用和进一步发展,特别是适应新的国内国际形势指导
我国实现更好和较快发展的指导思想。自觉地用科学的发展观来指导我们
的各项工作,必将有力地推进中国特色社会主义事业的顺利发展。

统筹城乡发展,当前就要更加关注"三农"问题,从发展规划、工作
安排、政策支持、资金投入等方面,为农民增收做更多的实事。特别是要
建立有利于逐步改变城乡二元经济结构的体制和机制,加快城市化进程,
促进农村剩余劳动力向城市向第二、第三产业转移。没有农民的小康,就
没有全面的小康。全面建设小康社会,其重点和难点,在于解决"三农"
问题,核心是增加农民收入,使农民普遍过上小康的生活。

统筹区域发展。一是继续实施西部大开发战略,国家在投资项目、税
收政策和财政转移支付等方面加大对西部地区的支持,逐步建立长期稳定
的西部开发资金渠道,引导外资和国内资本参与西部开发等。二是要振兴
东北地区等老工业基地,国家已出台多项措施,推动这方面工作。三是中
部地区要加大结构调整力度,推进农业产业化,改造传统产业,培育新的
经济增长点,加快工业化和城镇化。四是东部地区要继续加快发展,在全
面建设小康社会基础上,率先基本实现现代化。所有这些,都是为了实现
区域经济的协调发展,抑制区域经济差距扩大的趋势,进而创造条件逐步
缩小差距。

统筹经济社会发展。从"十五"计划即新世纪开始，大家已比较重视社会事业的发展。2003 年春夏"非典"疫情的冲击，进一步暴露了许多地方重经济发展，片面追求 GDP 的高速增长，忽视社会发展，突出地表现在公共卫生等公共服务严重不足、发展滞后上面，从而影响了人民群众生活质量的提高。针对这个问题，去年党的十六届三中全会提出要切实转变政府职能，特别提出要完善政府社会管理和公共服务职能，建立健全各种预警和应急机制，既要首先重视经济发展，又要重视各项社会事业的发展，坚持以人为本，促进经济社会和人的全面发展。为此，长期滞后的事业单位的改革要迅速提上议事日程，做好规划，积极稳步推进。全国事业单位 130 万个，财政供养人员 3000 万人，比公务员多 3 倍多，传统国有企业的弊病和行政部门的毛病兼而有之。推进事业单位的改革，能有效地促进我国各项社会事业的迅速发展，促进经济增长和社会进步互相协调。

统筹人与自然和谐发展。这就是要着力解决近几年越来越受大家关注的可持续发展的问题，解决经济发展同人口、资源、环境相协调的问题。为此提出要建立促进经济社会可持续发展的机制。这就是说，经济的发展不能以牺牲资源、环境为代价，要为子孙后代着想，努力保持人与自然和谐相处，实现可持续的发展。最近有学者建议，考核政府官员的政绩应计算绿色 GDP，需要从原来计算的 GDP 中减去对资源、生态、环境等影响造成损失的因素。有关部门负责人最近也表示，绿色 GDP 标准已开始试点。国家环保总局现在正在进行因为环境破坏对经济发展造成损失的评估研究。[①] 国外有的经济学家算过，美国 20 世纪七八十年代，如按绿色 GDP 计算，其增长率要比原来计算的 GDP 增长率减一半左右。我们似乎可以逐步实行这一办法，以激发人们对节约使用资源、生态和环境保护的重视；也有利于促进人们转变"高投入、高消耗、高排放、难循环、低效率"的经济增长方式，并且符合走新型工业化道路的本质要求。

统筹国内发展和对外开放。为适应经济全球化和加入世贸组织后的新形势，我国要在更大范围、更广领域和更高层次上参与国际经济技术合作和竞争，充分利用国际国内两个市场、两种资源，优化资源配置，拓宽发

---

① 见《中国经济时报》2004 年 3 月 26 日。

展空间。与此同时，我国是一个拥有 13 亿人口的大国，我国主要应立足于国内的发展。因此要妥善处理国内发展与对外开放的关系。既要立足于扩大内需，又要积极开拓国际市场，扩大出口。既要充分利用内资，又要很好地吸收和有效利用外资，使之有利于促进国内产业结构优化升级。既要努力开发国内人才资源，用好国内人才，又要积极引进外智，引进先进的管理经验。既要更多地引进先进技术，又要注重对引进技术的消化吸收和创新提高，增强我国的自主开发能力。如此等等。还要继续实施"走出去"战略，鼓励和支持有比较优势的各种所有制企业对外投资，利用国外资源，带动商品和劳务出口等。

我国发展的目的是提高人民生活水平和质量。新世纪新阶段全面建设小康社会，这个小康就是人民能过上更加富足的生活的意思。科学发展观要求以人为本，这就使发展的目的性更加明确。为什么要实行"五个统筹"，主要就是为了使人民普遍受惠，促进人的全面发展。邓小平在 20 世纪 70 年代末提出中国要改革开放，其根本出发点也是要我们国家摆脱贫穷，使人民生活一天一天好起来。他一再说，贫穷不是社会主义。不发展生产力，不提高人民的生活水平，不能说是符合社会主义要求的。改革开放 25 年来，我国社会生产力已有很大发展，人民生活总体上已达到小康水平。今后的任务，是实现全面的小康、更高水平的小康，因而逐渐要把促进人的全面发展的要求提出来。因此，现在提出以人为本，除了更加明确发展的目的以外，也包括对提高人民生活水平和质量的更高的要求。总之，我们今天重温邓小平关于发展问题的一系列著名论述，学习发展是硬道理等光辉思想，是为了更好地掌握科学发展观的精神实质，在新世纪新阶段，抓住机遇，加快发展，全面建设小康社会，促进中国特色社会主义事业顺利发展。

（原载《中国城市经济》2004 年第 5 期）

转变经济增长方式　保持经济平稳较快发展

中国经济经过改革开放以来 27 年的高速增长，特别是 2003—2005 年 9% 以上的高速增长以后，能不能在"十一五"期间继续实现平稳较快发展，年均增长率保持在 7%—8% 之间，是各方面都十分关心的问题。《中共中央关于制定国民经济和社会发展第十一个五年规划的建议》（以下简称《建议》），对此作出了明确、肯定的回答。

《建议》提出，2006—2010 年中国经济发展的一个重要目标，是在优化结构、提高效益和降低消耗的基础上，实现 2010 年人均 GDP 比 2000 年翻一番。这是一个鼓舞人心的既积极又稳妥的指标。鉴于"十五"期间我国 GDP 年均增长可达 8.8%，如果"十一五"末 GDP 总量仍按过去设想比 2000 年翻一番，那么"十一五"期间 GDP 年均增速只需 5.6% 即可达到，这显然是低了，不切实际。根据这次《建议》提出的目标，则"十一五"人口自然增长率按国家人口计生委预测年均为 8.8‰（2001—2004 年人口自然增长率实际年均为 6.4‰），按人口平均 GDP 翻一番，则 GDP 年均增速要达到 7.4%（2005 年假定为 9%）。根据改革开放以来和近十年来的经验，这个指标是比较现实可行的，属继续保持平稳较快发展的范畴。

"十一五"期间，中国经济增长保持平稳较快发展的关键在于要加快转变经济增长方式。目前，我国土地、淡水、能源、矿产资源和环境状况对经济发展已构成严重制约。比如，主要矿产资源的对外依存度已从 1990 年的 5% 上升到这两年的 50% 以上。与此同时，我国资源利用效率低，从资源投入与产出看，2004 年我国 GDP 按当时汇率计算占全世界 GDP 的 4%，但消耗了全球 8% 的原油、10% 的电力、19% 的铝、20% 的铜、31% 的煤炭、30% 的钢材。特别是能源消耗高，能源弹性系数（能源消费增长率/GDP 增长率）改革开放以来至 2000 年一直是在 1 以下，1981—1990 年为 0.44，1991—2000 年为 0.2，而 2001—2004 年达 1.29，其中 2004 年为 1.6。这种高投入、高消耗、高排放、低效率的粗放型扩张的经济增长方式日益表明已难以为继。因此，《建议》强调，要把节约资源作为基本国策，发展循环经济，保护生态环境，加快建设资源节约型、环境友好型社会，促进经济发展与人口、资源、环境相协调。在确定"十一五"的经济增长目标时，特地提出，资源利用效率显著提高，单位国内生产总值能源消耗比"十五"期末降低20%左右，生态环境恶化趋势基本遏制，耕地减少过多状况得到有效控制。

转变经济增长方式，最重要的，一是提高自主创新能力，二是深化改革，形成有利于转变经济增长方式，促进全面协调可持续发展的体制机制。

转变经济增长方式，就要实现主要依靠资金和自然资源支撑经济增长，向主要依靠人力资本投入、劳动力素质提高和技术进步支撑经济增长转变，实现由资源—产品—废弃物流程，向资源—产品—废弃物—再生资源的循环经济型转变，建立资源节约型的生产方式和消费方式，强化环境和生态保护，真正走可持续发展的道路。为此，必须深入实施科教兴国战略和人才强国战略，把增强自主创新能力作为科学技术发展的战略基点和调整产业结构、转变增长方式的中心环节，大力提高原始创新能力、集成创新能力和引进消化吸收再创新能力。经验表明，谁的自主创新能力强，谁拥有较多的知识产权，谁就能在国际竞争中占据主动地位。一类企业卖标准，二类企业卖专利，三类企业卖服务，四类企业卖产品，五类企业卖苦力，反映了当前市场竞争的新态势。当务之急是建立健全以企业为主体、市场为导向、产学研相结合的技术创新体系，大力开发对经济社会发展具有重大带动作用的高新技术，支持开发重大产业技术标准，构建自主创新的技术基础。要增加科技投入，使研究与开发投入从2004年占GDP的1.35%提高到2010年的1.5%以上和2020年的2%以上，进入世界创新型国家行列，目前全世界20个创新型国家研究与开发投入均占GDP的2%以上。还要加大知识产权保护力度，健全知识产权保护体系，优化创新环境，等等。

转变经济增长方式，提高经济增长的质量和效益，除了要实施有利于自主创新、优化产业结构、节约能源资源的方针政策，完善法律法规以外，必须深化改革，形成推动经济增长方式转变的体制机制。

第一，切实转变政府职能，政府从经济活动主角转为公共服务型政府。真正实行政企分开、政资分开、政事分开、政府与市场中介组织分开，政府不得直接干预企业经营活动。政府要贯彻以经济建设为中心的方针，但不能因此就自认为是经济活动的主角，主导经济资源的配置。在社会主义市场经济条件下，经济活动的主角是企业。"经营城市"是政府职能的大错位。2003年以来，主要是地方政府为追求GDP的高速增长和建设形象工程，大搞开发区和市政建设，个个都要工业立市，铺摊子，上项目，引发经济走向过热。在很多情况下，中央政府的宏观调控，主要是调控地方政府盲目扩张经济的行为，因而不得不采取行政手段。政府改革和转换职能已成为今后深化改革的关键环节。

第二，深化财税改革。目前的财税体制促使各地热衷于粗放式发展工业特别是重化工业，因为这样GDP增速快，财税收入高。今后要建立与事权相适应的中央和地方财政收支体制；财政资金不再投资于一般竞争性产业，而要投向公共服务领域；规范土地收入管理办法，将土地收入和专项基金等预算外收入统统纳入预算管理；调整和完善资源税，实施燃油税，稳步推行物业税，等等。

第三，深化价格改革，重点是使生产要素和资源产品价格能反映市场供求状况和资源的稀缺程度。高投入、高消耗、高污染、低效率的粗放型增长方式之所以难转变，是因为我国的生产要素价格和资源产品价格长期受国家管制，严重偏低。地价低，水价低，能源包括电价低。要转变经济增长方式，建立节地、节能、节水、节材的生产方式和消费方式，必须积极推进生产要素和资源产品价格改革，在保持物价总水平基本稳定前提下逐步提高价格，促进节约利用资源，提高效率。

第四，改革干部政绩考核和提拔任用体制。干部政绩不能只看GDP（和绿色GDP）增速，更要看市场监管、社会管理和公共服务水平，包括就业、社会保障、教育、文化、环保、生态保护、医疗卫生以及社会秩序、信用、法治环境的改善等。

此外，深化企业改革和金融体制改革，完善市场体系和市场秩序，逐步理顺分配关系，提高外贸的质量、效益和利用外资的质量等，都将促使我国经济运行逐步转入低投入、低消耗、低排放、高效率的资源节约型轨道，逐步实现经济增长方式的转变。

（原载《财贸经济》2005年第11期）

以新增长方式促进经济平稳较快发展

转变经济增长方式，最重要的，一是提高自主创新能力，充分发挥科技进步对经济发展的强大推动作用；二是深化改革，形成有利于转变经济增长方式，促进全面协调可持续发展的体制机制。

必须深入实施科教兴国战略和人才强国战略，把增强自主创新能力作为科学技术发展的战略基点和调整产业结构、转变增长方式的中心环节，大力提高原始创新能力、集成创新能力和引进消化吸收再创新能力。

一　转变经济增长方式是中国经济保持平稳较快发展的关键

中国经济经过改革开放以来 27 年的高速增长，特别是 2003—2005 年 9% 以上的高速增长以后，能不能在"十一五"期间继续实现平稳较快发展，年均增长率保持在 7%—8% 之间，超过亚洲四小龙和日本在 20 世纪 60—80 年代经济持续二十多年高速增长的时间，是各方面都十分关心的问题，也是我国能否到 2020 年全面建设小康社会取得成功的根基所在。《中共中央关于制定国民经济和社会发展第十一个五年规划的建议》（以下简称《建议》），对此作出了明确、肯定的回答。

《建议》提出，2006—2010 年中国经济发展的一个重要目标，是在优化结构、提高效益和降低消耗的基础上，实现 2010 年人均 GDP 比 2000 年翻一番。这是一个鼓舞人心的既积极而又稳妥的指标。鉴于"十五"期间我国 GDP 年均增长可达 8.8%，如果"十一五"末即 2010 年 GDP 总量仍按过去设想比 2000 年翻一番，那么"十一五"期间 GDP 年均增速只需 5.6% 即可达到，这显然是低了，不切实际。根据这次《建议》提出的目标，则"十一五"人口自然增长率按国家人口计生委预测年均为 8.8‰（2001—

2004 年人口自然增长率实际年均为 6.4‰），按人口平均 GDP 翻一番，则 GDP 年均增速要达到 7.4%（2005 年假定为 9%）。根据改革开放以来和近十年来的经验，这个指标是比较现实可行的，属继续保持平稳较快发展的范畴。

"十一五"期间，中国经济保持平稳较快发展的关键，在于要加快转变经济增长方式。目前，我国土地、淡水、能源、矿产资源和环境状况对经济发展已构成严重制约。比如，主要矿产资源的对外依存度已从 1990 年的 5% 上升到这两年的 50% 以上。与此同时，我国资源利用效率低，从资源投入与产出看，2004 年，我国 GDP 按当时汇率计算占全世界 GDP 的 4%，但消耗了全球 8% 的原油、10% 的电力、19% 的铝、20% 的铜、31% 的煤炭、30% 的钢材。特别是能源消耗高，能源消费弹性系数（能源消费增长率/GDP 增长率）改革开放以来至 2000 年一直是在 1 以下，1981—1990 年为 0.44，1991—2000 年为 0.2，而 2001—2004 年达 1.29，其中 2003 年和 2004 年为 1.6。这种高投入、高消耗、高排放、低效率的粗放型扩张的经济增长方式日益表明已难以为继。因此，《建议》强调，要把节约资源作为基本国策，发展循环经济，保护生态环境，加快建设资源节约型、环境友好型社会，促进经济发展与人口、资源、环境相协调。在确定"十一五"的经济增长目标时，特地提出，资源利用效率显著提高，单位国内生产总值能源消耗比"十五"期末降低 20% 左右，生态环境恶化趋势基本遏制，耕地减少过多状况得到有效控制。

二 转变经济增长方式，必须提高自主创新能力

转变经济增长方式，就要实现主要依靠资金和自然资源投入支撑经济增长，向主要依靠人力资本投入、劳动力素质提高和技术进步支撑经济增长转变，实现由资源—产品—废弃物流程，向资源—产品—废弃物—再生资源的循环经济型转变，建立资源节约型的生产方式和消费方式，强化环境和生态保护，真正走可持续发展的道路。为此，必须深入实施科教兴国战略和人才强国战略，把增强自主创新能力作为科学技术发展的战略基点和调整产业结构、转变增长方式的中心环节，大力提高原始创新能力、集成创新能力和引进消化吸收再创新能力。

经验表明，谁的自主创新能力强，谁拥有较多的知识产权，谁就能在国际竞争中占据主动地位。一类企业卖标准，二类企业卖专利，三类企业卖服务，四类企业卖产品，五类企业卖苦力，反映了当前市场竞争的新态势。我国出口一台 DVD 机，卖 30 美元，可是光专利费就要付出 21 美元。没有自己的专利和知识产权，就很难提高我国出口产品的附加值。当务之急是建立健全以企业为主体、市场为导向、产学研相结合的技术创新体系，大力开发对经济社会发展具有重大带动作用的高新技术，支持开发重大产业技术标准，构建自主创新的技术基础。要增加科技投入，使研究与开发投入从 2004 年占 GDP 的 1.35% 提高到 2010 年的 1.5% 以上和 2020 年的 2% 以上，进入世界创新型国家行列，而目前全世界 20 个创新型国家研究与开发投入均占 GDP 的 2% 以上。我国的邻国韩国研究与开发投入已占 GDP 的 3%、印度研究与开发投入今年也将占 GDP 的 2%。此外，还要实行支持自主创新的财税、金融和政府采购政策，发展创业风险投资，加强技术咨询、技术转让等中介服务，完善自主创新的激励机制；加大知识产权保护力度，健全知识产权保护体系，优化创新环境，等等。

三　转变经济增长方式，必须深化改革

转变经济增长方式，提高经济增长的质量和效益，除了要实施有利于自主创新、优化产业结构、节约能源资源的方针政策，完善法律法规以外，必须深化改革，形成推动经济增长方式转变的体制机制。

第一，切实转变政府职能，政府从经济活动主角转为公共服务型政府。真正实行政企分开、政资分开、政事分开、政府与市场中介组织分开，政府不得直接干预企业经营活动。政府要贯彻以经济建设为中心的方针，但不能因此就自认为是经济活动的主角，主导经济资源的配置。在社会主义市场经济条件下，经济活动的主角是企业。2003 年以来，主要是地方政府为追求 GDP 的高速增长和建设形象工程，大搞开发区和市政建设，个个都要工业立市，铺摊子，上项目，引发经济走向过热。在很多情况下，中央政府的宏观调控，主要是调控地方政府盲目扩张经济的行为，因而不得不采取行政手段。行政管理体制改革即政府改革和转换职能已成为今后深化改革的关键环节。

第二，深化财税改革。目前的财税体制促使各地热衷于粗放式发展工业特别是重化工业，因为这样 GDP 增速快，财税收入高。今后要建立与事权相适应的中央和地方财政收支体制；财政资金不再投资于一般竞争性产业，而要投向公共服务领域；规范土地收入管理办法，将土地收入和专项基金等预算外收入统统纳入预算管理；调整和完善资源税，实施燃油税，稳步推行物业税；降低和取消高耗能、高污染、资源性产品的出口退税，等等。

第三，深化价格改革，重点是使生产要素和资源产品价格能反映市场供求状况和资源的稀缺程度。高投入、高消耗、高污染、低效率的粗放型增长方式之所以难转变，是因为我国的生产要素价格和资源产品价格长期受国家管制，严重偏低。地价低，水价低，能源价格包括电价低。要转变经济增长方式，建立节地、节能、节水、节材的生产方式和消费方式，必须积极推进生产要素和资源产品价格改革，在保持物价总水平基本稳定前提下逐步提高价格，促进节约利用资源，提高效率。2005 年以来，我国居民消费价格上涨幅度低，预计全年 2% 左右，正有利于逐步提高水价、油价、天然气价、电价等，使这些价格能较好地反映资源的稀缺程度，用价格杠杆推动能源资源节约。

第四，改革干部政绩考核和提拔任用体制。干部政绩不能只看 GDP（和绿色 GDP）增速，更要看市场监管、社会管理和公共服务水平，包括就业、社会保障、教育、文化、环保、生态保护、医疗卫生以及社会秩序、信用、法治环境的改善等。政府五年换届一次。每届政府都要追求好的经济业绩，难免有短期行为。经济的粗放扩张最有助于短期见效，而靠科技进步研究开发取得成效一般要高于五年。所以，改革干部考核体制，要考虑怎样有利于转变增长方式。

此外，深化企业改革和金融体制改革，完善市场体系和市场秩序，逐步理顺分配关系，提高外贸的质量、效益和利用外资的质量等，都将促使我国经济运行逐步转上低投入、低消耗、低排放、高效率的资源节约型轨道，逐步实现经济增长方式的转变。

（原载《文汇报》2006 年 1 月 4 日）

"十一五"期间转变经济增长方式的紧迫性

《中共中央关于制定国民经济和社会发展第十一个五年规划的建议》（以下简称《建议》）提出必须加快转变经济增长方式，并把这作为"十一五"期间最突出的任务。温家宝总理在向全国政协常委会第十一次会议作报告时，把大力转变经济增长方式作为制定和实施"十一五"规划要切实解决的一个关键问题。大家知道，实现经济增长方式的根本性转变，是十年前中央关于制定"九五"计划建议中就提出来的。从那时到现在，已经过了十年，今天又重提和强调转变经济增长方式。究竟这次提出加快转变经济增长方式，同十年前提出这一命题，除了基本要点相同之外，还有哪些区别或发展，为什么现在显得特别紧迫，这是值得研究的问题。在我看来，其区别或发展有以下几点。

一 "十一五"时期转变经济增长方式显得更加紧迫和重要

加快推进粗放型经济增长方式转变，是 2005 年 10 月通过的《中共中央关于制定国民经济和社会发展第十一个五年规划的建议》的一个重要内容，是"十一五"时期我国经济发展面临的最严峻的挑战和最紧迫的任务。十年前，1995 年在制订"九五"计划时，曾经提出实行两个根本性转变，即从传统的计划经济体制向社会主义市场经济体制转变和从粗放型经济增长方式向集约型经济增长方式转变的任务。从那以后，转变经济增长方式取得了一定成效，比如 1980—2002 年，单位 GDP 能耗下降 66.8%[①]，但不理想，因为我们原来经济增长的粗放程度很高，现有的成就尚未达到根本

---

① 见王梦奎主编《中国中长期发展的重要问题》，中国发展出版社 2005 年 4 月版，第 6 页。

转变的目标。转变不理想的原因之一，是前一段粗放型经济增长还有一定的空间，尚未到难以为继的地步。社会主义市场经济体制还不完善，也影响着经济增长方式的转变。"十一五"时期则不同，粗放型经济扩张已走到尽头，不转变已经不行了。

我国经济和社会经过改革开放后 27 年的快速发展，特别是 2003 年以来 9% 以上的 GDP 高速增长，一部分行业（如建材、钢铁、电解铝等）已经出现生产能力过剩，今后还可能会有其他行业由于前期投资过热而陆续出现生产能力过剩。[①] 与此同时，资源瓶颈制约和环境压力不断加大，可持续发展问题日益突出，粗放型增长已难以为继。我国人均耕地占有量为世界平均水平的 40% 左右，2004 年为人均 1.41 亩，随着工业化和城市化的推进以及人口的增加，人均耕地还将减少。我国人均淡水资源占有量仅为世界平均水平的 1/4，且时空分布不均。目前 600 多个城市中已有 400 多个缺水，110 个严重缺水。我国人均占有的石油、天然气和煤炭资源储量分别为世界平均水平的 11%、4.5% 和 79%；45 种矿产资源人均占有量不到世界平均水平的一半；铁、铜、铝等主要矿产资源储量分别为世界平均水平的 1/6、1/6 和 1/9。主要矿产资源的对外依存度已从 1990 年的 5% 上升到目前的 50% 以上。2003 年，中国石油消费量为 2.67 亿吨，进口石油 9700 万吨，对外依存度为 36%。2004 年，中国石油消费量 2.92 亿吨，进口石油 1.23 亿吨，对外依存度达 42.1%。2004 年，我国铁矿石进口 2.08 亿吨，对外依存度约 40%。2005 年铁矿石进口将进一步提高至 2.4 亿吨[②]，占世界自由贸易量的 50% 以上。铜精矿和氧化铝消费量的 50% 都依赖进口。中国资源进口不断增加，也助长了国际市场资源性产品价格的上涨。自 1999 年以来，国际市场原油价格已上涨了约 4 倍。中国进口的铁矿石价格，2003 年上涨 30%，2004 年上涨 80%，2005 年年初上涨 71.5%。

我国资源利用效率低，从资源投入与产出看，2004 年，我国 GDP 按当时汇率计算占全世界 GDP 的 4%，但消耗了全球 8% 的原油、10% 的电力、

---

① 商务部材料，2005 年前 5 个月，39 个工业行业的产成品库存同比增长 19%，特别是钢铁、电解铝等产品供过于求的矛盾比较严重。（《中华工商时报》2005 年 8 月 20 日）

② 参见《经济日报》2005 年 4 月 9 日。

19% 的铝、20% 的铜和 31% 的煤炭。① 能源利用效率低，目前，钢铁、有色、电力、化工等 8 个高耗能行业单位产品能耗比世界先进水平高 40% 以上，单位建筑面积采暖能耗相当于气候条件相近发达国家的 2—3 倍。工业用水重复利用率和矿产资源总回收率比国外先进水平比低 15—25 个和 20 个百分点。② 中国矿产资源总回收率只有 30%，城市水的回用率也仅为 30% 左右。③

粗放式经济增长方式对环境压力日益增大，几近极限。2003 年，我国工业和生活废水排放总量为 680 亿吨，化学需氧量排放 1334 万吨，居世界第一位；二氧化硫排放量 2159 万吨，位居世界第一，90% 的二氧化硫排放是由于用煤导致的；二氧化碳年排放量仅次于美国，位居世界第二。全国七大水系 38% 的断面属五类及劣五类水质，90% 流经城市的河段受到严重污染，大部分湖泊富营养化问题突出；近岸海域污染面积仍在扩大，赤潮灾害频繁发生；全国近一半的城镇水源地水质不符合原水标准，农村尚有近 3 亿人喝不上符合标准的饮用水；酸沉降、光化学烟雾、细颗粒物已经在城市密集地区构成严重的区域性污染。世界十大污染城市，中国占了 6 个。2005 年年初，瑞士达沃斯世界经济论坛公布了最新的"环境可持续指数"评价，在全球 144 个国家和地区的排序中，中国居第 133 位。④

与此同时，生态退化问题也比较突出。目前，全国水土流失面积 356 万平方公里，占国土面积的 37%。沙化土地面积 174 万平方公里，且有扩展之势。草原超载过牧，乱采滥挖严重，鼠虫灾害频繁，全国退化草原面积已占草原面积的 90%。

总之，"十一五"期间，原来粗放型经济增长方式已到不转变不行的地步，成为经济发展中最突出的需要着力解决的问题。这是这次提出转变经济增长方式同十年前提出同一问题的最大的不同点。

---

① 参见《中华工商时报》2005 年 6 月 26 日。
② 参见《人民日报》2005 年 6 月 26 日。
③ 参见《中国经济时报》2005 年 7 月 1 日。
④ 参见《经济参考报》2005 年 7 月 14 日。

二 "十一五"时期转变经济增长方式的内涵有新的扩展和具体化

十年前，中央关于"九五"计划的建议提出实现经济增长方式从粗放型向集约型转变，其含义还比较简单、抽象。经过十年的发展，大家对经济增长方式转变的内涵、要求等的认识有了更深刻、全面的理解，提出了要从"高投入、高消耗、高排放、低效率"的粗放扩张的增长方式，转变为"低投入、低消耗、低排放、高效率"的资源节约型增长方式，并且明确了具体要求。这当中，具有新意的至少包括以下几点。

首先，突出资源能源节约。"十一五"规划建议在提出加快转变经济增长方式时，是基于当前我国土地、淡水、能源、矿产资源对经济发展已构成严重制约，因此提出要把节约资源作为基本国策，发展循环经济，形成节能、节水、节地、节材的生产方式和消费模式，加快建设资源节约型社会。把节约资源提到基本国策的高度，可见其重要性与意义。

其次，着力自主创新。转变经济增长方式，就要实现主要依靠资金和自然资源支撑经济增长，向主要依靠人力资本投入、劳动力素质提高和技术进步支撑经济增长转变，实现由资源—产品—废弃物流程，向资源—产品—废弃物—再生资源的循环经济型转变，真正走可持续发展的道路。为此，必须深入实施科教兴国战略和人才强国战略，把增强自主创新能力作为科学技术发展的战略基点和调整产业结构、转变增长方式的中心环节，大力提高原始创新能力、集成创新能力和引进消化吸收再创新能力。

再次，强调保护环境和自然生态。切实保护环境和自然生态，是实现可持续发展、人与自然和谐的关键环节，越来越受到人们的高度重视。这次《建议》专门写了大力发展循环经济、加大环境保护力度和切实保护好自然生态三条，总的是要建设环境友好型社会，占了相当大的篇幅，可见其重视程度。而这个问题在十年前尚未和转变经济增长方式相联系，没有引起特别重视。从20世纪八九十年代起，随着经济的发展、社会的进步，绿色风暴席卷全球，保护环境和自然生态呼声越来越高，人与自然和谐相处深入人心，经济发展要与人口、资源、环境相协调，实现节约发展、清洁发展、安全发展和可持续发展，成为转变经济增长方式的内在要求。

转变经济增长方式，目的在于提高经济增长的质量和效益，在于使经济运行走上科学发展观的轨道，从而使我国经济实现持续平稳较快发展。

三　《建议》对"十一五"时期怎样转变经济增长方式作出了一系列重要规定

"九五"计划建议对转变经济增长方式指出了正确的方向，作出了原则规定，尚缺乏具体的落实措施。"十一五"规划建议除了突出转变经济增长方式这一战略任务以外，还作出了一系列重要规定，落实这一根本性转变任务。

我体会，《建议》对我国今后怎样转变经济增长方式，主要是从两个方面展开的。一是提高自主创新能力，发挥科技进步对经济发展的巨大推动作用；二是深化改革，形成有助于转变经济增长方式，促进全面协调可持续发展的体制机制。

首先，要大力提高自主创新能力。这是依靠科技进步推动经济社会发展的客观要求，也是走新型工业化道路的必然选择。只有不断提高自主创新能力，才能实现产业发展由高消耗、低效率转向低消耗、高效率，掌握具有自主知识产权的关键技术和核心技术，提高产品的科技含量和附加值。提高自主创新能力，也是增强我国国际竞争力、确保国家经济安全的需要。大家知道，关键技术、核心技术是买不来的。作为一个大国，我们不能在重大技术装备、核心技术方面长期受制于人。现在看得很清楚，在科技迅速发展的今天，谁拥有较多的知识产权，谁就能在国际市场竞争中掌握主动权。所以，我们必须依靠自主创新提高综合国力、国际竞争力和抗风险能力。

为提高自主创新能力，当务之急是建立健全以企业为主体、市场为导向、产学研相结合的技术创新体系，大力开发对经济社会发展具有重大带动作用的高新技术，支持开发重大产业技术标准，构建自主创新的技术基础。鼓励应用技术研发机构进入企业，大型骨干企业应在行业技术进步中发挥带头作用，支持小企业开展技术研发，增强创新活力。改善技术创新的市场环境，加快发展创业风险投资，加强技术咨询、技术转让等中介服务。增加科技投入，加大引进消化吸收创新的投入，使研究与开发投入从2004年占GDP的1.35%提高到2010年的1.5%以上和2020年的2%以上，进入世界创新型国家行列，而目前全世界20个创新型国家研究与开发投入均占GDP的2%以上。还要加大知识产权保护力度，健全知识产权保护体系，优化创新环境。实行支持自主创新的财税、金融和政府采购等政策，完善自主创新的激励机制，等等。

其次，转变经济增长方式，提高经济增长的质量和效益，除了要实施有利于自主创新、优化产业结构、节约能源资源的方针政策以外，必须深化改革，形成推动经济增长方式转变的体制机制。

第一，切实转变政府职能，政府从经济活动主角转为公共服务型政府。真正实行政企分开、政资分开、政事分开、政府与市场中介组织分开，政府不得直接干预企业经营活动。政府要贯彻以经济建设为中心的方针，但不能因此就自认为是经济活动的主角，主导经济资源的配置。在社会主义市场经济条件下，经济活动的主角是企业。"经营城市"是政府职能的大错位。2003年以来，主要是地方政府为追求GDP的高速增长和建设形象工程，大搞开发区和市政建设，个个都要工业立市，铺摊子，上项目，引发经济走向过热。在很多情况下，中央政府的宏观调控，主要是调控地方政府盲目扩张经济的行为，因而不得不采取行政手段。政府改革和转换职能已成为今后深化改革的关键环节。

第二，深化财税改革。目前的财税体制促使各地热衷于粗放式发展工业特别是重化工业，因为这样GDP增速快，财税收入高。今后要建立与事权相适应的中央和地方财政收支体制；财政资金不再投资于一般竞争性产业，而要投向公共服务领域；规范土地收入管理办法，将土地收入和专项基金等预算外收入统统纳入预算管理；调整和完善资源税，实施燃油税，稳步推行物业税，等等。

第三，深化价格改革，重点是使生产要素和资源产品价格能反映市场供求状况和资源的稀缺程度。高投入、高消耗、高污染、低效率的粗放型增长方式之所以难转变，是因为我国的生产要素价格和资源产品价格长期受国家管制，严重偏低。地价低，水价低，能源包括电价低。要转变经济增长方式，建立节地、节能、节水、节材的生产方式和消费方式，必须积极推进生产要素和资源产品价格改革，在保持物价总水平基本稳定前提下逐步提高价格，促进节约利用资源，提高效率。

第四，改革干部政绩考核和提拔任用体制。干部政绩不能只看 GDP（和绿色 GDP）增速，更要看市场监管、社会管理和公共服务水平，包括就业、社会保障、教育、文化、环保、生态保护、医疗卫生以及社会秩序、信用、法治环境的改善等。

此外，深化企业改革和金融体制改革，完善市场体系和市场秩序，逐步理顺分配关系，提高外贸的质量、效益和利用外资的质量等，都将促使我国经济运行逐步转上低投入、低消耗、低排放、高效率的资源节约型轨道，逐步实现经济增长方式的转变。

转变经济增长方式，除以上两大方面外，还要完善法律法规，完善有关方针政策，在建设资源节约型社会和环境友好型社会的过程中提高公众的节约意识、环保意识等。

（原载《宏观经济研究》2006 年第 1 期）

关于经济发展和改革的四点看法

一 "十一五"规划纲要较好地体现
从计划转变为规划的要求

新中国成立以来,我国制定和实施了十个五年计划。在第十一个五年,国家制定的是第十一个五年国民经济和社会发展规划,而不再用计划的提法。这深刻反映了我国经济社会环境的变化。

从计划改为规划,最主要的原因是我国已初步建立社会主义市场经济体制,市场已开始在资源配置中发挥基础性作用。既然资源配置已主要由市场调节,政府对资源配置的职能已大大弱化,就没有必要也不可能像过去一样作为经济活动的主角,定指标、安排项目、直接配置各类经济资源。在市场经济条件下,经济活动的主角应是作为市场主体的企业、公司。所以,在建立起社会主义市场经济体制以后,政府、市场、企业之间的关系已发生了重大变化,凡是市场、市场中介、企业能做并且能做得好的事情,政府都要放手让市场、市场中介、企业去做。

在社会主义市场经济条件下,政府并不是无所作为的。政府仍然要履行经济调节、市场监管、社会管理和公共服务四大职能。根据政府职能在社会主义市场经济条件下的上述定位,政府在制订五年建设规划时,主要着眼于解决宏观性、战略性、政策性问题,提出重要思路和对策,以及提出对市场配置资源和宏观调控的导向性意见。计划指标大部分为指导性的,只有少数是约束性的。

这次纲要提出了"十一五"时期经济社会发展的主要指标,分四大类,经济增长类2个指标,经济结构类4个指标,人口资源环境类8个指标,公共服务人民生活类8个指标,经济指标大大减少,社会环境指标大大增加。

特别是，22 个指标分为预期性和约束性指标，预期性指标是政府运用经济政策、经济杠杆引导市场主体期望实现的指标；约束性指标则明确和强化了政府的责任，是要政府必保的。约束性指标的提法比指令性指标的提法好，因为指令性指标是靠行政指令层层下达来实现的。预期性指标 14 个，经济指标都是预期性的；约束性指标 8 个，都是社会发展、公共服务和涉及公众切身利益的指标，包括全国总人口（控制在 13.6 亿人）、单位国内生产总值能源消耗降低（20%）、单位工业增加值用水量降低（30%）、耕地保有量（18 亿亩）、主要污染物排放量减少（10%）、森林覆盖率（从 18.2% 提高到 20%）、城镇基本养老保险覆盖人数（增 5100 万人）、新型农村合作医疗覆盖率（从 23.5% 提高到 80% 以上）。这是本次纲要的亮点，也是纲要对中央"十一五"规划建议的具体化和发展，是计划和规划体制改革的重要成果，有极其重要的理论意义和现实意义。如何进一步完善规划指标，比如，是不是应当把物价总水平的变动引入规划主要指标，是值得今后研究的问题，因为保持物价稳定是国家宏观经济调控四大目标之一。

二　建设社会主义新农村成为"两会"　代表委员关注的焦点

建设社会主义新农村这个方针，20 世纪五六十年代就提出过，但是现在有崭新含义，成为逐步解决"三农"问题的完整方针。建设社会主义新农村，并不只是粉刷农村住宅和修修马路种种树，而是要做到生产发展、生活宽裕、乡风文明、村容整洁、管理民主。首先要推进现代化农业建设，没有农业生产的发展和农村经济的繁荣，一切都谈不上。还要全面深化农村改革，大力发展农村公共事业，千方百计增加农民收入。全面建设小康社会的难点在农村，纲要从统筹城乡发展出发，坚持把解决好"三农"问题作为全党工作的重中之重，并明确提出实行工业反哺农业、城市支持农村的方针，积极推进社会主义新农村建设，促进城镇化健康发展。

温总理的《政府工作报告》和"十一五"规划纲要都涉及新农村建设：

第一，温总理说，要下决心调整投资方向，把国家对基础设施建设投入的重点转向农村，这是一个重大转变。今年计划安排体现了这一点。但这个转变不是一下子能完成的，估计至少要有几年时间。

第二，温总理报告说，今年中央财政用于"三农"的支出达到 3397 亿元，比上年增加 422 亿元，增长 14.2%，高于中央财政总收入、总支出的增长水平，占中央财政总支出的 15.3% 和支出增量的 21.4%。考虑到我国农村人口占全国总人口的 57%，估计今后中央财政用于"三农"的支出的比重还会增加。还可考虑今后若干年中央财政超计划收入要拿出一定比例（比如 30%）用于"三农"。

第三，财政部提出实现基本公共服务均等化目标，这是向公共财政转轨的重要标志，下面引一个材料说明。联合国驻华机构对我国"十一五"规划提出，用相对适度的财政支出政策，就可以大大改善弱势群体的社会生存状况。比如，便利地获取基本医疗保健服务及医疗保健信息，可以预防 75% 以上的孕产期死亡和降低 70% 以上的 5 岁以下婴幼儿死亡率。如果政府能够把对小学、中学、大学三级教育的支出比率从现在的 1∶2∶10 变得更对称，就可以极大地缩小不同地区之间人口的受教育程度和劳动力技能水平的差距。政府的公共服务要均等化。在健康领域，政府 2/3 的支出服务于约 40% 的城市人口。各地政府每年人均卫生保健支出差异很大，从北京和上海的人均大约 200 元人民币到河南和湖南的不足 20 元人民币。这种状况必须改变。看来联合国驻华机构的这些意见是很值得重视的。

政府大幅度增加对"三农"的投入，不仅有利于提高农民收入，也能有效促进农村消费的增长。即使基础设施建设投入，也能直接提高农民收入。而农民收入的提高能在比较大的程度上转化为消费，从而活跃农村市场。看来这很有效，有助于改善我国投资和消费结构不协调状况。

三 "十一五"确定 GDP 增速 7.5%、 2006 年 GDP 增速 8% 比较实事求是

2003 年以来，连续三年 GDP 平均两位数增长使我国经济上了一个台阶，成为世界上第四大经济体，超过了英国。与此同时，带来三大问题：一是部分行业产能过剩，钢铁、电解铝、焦炭、铁合金、水泥等 11 个行业产能过剩；二是资源消耗过度、环境恶化，主要矿产品对外依存度达 50%

以上;三是加大了收入分配差距,在经济过热中,一些小煤窑主、房地产商、钢铁企业老板发大财,而职工、农民等一般老百姓增收不多。进入"十一五"时期,落实科学发展观、转变经济增长方式,成为实现平稳较快发展的关键,即要做到以人为本的发展,全面、协调、可持续的发展,切实从高投入、高消耗、高排放、低效率的粗放型经济增长方式,向低投入、低消耗、低排放、高效率的资源节约型经济增长方式转变,致力于优化经济结构,提升产业水平,提高经济增长的质量和效益,处理好经济增长同人口、资源、环境的关系。这就要求摒弃原来拼资源、拼能源、先污染后治理,一味粗放扩张的做法。同时要求适当压缩扩张的势头,把发展速度稍微放缓,调整到有利于各方面更加关注靠科技进步和劳动力素质的提高实现经济增长上来。今年 8%、"十一五"期间 7.5% 的 GDP 增速是现实可行的,既属于快速增长范畴,又有利于落实科学发展观。

四 坚定不移地深化改革

胡锦涛总书记在参加全国人大上海团审议时强调,要毫不动摇地坚持改革方向。温总理在答记者提问时也说,要坚定不移地推进改革开放,走中国特色社会主义道路。前进中尽管有困难,但不能停顿,倒退没有出路。我国经济社会发展要转入科学发展观轨道,主要靠深化改革。改革要以人为本,改革举措要以有利于老百姓能普遍享受到改革发展成果为出发点,即要认真考虑如何有利于扶贫济困。有些改革,如为鼓励节约资源而提高资源产品价格(提高水价、油气等燃料价、电价)和公共服务收费(提高公交收费),则要对低收入者予以补贴。改革要围绕实现"五个统筹"配套推进,以便从体制上机制上促进经济增长方式的转变,促进"三农"问题的解决,促进区域经济的协调、经济与社会的协调、人与自然的和谐,促进国内发展和对外开放的协调等。总之,要通过深化改革,完善社会主义市场经济体制,使我国经济社会发展真正转入科学发展观的轨道。这也是我国经济理论界今后要重点研究的课题。

(原载《中国社会科学院院报》2006 年 3 月 28 日)

"十一五"时期中国经济发展的
机遇、难点与前景

中国"十一五"时期（2006—2010年），仍然具有良好的经济发展机遇，与此同时，资源、环境等瓶颈制约更加突出。人们形容"十一五"是"黄金发展时期"和"矛盾凸显时期"并存的阶段。特别是，中国经济经过改革开放以来27年的高速增长，特别是2003—2005年9%以上的高速增长以后，能不能在"十一五"期间继续实现平稳较快发展，年均增长率保持在7%—8%，是各方面都十分关心的问题。《中共中央关于制定国民经济和社会发展第十一个五年规划的建议》（以下简称《建议》），对此作出了明确、肯定的回答。本文拟对"十一五"时期中国经济发展的机遇、难点与前景，作一简要的分析论述。

一 "十五"经济高速增长为"十一五"时期
经济持续快速增长打下了坚实的基础

"十五"期间特别是2003年及以后，中国经济快速增长。2003年和2004年GDP增速均为9.5%，大大高于2001年的7.5%和2002年的8.3%，2005年即将过去，这一年经济将继续保持快速增长也已无可置疑，上半年GDP增速仍达9.5%，估计全年GDP将增长9%左右。

中国经济社会发展在第十个五年计划的头四年半（2001—2005年上半年）取得非凡业绩，情况如表1所示。

从表1可以看出：第一，经济逐步摆脱了紧缩状态，增速加快。2001—2004年，国内生产总值（GDP）平均增速达8.7%。2004年GDP为136876亿元人民币，按当年汇率计算为16550亿美元，人均GDP达1273美元。2004年

2001—2005 年上半年中国经济发展主要指标　　　单位:%

		"十五"计划	2001 年	2002 年	2003 年	2004 年	2005 上半年
国内生产总值		7 左右	7.5	8.3	9.5	9.5	9.5
工业增加值			9.9	12.6	17	16.7	16.4
到 2005 年三次产业增加值比重	第一产业	13	15.2	14.53	14.4	15.2	
	第二产业	51	51.1	51.74	52.2	52.9	
	第三产业	36	33.6	33.72	33.4	31.9	
城市化水平（城镇人口占总人口比重）		36.22（2000 年）	37.66	39.09	40.53	41.76	
城镇登记失业率		5 左右	3.6	4.0	4.3	4.2	4.2
居民消费价格上涨率			0.7	−0.8	1.2	3.9	2.3
人口自然增长率		9‰左右	6.95‰	6.45‰	6.01‰	5.87‰	
财政收入（亿元）		13395.2（2000 年）	16386.04	18903.64	21715.3	26355.9	16392
城镇居民人均可支配收入年均增长		5	8.47	13.4	9	7.7	9.5
农村居民人均纯收入年均增长		5	4.18	4.8	4.3	6.8	12.5
社会消费品零售总额（亿元）		34153（2000 年）	37595	42027	45842	53950	29610
2005 年货物进出口总额（亿美元）		6800	5097.6	6208	8510	11548	6450
国家外汇储备（亿美元）		1655.70（2000 年）	2121.65	2864.07	4032.51	6099.32	7110
2005 年固定资产投资率控制线		35 左右	38.8	42.2	42.4	43.9	
2005 年 R&D 占 GDP 比重		1.5	1.09	1.1	1.31	1.35	

资料来源：国家信息中心:《2005 中国统计摘要》,中国统计出版社 2005 年版。

注：工业增加值为规模以上工业企业增加值。

GDP 按 2000 年价格计算，达到 12.5 万亿元人民币以上，已完成"十五"计划原定的 12.5 万亿元的目标，即提前一年实现 GDP 目标。[①] 根据计算，

___

① 参见《人民日报》2005 年 5 月 15 日。

如果 2005 年 GDP 增速为 9%（很可能达到），那么要实现 2010 年 GDP 比 2000 年翻一番的目标，2006—2010 年每年 GDP 增速只需 5.6% 就能达到。可见，"十五"期间经济发展已为以后的发展和到 2010 年 GDP 翻一番打下了坚实的基础。还要指出，在经济高速发展的同时，保持了物价的基本稳定，全国居民消费价格上涨率 2001—2004 年平均只有 1.2%。

第二，工业生产迅猛发展，农业生产出现重大转机。2003 年、2004 年，钢铁、水泥、汽车、电力、煤炭等高速发展。钢材从 2000 年的 12850 万吨增加到 2004 年的 29723 万吨，翻了一番还多，其中 2003 年和 2004 年分别比上年增长 4856 万吨和 5615 万吨。水泥 2003 年和 2004 年分别比上年增长 13708 万吨和 10792 万吨。汽车 2004 年超过 500 万辆，达 507.4 万辆，比 2002 年增加 182.3 万辆，增长 59%。发电量 2004 年达 21870 亿千瓦小时，比 2002 年增加 5330 亿千瓦小时，增长 33%。原煤 2004 年达 19.56 亿吨，比 2000 年增加 9.56 亿吨，接近翻了一番，其中 2003 年和 2004 年分别比上年增长 28% 和 11%。与此同时，农业生产于 2004 年出现重大转机，粮食产量扭转了连续 5 年下降局面，2004 年粮食产量为 46947 万吨，比上年增产 3877 万吨，增长 9%。农村居民人均纯收入也扭转了前三年一直低于计划指标 5% 的局面，增长率达 6.8%。

第三，对外贸易大幅度增长，利用外资继续增加，实施"走出去"战略迈出重大步伐。中国 2001 年正式加入世界贸易组织，这几年入世的正面效应好于预期。首先，对外贸易大幅度增长。2004 年进出口贸易达 11548 亿美元，大大超过"十五"计划预定的 6800 亿美元的指标，比 2000 年 4742.9 亿美元增长 1.43 倍。2005 年上半年进出口总额达 6450 亿美元，比上年同期增长 23%。我国外贸进出口总额由 2000 年的世界排名第八位上升到 2004 年的第三位。利用外资继续增加，实际利用外资 2001 年为 496.7 亿美元，2002 年为 550.1 亿美元，2003 年为 561.4 亿美元，2004 年为 640.7 亿美元。2004 年，我国出口额占 GDP 的 36%，进出口税收占全国税收总额的 17.7%。外商投资企业工业增加值占全国规模以上工业增加值的 27.8%，出口占全部出口额的 57%，交纳税收占全国税收总额的 20%。开放型经济领域吸纳的就业人数超过 8500 万。外汇储备达 6099 亿美元（2005 年 6 月末又进一步增加到 7110 亿美元）。中国对世界经济的影响力也在增强，

2004年中国对世界经济增长的贡献率达到17.5%，2003年中国进口额已占全球进口总额的5.3%。到2004年，对外直接投资累计370亿美元，对外承包工程完成营业额累计1140亿美元，对外劳务合作完成营业额累计308亿美元，累计派出各类劳务人员319万人。

第四，财政收入大幅度增长，人民生活水平逐步提高。"十五"时期财政收入上了一个台阶，财政收入占GDP比重稳步上升。2004年全国财政收入达26355.9亿元，比2000年增加12960.7亿元，增长率达96.8%，平均每年增收3000亿元以上。财政收入占GDP比重也从2000年的14.97%提高到19.26%，提高了4.29个百分点。2005年上半年，财政收入完成16392亿元，比上年同期又增长14.6%。财政收入大幅度增加，是"十五"期间社会经济生活的一个重要亮点。居民收入和生活水平也在逐步提高。2001—2004年，城乡人民的收入水平都逐年提高，其中城镇居民可支配收入每年增长都在5%的计划指标以上，农村居民人均纯收入年均增长接近5%的计划指标。社会消费品零售总额这几年也有较快增长，年均增幅在两位数左右。特别是，这几年的物价稳定，2001—2004年年均居民消费价格上涨率只有1.2%，2005年上半年上涨率也只有2.3%，均处于"高增长、低通胀"的最好时期。

第五，各项社会事业加快发展。2001—2004年，城镇累计新增就业3400万人，完成"十五"计划目标任务的85%，城镇登记失业率控制在5%的目标内。2004年年末，全国参加基本养老保险人数为16353万人，参加失业保险人数为10584万人，参加医疗保险人数为12404万人，均比2000年有较大幅度增加。2004年，全国共有2205万城镇居民得到政府最低生活补助；年末农村绝对贫困人口为2610万人，比2000年减少很多。教育事业发展很快。九年义务制教育基本普及。高等教育大发展，2000年普通高校在校学生556.1万人，2004年跃增至1333.5万人，增加了1.4倍。研究与试验发展经费支出占GDP比重，2000年为1%，2004年增为1.35%。公共卫生体系建设有重大进展，截至2004年4月，中央和地方各级政府已投入资金108.6亿元，建设2425个省、地、县三级疾病预防控制中心项目；投入76亿元用于突发公共卫生事件医疗救治体系建设，建设项目2518个。

除此之外，"十五"期间，工业化持续快速推进，高技术产业迅猛发展；城市化进程加快，城市化程度年均提高 1 个百分点以上，比 1978—2000 年年均提高 0.4 个百分点左右；形成了各有侧重的区域发展战略，西部大开发取得进展，振兴东北地区等工业基地、促进中部崛起开端良好；社会发展得到高度重视，公共服务投入力度加大，生态环境保护和建设得到加强，等等。总体看，"十五"计划实施是比较好的，我国的综合国力、国际竞争力和抗风险能力有比较明显的增强。

二 "十一五"中国经济持续快速发展的条件

2005 年 10 月通过的《建议》提出，2006—2010 年中国经济发展的一个重要目标，是在优化结构、提高效益和降低资源消耗的基础上，实现 2010 年人均 GDP 比 2000 年翻一番。这是一个鼓舞人心的既积极而又稳妥的指标。鉴于"十五"期间我国 GDP 年均增长可达 8.8%，如果"十一五"末 GDP 总量仍按过去设想比 2000 年翻一番，那么"十一五"期间 GDP 年均增速只需接近 6% 即可达到，这显然是低了，不切实际。根据这次《建议》提出的目标，则"十一五"人口自然增长率按国家人口计生委预测年均为 8.8‰（2001—2004 年人口自然增长率实际年均为 6.4‰），按人口平均 GDP 翻一番，则 GDP 年均增速要达到 7.4%（2005 年假定为 9%）。根据改革开放以来和近十年来的经验，这个指标是比较现实可行的，属继续保持快速发展的范畴。

为什么说中国经济"十一五"期间仍能继续保持快速发展的势头呢？

第一，中国有巨大的和不断扩展的市场。在新世纪新阶段，中国的主要任务是全面建设惠及十几亿人口的更高水平的小康社会，使经济更加发展、民主更加健全、科教更加进步、文化更加繁荣、社会更加和谐、人民生活更加殷实。全面建设小康社会经济领域的目标是，基本实现工业化，初步实现城市化，社会保障体系比较健全，社会就业比较充分，家庭财产普遍增加，人民过上更加富足的生活。在这样一个大背景下，国内居民消费结构不断升级，产业结构调整和城市化进程加快，使中国的市场空间非常大，为社会生产力的发展提供了最广阔的场所。例如，这几年我国房地产发展很快，房地产投资增速年均达 20% 以上，除了有部分不正常因素外，主要是由于广大群众对房地产有购买力，需求旺盛拉动的结果。

第二，中国有持续的高储蓄率。中国的储蓄率高是全世界出名的，长时期在 30% 以上。据一份研究报告材料，1978—2002 年我国储蓄率在 32.5%—42.2%。1978—1981 年储蓄率逐年下降，从 1978 年的 37.9% 降到了 1981 年的 32.5%。1982—1994 年储蓄率呈上升趋势，1994 年上升到 42.2%。1995—2000 年储蓄率略有下降，2000 年降到 38.7%，2001 年、2002 年又回升，2002 年为 42%。① 高储蓄率支撑着高投资率，从而支撑着经济的高速发展。中国的资本形成率②一直很高，1978 年为 38.2%，"六五"时期为 34.5%，"七五"时期为 36.7%，"八五"时期为 40.3%，"九五"时期为 37.6%，"十五"时期 2001 年 38%，2002 年 39.2%，2003 年 42.4%，2004 年 43.9%。有研究表明，1978—2003 年中国资本年均增长速度为 9.9%，对经济增长的贡献率为 6.3%，在 GDP 年均 9.4% 的增长中贡献近 6 个百分点③。有的经济学家担心，随着消费信贷和信用卡的推广，中国的高储蓄率有可能在短期内陡然下降，如近几年日本和韩国那样。④ 看来这种担心是没有必要的，至少在"十一五"时期不会出现大幅度下降的情况。

第三，基础设施建设已有相当基础。发展中国家的一个普遍弱点是基础设施供应不足，影响经济起飞。中国经过改革开放以来二十多年的发展，情况已有很大变化，基础设施条件显著改善。铁路营业里程，1978 年为 5.17 万里，2004 年达 7.42 万公里，增长 43.5%，"十五"期间可增加 6000 公里。公路 1978 年为 89.02 万公里，2004 年达 187.07 万公里，增长 1.1 倍。特别是高速公路，1990 年才 500 公里，2004 年已达 3.43 万公里，"十五"期间可增加 2.3 万公里。民用航空航线里程也大幅度增加，1978 年为 14.89 万公里，2004 年已达 204.94 万公里，增长了近 13 倍。沿海主要港口货物吞吐量，1990 年为 48321 万吨，2004 年达 246074 万吨，增长 4.1 倍。全国电话普及率，1990 年每百人为 1.11 部，2004 年达 50.8 部，其中移动

---

① 参见国家发改委宏观经济研究院课题组《"十一五"时期我国经济社会发展总体思路研究》。

② 资本形成率 = 资本形成总额 ÷ 支出法国内生产总值 × 100%。

③ 参见王梦奎主编《中国中长期发展重要问题》，中国发展出版社 2005 年版，第 4 页。

④ 参见世界银行《中国"十一五"规划的政策》（2004 年 12 月），第 28—29 页。

电话 25.76 部。2004 年全国发电总装机已达 4.4 亿千瓦，预计到 2005 年底可达 5 亿千瓦，居世界第二位，其中"十五"时期新增约 1.75 亿千瓦。发电量 1978 年为 2566 亿千瓦小时，2004 年达 21870 亿千瓦小时，增长 7.5 倍。供水总量 1990 年为 382.3 亿立方米，2004 年为 489 亿立方米，增长 28%。污水处理 2003 年为 148 亿立方米，占当年排放量的 42%，等等。

第四，劳动力资源丰富并具有一定素质，科技教育也有相当基础。中国有世界上最为丰富的劳动力资源，2004 年就业人员达 75200 万人，其中从事第一产业的为 35269 万人，占 46.9%；从事第二产业的 16920 万人，占 22.5%；从事第三产业的 23011 万人，占 30.6%。除了城镇有 1 千多万人失业外，在农村从事第一产业的劳动力中，约有 1.5 亿人是隐性失业者。中国不仅具有丰富的劳动力资源，而且经过多年实施九年义务教育制度，青壮年一般均具有初中文化水平，工资水平较低且受劳动力供求关系影响多年来稳定在较低水平上，工资成本低是中国出口产品具有较强国际竞争力的重要因素。随着我国推进工业化和城市化，农村劳动力将逐步向城市和第二、第三产业转移，这本身就将促进生产效率的提高和产出的增加。世行专家一份研究报告显示，1979—1984 年和 1995—1998 年，中国生产率的提高分别有 70% 到 90% 来自劳动力从第一产业转移到城镇就业，因为城镇就业利用现代技术使得增加值大幅度提高。[①] 科技事业快速发展。1990 年，我国平均每万名职工有专业技术人员 2416 人，2003 年增加为 3900 人。专利申请受理量，1991 年为 5 万件，2004 年增加到 35.38 万件，增长 6 倍多。文化、教育、卫生、体育等事业的发展，促使我国劳动力素质逐渐提高。

除以上四条之外，社会主义市场经济体制不断完善，企业活力和市场机制作用明显增强，将有力地推动我国经济的快速发展。这一点，后面还要专门论述。还有，政治社会环境稳定，将为经济发展提供可靠的支撑和保障。国际环境对我国经济持续快速发展也有利。和平、发展、合作已成为当今时代的潮流，世界经济仍处于增长期，经济全球化趋势在曲折中深入发展，生产要素流动和产业转移加快，世界科技进步突飞猛进，有利于

---

① 参见世界银行《中国"十一五"规划的政策》（2004 年 12 月），第 24—25 页。

我国发挥后发优势，实现技术的跨越发展和经济的迅速增长。

三　资源瓶颈制约突出，转变经济增长方式刻不容缓

我国经济和社会经过改革开放后 27 年的快速发展，特别是 2003 年以来 9% 以上的 GDP 高速增长，一部分行业（如建材、钢铁、电解铝等）已经出现生产能力过剩，今后还可能会有其他行业由于前期投资过热而陆续出现生产能力过剩[①]。与此同时，资源瓶颈制约和环境压力也不断加大，可持续发展问题日益突出，高投入、高消耗、高污染、低效率的粗放型增长已难以为继。我国人均耕地占有量为世界平均水平的 40% 左右，2004 年为人均 1.41 亩，随着工业化和城市化的推进以及人口的增加，人均耕地还将减少。我国人均淡水资源占有量仅为世界平均水平的 1/4，且时空分布不均。目前 600 多个城市中已有 400 多个缺水，110 个严重缺水。我国人均占有的石油、天然气和煤炭资源储量分别为世界平均水平的 11%、4.5% 和 79%；45 种矿产资源人均占有量不到世界平均水平的一半；铁、铜、铝等主要矿产资源储量分别为世界平均水平的 1/6、1/6 和 1/9。主要矿产资源的对外依存度已从 1990 年的 5% 上升到目前的 50% 以上。2003 年，中国石油消费量为 2.67 亿吨，进口石油 9700 万吨，对外依存度为 36%。2004 年，中国石油消费量 2.92 亿吨，进口石油 1.23 亿吨，对外依存度达 42.1%。2004 年，我国铁矿石进口 2.08 亿吨，对外依存度约 40%。2005 年铁矿石进口将进一步提高至 2.4 亿吨，[②] 占世界自由贸易量的 50% 以上。铜精矿和氧化铝消费量的 50% 都依赖进口。中国资源进口不断增加，也助长了国际市场资源性产品价格的上涨。自 1999 年以来，国际市场原油价格已上涨了约 4 倍。中国进口的铁矿石价格，2003 年上涨 30%，2004 年上涨 80%，2005 年上涨 71.5%。

我国资源利用效率低，从资源投入与产出看，2004 年，我国 GDP 按当时汇率计算占全世界 GDP 的 4%，但消耗了全球 8% 的原油、10% 的电力、19%

---

① 商务部材料，2005 年前 5 个月，39 个工业行业的产成品库存同比增长 19%，特别是钢铁、电解铝等产品供过于求的矛盾比较突出。（《中华工商时报》2005 年 8 月 20 日）

② 参见《经济日报》2005 年 4 月 9 日。

的铝、20% 的铜和 31% 的煤炭。① 能源利用效率低，目前，钢铁、有色、电力、化工等 8 个高耗能行业单位产品能耗比世界先进水平高 40% 以上，单位建筑面积采暖能耗相当于气候条件相近的发达国家的 2—3 倍。工业用水重复利用率和矿产资源总回收率分别比国外先进水平比低 15—25 个和 20 个百分点。② 中国矿产资源总回收率只有 30%，城市水的回用率也仅为 30% 左右。③

粗放式经济增长方式对环境压力日益增大，几近极限。2003 年，我国工业和生活废水排放总量为 680 亿吨，化学需氧量排放 1334 万吨，居世界第一位；二氧化硫排放量 2159 万吨，位居世界第一，90% 的二氧化硫排放是由于用煤导致的；二氧化碳年排放量仅次于美国，位居世界第二。全国七大水系 38% 的断面属五类及劣五类水质，90% 流经城市的河段受到严重污染，大部分湖泊富营养化问题突出；近岸海域污染面积仍在扩大，赤潮灾害频繁发生；全国近一半的城镇水源地水质不符合原水标准，农村尚有近 3 亿人喝不上符合标准的饮用水；酸沉降、光化学烟雾、细颗粒物已经在城市密集地区构成严重的区域性污染。世界十大污染城市，中国占了 6 个。2005 年年初，瑞士达沃斯世界经济论坛公布了最新的"环境可持续指数"评价，在全球 144 个国家和地区的排序中，中国居第 133 位。④

与此同时，生态退化问题也比较突出。目前，全国水土流失面积 356 万平方公里，占国土面积的 37%。沙化土地面积 174 万平方公里，且有扩展之势。草原超载过牧，乱采滥挖严重，鼠虫灾害频繁，全国退化草原面积已占草原面积的 90%。

十年前，党的十四届五中全会和"九五"计划确立实现经济增长方式根本性转变的方针以来，我国在转变经济增长方式方面取得了一些进展，比如，有的研究表明，我国 1980—2002 年单位 GDP 能耗下降了 66.8%⑤，但这种成绩是以过去经济增长粗放程度过高为基数的，从总体上看，至今仍未实现根本性转变，高投入、高消耗、高排放、低效率的格局未变。进

① 参见《中华工商时报》2005 年 6 月 26 日。
② 参见《人民日报》2005 年 6 月 26 日。
③ 参见《中国经济时报》2005 年 7 月 1 日。
④ 参见《经济参考报》2005 年 7 月 14 日。
⑤ 参见王梦奎主编《中国中长期发展的重要问题》，中国发展出版社 2005 年 4 月版，第 6 页。

入 21 世纪后，各地热衷于发展重化工业和耗能高产品，能源弹性系数大幅度提高，能源的瓶颈制约特别突出，情况如下表：

能源消费弹性系数（能源消费增长率/GDP 增长率）

时期（年）	GDP 增长（%）	能源消耗增长（%）	系 数
1981—1990	143	64	0.44
1991—2000	162	32	0.2
1996—2000	48.8	0	0
2001—2004	39.6	51.2	1.29
2004	9.5	15.2	1.6

资料来源：《中国统计年鉴》。

针对这种严峻情况，《建议》在提出"十一五"期间的目标时，除了提出在优化结构、提高效益和降低消耗的基础上，实现 2010 年人均 GDP 比 2000 年翻一番，普及和巩固九年义务制教育等外，特地提出，资源利用效率显著提高，单位国内生产总值能源消耗比"十五"期末降低 20%左右，即能源消费弹性系数要降到 1 以下，节约能源成为节约资源的重点。还要求，生态环境恶化趋势基本遏制，耕地减少过多状况得到有效控制等。

转变经济增长方式，就要实现主要依靠资金和自然资源支撑经济增长，向主要依靠人力资本投入、劳动力素质提高和技术进步支撑经济增长转变，实现由资源—产品—废弃物流程，向资源—产品—废弃物—再生资源的循环经济型转变。为此，必须不断增强自主创新能力，大力发展循环经济，建立资源节约型的生产方式和消费方式，强化环境和生态保护，真正走可持续发展的道路。这是关系"十一五"规划能否顺利实施的全局性问题。

四　从体制机制方面逼迫经济增长方式 转变，提高经济增长的质量和效益

我国要落实党中央提出的科学发展观，转变经济增长方式，提高经济增长的质量和效益，除了要实施有利于自主创新、优化产业结构、节约能源资源的方针政策，完善法律法规以外，主要靠深化改革，形成推动经济

增长方式转变的体制机制。

第一，切实转变政府职能，政府从经济活动主角转为公共服务型政府。真正实行政企分开、政资分开、政事分开、政府与市场中介组织分开，政府不再干预微观经济活动。政府要贯彻以经济建设为中心的方针，但不能因此就自认为是经济活动的主角，主导经济资源的配置。在社会主义市场经济条件下，经济活动的主角是企业。"经营城市"是政府职能的大错位。政府不能办企业，这是早就明确了的，怎么能去做以营利为目的的经营城市呢？政府任期五年一届，每一届政府都要求有明显政绩，为此都追求短期（五年之内）效益最大化，不管后果怎样。外延式的粗放型经济增长最适合这一要求。2003 年以来，主要是地方政府为追求 GDP 的高速增长和形象工程，大搞开发区和市政建设，个个都要工业立市，铺摊子，上项目，外延式扩张，引发经济走向过热。资料显示，2003 年以来这一轮经济过热中，政府直接投资的比例超过 60%，政府通过廉价征用土地促成了城市化的高速发展和开发区的过度膨胀[①]。在很多情况下，中央政府的宏观调控，主要是调控地方政府的经济行为，因而不得不采取行政手段。政府改革和转换职能已成为今后深化改革的关键环节。

第二，深化财税改革。目前的财税体制促使各地热衷于粗放式发展工业特别是重化工业，因为这样 GDP 增速快，财税收入高，而对发展高技术产业和第三产业不够重视。今后需考虑逐步提高直接税的比重，降低间接税的比重。降低或取消高耗能高污染产品和资源性产品出口退税。开征燃油税、物业税。目前，中国的汽油消费税是美国的 1/10，是欧洲的 3%—5%，太低了。开征燃油税，能鼓励节约汽油。稳步推行物业税即房地产税，能抑制对房地产的过度需求，促进房地产健康发展。建立与事权相适应的中央和地方财政收支体制。完善增值税制度，包括从生产型增值税向消费型增值税转变。财政资金不再投资于一般竞争性产业，而要投向公共服务领域，等等。还有，我国矿产资源有偿使用制度极不完善，财政部材料，我国 15 万个矿山企业中仅有 2 万个矿山企业是通过市场机制取得矿业权，绝大部分是通过行政授予无偿占有的。我国矿产资源补偿费平均费率

---

① 参见《理论动态》第 1674 期（2005 年 6 月 25 日），第 8 页。

为 1.18%，而国外与我国矿产资源补偿费性质基本相似的权利金费率一般为 2%—8%。我国石油天然气的费率更低，为 1%，远远低于美国的 12.5% 和澳大利亚的 10%。

第三，深化价格改革，重点是使生产要素和资源产品价格能反映资源的稀缺程度。高投入、高消耗、高污染、低效益的粗放型增长方式之所以难转变，是因为我国的生产要素价格和资源产品价格长期受国家管制，严重偏低。资源的价格低，地价低，水价低，能源包括电价低。要转变经济增长方式，建立节地、节能、节水、节材的生产方式和消费方式，必须积极推进生产要素和资源产品价格改革，形成反映市场供求状况和资源稀缺程度的价格形成机制，节约利用资源，提高效率。我国能源价格长期偏低，比价也不合理。2004 年国内汽油、柴油出厂价格比新加坡、鹿特丹，纽约三地市场进口到岸完税价格平均水平分别低 791 元/吨、837 元/吨；国内汽油、柴油零售中准价较三地市场进口到岸完税价格平均水平分别低 231 元/吨、335 元/吨。国际上煤炭、石油、天然气的比价关系大体为 1:1.5:1.35，而我国实际大致为 1:4:3，煤价明显偏低。国际上天然气与原油按热值计算比价平均为 1.05:1，而我国为 0.4:1，天然气价格偏低。[①] 电力价格也偏低。因此，要节能，首先要调整过低的能源价格。国外有的经济学家曾对 2500 家公司做过一次研究发现，能源使用量的降低 55% 归功于价格调整的结果，17% 是研究与开发的结果，还有 12% 则源于所有制形式的不同，其余则归结于工业所占份额的变化[②]。中国是淡水短缺的国家，可是水的利用效率较低，单位国内生产总值消费的水资源相当于一些发达国家的 4 倍。重要原因是水价低。国际普遍流行的水价构成包括水资源价格、水工程成本、水处理成本及水管理成本，而且还包括污水处理的成本。而我国的水价只包括水工程成本、水处理成本和污水处理费。2003 年，城市的每立方米水价为 0.15 美元，而南非是 0.47 美元，美国是 0.51 美元，德国为 1.45 美元。可见，要节约用水，必须提高水价，用价格杠杆来限制水的滥用浪费。国外的一些资料也证明了这一点。美国的研究结果是，水价从每立方

---

① 参见中国价格协会联合课题组《"十一五"时期深化能源价格改革的基本思路研究》（2005 年 5 月），第 6—7 页。

② 参见世界银行《中国"十一五"规划的政策》（2004 年 12 月），第 70 页。

米 7.9 美分提高到 13.2 美分，用水量减少 42%；从 15.9 美分提高到 21.1 美分，用水量减少 26%[①]。还要指出，由于从 2004 年冬开始，我国居民消费价格指数（CPI）上涨率处于较低水平，2005 年上半年只有 2.3%，这正是调整资源产品和服务价格的大好时机。要抓住这个难得的机遇，及时调整价格，逐步使价格反映资源的稀缺程度。

第四，改革干部政绩考核和提拔任用体制。干部政绩不能只看 GDP（和绿色 GDP）增速，更要看市场监管、社会管理和公共服务水平，包括就业、社会保障、教育、文化、环保、生态保护、医疗卫生以及社会秩序、信用、法治环境的改善等。政府职能没有很好转换或者转换不到位，关键是干部政绩考核和提拔任用制度不完善。不少地方官员，包括从事妇联、教育、卫生等工作的官员，也分配"招商引资"指标。以贱卖土地（甚至政府赔本进行土地开发）、越权减免税办法争取外资，以及与外商站在一起，侵犯劳工合法权益等。在片面追求 GDP 增长驱动下，资源的滥用和破坏、环境的污染、生态的破坏都可以放在一边。不改革这种祸及子孙后代的干部考核体制，就无法建设资源节约型和环境友好型社会。

第五，深化企业改革特别是国有企业改革，形成转变经济增长方式的微观基础。产权归属清晰、保护严格，市场主体会自动地追求质量和效益型的经济增长。深化企业改革，就要使长期依附于政府的国有企业和常常受到不公平待遇的民营企业，都成为具有独立的法人财产权、经营决策权和独立承担风险的法人实体和市场主体。为此，既要引导民营企业制度创新，更要深化国企改革。许多国有企业由于其固有的机制缺损，资源利用效率低下，浪费严重。要继续推进国有经济布局和结构的战略性调整，使国有资本更好地集中在能发挥自己优势的重要行业和关键领域的大企业中，而从一般竞争性行业和中小企业逐步退出，使资源得到更为有效的利用。对于仍需国有经济控制的领域，要积极推进股份制改革，实行投资主体多元化，以改善公司治理结构。垄断行业的改革需加快推进，积极引进竞争机制，允许新的厂商参与竞争，特别是非自然垄断性业务要放开。对自然垄断性业务则要加强监督，包括安全、环保、价格、普遍服务等监管。即

---

① 参见段治平《我国水价改革历程及改革趋向分析》，《中国物价》2003 年第 4 期。

使是自然垄断性业务，有些也可以通过如特许经营权拍卖，使其具有一定的竞争性并增进效率。垄断行业资源节约的潜力巨大，搞好垄断行业改革，能大幅度地提高资源配置效率，达到节约和合理使用资源、转变经济增长方式的目的。

此外，深化金融体制改革，完善市场体系和市场秩序，逐步理顺分配关系，提高外贸的质量、效益和利用外资的质量等，都将使我国经济运行逐步走上转变增长方式、建设资源节约型和环境友好型社会的轨道，从而使我国经济持续地实现快速健康发展。

五 注重社会公平，全面提高人民群众生活水平和质量

进入21世纪，中国国内不同地区和不同居民之间的收入、消费等差距继续扩大，逐渐成为经济社会发展中突出的问题，引起各方面的重视和不安。根据国家统计局材料，2003年，经济比较发达的上海市和北京市人均地区生产总值为46718元和32061元，而经济欠发达的贵州省人均地区生产总值为3603元，只及上海市的1/13和北京市的1/8.9，可谓差距惊人；人均消费水平，上海市和北京市为15866元和10584元，贵州省为1770元，只及上海市的1/9和北京市的1/6。反映居民贫富差距的基尼系数，20世纪90年代中期为0.4，到2004年，已上升到0.47，表明中国收入分配已达到很不平等的程度。在不断涌现千万富翁亿万富翁的同时，2004年全国农村尚有年人均纯收入不足668元的绝对贫困人口2610万人，还有年人均纯收入在669—924元之间的低收入人口4977万人，两者合计为7587万人。近4年来，贫困人口中有60%以上为当年返贫人口。4000万—5000万失地农民中①，有一半是既失地又失业者。上亿农民工的合法权益往往没有很好保障。城市也有两千多万人靠领最低生活保障金生活。因此，我国要全面建设惠及十几亿人口的小康社会，必须在经济发展基础上，更好地处理分配不公问题，更加注重社会公平问题，着重提高上述弱势群体的收入水平和生活水平，使他们能共享经济发展和改革的成果。

---

① 参见王梦奎主编《中国中长期发展的重要问题》，中国发展出版社2005年版，第189页。

　　在这一大背景下，最近两三年，一些经济学家对"效率优先，兼顾公平"提出了质疑，有的经济学家认为应抛弃"效率优先，兼顾公平"，或改为效率与公平并重。笔者在 2001 年 7 月《经济研究》上发表的《社会主义市场经济论：靠深化改革立论》短文中曾提出："1993 年党的十四届三中全会提出效率优先、兼顾公平的原则，我认为是对的，是适用于相当长一段时间（比如直到 2010 年）的，因为我们的生产力水平低，在一段时间内要强调效率，使经济发展得尽可能快一点。而在经济经过三四十年的快速发展，社会主义市场经济体制趋于成熟、完善的时候，比如到 2010 年及以后，我们也许要对社会公平问题给予更高程度的重视，实行效率与公平兼顾、大体同等重视的原则。从我国当前出现收入差距过大，基尼系数一般认为已超过 0.4 的警戒线的实际情况看，更要求我们关注社会公平问题，处理好收入分配关系，给社会的弱势群体予以更多的帮助。"现在看来，由于地区经济发展和居民收入分配不平衡的加剧，要求我们从现在即"十一五"时期起，而不是到 2010 年，就要实行效率与公平同等兼顾的原则，即从现在起就要更为关注社会公平问题，以贯彻以人为本、五个统筹的科学发展观，并为社会主义和谐社会的建设打下良好的经济基础，即处理好不同群体的经济利益关系。

　　这次《建议》不只是要求"十一五"期间，随着经济的发展提高人民的收入和生活水平，而且特别注意收入分配的公正性和提高人民的生活质量，大力发展科教文卫等各项社会事业，包括：千方百计提高农民收入，千方百计扩大就业，加大扶贫的力度，扩大社保的范围和提高社保的层次，逐步做实个人账户，采取切实措施解决群众看病难和看病贵的问题，完善公共卫生和医疗救助体系，普及和巩固九年义务制教育，发展高中阶段教育和高等教育，发展文化事业和文化产业，等等。在"十一五"时期，政府要加强公共服务职能，并按均等化原则公平地分配公共服务，解决城乡之间公共服务差距过大的问题。着力加强义务教育、基本医疗、公益性文化、社会救助体系和公共安全体系等建设。还要完善税制，通过加大个人所得税收征管力度等措施，调节过高收入，并通过财政转移支付的措施，帮助经济欠发达地区，提高低收入者的收入和福利水平。

　　今后，政府应当着力完善社会管理和公共服务职能，促进社会和谐。

联合国驻华机构对中国"十一五"规划箴言提出，用相对适度的财政支出政策，就可以大大改善弱势群体的社会生存状况。比如，便利地获取基本医疗保健服务及医疗保健信息，可以预防 75% 以上的孕产期死亡和降低 70% 以上的 5 岁以下婴幼儿死亡率。如果政府能够把对小学、中学、大学三级教育的支出比率从现在的 1:2:10 变得更对称，就可以极大地缩小不同地区之间人口的受教育程度和劳动力技能水平的差距。政府的公共服务要均等化。在健康领域，政府 2/3 的支出服务于约 40% 的城市人口。各地政府每年人均卫生保健支出差异很大，从北京和上海的人均大约 200 元人民币到河南和湖南的不足 20 元人民币。这种状况必须改变。看来，这些意见是很值得重视的，也是"十一五"期间发展社会事业应很好解决的问题。①

参 考 文 献

《中共中央关于制定国民经济和社会发展第十一个五年规划的建议》（2005 年 10 月）

《2005 中国统计摘要》，中国统计出版社 2005 年 5 月版。

世界银行：《中国"十一五"规划的政策》（2004 年 12 月）。

国务院发展研究中心课题组：《"十一五"期间中国经济增长的内外部环境》，《经济要参》2005 年第 29 期。

《中国改革高层论坛——以政府行政管理体制改革为重点全面推进体制创新》（2005 年 7 月 12—13 日，北京）。

国家发改委宏观经济研究院课题组：《"十一五"时期我国经济社会发展总体思路研究》（2004 年 4 月）。

王梦奎主编：《中国中长期发展的重要问题》，中国发展出版社 2005 年 4 月版。

（原载《中国社会科学院学术咨询委员会集刊（2005）》第 2 辑，社会科学文献出版社 2006 年版）

---

① 《促进中国的社会发展——联合国系统驻华机构对中国"十一五"规划的箴言》（2005 年 7 月）。

在科学发展观指引下不断增强
和谐社会的物质基础

党的十六届六中全会作出的《中共中央关于构建社会主义和谐社会若干重大问题的决定》，进一步明确了社会和谐和发展的关系，经济发展和社会发展的关系，指出要坚持以经济建设为中心，大力发展社会生产力，不断为社会和谐创造雄厚的物质基础。发展必须坚持科学发展，用科学发展观统领经济社会发展全局，这是构建社会主义和谐社会必须遵循的重要原则。

科学发展的主要内涵，一是坚持以人为本，这是发展的目的和根本出发点；二是"五个统筹"或五个协调。科学发展观是 2003 年提出的，现在依然具有非常强的现实针对性和指导意义。

一　实行科学发展，当前具有全局意义的是
转变经济增长方式，提高发展的质量

我认为，现阶段要做到六中全会提出的坚持科学发展，首先需要着力提高发展的质量，主要是转变经济增长方式。

1995 年，在制定"九五"计划时，曾经提出根本转变经济增长方式的任务。2005 年，在制定"十一五"规划时，进一步提出要从高投入、高消耗、高排放、低效率的粗放型经济增长方式，向低投入、低消耗、低排放、高效率的资源节约型增长方式转变的任务。这是基于进入 21 世纪以后，我国土地、淡水、能源、矿产资源和环境状况对经济发展已构成严重制约，不转变经济增长方式，已难以持续保持经济的平稳较快增长，从而成为经济运行中亟待解决的突出问题。

2004 年，我国 GDP 按当时汇率计算占全世界 GDP 的 4%，但消耗了全球 8% 的原油、10% 的电力、19% 的铝、20% 的铜和 31% 的煤炭。

2005 年，我国 GDP 占世界 GDP 的 5%，但一次能源消耗量占全世界的 14.7%（煤炭则占 36.9%），钢材消耗量占世界的 27%，水泥消耗量占世界的 50%。2005 年，我国万元国内生产总值能源消耗量为 1.22 吨标准煤，相当于美国的 3.2 倍，日本的 8.7 倍。

我国是资源不富裕，人均耕地、淡水、石油、重要矿产品如铁矿石、氧化铝、铜等短缺的国家。多年的粗放扩张，特别是 2003 年以来大规模的粗放扩张，已使我国资源和环境状况对经济增长构成严重制约，成为最突出的瓶颈。这其中一个突出表现是，1990 年，我国主要矿产品的对外依存度为 5%，现在已到 50% 以上，即 50% 以上要靠进口，风险很大。比如 2005 年，我国消费的石油的 42.9%、铁矿石的 53%，氧化铝的近一半依靠进口。进口品的价格也不断上涨。1998 年年底，石油 10 美元一桶，现在为 60 美元左右。进口铁矿石价格，2003 年上涨 30%，2004 年上涨 80%，2005 年上涨 71.5%，2006 年又涨了 19%。

针对上述严峻情况，2005 年中央"十一五"规划建议、2006 年 3 月全国人大通过的"十一五"规划纲要都把转变经济增长方式，提高经济增长的质量和效益，作为落实"十一五"规划的关键。中央建议有两个指标，一为人均 GDP 2010 年比 2000 年翻一番，一为单位 GDP 能耗 2010 年比 2005 年降 20%。"十一五"规划建议为何突出单位 GDP 能耗降低？因为过去能源消费弹性系数一直是 1 以下，1981—1990 年为 0.44，1991—2000 年为 0.2，但 2001—2005 年上升为 1.02，其中 2003 年为 1.53，2004 年为 1.59，2005 年为 0.97。能耗高成为制约经济增长最突出的问题。

2006 年 3 月全国人大通过"十一五"规划纲要，提出了"十一五"时期的经济社会发展的 22 个主要指标，其中分为预期性指标 14 个，GDP 和人均 GDP 均为预期性指标；约束性指标 8 个，单位国内生产总值能源消耗降低（20%）和主要污染物排放总量减少（10%）以及水耗降低、耕地保有量等，均为约束性指标，即政府要确保实现的指标。这些约束性指标是最重要的指标，是落实中央"十一五"规划建议，落实科学发展观，转变经济增长方式，改变"高投入、高消耗、高排放、低效率"的粗放型经济增长方式，建设资源节约型环境友好型社会的重要体现。但是，在实际经济生活中，转变经济增长方式是很不容易的，困难重重。突出地表现为，在 2003—2005 年能源消费弹性系数平均超过 1，"十五"期间环保指标没有完成，"十一五"规划纲要要求扭转这种趋势并要求从 2006 年起，单位 GDP 能耗每年降 4.4 个百分点，主要污染物排放总量每年降接近 2.2 个百分点后，2006 年上半年，作为预期性指标的 GDP 增长率，大幅度超过预计数，原预计年增长 8%，实际上半年增长 10.9%，估计全年增长 10% 以上。与此不同，作为政府要确保降低的两个主要约束性指标，即单位 GDP 能耗和主要污染物排放总量，却不但没有下降，反而有所上升，单位 GDP 能耗提高了 0.8%，化学需氧量排放总量增长了 3.7%，二氧化硫排放总量增长了 4.2%，从而说明经济的粗放扩张不但没有扭转反而更厉害了。

长期以来，我们观察宏观经济好坏，主要看是否能做到"高增长、低通胀"。根据现阶段中国经济发展的实际情况，这种认识恐怕已经不全面了。中国当前的情况是，经过多年的粗放扩张和数量型增长，资源和环境的瓶颈制约越来越严重，可持续发展问题突出，因此，"十一五"规划纲要把 GDP 列为预期性指标，且定得比较低（五年年均 7.5%），居民消费价格上涨率（CPI）甚至没有列入 22 个主要指标中，而把能耗降低和主要污染物排放总量降低等列为约束性指标，要求政府确保实现。在这种情况下，只用"高增长，低通胀"来说明宏观经济形势大好是不符合"十一五"规划纲要的。如果按照这一认识指导经济工作，容易使经济活动偏离"十一五"规划纲要的要求。这次六中全会《决定》在论述构建社会主义和谐社会要遵循的原则时，进一步明确提出必须坚持科学发展，并把转变增长方式，提高发展质量作为其中重要内容，我认为是很有重要现实指导意义的。

二 实行科学发展，必须坚持协调发展，改变一些重要领域失衡状态

科学发展观要求"五个统筹"，也就是要做到"五个"互相协调。对构建社会主义和谐社会来说，前三个统筹和协调，即城乡协调发展、区域协调发展、经济社会协调发展特别重要。

要坚持用发展的办法解决发展的协调性问题。建设社会主义新农村，解决城乡协调发展问题，必须首先提高农业综合生产能力，繁荣农村经济。只有农业不断增效，农民持续增收，社会主义新农村建设才有坚实的基础。解决区域协调发展问题，也是要靠欠发达地区深化改革，扩大开放，以及政策的支持、中央财政加大转移支付力度和发达地区的支援等，发展特色经济和优势产业，提高社会生产能力，先抑制同发达地区经济差距扩大的趋势，然后再逐步缩小差距。解决经济与社会发展的协调问题，也是要靠发展。由于这几年我国财政收入在经济高速增长基础上持续大幅度增加，就具备了发展各项社会事业的比较雄厚的物质基础。全国财政收入1978年才1132亿元，2003年达21715亿元，2004年、2005年各增5千亿元，2005年为31627亿元，2006年可达3.8万亿元以上。财政收入大幅增长，使国家财力雄厚多了。2005年，有关部门测算过，对农村义务教育阶段全部实行"两免一补"，财政每年要拿600亿—800亿元。这对于年财政收入增加几千亿元（今年估计可增收7000亿元以上）的国家来说，并非太难的事。今年农村合作医疗发展很快，也同国家财力增强很有关系。一个农民每年财政补30元（农民自己另拿10元），8亿农民国家一年拿240亿元就够了。随着国家财力的增强，国家补助的标准应大大提高，比如每人每年补至100元，全国一年也才800亿元，对于年财政收入2006年即可近4万亿元来说，只占一小部分，但却可以大大缓解农民看病难和看病贵的问题，也可以使农村医疗卫生事业有一个大的发展。

城乡、区域、经济社会协调发展有相当大的同一性或统一性。如农村义务教育"两免一补"和发展、完善农村合作医疗，对缓解城乡、区域差距和经济社会不协调问题，都有巨大意义。欠发达地区的农民收入最为偏低，那里的社会事业也相对最不发达。所以，一切惠及欠发达地区农民的政策和举措，都将有利于上述三个领域的协调发展。还有，正如六中全会《决定》指出的，"各级政府要把基础设施建设和社会事业发展的重点转向农村，国家财政新增教育、卫生、文化事业经费和固定资产增量主要用于农村，逐步加大政府土地出让金用于农村的比重。"贯彻落实《决定》的精神，必将有力地促进城乡、区域和经济社会的协调发展。

三 深化政府改革,建设公共服务型政府,是使经济社会运行转到科学发展轨道的重要条件

实行科学发展,无论是转变经济增长方式,提高发展质量,还是增强发展的协调性,都要求深化政府改革,转变政府职能,使政府成为公共服务型政府,这既有利于市场在资源配置中发挥基础性作用,提高资源配置效率,又能有力地推动和谐社会建设。

多年的实践告诉我们,经济增长方式之所以难转变,同政府拥有的资源过多和经常主导资源配置有很大关系。许多地方政府在追求 GDP 高增长政绩和财政支出不断增加压力下,不顾一切地招商引资,铺新摊子,上项目特别是工业项目,追求短期效益最大化,致使资源过度消耗,环境污染加重,生态恶化。这是一种典型的高投入、高消耗、高排放、低效率的粗放型的经济增长模式。与此同时,要转向低投入、低消耗、低排放、高效率的资源节约型增长方式,就要求主要依靠科技进步和劳动生产率的提高推动经济增长,就要下大力气并要长期的努力,包括要适当放缓经济增速。一般来说,一项重大技术发明并使其转化为现实的生产力,要经历 5—10 年时间,这同政府五年一换届每届都要有明显政绩导致的短期行为是相矛盾的。所以,要转变经济增长方式,就要政府转变职能,逐步从资源配置主角转换为公共服务型政府,强化其社会管理和公共服务职能。在这种情况下,政府鼓励自主创新、优化产业结构、节约资源能源等政策才能很好落实。

建设公共服务型政府,建设公共服务财政体系,对于社会主义和谐社会建设有重大意义。在这方面,政府为全体公民提供均等化的基本公共服务特别重要。应把这一点作为各级政府的首要职责。因为市场经济在基本公共服务领域是"失效"的,需要政府承担供应的责任,政府也可以通过购买向公众提供服务。当前基本公共服务不均等化问题突出,比如,2005年在起草"十一五"规划建设时,联合国驻华机构向中国提供了一份研究报告。其中提到,目前在健康领域,政府 2/3 的支出服务于约 40% 的城市人口。各地政府每年人均卫生保健支出差异很大,从北京和上海的人均大约 200 元人民币到河南和湖南的不足 20 元人民币。贵州和西藏的产妇死亡

率比分别上海高十几倍和几十倍。还有，大约 20% 的农村人口仍然饮用不干净的（四级）水，在最贫困地区的比例超过 50%，而在城市地区这个比例几乎是零，等等。可见，城乡、区域之间的差距不只表现在经济发展水平方面，而且反映在城乡和不同地区居民享受不同的基本公共服务方面。2004 年，我国名义城乡居民收入之比为 3.2∶1，若把义务教育、基本医疗等因素考虑在内，城乡居民实际收入之比为（5—6）∶1。

　　我国经济的快速增长，人民收入水平的不断提高，居民的基本公共需求也在快速增长，居民对政府基本公共服务的要求越来越高。目前，居民基本公共需求有如下几大方面。1. 就业与再就业，包括就业培训；2. 义务教育；3. 公共医疗；4. 最低社会保障；5. 卫生、食品、生产等方面的公共安全；6. 环境和生态保护；7. 社会治安；8. 法治环境；9. 文化生活；10. 诚信；等等。过去政府一方面对公众的上述公共需求不够重视，服务得不够；另一方面服务也很不均等。今后，要按照建设公共服务型政府，建设公共服务财政体系的要求，基本公共服务均等化要求，履行政府职责。特别是要调整财政支出结构，财政支出应逐步主要用于实现基本公共服务均等化方面。中央政府财政收入占全国财政收入的 52.3%（2005 年），支出只占 25.9%。但中央财政转移给地方政府的收入中，具有扶贫济困作用的比例过小。有一份材料说，近些年来，中央对地方政府的税收返还数量是一般性转移支付数量的 10 倍左右，而经济增速越快的地区（如东部），税收返还越多。比如，2003 年，东部地区在全部税收返还数量中的比重达 50% 以上。即使实施了财力性转移支付以后，西部地区的人均财力也只相当于东部地区的 48.3%。今后，中央政府需降低经济建设投入（2004 年，中央财政经济建设支出仍占 27.8%，比重太高），抑制行政经费支出增长过快势头。有一份研究报告说，在欧盟，财政转移支付中的 60%—70% 用于公共服务。有的国家除了有中央对地方的纵向转移支付外，还有横向的转移支付，即人均税收高的州向人均税收低的州转移支付。这些都值得我们研究借鉴。总之，基本公共服务均等化的工作做好了，必将大大促进社会的和谐，使公众普遍享受到改革发展的成果。

（原载《社科党建》2006 年第 12 期）

用节能减排等约束性指标制约盲目攀比 GDP

2006 年 3 月全国人大通过的"十一五"规划纲要，根据中共中央关于制定"十一五"规划的建议，着眼于加快转变经济增长方式，第一次把"十一五"时期经济社会发展的主要指标，区分为预期性指标和约束性指标，把长期以来"挂帅"的 GDP 和人均 GDP 增长率列为预期性指标，而把单位国内生产总值能源消耗降低（5 年降 20%），主要污染物（指二氧化硫和化学需氧量）排放总量减少（5 年降 10%）等列为约束性指标。所谓约束性指标，规划纲要说："是在预期性基础上进一步明确并强化了政府责任的指标，是中央政府在公共服务和涉及公众利益领域对地方政府和中央政府有关部门提出的工作要求。政府要通过合理配置公共资源和有效运用行政力量，确保实现。"2006 年经济运行的实践表明，2003 年以来大规模粗放扩张盲目追求 GDP 高速增长的惯性没有多少改变，许多地方政府还是把 GDP 增速作为头号硬指标，而把节能减排等约束性指标置于脑后。结果，全年 GDP 增速达 10.7%，大大超出原来 8% 的预期，而单位 GDP 能耗仅略有下降（1.23%，上半年则增加 0.8%），没有达到下降 4% 的目标，主要污染物二氧化硫排放量和化学需氧量不降反升，根据国家环保总局公布的数字，分别比 2005 年增长 1.8% 和 1.2%，也没有达到减排 2% 的目标。

确定节能减排这两个主要约束性指标，以及其他几个约束性指标如单位工业增加值用水量降低、耕地保有量、森林覆盖率等，是落实科学发展观、扭转粗放扩张增长方式、建设资源节约型环境友好型社会的集中体现，也是各级政府最主要的责任。约束性指标实现不了，谈不上科学发展，也说明经济社会还没有转上科学发展的轨道。而提高发展的质量，做到好字当头，好中求快，正是中国经济当前面临的最重要最紧迫的任务。粗放扩张的老路已被证明是难以为继和必将走进死胡同的。2006 年节能减排没有达标，给"十一五"后四年加大了压力，意味着后四年每年单位 GDP 节能必须达到 4.4% 以上和减排 2.2% 以上，使本来就已相当困难的任务难上加难。

当务之急，第一是要求各级政府转变观念，转换指导思想，把注意力更多地集中在转变经济增长方式上，把节能减排工作真正放在经济工作的首位，而不再把追求 GDP 的高速增长放在首位，用节能减排等约束性指标制约各级政府盲目攀比 GDP 的行为。要认识到，为使经济真正转到可持续的科学发展的轨道，是要支付代价的。这个代价一是要适当放缓经济增速，二是要增加节能环保投入，使产品成本增加。在我看来，年 GDP 增速如果超过 9%，节能减排的目标是很难实现的。

第二，要完善体制。现行的干部考核和选拔体制基本上还是以 GDP 论英雄，谁领导的地区 GDP 增速快就提拔谁，在政府拥有很大的资源配置权力的情况下，某些官员容易不顾任何代价地追求 GDP 增速，从而大大淡化了节能减排指标的约束性。现行的以流转税为主的税收体制，也使地方官员一个劲儿地发展高耗能高排放的重化工业，不重视能耗低、污染少的第三产业和高新技术产业的发展。因此，需尽快完善干部考核体制和财税体制，切实转变政府职能。

第三，要调整政策。现行的一些政策不是鼓励转变经济增长方式，而是鼓励大家粗放扩张。政府管制下土地价格低，能源资源价格低，水价低，资金价格低，资源开采不收费或低收费，污染环境不收费，等等，都是在进行逆调节。国内外实践表明，运用市场机制，运用价格杠杆，能最有效地做到节能减排。因此，必须尽快调整有关政策，特别是尽快提高能源资源等价格，对排污坚决收费。只有这样，才能迅速扭转浪费能源资源、随意排污的局面。

第四，监管到位，严格执法。目前，无论是土地占用，还是能源消耗和污染物排放，都有法律法规约束或政府部门监管。但是，由于监管不到位，执法不严，致使违法占地，违法排污等频频发生，甚至有些地方政府带头违法。因此，要落实节能减排任务，必须加强政府监管，严格执法。政府必须依法行政，模范遵守法律法规，不能有法不依、有令不行、有禁不止。只要政府带了好头，再难的节能减排任务也能完成。

第五，落实责任。节能减排既然是人大通过的"十一五"规划的约束性指标，即政府必须保证完成的指标，就要由政府承担落实的责任，而且要各级政府层层落实。要把是否完成节能减排等约束性指标，作为考核政府工作是否很好履行职责的重要标准。为避免各级政府通过编造虚假数字欺骗公众，各地节能减排等约束性指标的完成情况，应由国家统计局统一核算和公开发布，人大要有专门机构进行监督。同时，要动员公众和舆论对各地节能减排工作进行监督。

（原载《光明日报》2007年3月16日）

加快转变经济发展方式和着力完善新体制 促进经济又好又快发展

党的十七大报告提出，实现未来经济发展目标，关键要在加快转变经济发展方式、完善社会主义市场经济体制方面取得重大进展。这是一个十分重要的论断，对今后经济建设有极其重要的指导意义。本文拟就此谈谈个人学习体会。

一 加快转变经济发展方式，实现经济的全面、协调、可持续发展

2005 年，党的十六届五中全会关于制定"十一五"发展规划建议，提出了转变经济增长方式的重大任务，认为要顺利实现"十一五"规划，使经济社会转入科学发展轨道，必须从多年来高投入、高消耗、高排放、低效率的粗放型增长方式，转变为低投入、低消耗，低排放、高效率的资源节约型增长方式。从那时以来，转变经济增长方式，不仅是各经济部门和企业的关注焦点和活动指南，而且是我国经济学界研究的热点。实践证明，提出从根本上转变经济增长方式的任务，有很强的现实针对性，因为经济的粗放扩张在我国已难以为继。

针对近两三年我国经济的两位数速度增长，但是付出的资源环境代价过大，以及从 2005 年以来持续出现"三过"（固定资产投资增速过快、信贷投放过多、贸易顺差过大）问题且未能有效解决，十七大报告进一步提出要求转变经济发展方式，实际上比原来的转变经济增长方式提出了更高更广的要求，也是现实针对性更强的要求。转变经济发展方式，是实现国民经济从又快又好发展转变为又好又快发展的关键所在。

近两年中国经济具体出现了哪些新的情况和问题，需要进一步提出转变经济发展方式的问题呢？

第一，消费率下降，最终消费对 GDP 的拉动作用下降。请看下表：

年 份	最终消费率（%）	最终消费支出对 GDP 增长的贡献率（%）
2000	62. 3	65. 1
2001	61. 4	50. 0
2002	59. 6	43. 6
2003	56. 8	35. 3
2004	54. 3	38. 7
2005	51. 8	38. 2
2006	49. 9	39. 2

资料来源：《中国统计年鉴》（2007），中国统计出版社 2007 年版。

还有，在最终消费支出中，居民消费支出比重也有所下降，从 2000 年的占 74.5% 降到 2006 年的 72.6%，下降了近 2 个百分点。

资料表明，一般国家消费对经济增长的贡献率都在 70%、80% 以上，我国显得太低了。

第二，资本形成和净出口对经济增长拉动作用过高。请看下表：

年 份	资本形成总额对 GDP 增长的贡献率（%）	货币和服务净出口对 GDP 增长的贡献率（%）	合计（%）
2000	22. 4	12. 5	34. 9
2001	50. 1	− 0. 1	50. 0
2002	48. 8	7. 6	56. 4
2003	63. 7	1. 0	64. 7
2004	55. 3	6. 0	61. 3
2005	37. 7	24. 1	61. 8
2006	41. 3	19. 5	60. 8

资料来源：《中国统计年鉴》（2007），中国统计出版社 2007 年版。

　　由上表可见，净出口对经济增长贡献率 2005 年、2006 年特别突出，这就使近两三年我国贸易顺差大幅度增长。我国贸易顺差 2004 年为 319.8 亿美元，2005 年达 1019 亿美元，2006 年达 1775 亿美元，2007 年将达到 2500 亿美元以上。这样大量的贸易顺差显然是不合理的。

　　第三，第二产业和第三产业增加值在 GDP 中的比重逆向变化，第二产业比重这两年有所提高。随着经济的发展，一般的趋势是第二产业的比重稳中有降，而第三产业则稳定上升。但由于我国这几年经济增长更多靠投资和出口拉动，而投资大量是投向第二产业，出口也是以制造品为主，致使我国第二、第三产业在 GDP 中的比重呈逆向变化。第二产业增加值占 GDP 比重，2002 年为 44.8%，2006 年上升到 48.7%，上升了近 4 个百分点。第三产业增加值占 GDP 比重，则由 2002 年的 41.5%，降为 2006 年的 39.5%，下降了 2 个百分点。

　　第四，提高自主创新能力进展不够快。"十一五"规划要求着力自主创新，但进展不够快。2006 年，我国研究与开发投入占 GDP 比重为 1.4%，离世界上创新型国家研究与开发费用占 GDP 比重都在 2% 以上，仍有不小的差距。大企业自主创新带头作用没有很好发挥出来。按照国际通行标准，研发费用占企业销售收入的比重低于 1% 的企业是难以生存的；占到 2% 的企业可以维持简单生存；达到 5% 以上的企业才会有竞争力。2006 年中国企业 500 强中只有 31 家企业研发投入比例超过 5%，达到和超过 2% 的也只有 98 家[①]。

　　第五，节能减排形势严峻。"十一五"规划要求"十一五"期间，单位 GDP 能耗下降 20%，主要污染物排放量降低 10%。2006 年，单位 GDP 能耗只下降 1.23%，没有达到下降 4% 的目标；主要污染物排放总量则不降反升，其中二氧化硫排放量增加 1.8%，化学需氧量增加 1.2%，也都没有达标。2007 年，情况有一定好转，单位 GDP 能耗和主要污染物排放量均有所下降，但估计很难达标（要完成"十一五"规划，单位 GDP 能耗年均要下降 4.4%，主要污染物排放量年均要下降 2.2%）。这就使 2008—2010 年承接更大的负担，形势可以说十分严峻。

---

　　①《经济要参》2007 年第 72 期，第 10 页。

正是在这个背景下，党的十七大报告强调，加快转变经济发展方式，要坚持走中国特色新型工业化道路，坚持扩大国内需求特别是消费需求的方针，促进经济增长由主要依靠投资、出口拉动向依靠消费、投资、出口协调拉动转变，由主要依靠第二产业带动向依靠第一、第二、第三产业协同带动转变，由主要依靠增加物质资源消耗向主要依靠科技进步、劳动者素质提高、管理创新转变。我个人体会，转变经济发展方式的这一论述，同转变经济增长方式相比较，从原来"一个转变"发展为"三个转变"，至少在内涵上有如下新的扩展。

第一，包括了改善或优化产业结构的内容。也就是说，转变经济发展方式，要求产业结构优化升级，加快发展第三产业尤其是现代服务业，实现第二产业的转型升级，形成和发展现代产业体系。要走中国特色农业现代化道路，增强农业综合生产能力，确保国家粮食安全。还要确保各类产品质量和安全。最重要的，是要改变主要由第二产业带动经济增长的局面，真正做到第一、第二、第三产业协同带动。

第二，包括扩大消费、改善民生，增强消费对经济增长的拉动作用的内容。我们不能像20世纪末有的国家出现的有增长无发展那样，经济虽然增长很快，但是贫富差距悬殊，广大民众收入和生活水平没有提高。而是要努力做到发展成果为人民共享，使老百姓普遍增加收入，并大大增加政府的公共服务。这样既能不断提高人民的生活水平和质量，又能改善消费和投资结构，逐步使消费成为经济增长的主要拉动力。十七大报告的社会建设部分，就是以改善民生为重点安排的。

第三，为推动经济发展方式转变，提出了建设创新型国家的新要求，并同提高自主创新能力一起，确定为国家发展战略的核心。报告提出，要坚持走中国特色自主创新道路，把增强自主创新能力贯彻到现代化建设各个方面。加大对自主创新投入，使研究与开发投入占GDP的比重尽快提高到2%以上。加快建设国家创新体系，支持基础研究、前沿技术研究、社会公益性技术研究。加快建立以企业为主体、市场为导向、产学研相结合的技术创新体系，引导和支持创新要素向企业集聚，促进科技成果向现实生产力转化。实施知识产权战略，把保护知识产权等提到战略高度，可见其重视程度。

第四，把节能减排、保护环境和生态放在突出位置。我国节能减排任务十分艰巨。十七大报告把节约资源和保护环境列为基本国策，要求把建设资源节约型、环境友好型社会放在工业化、现代化发展战略的突出位置，落实到每个单位、每个家庭。特别提出落实节能减排责任制。加大节能环保投入，重点加强水、大气、土壤等污染防治，改善城乡人居环境。加强水利、林业、草原建设，促进生态修复。加强应对气候能力建设，为保护全球气候作出新贡献。

可见，转变经济发展方式，总的要求是提高发展的质量，增加发展的"绿色"成分，好字当头，好中求快，实现可持续的发展。

2007年12月中央经济工作会议，提出了"双防"任务，即要把防止经济增长由偏快转向过热、防止价格由结构性上涨演变为明显通货膨胀作为当前宏观调控的首要任务。看来，实现经济发展方式的转变，是从根本上实现"双防"、保持经济平稳较快发展的着力点。尽管难度很大，落实起来阻力不小。但是，如果不转变经济发展方式，经济上的各种矛盾会继续积累和恶化，对此，必须有明确的认识。在此基础上，还必须采取强有力的政策措施和推进体制机制改革，逼迫经济运行转上科学发展的轨道，逐步转变经济发展方式，提高经济增长的质量和效益。只有这样，才能使中国经济继续健康发展。

二 不断完善社会主义市场经济体制，为推动经济又好又快发展提供强大动力和体制保障

党的十七大报告特别突出改革开放，认为新时期最鲜明的特点是改革开放。报告关于深化改革开放、完善社会主义市场经济体制方面的论述，有许多新的突破和举措，目的在于更好地促进国民经济又好又快发展。

第一，加快建设国有资本经营预算制度。由于大力推进改革，国有企业总体已经走出困境，并逐步成为具有较高劳动生产率、较强盈利能力和竞争力的市场主体。1997年，国有工商企业共实现利润800亿元，而到

2006 年，国有工商企业共实现利润 12000 亿元①，增加了 14 倍。国有企业利润的大幅度增长要求加快建设国有资本经营预算制度，以便更好地把国有资本集中在关系国民经济命脉的重要行业和关键领域，更好地用于深化国企改革和充实社会保障基金。推进国有企业的股份制改革，国有股就能够比较规范地获得同非国有股一样的股息或红利，从而有利于建立健全国有资本盈利上交制度。最近，财政部会同国资委发布了《中央企业国有资本收益收取管理办法》，规定中央企业应上缴利润的比例，区别不同行业，分三类执行。第一类为烟草、石油石化、电力、电信、煤炭等具有资源性特征的企业，上缴比例为 10%；第二类为钢铁、运输、电子、贸易、施工等一般竞争性企业，上缴比例为 5%；第三类为军工企业等，上缴比例三年后再定。这表明，国有资本经营预算制度建设已经启动。②

第二，加快形成统一、开放、竞争、有序的现代市场体系，重点是进一步发展各类要素市场。要着力发展多层次资本市场，发展公司债券市场，提高直接融资比重。规范发展土地市场，目前农用地转为非农用地中，只有占 15% 是通过"招拍挂"实现的，绝大部分是行政划拨和批租协议转让实现的，腐败问题非常突出。今后商业用地一律实行规范的"招拍挂"，通过市场进行。要建立和健全统一规范的劳动力市场，形成劳动者平等就业制度，使数以亿计的农村剩余劳动力平稳有序地向城市和第二、第三产业转移，以提高我国的劳动生产率③。

第三，深化生产要素和资源产品价格改革。十七大报告提出转变经济发展方式的重大任务，这就要求深化生产要素和资源产品价格改革。长期以来，我国生产要素和资源产品价格受政府控制，严重偏低，鼓励滥用浪费，妨碍粗放型增长方式的转变。今后要大力推进生产要素和资源产品价格的市场化改革，使生产要素和资源产品价格很好地反映市场供求关系和资源的稀缺程度，发挥价格杠杆促进节能、节地、节水、节材的作用，促进经济发展方式的转变。要把环境损害成本列入价格形成要素中。党的十七大报告提出，完善反映市场供求关系、资源稀缺程度、环境损害成本的

---

① 《经济日报》2007 年 7 月 12 日。
② 《证券时报》2007 年 12 月 12 日。
③ 据估算，农村劳动力转移到第二、第三产业，劳动生产率可提高 4—5 倍。

生产要素和资源价格形成机制，第一次把环境损害成本列入决定价格的要素中。这是在总结社会主义现代化建设实践经验的基础上概括出来的。这几年经济的两位数增长，消耗了大量的资源，并由此付出了很大的环境代价。实践告诉人们，消耗资源带来的环境损害成本是要补偿的，否则这种增长就是不可持续的。因此，生产要素和资源产品的价格必须反映环境损害的成本，即修复环境和生态的成本。可见，推进经济发展方式转变、节约资源和保护环境，要逐步提高资源产品价格。但与 2005 年、2006 年 CPI 上涨幅度不高（1.5% 和 1.8%）不同，2007 年 CPI 上涨幅度将达到 4.7% 左右，政府很难按照转变经济发展方式的需要出台更多提高资源产品价格的政策，使政府的政策选择陷于两难的境地。这种情况，可能还需要持续一年多时间。只能先治理好宏观经济环境，才有可能在价格改革方面迈大一点的步伐。

第四，提出围绕推进基本公共服务均等化和主体功能区建设，完善公共财政体系。在社会主义市场经济条件下，经济建设型财政要向公共财政体系转型，这已是经济学界的共识。怎样转型呢？一是要推进基本公共服务均等化，改变目前城乡之间、地区之间、不同社会群体之间基本公共服务严重不均的状况，财政支出应更多地用于改善对农民、中西部地区居民、弱势群体的公共服务，用于改善民生，逐步做到基本公共服务均等化。二是要为主体功能区建设服务，比如对于限制开发区和禁止开发区（如青海省三江源地区），各级财政应予大力支持，使当地居民能得到同其他地区居民均等的基本公共服务，修复生态，保护环境，促进主体功能区建设顺利进行。

第五，强调财税改革对转变经济发展方式、实现科学发展的重要意义。财税改革对转变经济发展方式特别重要，有的同志认为这是问题的症结所在。的确，现行的以间接税（流转税）为主的税收体制刺激各地粗放扩张追求 GDP 的快速增长，以增加本地财政收入，原来的一些税收政策如出口退税政策也不利于科学发展。看来目前以间接税为主的税制很难一下子改过来，但增值税中央和地方分成的比例是可以调整的，如果提高中央分成比重，可以弱化地方对发展工业和重化工业的冲动。这两年国家出台了一系列调整财税的政策，如提高资源税，支持企业自主创新，大规模调整出口退税，规范地方政府土地收入，加大中央财政转移支付力度，财政支出更多用于改善民生等。但税收政策调整的空间仍然很大，如开征物业税、燃油税、环保税，调整资源税，增值税转型等。这几年财政收入增幅大大超过 GDP 增幅，说明整体税负太高，今后还要开征物业税、燃油税、环保税，提高资源税等，在这同时，要考虑降低其他税负，包括尽快实行增值税转型，提高个人所得税起征点等。财政体制也要完善，财政数千亿元的超计划收入怎样用，要提高透明度，要由人大批准，并向公众公布。地方的土地收入必须纳入预算，接受各方面的监督，等等。我们相信，今后会有更多的有利于转变经济发展方式的财税政策出台，并逐步完善财税体制。

第六，提出发展各类金融市场，形成多种所有制和多种经营形式、结构合理、功能完善、高效安全的现代金融体系。这就对金融改革提出了更高的要求。规范发展各类金融市场，是提高我国资源配置效率的关键所在，是发挥市场在资源配置中基础性作用的依托。报告重申完善人民币汇率形成机制，逐步实现资本项目可兑换，以及突出加强金融监管，维护金融安全等。

第七，深化收入分配制度改革，增加城乡居民收入。公平与效率问题这几年在理论界争论不休。报告不再提"效率优先，兼顾公平"，转为在初次分配和再分配都要处理好效率和公平的关系，再分配更加注重公平。这一方针政策的调整，对于逐步扭转居民收入分配差距过大有重要意义。与此相适应，报告还明确提出要逐步提高居民收入在国民收入分配中的比重，提高劳动报酬在初次分配中的比重。规定着力提高低收入者收入，逐步提高扶贫标准和最低工资标准，建立企业职工工资正常增长机制和支付保障机制等。这一切，都着眼于提高低收入群体的收入，使他们能共享改革发展成果。报告首次提出，创造条件让更多群众拥有财产性收入，充分表明党致力于增加城乡居民的收入，坚持富民政策。

第八，提出基本建立全覆盖的社会保障体系，这是党的十七大报告的一个亮点。报告要求以社会保险、社会救助、社会福利为基础，以基本养老、基本医疗、最低生活保障制度为重点，以慈善事业、商业保险为补充，加快完善社会保障体系。其最大特点是全覆盖。不仅城市要建立最低生活保障制度，农村也要普遍建立最低生活保障制度。为解决农民看病难和农村缺医少药问题，要求普遍建立新型农村合作医疗制度，财政要逐步增加对新型农村合作医疗的补助。越来越多的城市，也把没有参加医疗保险的老人、小孩、待业人员纳入医保范围。

第九，拓展对外开放广度和深度。要适应新形势，扩大开放领域，优化开放结构，提高开放质量，完善内外联动、互利共赢、安全高效的开放型经济体系，形成经济全球化条件下参与国际经济合作和竞争新优势。在加快转变外贸增长方式方面，要立足以质取胜，调整进出口结构，促进加工贸易转型升级，大力发展服务贸易。在创新利用外资方式方面，要优化利用外资结构，发挥利用外资在推动自主创新、产业升级、区域协调发展等方面的积极作用。在创新对外投资和合作方式方面，支持企业在研发、生产、销售等方面开展国际化经营，加快培育我国的跨国公司和国际知名品牌；积极开展国际能源资源互利合作等。

第十，确认行政管理体制改革、政府改革是改革的重要环节。当前行政管理体制改革主要是政府改革，转换政府职能，从全能型政府转变为公共服务型政府。要转变经济发展方式，实现又好又快发展，看来关键在于政府改革。政府五年一任期，考核政绩一直以 GDP 增速为主要标准，这就使政府追求短期 GDP 最大化，热衷于粗放扩张，而把有利于经济长远发展的自主创新、节能减排、保护环境和生态放在一旁。只有转变政府职能，切实履行经济调节、市场监管、社会管理和公共服务职能，不再充当资源配置主角，不再越位直接干预微观经济活动，考核政府官员政绩也不再以 GDP 论英雄，政府才能把更多精力用到为居民提供基本公共服务，用到改善民生上面，成为真正的服务型政府，并主动推进经济发展方式转变，而不是成为转变经济发展方式的阻力。

（原载《财贸经济》2008 年第 2 期）

中国改革开放三十年:成就、重要经历与前景

中国（专指中国大陆，下同）从 1979 年起实行改革开放，到现在已近三十年。三十年改革开放，使中国取得了世人瞩目的成就与进步，被誉为"中国的奇迹"。下面，拟就中国改革开放三十年的经济成就、重要经历与前景发表个人的看法。

一　辉煌的成就,巨大的变化

中国改革开放三十年来最突出的成就表现在经济的迅速起飞上。

1. 从百年积弱、经济落后的国家变为迅速崛起的世界第四大经济体，2007 年 GDP 按年底汇率计算达 34160 亿美元，2007 年 GDP 为 1978 年的 15 倍，年均增速 9.8%。这个变化得益于改革开放的强力推动下经济的快速发展。请看下表：

中国 1978—2007 年经济增长

	GDP 年均增速（%）	比较
中国 1978—2007 年	9.8	
全世界 1978—2007 年（平均）	3	中国快 6.8 个百分点
中国改革开放前 1953—1978 年（平均）	5.8	1979 年后快 4 个百分点

2. 从封闭半封闭社会变为开放的融入经济全球化潮流的社会（见下表）。

	1978 年	2007 年	增　长
货物进出口总额（亿美元）	206.4	21738.3	104.3（倍）
其中出口额（亿美元）	97.5	12180.1	123.9（倍）
实际使用外资（亿美元）	130.6（1979—1982 年）	870.9	
外汇储备（亿美元）	1.67	15282	9149（倍）

注：外汇储备 2008 年 6 月底已超过 1.8 万亿美元。

　　3. 从物资短缺、凭证供应的卖方市场变为商品越来越丰富多样的买方市场。

　　改革开放前，中国长期是短缺经济，市场商品供应一直很紧张，常用凭票供应办法，是典型的卖方市场。这种情况，直到改革开放后才逐步改变。

　　广州市 20 世纪六七十年代票证最多时达 118 种（粮票、布票最重要），随着改革开放后商品市场供应增加，票证一个个被取消。1982 年还有 48 种票证，1983 年减为 21 种，1984 年 6 种，1988 年还剩粮票、糖票两种，不久全部取消了①。

　　从卖方市场转变为买方市场发生于 1997—1998 年间。多年来，在商务部重点监测的 600 多种重要商品中，供略大于求的占近 2/3，供求平衡的占 1/3 多，只有个别商品有时供应较紧张。

　　4. 人民生活水平从生存型逐渐向发展型、享受型转变。2007 年人均 GDP（按 2007 年年底汇率计算）2585.4 美元，如果 2008 年 GDP 增速 9%—10%，人民币对美元汇率升值 8%—10%（上半年已升值 7%），则 2008 年人均 GDP 可达 3000 美元，比原来设想的 2020 年达到人均 GDP 3000 美元大大提前。按世界银行标准，中国已超过低收入国家，接近进入中等收入国家行列（2006 年中等收入国家人均国民总收入 3051 美元）。人均收入和生活水平大幅度提高。请看下表：

　　5. 教育、文化、科技、医疗卫生、体育等事业快速发展。2007 年，高等教育学生总规模达 2500 万人，大学年招生 566 万人，总入学率达 22%，

---

　　①　参见《广州放开农产品价格——中国价格改革由此开端》，《粤港信息日报》1988 年 7 月 5 日。

城乡居民家庭人均收入和指数

年　份	城镇居民家庭人均可支配收入		农村居民家庭人均纯收入	
	金额（元）	指数	金额（元）	指数
1978	343.4	100	133.6	100
2007	13785.8	752.3	4140.4	734.4
1978—2007 年年均增长（%）		7.2		7.1

城乡人均住宅面积

年份	城镇人均住宅建筑面积（平方米）	农村人均住房面积（平方米）
1978	6.7	8.1
2006	27.1	30.7
2007		31.6
2006 年比 1978 年增长	3.04 倍	2.79 倍

进入大众化阶段。全国固定和移动电话用户达 9.1 亿户，平均每 1.5 人一部电话。

总之，改革开放把文明古老的中国带进现代化建设的快车道，目前正在全面建设小康社会，抓住经济全球化机遇，急起直追，争取在 21 世纪中叶基本实现现代化，实现中华民族的伟大复兴。

二　中国改革开放三十年重要事件回顾

中国市场化改革采取逐渐推进、"摸着石头过河"的方式，总的说比较平稳、顺利，不像苏东等国在向市场经济体制转轨中出现大的曲折、经济一度大幅度下降，而是改革、发展、稳定相互促进，三十年来没有一年经济是负增长的（增速最低的 1990 年为 3.8%）。当然，在这过程中，也有不少困难，有小的曲折，有思想理论的交锋等。下面列举改革开放以来一些值得回味的重要事件或经历。

1. 中国改革从农村开始，农村开始实行家庭联产承包制，又叫包产到户，实行"交足国家的，留够集体的，剩下都是自己的"，农民开始有了生产经营自主权，大大解放了农业生产力，加上 1979 年大幅度提高农产品收购价格（平均提高 25%），刺激农产品大幅度增长。这一着棋很重要，使改革立竿见影，促进了农业增产和农民收入提高。按可比价格计算，农林牧渔业总产值，1985 年比 1978 年增长 61.6%，年均增速达 7.1%，大大高于一般年增速 3% 左右。

包产到户是从安徽省贫困县凤阳县的小岗村开始搞起来的。1979 年，暗中实行分田到户的小岗村大丰收，粮食产量由原来的 1.5 万公斤猛增到 6 万公斤。该队 1956 年农业合作化以来从未向国家交过公粮，是"吃粮靠返销、花钱靠救济、生产靠贷款"的三靠队。1979 年第一次向国家上交公粮，充分说明包产到户对解放农业生产力的巨大作用。

2. 20 世纪 80 年代放开价格，结果是放开哪种商品价格，哪种商品就像泉水般涌流出来，使广大干部和群众都看见了市场的"魔力"。这一点广东人体会最深。早在 1978 年 8 月，广州市决定把沿袭二十多年的蔬菜购销由国家定价改为购销双方在一定幅度内议价成交。蔬菜价格上扬吸引了四面八方菜源汇聚而来，菜源一年四季充足，几十个品种任人选择，起初一度急升的菜价逐步回落。到 1984 年 11 月 1 日，广州市蔬菜价格全部放开。两个月后，广州率先在全国放开猪肉价格；再过三个月又率先放开水产品价格。结果是"放到哪里活到哪里"。鱼价放开之初塘鱼价涨至每公斤 6 元，但到广东全部取消水产品派购任务的 1985 年，广州塘鱼价已降为 4 元一公斤，成为全国鱼价最低也最早解决"吃鱼难"的大城市。

市场机制的作用是：放开价格→价格上涨→刺激生产→增加供给→价格稳定→市场繁荣。市场化改革的好处就在这里。中国 20 世纪 90 年代中后期从卖方市场转为买方市场，同中国价格改革顺利推进、不断放开各种消费品价格刺激消费品生产大发展密不可分。

3. 20 世纪 80 年代，为解决就业问题，打破公有制一统天下，个体私营经济开始迅速发展起来。1997 年党的十五大进一步确认个体私营等非公有制经济是社会主义市场经济的有机组成部分。1979 年，我国老一辈经济学家薛暮桥针对当时全国城镇待业人员已达 2000 多万人，影响社会安定的实际情况，勇敢地提出了发展个体、私营经济，广开就业门路的建议，并得到采纳。1992 年邓小平提出"三个有利于"原则（即有利于发展社会主义社会的生产力，有利于增强社会主义国家的综合国力，有利于提高人民的生活水平）后，个体私营经济快速发展。到 2006 年，私营企业已达 497.4 万家，从业人员 6396 万人；个体企业达 2567 万家，从业人员 7500 万人；私营和个体企业营业额已超过 6 万亿元。目前，个体、私营等非公经济是中国重要经济增长点，是提供新就业岗位的主渠道（占80%以上），是满足全国人民多样化物质文化生活需要的生力军。

个体、私营等非公有制经济的发展，使得在公有制经济之外，长出了一批市场主体，成为市场经济的微观基础，并在同公有制企业竞争中逼迫公有制企业适应市场竞争环境，同样成为市场竞争主体和法人实体。这是中国经济改革的突出特点。

4. 兴办经济特区，首选毗邻港澳的深圳、珠海、厦门、汕头为经济特区，引进外资，首先是港资，打开国门对外开放。

邓小平最早阐明了对外开放的重要性。他说："对外开放具有重要意义，任何一个国家要发展，孤立起来，闭关自守是不可能的，不加强国际交往，不引进发达国家的先进经验、先进科学技术和资金，是不可能的。"[1]

1979 年改革开放后，对外开放最先的两大举措是，1979 年 7 月，中央批准广东、福建两省在对外经济活动中实行特殊政策和灵活措施；1979 年 7 月 15 日，中共中央、国务院决定在深圳、珠海、汕头、厦门试办特区，1980 年 5 月 16 日，又决定将特区命名为"经济特区"。1988 年又建立海南经济特区。特区的经济发展以吸引外资为主，产品主要外销，实行不同于内地的管理体制（如企业所得税为15%），有更大的经济管理自主权。特区是对外开放的窗口，发挥着示范、辐射和带动作用。经过近三十年建设，深圳已从渔村小县变为全国排名前五位的经济强市。

5. 邓小平 1992 年年初南方谈话，把中国改革开放事业推向新的历史阶段。1992 年春，已 88 岁高龄的邓小平，到南方一些省市发表谈话，继续推动改革开放。

一是直接促成把建立社会主义市场经济体制作为中国经济体制改革的目标模式，在这之前，在官员、干部和群众中，对于要不要以社会主义市

---

① 《邓小平文选》第三卷，人民出版社 1993 年版，第 117 页。

场经济体制作为改革目标，有很大争议。

二是提出"三个有利于"原则，这就为利用外资发展个体私营企业等扫清了政治上的障碍。邓小平说："我国现阶段的'三资'企业，按照现行的法规政策，外商总是要赚一些钱。但是，国家还要拿回税收，工人还要拿回工资，我们还可以学习技术和管理，还可以得到信息、打开市场。因此，'三资'企业受到我国整个政治、经济条件的制约，是社会主义经济的有益补充，归根结底有利于社会主义的。"①

三是鼓励改革开放胆子要大一些，敢于试验，不能像小脚女人那样。在邓小平敢闯敢改革号召下，20世纪90年代起改革又一次掀起高潮。生产资料价格双轨制并为市场单轨制、国有企业的公司制股份制改革、分税制改革等都是在那时推进的。

6. 1998年起国有企业三年脱困，用钱买新机制，一批国有大中型企业走上公司制股份制道路，建立现代企业制度。

随着市场化改革的推进，大量国有企业由于机制缺陷，不能适应市场，陷入困境。1997年党和政府提出帮助国有企业脱困的任务，其目标是，从1998年起，用三年左右的时间，使大多数国有大中型亏损企业摆脱困境，力争到20世纪末大多数国有大中型骨干企业初步建立现代企业制度。到2000年年底，这一目标已基本实现。1997年年底，国有及国有控股大中型工业企业为16874户，其中亏损的为6599户，占39.1%。到2000年，亏损户减为1800户，减少近3/4。三年国有大中型工业企业脱困，用去银行呆坏账准备金1500亿元以上，技改贴息200亿元左右，债转股金额4050亿元。在帮助国有大中型企业脱困的同时，进行了现代企业制度试点，逐步推行公司制股份制改革，努力使国有或国有控股企业成为适应社会主义市场经济发展的市场主体和法人实体。

改革使国有企业逐步适应市场经济的发展。1997年，国有企业利润总额为800亿元，而到2007年，国企利润总额已达1.62万亿元，增长了19倍。2008年美国《财富》杂志刊登入选世界500强的内地25家企业，有23家是国有企业或国有控股公司。

---

① 《邓小平文选》第三卷，人民出版社1993年版，第373页。

7. 2001 年 11 月中国加入世界贸易组织，这是顺应经济全球化潮流的重大举动，具有里程碑式意义。

加入 WTO，表明中国对外开放进入新的阶段。作出这一决策，是中国第三代中央领导集体最耀眼的历史功绩。

在入世谈判过程中，许多人忧心忡忡，认为入世会影响国家经济安全，许多产业包括金融业、商业、农业、信息业等会受到很大冲击，弊大于利，至少短期弊大于利。但中国入世近七年的实践证明，入世对中国利大于弊，原来的许多担心都没有出现。中国是经济全球化的受益者，入世提高了中国的收益率。入世以后，中国经济总量、对外贸易、利用外资、外汇储备等的增速都加快了。而且，开放促进了改革，入世使中国一大批同市场经济一般规则相抵触的法律法规和政策得以废止和修改。许多产业着力提高自主创新能力，提高市场竞争力。同国际接轨已不再是贬义词。对外开放深入人心。

8. 2002 年党的十六大报告提出到 2020 年全面建成小康社会目标，从中国国情出发建设中国特色社会主义，不显得咄咄逼人。

中国改革开放以来的显著成就越来越为世人瞩目，在国外，有人抛出"中国威胁论"、"黄祸论"，企图孤立中国，阻挠中国前进的步伐。进入 21 世纪，这一反响引起国人的重视。2002 年党的十六大在研究到 2020 年的发展目标时，大家认为从中国国情出发，应是全面建设小康社会，不同意有人提出的尽快实现现代化的主张。事实证明，十六大确定的目标是实事求是的，是从中国国情出发的正确选择，也不致显得咄咄逼人。大家认识到，中国仍处于社会主义初级阶段，人均 GDP 仍处于世界各国第 100 位以后，2002 年那时达到的小康还是低水平的、不全面的、发展很不平衡的小康。因此，在 21 世纪头二十年，要集中力量全面建设惠及十几亿人口的更高水平的小康社会，使经济更加发展、民主更加健全、科教更加进步、文化更加繁荣、人民生活更加殷实。2007 年，党的十七大又根据 2002—2007 年经济社会发展实际，对全面建设小康社会提出了一些更高标准的要求，其中最突出的是提出建设生态文明和社会保障全覆盖。

9. 2003 年提出以人为本，全面协调可持续的科学发展观。这是对邓小平"发展才是硬道理"重大战略思想的继承和发展，也是针对中国经济社会发展的突出问题作出的正确选择。

按照 2007 年党的十七大报告，科学发展观，第一要义是发展，核心是以人为本，基本要求是全面协调可持续，根本方法是统筹兼顾。

五个统筹很重要。它们是：统筹城乡发展，统筹区域发展，统筹经济社会发展，统筹人与自然和谐发展，统筹国内发展和对外开放。五个统筹就是五个协调。从提出五个统筹到现在，至今这些方面协调还不够好。

科学发展观要回答的是怎样发展的问题，是要解决五个统筹中不协调的问题，比如"三农"问题，中西部和东部经济差距拉大的问题，社会发展腿短问题，生态和环境恶化问题，内需不足的问题等。这几年，党和政府正在努力使经济社会转入科学发展的轨道。

10. 2005 年后，从着重"引进来"到重视"走出去"，以便更好利用两个市场、两种资源，优化资源配置。

2005 年，我国主要矿产品对外依存度，已由 1990 年的 5%，提高到 50% 左右，资源瓶颈制约突出。从此更加重视"走出去"对外投资，寻找资源和市场。到 2006 年，中国对外直接投资（非金融类）已达 750 亿美元。其中 2005 年为 123 亿美元，2006 年为 176 亿美元，在 2006 年对外投资中，投资于采矿业的占近一半。2007 年对外直接投资（非金融类）187 亿美元，比上年增长 6.2%。2008 年上半年对外投资超过 180 亿美元。如加上金融类投资，有人估计可能总投资额达 2 千亿美元。有的金融投资也和资源有关。如 2008 年 2 月 1 日，中铝投资 120 亿美元获得全球第二大矿业公司力拓公司 9% 的股权，就是一例。中国外汇储备已超过 1.8 万亿美元，完全有条件更好地"走出去"，扩大对外直接投资。

11. 2005 年和 2006 年提出建设和谐社会，重视民生，重视环境保护，建设资源节约型环境友好型社会。

不仅人与自然要和谐相处，人与人更要和谐相处。不仅国内要建设和谐社会，还要推动建设和谐世界。这一理念，受到普遍赞同。2007 年，党的十七大报告提出加快推进以改善民生为重点的社会建设，包括：进一步发展教育事业，千方百计增加就业，建立与健全社会保障体系，改善医疗卫生服务，完善收入分配制度等。

鉴于中国在现代化建设过程中资源消耗过度，生态受到破坏，环境污染加重，党和政府提出要建设资源节约型环境友好型社会，建设生态文明，抑制"两高一资"（高消耗高污染资源型）产业发展，这是实现可持续发展的根本对策。

12. 经过从 2003 年开始连续五年经济两位数高速增长，2007 年党的十七大提出要通过转变经济发展方式和完善新体制，走又好又快的发展道路。从又快又好到又好又快，好和快顺序改变，折射出今后经济工作着力点是优化结构、提高效益、降低消耗、保护环境。从转变经济增长方式到转变经济发展方式，意味着从一个转变扩展为三个转变。一个转变指从高投入、高消耗、高污染、低效益的粗放型增长方式，转变为低投入、低消耗、低污染、高效益的资源节约型增长方式。三个转变，一是促进经济增长由主要依靠投资、出口拉动向依靠消费、投资、出口协调拉动转变，二是由主要依靠第二产业带动向依靠第一、第二、第三产业协同带动转变，三是由主要依靠增加物质资源消耗向主要依靠科技进步、劳动者素质提高、管理创新转变。

完善新体制很重要。要转变经济发展方式，使经济社会转入科学发展轨道，又好又快的发展轨道，主要靠深化改革，完善社会主义市场经济体制。目前改革主要应抓政府改革、财税改革、价格改革、金融改革。

以上从十二个方面，简要论述了改革开放三十年的一些重要经历或部署。由于我本人是从事经济研究工作的，因此几乎都是从经济理论和经济政策角度来回顾，基本上不涉及经济以外的变革（如政治、文化、党建、外交等）。即使如此，我们也可以深切体会到改革开放三十年的经历是极其丰富多彩的，值得历史学家书写记录的内容很多，可以成为一篇壮丽的史诗。

三　当前面临的问题和发展前景

经过三十年改革开放，中国取得了令世人刮目相看的巨大成就，实现了一定意义上的跨越式发展。与此同时，我们也要冷静地看到，尽管中国经济三十年高速增长，经济实力大为增强，但中国仍是发展中国家，人均GDP 还比较低。特别是近五年的两位数经济增长，积累了不少问题和矛盾，这些问题有些是很突出的，亟待很好地解决。

第一个问题是发展的可持续问题。由于前几年经济增长付出的资源环境代价过大，可持续发展受到很大威胁。这突出地表现为前几年能源消耗惊人增长。

中国能源消费弹性系数（能源消费增长率/GDP 增长率）

时期（年）	GDP 增长（%）	能源消耗增长（%）	系 数
1981—1990	143	64	0.44
1991—2000	162	32	0.2
2001	8.3	3.4	0.41
2002	9.1	6	0.66
2003	10	15.3	1.53
2004	10.1	16.1	1.39
2005	10.4	10.6	1.02
2006	11.6	9.6	0.83
2007	11.9	7.8	0.66

资料来源：《中国统计摘要（2008）》，中国统计出版社 2008 年版。

可见，从 2003 年起，中国能源消费的弹性系数大幅增长，2003—2005 年三年竟达 1 以上。中国能源消耗中煤炭占 70% 左右，能源消耗大幅度增加，带来污染加重。所以"十一五"把节能减排作为约束性指标。但看来要实现"十一五"期间节能（单位 GDP 节能 20%）和减排（指二氧化硫和化学需氧量减 10%）的指标，任务仍很艰巨。前两年没有完成任务，给后三年加重了负担。

第二个问题是居民收入差距拉大，贫富不均突出。表现在基尼系数超过 0.4 的警戒线，达 0.45 多，有的研究报告认为已达 0.5，比美国还高。

2006 年，中国名义城乡居民收入差距为 3.3∶1，若把基本公共服务包括义务教育、基本医疗等因素考虑在内，城乡居民实际收入差距已达到 5∶1—6∶1。

目前，还有数以千万计早期退休的职工，每月只能领几百元退休费，他们对中国有的大公司高管人员每年上千万元收入自然很有意见。全国外出农民工 1.2 亿人，2004 年月平均收入 780 元，现在也只有千元左右，偏低。直至 2007 年，按农村绝对贫困人口标准收入低于 785 元测算，年末农村贫困人口为 1479 万人；按低收入人口标准 786—1067 元测算，低收入人口为 2841 万人。如按低于 1300 元标准测算，则达 8 千万人。所以，中国目前贫困人口还不少，今后需重点帮助他们提高收入。

第三个问题是深层次改革难度越来越大。

首先，垄断行业改革难度加大。劳动和社会保障部一位副部长在 2006 年一次会议上说："目前，电力、电信、金融、保险、水电气供应、烟草等行业职工的平均工资是其他行业职工平均工资的 2—3 倍，如果再加上工资外收入和职工福利待遇上的差异，实际收入差距可能在 5—10 倍之间。"①所以，垄断行业引入竞争机制的改革很难，他们总是想方设法构筑进入壁垒，提高市场进入门槛。

其次，政府改革、政府职能转换进展缓慢，许多官员不愿放弃手中的审批权力，因为其中有经济利益。比如，地方政府卖地收入每年在 5 千亿元以上，2005 年就提出要纳入财政预算，接受人大和社会监督，但因受地方政府强烈反对，至今未能实现，有人说可能要到地方政府无地可卖时才能实现。

再次，完善财政预算支出改革也不容易。现在一年 5 万多亿元财政支出，如何使这一大笔支出决策、执行和监督分开，有效制衡，也有不少困难。在这当中，如何更多地发挥人大的决定与监督作用，如何对财政支出进行有效的监督，有阻力，困难重重。

最后，近年来出现通货膨胀问题，物价上涨幅度过大。中国居民消费价格指数（CPI）从 2007 年下半年起超过 5%，出现了通货膨胀，对低收入群体影响较大。

CPI 上涨率

时　期	涨幅（%）	时　期	涨幅（%）
2007 年 7 月	5.6	2008 年 1 月	7.1
8 月	6.5	2 月	8.7
9 月	6.2	3 月	8.3
10 月	6.5	4 月	8.5
11 月	6.9	5 月	7.7
12 月	6.8	6 月	7.1

---

① 参见《中国经济周刊》2006 年 5 月 22 日。

目前物价上涨压力还比较大，主要是中国目前粮食价格和能源（成品油和电力）价格仍严重偏低。国际米价是国内的近四倍（泰国大米 4 月份已涨到每吨 1000 美元，折成人民币为每公斤 7 元，而中国稻谷收购价为每公斤 1.6 元），国际小麦、玉米价格比国内高出 197% 和 70%。成品油价格不到国际市场（包括香港）价格的一半，电力行业已出现亏损。所以，抑制通货膨胀，防止物价上涨过快，已成为今年中国宏观调控的突出任务。

今后，中国为了着力解决以上四方面问题，我个人认为最重要的，一是经济增速需适当放缓，最好能逐步放缓至 9% 左右，逐步解决经济增速过快带来的物价上涨过快、资源环境压力加大等问题；二是深化市场化改革，逐步走向法治的市场经济，避免走向权贵的资本主义。

去年党的十七大对中国今后的发展作出了一系列部署，总的是要继续走邓小平开创的中国特色社会主义道路，深入贯彻落实科学发展观，推进经济建设、政治建设、文化建设、社会建设。按照这条道路走下去，起码到 2020 年中国经济仍将快速发展，年平均速度在 7% 左右。

去年党的十七大前后，有经济学家计算过，如果 2007—2020 年 GDP 按年均增长 7.5% 并以 2006 年不变价和汇率计算，2020 年中国经济总量将达 58 万亿元，约为 7.2 万亿美元；按 2020 年总人口 14.5 亿计算，人均约为 5 千美元，可以说进入工业化国家行列。所以，今后要继续保持经济的平稳较快发展，再努力干十几年，中国的经济规模、国力和人民生活水平都将上一个大台阶。

结论：今后十几年，一要稳中求进，避免大起大落；二要好中求快，不要再走先污染后治理的路子；三要改中求好，以改革促科学发展；四要惠及全民，让全国人民共同享受到改革发展的成果。这些也许是最重要的经验。这也是中国经济发展的光明前景所在。

（原载《港澳经济年鉴》2008 年 12 月）

"十二五"规划应着力解决经济
持续均衡较快发展问题

按照常规，明年国家将着手制定国民经济和社会发展第十二个五年（2011—2015）规划，国家发改委今年应为明年制订规划准备系统的资料和提出初步意见。最近报刊已有文章对"十二五"规划提出建议，有的研究咨询机构已接受国家发改委委托研究"十二五"规划重大问题。下面，我也想对制订"十二五"规划提出一些个人想法。

一 中国经济面临和积累的几个失衡问题

中国经济去年以来在国际金融危机冲击下一定程度上陷入困境，经济增速在大起后大落，以季度为单位算增幅下降一半多。原因在于中国经济从 2003 年以来连续五年以两位数速度增长，而这种高增长又基本上沿袭粗放扩张模式，因而积累了不少问题，出现了几个大的失衡或不协调。

一是内外需失衡。2007 年我国的出口依存度高达 36%，比 1998 年东亚金融危机时的 18% 高出一倍。一旦外需收缩，出口下降，对中国经济的影响就很大，从去年秋冬后至今的情况就是这样。

二是投资消费失衡，最终消费占 GDP 比重降到 50% 以下，其中居民消费 2008 年降到占 GDP 的 35.3%，比一般国家的占 60%—70% 低近一半。这是我国内需不足的主要根源。

三是经济高速增长付出的资源环境代价过大。这是党的十七大的判断，原来一般说法是较大，后来觉得不反映实际，应为过大，说明经济增长与资源环境承受能力失衡。资源环境成为经济增长的重要瓶颈。我国主要矿产品的对外依存度，1990 年还只占 5%，目前已占 50% 左右，风险很大。

四是区域、城乡发展失衡，这是老问题。农民收入水平太低，城乡居民收入水平相比名义上为3∶1，实际（加上社会福利）为6∶1。农村市场小，农民消费水平低。

在上述四大失衡中，最主要是投资消费失衡。投资增速很高，产能过剩，只好靠扩大外需找出路，出口依存度一路攀升。投资增速很高，粗放型扩张，必然要付出过大的资源环境代价。投资增速很高，在于追求GDP的快速增长，财政用于支持欠发达地区和增加农民收入的财力不足，不能很好缓解地区之间、城乡之间经济和收入差距。

本来经过2003—2007年五年的连续两位数增长，已发现中国经济需要作调整。2007年党的十七大报告就已提出要转变经济发展方式，其内涵已从2005年提出转变经济增长方式时的"一个转变"发展为"三个转变"，即促进经济增长由主要依靠投资出口推动向依靠消费、投资、出口协调拉动转变，由主要依靠第二产业带动向依靠第一、第二、第三产业协同带动转变，由主要依靠增加物质资源消耗向主要依靠科技进步、劳动者素质提高、管理创新转变。总的是落实科学发展观，从又快又好发展转变为又好又快发展，使经济社会转上科学发展轨道。

国际金融危机的爆发和冲击使中国几个失衡问题突显出来。首先是危机一来，出口大幅下滑，靠外需拉动增长不灵了。从2008年11月起，已连续8个月出口为负增长，2008年11月为 -2.2%，12月为 -2.8%，今年一季度为 -19.7%，4月为 -22.6%，5月为 -25.9%，6月为 -21.4%，看来出口下滑势头还未遏制住。2005—2007年，货物和服务净出口对GDP拉动分别达2.5、2.2、2.6个百分点，占贡献率的20%左右，2008年降为拉动0.8个百分点，贡献率为9.2%。到今年一季度，出口拉动成为负数，为 -0.2个百分点。这是导致经济增长放缓，2008年第四季度降为6.8%和今年第一季度降为6.1%的一个重要因素。

出口下滑，产能过剩问题立即暴露出来。有人估计，中国第二产业主要行业产能过剩到20%—30%，2009年，钢铁生产能力将超过6.5亿吨，实际需求只有5亿吨；铁合金生产能力2200多万吨，目前企业开工率仅为40%。电解铝、焦炭、电石、铜冶炼等行业产能过剩问题也比较突出。产能过剩导致不少企业停产倒闭，2008年上半年就有6.7万户企业停产关闭。

这方面沿海地区长三角、珠三角最为严重。今年第一季度，东部一些省市经济增速都比较低。

针对上述严重情况，中央提出扩大内需保增长调结构，实施积极的财政政策和适度宽松的货币政策。怎样扩内需？近来一直有争议。因为扩内需可以主要扩大投资需求，也可以主要扩大消费需求。问题在于，从理论上说，从当前失衡现状说，扩内需应着力扩消费需求，但这样做难度很大，主要是扩内需促增长短期见效要靠扩大投资需求，而靠扩大消费需求有利于调整结构和长期持续增长，有利于发展第三产业、服务业，但要靠长期努力，短期不易见效。而政府往往从短期着眼，所以主要倾向还是着力扩大投资需求，投资基础设施和工业项目。只有一些经济学家认为应当主要扩大消费需求。这也有用，比如4万亿元的投资结构，今年三月两会期间作了较大调整，大大增加了民生项目，如廉租房、棚户区改造从2800亿元改为4000亿元，增加了1200亿元；医疗教育文化等从400亿元改为1500亿元，增加了1100亿元；铁路等建设从1.8万亿元改为1.5万亿元，降了3000亿元等。有人说，中国这几年消费增长已经不慢了，很难大步加快。的确，靠常规的办法，消费增长难以大幅度提高，居民的收入水平也难以大幅度提高。所以，如果要较大幅度提高消费特别是居民的消费比重，就要另有大的动作，要靠财政拿钱，但这会影响投资。现在主要靠扩大投资来保增长也有风险，就是投资如习惯性地主要投向"铁公基"（铁路、公路、基础设施）和一些重化工业，可能会造成新一轮的产能过剩。现在看来，中央投资项目比较合理，有不少改善民生的项目，这类投资有助于提高消费水平，但是地方投资项目就难说了，有报道披露，一些原来被认为不能上的"两高一资"（高能耗、高污染、资源型）项目，又在重新上马。这就有可能形成恶性循环，企求用新一轮的产能过剩来克服原来的产能过剩，出现过去计划经济时期常见的"水多了加面，面多了加水"的窘况。

保增长、扩内需、调结构，最难的是调结构。调结构就是要转变经济增长方式或发展方式。这是很艰巨的任务，且要用慢工夫，急不得，甚至在本届政府任期内不一定能明显见效。所以，一些政府部门很难选择调结构作为工作着力点。他们优先选择的是保这两年经济增速不要掉到8%以下，哪怕要上一些"两高一资"项目也在所不惜，尽可能把矛盾往后推移。

这也是造成民间资本没有很好跟进的重要原因。调结构和转变经济发展方式，一方面要着力提高自主创新能力，节能降耗减排，这是一个硬功夫，没有四五年以上努力难有大的成效。另一方面要深化改革，使经济社会转入科学发展轨道。但这方面工作也不易推开。年初燃油税出台也说明改革之难。如果不是国际市场油价下跌一半多，叫喊了多年的燃油税是无法出台的。

二 "十二五"规划要逐步解决长期积累的失衡问题，实现可持续的增长

我个人认为，制定"十二五"规划是一个很好的机会，可以有一个比较长期的打算，着力解决上面讲的四个失衡问题，特别是投资与消费失衡问题，以便更好地摆脱国际金融危机的影响，实现可持续的较快增长，更好地于 2020 年实现全面建设小康社会的目标。

现在讨论和研究中国经济形势，较多的是从短期能否走出下滑局面，率先复苏。我个人认为，在政府多项刺激政策和措施带动下，中国经济有望较快走出困境，较早复苏，今年 8% 的增长目标有可能实现。问题在于，这些刺激措施能否使中国经济持续较快增长，包括这些刺激措施能否持续，如贷款的飞速增长能否持续，使中国经济走上 V 型轨道（即使走上 V 型轨道，V 型的峰值也不可能像前几年达两位数甚至到 13%，而很可能为 8%——9%）。如果这些刺激措施只能短期有效且措施本身也不可持续，就有可能经济向上走一阵后再次向下探底或多次上下，走 W 型轨道，这比走 U 型轨道还糟。多次上下实际上是走弯路，而走弯路是最慢的。因此，对于治理中国经济问题，要有一个比较长期的规划，不能头痛医头，脚痛医脚，不要让目前采取的措施为以后的顺利发展制造障碍。这次制订"十二五"规划有利于人们冷静地思考中国经济的问题，因此人们对此寄予厚望。

为了改善投资与消费结构，应考虑采取更加积极的鼓励消费的政策，中央和地方财政支出都应更多地用于民生工程，以便提升消费特别是居民消费占 GDP 的比重。我国居民消费占 GDP 比重已从"六五"（1981—1985年）和"七五"（1986—1990 年）占 GDP 50% 多一点儿，降到"八五"

（1991—1995 年）"九五"（1996—2000 年）的 45% 多一点儿，2001 年还占 45.2%，可是到 2007 年已降为占 35.6%，2008 年进一步降为 35.3%。所以，应把改变居民消费比重过低作为最突出问题，采取有力措施逐步解决，只有这样，扩大内需才能落到实处，经济增长才能转移到依靠消费、投资、出口协调拉动的轨道上。提高消费比重，也有利于协调发展第二、第三产业的关系，因为要提高消费的比重，必须大力发展第三产业，包括商业、旅游、餐饮、文化、医疗、教育、娱乐等产业。

我认为有两个问题值得担心。一是通货膨胀会不会明年以后卷土重来，另一个是农产品供应会不会出现短缺，又一次引发物价上涨。

今年以来为强力刺激经济使贷款迅速增加，人们担心通货膨胀不久将会到来。今年 1—6 月，已新增贷款 7.37 万亿元，大大超出今年两会期间提出的全年增加 5 万亿元的设想。金融机构贷款余额增速今年一季度和四五月份已达 30% 左右。货币流通量 M2 – 5 月份已同比上升 25.7%。货币政策的扩张力度是很强的。这种情况造成市场流动性很充裕。有人估计，新增贷款并未都流入实体经济，而是有 20% 左右流入股市，迅速抬高股市，7 月初沪指已突破 3 千点，比去年最低时上涨 80%，而实体经济并未有明显的回升。房价近两三个月也猛涨。这意味着，宽裕的货币已开始推高资产价格。与此同时，国际市场上大宗商品价格也在上升，特别是原油价格上升到七月初的每桶 70 美元左右。因此，明年及以后价格形势可能不容乐观。有人估计，如果在国际市场大宗商品价格只有温和上涨情况下，中国明年通胀水平也可能达到 3.5%—5% 之间。所以，需要密切关注经济走势，关注国际市场大宗商品价格走势，关注中国通胀可能卷土重来的走势。

另外一个是农产品供给问题。新中国成立 60 年来每一次物价较大幅度上涨，都是从农产品涨价开始的，所以要特别关注农产品供应和价格。我国口粮基本上能够自给，但大豆和植物油 70% 要靠进口，有人算了一笔账，去年进口的大豆和植物油等产品，如果在中国生产，则中国要增加 5 亿—6 亿亩耕地，占我国耕地的近 1/3。这是非常令人担心的。一旦国际市场农产品价格向上波动，我国的 CPI 必然跟着上涨。所以，必须守住 18 亿亩耕地这条红线不许逾越，必须加大农业的投入，保证农产品稳产增产，必须逐步提高农产品价格使从事农业有利可图，否则风险会很大。这也是制订

"十二五"规划必须认真研究的问题。

三 深化改革,使积极的财政政策更好地发挥促进经济增长的作用,推动经济社会转入科学发展轨道

制定"十二五"规划,要很好制定"十二五"期间深化改革的规划。我们要在 2020 年建成完善的社会主义市场经济体制,但现在还有不少改革攻坚任务。改革是解决上述几个失衡的强大动力。只有改革在重要领域和关键环节取得突破性进展,我国经济社会才能转上科学发展的轨道。同时,实施扩张性宏观经济政策,也要同深化改革相结合。只有这样,才能使保增长、扩内需、调结构紧密联系起来,才能使积极的财政政策更好地发挥促进经济增长的作用。

我们要认真研究 1998 年实施积极的财政政策克服通货紧缩的经验,特别是研究那次实施积极的财政政策同深化改革紧密结合的成功经验。1998年以后几项大的改革是很成功的,比如,取消福利分房制度,使此后房地产产业大发展;国有大中型企业三年脱困改革,使大批国有大中型企业逐步适应市场竞争并迅速发展壮大;剥离国有大型商业银行不良资产(总数达 14000 亿元),充实资本金,改善治理,为后来成功上市打下基础,并使中国银行业受国际金融危机影响很小;2001 年加入世贸组织,有力地促进了中国开放型经济的发展,等等。所以,这次实施积极的财政政策,使经济更好地走出困境,看来也要考虑在经济改革方面有较大的谋划,尽管上面说了有其困难重重的一面,甚至有的改革短期同保增长不完全一致的方面,但从全局和稍微长远一点看是有利于经济增长的,还是要下决心推进。

第一,我们要抓住国际市场资源特别是能源产品价格不算太高的机遇,积极推进资源能源产品如水、电、原油、天然气等价格改革,使它们的价格能反映市场供求关系、资源稀缺程度和环境损害成本。应致力于改革价格形成机制,放松政府管制,而不是靠政府去理顺价格。最近成品油价格形成机制改革是很好的。这是一项基础性改革,能减少以至消除资源能源价格的扭曲,对于资源节约型社会建设,转变经济增长方式,优化资源配置,实践经验反复证明具有决定性意义。2005 年、2006 年错过了改革的好

时机，这次不能再错过了。

第二，深化垄断行业改革，放宽服务业市场准入，引入竞争机制，对于加快金融、电信、铁路、公用事业、文化教育医疗卫生事业的发展，优化产业结构，提高第三产业的比重，增加服务业就业岗位有重要作用。现阶段保增长主要是要保就业，而要增加就业岗位，主要靠发展第三产业。这就必须克服各种体制障碍，打破各种"玻璃门"，在可以放开市场的所有领域放开市场，引入竞争机制。

第三，要尽快建立银行存款保险制度。这次国际金融危机告诉我们，建立和健全银行存款保险制度，对于金融稳定至关重要。与1929年世界经济危机发生社会动荡不安不同，这次国际金融危机没有出现各国老百姓挤兑现象，得益于银行存款保险制度的建立和健全。我们要吸取这一行之有效的经验，抓紧建立这一有利于金融稳定的制度。

第四，深化财政体制改革，尽快实现向公共财政转型。要扩大消费、改善民生，就要使财政尽快从经济建设型财政向公共财政转型，逐步实现基本公共服务均等化。实施积极的财政政策，扩大财政支出，应将大部分用于民生工程，增进人民群众特别是低收入人群的福利。这对合理调整投资与消费结构也有重要意义。物业税很重要，能有效遏制对房地产的过度需求，应尽快施行。

第五，推进政府改革，转变政府职能。政府不应以追求GDP增速作为主要目标，而应以人为本，转变为服务型政府，履行好经济调节、市场监管、社会管理和公共服务职能。政府介入经济活动过深，扮演资源配置主角，就会刻意追求短期GDP最大化，不但不利于经济发展方式转变，而且必然使经济增长付出的资源环境代价越来越大，使发展不可持续，祸及子孙后代。

第六，推进各项有助于提高中低收入者收入水平，有助于扩大消费的各项改革。包括较大幅度提高财政对农村合作医疗的补助金额（第一步先从每人每年100元提高到200元），降低个人所得税税率，继续推动家电等电子产品和农机、汽车等大规模、低价格进入农村市场，提高最低生活补助标准，建立廉租房等保障性住房的稳定的资金来源，建立对农民工失业的援助制度，等等。

中国经济改革已进入攻坚阶段。有一些改革容易受既得利益群体的阻挠和反对,改革很难迈步,因此,必须制订中长期规划,必须有党和政府自上而下的有力推动,才能使改革深入下去。当前,经济形势比较严峻,这也有利于大家努力从改革找出路,使改革获得较大的动力。重要的是抓住这一有利时机,适时推出必要的改革,积极配合扩张性的宏观经济政策,争取早日实现经济复苏,并逐步使国民经济走上均衡可持续发展的轨道,为在 2020 年实现全面建设小康社会的目标打下坚实的基础。

（原载《经济纵横》2009 年第 9 期）

从百年积弱到经济大国的跨越

新中国成立 60 年来，中国人民在中国共产党的领导下，奋力进行社会主义建设，社会经济面貌发生了翻天覆地的变化。从新中国成立之初满目疮痍、一穷二白、百废待兴，跃进为生机盎然、实现小康、走向富强的世界第三大经济体，在国际经济舞台上起着举足轻重的作用。2009 年，在国际金融危机袭击下，世界经济总量出现第二次世界大战以后首次收缩，但中国经济仍能实现 8% 左右的增长，可谓一枝独秀。

中国经济建设之所以能取得世人瞩目的成就，在于新中国成立以后我们建立了崭新的社会主义制度，大大解放了社会生产力。实行改革开放，找到了适合中国国情的中国特色社会主义道路，使经济迅速起飞。1978 年至 2008 年，三十年年均经济增速达 9.8%，比日本和亚洲"四小龙"经济起飞阶段持续的时间长、增速高，被世人公认是"中国的奇迹"。

一 积极探索和逐步形成适合中国 国情的社会主义建设道路

中国 60 年经济建设的实践反复证明，寻找和选择适合中国国情的社会主义建设道路，对于顺利推进社会主义建设，不走叉路、弯路，至关重要。中国是世界上人口最多的发展中大国，新中国成立前是半殖民地半封建社会，生产力十分低下。在这样一个底子十分薄弱的大国，建设社会主义强国的确是前无古人的创举。新中国成立后，以毛泽东为首的中央领导集体就一再强调要走自己的路，艰辛探索同中国具体实际结合的社会主义建设道路。改革开放后经过三十多年的努力，我们终于在找到了实践证明唯一正确的中国特色社会主义道路。从此，中国的社会主义事业走上了无限光明的坦途。

让我们简单回顾一下重大的不平凡的经历。

1. 社会主义改造走有别于苏联的农业合作化道路和对私人资本主义企业的和平赎买。中国 1953—1956 年对个体农业、手工业和私人资本主义工商业等生产资料私有制进行大规模的社会主义改造。中国的社会主义改造走的是从中国国情出发的独特道路，主要是引导个体农业、手工业走合作化道路，对私人资本主义工商业采取和平赎买的方针。因此在短短几年取得了伟大的胜利。"文化大革命"后，有些经济学家以及其他各界人士认为 20 世纪 50 年代的社会主义改造也存在一些缺点和错误。对此，1981 年 6 月党的十一届六中全会《关于建国以来党的若干历史问题的决议》说："这项工作中也有缺点和偏差。在一九五五年夏季以后，农业合作化以及对手工业和个体商业的改造要求过急，工作过粗，改变过快，形式也过于简单划一，以致在长期间遗留了一些问题。一九五六年资本主义工商业改造基本完成以后，对一部分原工商业者的使用和处理也不很适当。但整个来说，在一个几亿人口的大国中比较顺利地实现了如此复杂、困难和深刻的社会变革，促进了农业和整个国民经济的发展，这的确是伟大的历史性胜利。"

2. 1956 年毛泽东《论十大关系》对中国化社会主义建设道路的有益探索。他以苏联的经验为鉴戒，总结了新中国成立初期的经验特别是优先发展重工业的经验，提出了调动一切积极因素为社会主义事业服务的方针。毛泽东在这篇文章中讲的原则和精神，至今对我国社会主义建设有重要指导意义。

3. 20 世纪 50 年代末 60 年代初初步总结 1958—1960 "大跃进" 和人民公社化运动的失败教训。针对当时超越阶段、急于求成、违背客观经济规律，甚至刮 "一平二调" 的 "共产风"，党中央和毛泽东曾提出过一些正确的指导原则。比如，1958 年 12 月，党的八届六中全会决议指出："继续发展商品生产和继续保持按劳分配的原则，对于发展社会主义经济是两个重大的原则问题，必须在全党统一认识。"毛泽东在 1959 年 3 月提出价值规律 "是一个伟大的学校" 的著名论断。1961 年 1 月党的八届九中全会提出对国民经济实行 "调整、巩固、充实、提高" 的八字方针等。

4. 1978 年年底党的十一届三中全会开启了改革开放的新时期，逐步形成中国特色社会主义发展道路。全会初步清算了 "文化大革命" 的严重错误，否定"以阶级斗争为纲"的错误理论和实践，作出了把党和国家的工作中心转移到经济建设上来，实行改革开放的历史性决策。改革开放作为中国历史上从未有过的大改革大开放，极大地调动了亿万人民的积极性，使我国成功实现了从高度集中的计划经济体制到充满活力的社会主义市场经济体制、从封闭半封闭到全方位开放的伟大历史转折，为我们开辟了唯一正确的中国特色社会主义道路。

5. 1992 年邓小平南方谈话和党的十四大确认社会主义市场经济体制为经济改革目标模式。中国经济改革一开始就是以扩大市场机制为取向的。随着 20 世纪 70 年代末至 90 年代初市场和价格的逐步放开、国有企业自主权的扩大、非公有制经济的发展，整个国民经济迅速活跃起来，经济增速加快，并迅速解决了广大群众的温饱问题。1992 年年初，邓小平到南方一些省市发表谈话，继续推动改革开放。他指出，计划经济不等于社会主义，市场经济不等于资本主义，计划与市场都是调节手段。他还提出了"三个有利于"原则，为利用外资、发展个体私营经济扫清了政治上的障碍。在邓小平南方讲话精神鼓舞下，党的十四大确认社会主义市场经济体制为经济改革的目标模式，使中国的改革开放进入了一个新的阶段，改革掀起了一个又一个热潮。生产资料价格双轨制并为市场单轨制、国有大中型企业公司制股份制改革、分税制改革都是在那时推进的。

6. 2001 年中国加入世界贸易组织，着力发展开放型经济。中国"入世"是顺应经济全球化潮流的重大举动，"入世"表明中国对外开放进入新的阶段。在入世谈判过程中，不少人忧心忡忡，担心"入世"会影响国家经济安全，许多产业包括金融、商业、农业、信息等会受到很大冲击，弊大于利，至少头几年弊大于利。但中国"入世"近八年的实际证明，"入世"对中国利大于弊，原来的许多担心都没有出现。中国是经济全球化的受益者，"入世"提高了中国的收益。"入世"以后，中国经济总量、对外贸易、利用外资、外汇储备等的增速都加快了，"走出去"的步伐也加快了。而且，开放促进了改革，"入世"使中国一大批同市场经济一般规则相抵触的法律法规和政策得到废止和修改。许多产业着力提高自主创新能力，提高市场竞争力。

7. 2002 年党的十六大确定到 2020 年全面建设小康社会。这是进入新世纪后从中国国情出发建设中国特色社会主义的生动体现。随着中国改革开放后各方面成就越来越为世人瞩目，在国外，有人抛出"中国威胁论"、"黄祸论"，企图阻挠中国前进的步伐。这一反响引起国人的重视。2002年党的十六大在研究到2020年的发展目标时，大家认为从中国国情出发，应是全面建设小康社会，事实证明，十六大确定的目标是实事求是的。进入新世纪，中国仍处于社会主义初级阶段，人均GDP仍处于世界各国100位以后，2002年那时达到的小康还是低水平的、不全面的、发展很不平衡的小康。因此，在新世纪头二十年，要集中力量全面建设惠及十几亿人口的更高水平的小康社会，使经济更加发展、民主更加健全、科教更加进步、文化更加繁荣、人民生活更加殷实。2007年，党的十七大又根据2002—2007年经济社会发展实际，对全面建设小康社会提出了一些更高标准的要求，其中最突出的是提出建设生态文明和社会保障全覆盖，人人共享改革发展成果。

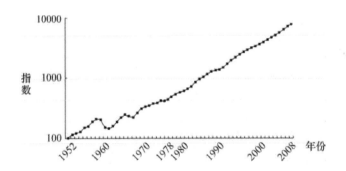

新中国成立以来国内生产总值指数（1952年为100）

8. 新世纪初提出科学发展观，接着又提出要加快转变经济增长和发展方式，实现又好又快发展。2003年，党的十六届三中全会提出了以人为本，全面协调可持续的科学发展观。这是对邓小平"发展才是硬道理"重大战略思想的继承和发展，也是针对中国经济社会发展的突出问题作出的正确抉择。科学发展观要回答的是怎样发展的问题，是要解决经济社会发展不协调的问题，比如"三农问题"，中西部和东部经济差距扩大的问题，社会发展腿短问题，生态和环境问题，内需不足的问题等。这几年，党和政府正在努力使经济社会转入科学发展的轨道。其中最重要的是要加快转变经济增长和发展方式，促进经济增长从主要依靠投资、出口拉动向依靠消费、投资、出口协调拉动转变，由主要依靠第二产业带动向依靠第一、第二、第三产业协同带动转变，由主要依靠增加物质资消耗向主要依靠科技进步、劳动者素质提高、管理创新转变。在转变经济发展方式基础上，建设资源节约型环境友好型社会。

二 六十年成就辉煌

经过全国人民 60 年的艰苦努力，新中国经济建设取得了非凡的辉煌成就。这主要表现在以下几个方面。

（一）经济快速增长，从贫穷落后的国家发展为世界第三大经济体

中国 60 年经济建设的最显著成就是快速发展。1952 年，中国国内生产总值为 679 亿元，而到 2008 年，已跃增至 302853.4 亿元，扣除物价变动因素，增长 76.8 倍，年均增速达 8.1%，其中 1978—2008 年年均增速高达 9.8%，比这期间世界平均增速 3% 高两倍多。中国近 60 年年均增速达 8.1%，是史无前例的。

中国经济占世界经济总量的份额，也已从新中国成立之初的不到 1%，提高到 1978 年的 1.8%，再到 2008 年的 6.4%，成为世界第三大经济体。预计 2009 年将超过日本，成为第二大经济体。根据世界银行经济考察团 1988 年对中国的考察报告，1952 年中国的人均国民生产总值约合 50 美元，比印度还低，只相当于苏联 1928 年人均 240 美元的 1/5 多一点。而到 2008 年，我国 GDP 折合成美元已达 38600 亿美元，人均 GDP 达到 3300 美元，人均 GDP 比印度高一倍多。

国家财力也大步增长。1950 年，我国财政收入只有 62 亿元，到 2008 年，猛增至 61316.9 亿元。近 60 年名义增长近千倍。

在经济迅速增长的同时，主要工农业产品产量居世界首位。2007 年，主要农产品中，谷物、肉类、棉花、水果等产量居世界第一；主要工业品中，钢、煤、水泥、化肥、棉布居第一，发电量居第二。在工农业产品大

幅度增长的同时，人均工农业产品产量也大幅度增加。与 1949 年相比，2008 年人均原油、发电量、水泥等工业品产量增长了数百倍，粗钢产量增长到 1256.3 倍。

随着工农业生产的发展，市场上商品供应日益丰富，困扰我们三四十年的物质短缺凭证供应的卖方市场变为商品越来越丰富多彩的供略大于求的买方市场。这个转变发生在 1997—1998 年间。多年来，在商务部重点监测的 600 多种重要商品中，供略大于求的约占 2/3，供求平衡的占 1/3，只有个别商品有时供应较紧张。这是中国市场格局告别短缺的重大变化。

（二）对外经济活动迅速扩大，国际经济地位大步提高

新中国成立后，特别是改革开放后，中国对外经济活动迅速扩大，并逐步融入国际经济。中国进出口贸易的快速增长不断提升中国在世界贸易中的位次，改革开放初期居第 32 位，2004 年以来已居第三位；占世界贸易总额的比重已由 1978 年的不到 1% 提高到 2008 年的 7.9%。外汇储备从 2006 年起超过 1 万亿美元，稳居世界第一，目前已超过 2 万亿美元。中国从 1993 年起已连续 16 年成为吸收外资最多的发展中国家。

目前，中国已成为在世界经济活动中举足轻重的国家。据有关统计部门计算，进入新世纪以后，我国经济增长对世界经济增长的年均贡献率在 15% 以上，居世界第二位。

（三）从贫穷落后、人均 GDP1952 年只有 119 元人民币发展到 2008 年 22698 元人民币，进入中等收入国家行列，人民生活进入小康水平

人民生活水平提高的一个重要标志是扶贫脱贫工作取得巨大进展，实现了从温饱不足到总体小康的历史性跨越。新中国成立初期，我国人民处于温饱不足，贫困人口众多的困境。即使到 1978 年，全国农村的绝对贫困人口仍有 2.5 亿人，约占全部人口的 1/4；到 2007 年末，农村绝对贫困人口减少为 1479 万人，不足全部人口的 2%。

按照世界银行 2008 年分组，人均国民收入 906—11115 美元属中等收入国家，其中人均 906—3595 美元为低中等收入国家，人均 3596—11115 美元为高中等收入国家。我国人均 GDP2008 年已达 3300 美元，处于低中等收入

国家的高端，估计再过两年，到 2010 年，人均 GDP 将超过 3600 美元，进入高中等收入国家行列。届时，人们的富裕程度将进一步普遍提高。

（四）工业化、城市化大步前进

实现工业化、城市化，这是全国人民的百年期盼，是走向现代化的必由之路，也是全面建设小康社会的中心任务。新中国成立后，我国一直致力于实现社会主义工业化。新中国成立初期，我国工业十分落后，只有一些轻纺工业，重工业基本上是空白，不能造汽车、飞机、拖拉机，工业总产值只有 140 亿元，只能生产钢 15.8 万吨，原油 12 万吨，原煤 3200 万吨，水泥 66 万吨，发电量 43 亿千瓦时。经过 60 年努力，2008 年，我国工业增加值达 107367 亿元，按可比价格计算，比 1978 年增长了 23 倍，比新中国成立初更是增长了上百倍，超过 GDP 增速。截至 2008 年，我国工业产品产量居世界第一位的已有 210 种，已成为世界公认的工业大国。中国工业化已进入中期阶段。有的专家指出，如果基于联合国工业发展组织和世界银行提出的判断标准，那么，到 2001 年中国制造业增加值占商品生产增加值的比重已达 51.5%，进入了半工业化国家阶段。下一阶段的任务，就是通过提高自主创新能力、产业结构升级、转变经济发展方式，实现工业现代化，实现从工业大国向工业强国的转变。

新中国成立后，中国城市化进程逐步加快。1953 年，中国城市化率（城镇人口占总人口比例）为 13%，1978 年提高到 17.9%，到 2008 年，已提高到 45.7%，1978 年以后年均提高 0.9 个百分点。2007 年年末，全国城市数量达 655 个，比 1978 年增加 462 个。200 万人口以上城市个数达 36 个，比 1978 年增加 26 个；100 万—200 万人口城市达 83 个，比 1978 年增加 64 个。

（五）科技、教育和其他各项社会事业全面发展

科技领域取得一个又一个耀眼的成绩，是新中国成立后令人鼓舞的亮点。前三十年，"两弹一星"举世瞩目。改革开放后，科技进步加速。2008 年，全年研究与试验发展经费支出达 4570 亿元，占国内生产总值的 1.52%。当年成功发射卫星 11 次，神舟七号载人航天飞行圆满成功。

科技进步源于教育事业的大发展。2008 年，高等教育学生总规模达 253 万人，当年招生 607.7 万人，总入学率达 22% 以上，进入大众化阶段；全国普通高中招生 837 万人，在校生 2467.3 万人，毕业生 836.1 万人；已普及九年制义务教育。

城乡居民居住面积不断扩大，城镇人均住宅建筑面积由 1978 年的 6.7 平方米增长到 2007 年的 28 平方米，增长了 31.8 倍；农村人均住房面积由 1978 年的 8.1 平方米增长到 2007 年的 31.6 平方米，增长了 2.9 倍。

2008 年，全国高速公路达 6 万多公里，居世界第二位。全国固定电话和移动电话用户总数达到 98204 万户，电话普及率达到 74.3 部/百人。互联网上网人数 3.0 亿人，其中宽带上网人数 2.7 亿人，均居世界第一位。

社会保障事业迅速发展，正在不断完善过程中。到目前为止，已初步实现全体人民学有所教、劳有所得、病有所医、老有所养、住有所居。

三 坚持走中国特色社会主义经济发展道路，力争到本世纪中叶基本实现现代化，实现中华民族伟大复兴

新中国 60 年经济建设的辉煌成就，使全国人民更加坚定了走中国特色社会主义道路的决心，并满怀信心再奋斗三四十年，在全面建设小康社会基础上，实现现代化，过上更加富裕安康的好日子。

（一）坚持发展社会主义市场经济

新中国成立 60 年经验表明，几经艰辛探索形成的中国特色社会主义道路，是经济建设和其他建设顺利开展的根本保证。经济建设坚持走中国特色社会主义道路，就要坚持发展社会主义市场经济。社会主义市场经济能够充分发挥社会主义制度的优越性、公有制的优越性，并同市场配置资源的有效性很好地结合起来，使全社会充满改革发展的创造活力。

我们要继续进行经济改革攻坚，完善社会主义市场经济体制，更大程度上发挥市场在资源配置中的基础性作用，推动建立现代产权制度和现代企业制度，不断提高企业的自主创新能力和市场竞争力，同时又注重加强和完善国家对经济的宏观调控，克服市场自身存在的某些缺陷，促进国民

经济充满活力、富有效率、健康运行。我们要坚持和完善公有制为主体、多种所有制经济共同发展的基本经济制度，努力形成各种所有制经济平等竞争、相互促进新格局。我们要坚持和完善按劳分配为主体、多种分配方式并存的分配制度，既鼓励先进、促进发展，又注重社会公平、防止两极分化。在深化改革、完善新体制过程中，不断为经济社会发展提供强大动力。

（二）2020年实现全面建设小康社会目标，基本实现工业化和城市化

党的十六大报告提出，新世纪头二十年，对我国来说，是一个必须紧紧抓住并且可以大有作为的重要战略机遇期。我们要在这个时期集中力量，全面建设惠及十几亿人口的更高水平的小康社会。党的十七大对全面建设小康社会提出更高的要求，重点是提高经济增长的质量。

全面建设小康社会经济领域的中心任务是实现工业化和城市化。由于中国工业化的顺利推进，一般估计，到2020年，中国制造业增加值占社会有形商品生产增加值的比重将达到70%，超过工业化国家标志（占60%）10个百分点。在城市化方面，1978年改革开放后到2008年，中国城市化率每年提高0.9个百分点，按照这一速度，2020年中国城市化率将超过55%，可以初步实现城市化。

在收入方面，由于进入新世纪后中国经济的快速增长，2003—2007年连续5年实现两位数经济增长，加上人民币汇率从2005年起升值，这几年对美元已升值20%多，所以，原来设想，到2020年我国人均GDP达3000美元，实际到2008年，我国人均GDP按当年汇率计算已超过3000美元，达3300美元。

2007年党的十七大前后，有经济学家计算过，如果2007—2020年GDP按年均增长7.5%并以2006年不变价和汇率计算，2020年中国经济总量将达58万亿元，约为7.2万亿美元；按2020年总人口14.5亿计算，人均约5千美元。考虑到2006年以来人民币汇率继续上升，按现价计算的人均GDP肯定大大超过5000美元。对照国外学者划分工业化阶段的标准，届时我国人均收入水平相当于进入工业化国家行列。所以，今后要继续保持经济的平稳较快发展，再努力干十几年，中国的经济规模、国力和人民生活水平，都将上一个大台阶。

（三）坚持转变经济发展方式，建设资源节约型环境友好型社会

2005 年国家"十一五"发展规划和 2007 年党的十七大，针对进入新世纪后我国经济增长付出的资源环境代价过大问题，提出转变经济增长和发展方式的任务。这是十分及时和必要的。只有转变经济发展方式，才能使经济增长真正建立在优化结构、提高效益、降低消耗、保护环境基础上，使经济增长同资源节约型环境友好型社会建设紧密结合。为此，第一要提高自主创新能力，增加科技投入，使研究与开发投入逐步提高到占 GDP2%以上，建设创新型国家。第二要调整经济结构，扩大内需，提高消费特别是居民消费占 GDP 的比重，节能减排，淘汰落后产能和技术，着力增加农民和低收入群体的收入等。第三要深化改革，形成落实科学发展的体制机制。这样做，经济增长速度仍可保持 8% 左右，这还是一个令世人羡慕不已的高速增长，而且是可持续的又好又快的增长。

（四）在 21 世纪中叶基本实现现代化，实现中华民族的伟大复兴

中国社会主义建设的目标是实现现代化，实现民富国强，证明社会主义制度能使一个经济文化落后的大国用一百年的时间，走完发达资本主义国家用两三百年走过的历程。而且中国实现的现代化是社会主义现代化，是人人共享改革发展成果、实现共同富裕的现代化，促进社会和谐的现代化。社会主义现代化实现之日，就是中华民族伟大复兴之时。我们要在党的领导下，用自己的双手，把中国仁人志士百余年的崇高理想变为活生生的现实。

（原载《光明日报》2009 年 8 月 27 日）

"十二五"是调结构的好时机

明年国家将着手制定国民经济和社会发展第十二个五年（2011—2015年）规划，国家发改委今年要为明年制定规划准备系统的资料和提出初步意见。我想对制订"十二五"规划提出一些个人想法。

中国经济去年以来在国际金融危机冲击下一定程度上陷入困境，经济增速在大起后大落。原因在于中国经济从 2003 年以来连续 5 年以两位数速度增长，而这种高增长又基本上沿袭粗放扩张模式，因而积累了不少问题，出现了几个大的失衡或不协调：一是内外需失衡；二是投资消费失衡；三是经济高速增长付出的资源环境代价过大；四是区域、城乡发展失衡。国际金融危机的爆发和冲击，使中国的几个失衡问题凸显出来。

针对严重情况，中央提出扩大内需、保增长、调结构，实施积极的财政政策和适度宽松的货币政策。保增长、扩内需、调结构，最难的是调结构。调结构就是要转变经济增长方式或发展方式。这是很艰巨的任务，且要用慢功夫，急不得。

制定"十二五"规划是一个很好的机会，可以有一个比较长期的打算，着力解决四个失衡问题，特别是投资与消费失衡问题，以便更好地摆脱国际金融危机的影响，实现可持续的较快增长，2020 年更好地实现全面建设小康社会的目标。

现在讨论和研究中国经济形势，较多的是短期内能否走出下滑局面率先复苏。我个人认为，在政府多项刺激政策和措施带动下，中国经济有望较快走出困境，较早复苏，今年8%的增长目标有可能实现。问题在于，这些刺激措施能否使中国经济持续较快增长，包括这些刺激措施能否持续，如贷款的飞速增长能否持续，使中国经济走上 V 形轨道。如果这些刺激措施只能短期有效且措施本身也不可持续，就有可能让经济向上走一阵后再次向下探底或多次上下，走 W 形轨道，这比走 U 形轨道还糟。因此，对于治理中国经济问题，要有一个比较长期的规划，不能头痛医头，脚痛医脚，不要让目前采取的措施为以后的顺利发展制造障碍。

为了改善投资与消费结构，应考虑采取更加积极的鼓励消费的政策，中央和地方财政支出都应更多地用于民生工程，以便提升消费特别是居民消费占 GDP 的比重。应把改变居民消费比重过低作为最突出问题，采取有力措施逐步解决，只有这样，扩大内需才能落到实处，经济增长才能转移到依靠消费、投资、出口协调拉动的轨道上。

制定"十二五"规划，还要很好制定"十二五"期间深化改革的规划。改革是解决几个失衡的强大动力，只有改革在重要领域和关键环节取得突破性进展，我国经济社会才能转入科学发展的轨道。同时，实施扩张性宏观经济政策，也要同深化改革相结合。只有这样，才能使保增长、扩内需、调结构紧密联系起来，才能使积极的财政政策更好地发挥促进经济增长的作用。

第一，我们要抓住国际市场资源特别是能源产品价格不算太高的机遇，积极推进资源能源产品如水、电、原油、天然气等价格改革，使它们的价格能反映市场供求关系、资源稀缺程度和环境损害成本。应致力于改革价格形成机制，放松政府管制，而不是靠政府去理顺价格。最近成品油价格形成机制改革是很好的。这是一项基础性改革，能减少以至消除资源能源价格的扭曲，对于资源节约型社会建设，转变经济增长方式，优化资源配置，实践经验反复证明具有决定性意义。

第二，深化垄断行业改革，放宽服务业市场准入，引入竞争机制，对于加快金融、电信、铁路、公用事业、文化教育医疗卫生事业的发展，优化产业结构，提高第三产业的比重，增加服务业就业岗位，具有重要作用。要增加就业岗位，主要靠发展第三产业。这就必须克服各种体制障碍，打破各种"玻璃门"，在可以放开市场的所有领域放开市场，引入竞争机制。

第三，要尽快建立银行存款保险制度。与 1929 年世界经济危机发生社会动荡不安不同，这次国际金融危机没有出现各国老百姓挤兑现象，得益于银行存款保险制度的建立和健全。我们要吸取这一行之有效的经验，抓紧建立这一有利于金融稳定的制度。

第四，深化财政体制改革，尽快实现向公共财政转型。要扩大消费、改善民生，就要使财政尽快从经济建设型财政向公共财政转型，逐步实现基本公共服务均等化。实施积极的财政政策，扩大财政支出，应将大部分用于民生工程，增进人民群众特别是低收入人群的福利。这对合理调整投资与消费结构，也有重要意义。物业税很重要，能有效遏制对房地产的过度需求，应尽快施行。

第五，推进政府改革，转变政府职能。政府不应以追求 GDP 增速作为主要目标，而应以人为本，转变为服务型政府，履行好经济调节、市场监管、社会管理和公共服务职能。

第六，推进各项有助于提高中低收入者收入水平，有助于扩大消费的各项改革。包括较大幅度提高财政对农村合作医疗的补助金额，降低个人所得税税率，继续推动家电等电子产品和农机、汽车等大规模、低价格进入农村市场，提高最低生活补助标准，建立廉租房等保障性住房的稳定的资金来源，建立对农民工失业的援助制度等。

（原载《中国经济导报》2009 年 9 月 10 日）

中国经济需转型:从追求数量扩张转为注重质量效益

——未来十年经济走势思考

进入 21 世纪后,2003—2007 年,中国经济连续五年以两位数或两位数以上速度增长。2008 年遭受国际金融危机袭击后,由于政府实行强刺激投资计划,2008 年和 2009 年经济仍实现 9% 和 8% 以上增长。这说明,中国经济在规模和数量扩张上取得了骄人的业绩,令世人瞩目。到 2008 年,我国 GDP 按当年汇率计算折合成美元达 38600 亿美元,人均 3300 美元,已成为世界第三大经济体。由于经济高速增长,中国许多主要工农业产品产量居世界首位。如农产品中谷物、肉类、棉花、水果等产量位居世界第一,工业品中的钢、煤、水泥、化肥、棉布、汽车等产量位居世界第一。

也要看到,在经济基本上沿袭粗放扩张模式超高速增长和强刺激投资的同时,积累了不少问题,严重制约着中国经济的稳定和可持续增长。因此,展望未来十年,包括第十二个和第十三个五年规划(即 2011—2015 年和 2016—2020 年),我个人认为,中国经济需及时进行转型,从追求数量扩张型转为注重增长的质量和效益型,也就是实现经济增长和发展方式转型,使经济真正走上稳定、协调和可持续发展的轨道,科学发展的轨道。

一 中国经济因连年高速增长而积累了几个失衡问题

由于经济的连年两位数增长,加上国际金融危机袭击下采取强投资应对措施"保增长",中国经济出现了几个大的失衡或不协调。

一是内外需失衡。2007 年我国的出口依存度高达 36%,比 1998 年东亚金融危机时的 18% 高出一倍。2008 年国际金融危机爆发后外需收缩，出口下降，对中国经济的影响很大，从 2008 年秋冬后至 2009 年年底的情况就是这样。

二是投资消费失衡，最终消费占 GDP 比重降到 50% 以下，其中居民消费 2008 年降到占 GDP 的 35.3%，2009 年估计居民消费率还要下降，比一般国家的居民消费率占 60% 左右，低近一半（2008 年，美国居民消费率为 70.1%，印度为 54.7%）。这是我国内需不足的主要根源。

三是经济高速增长付出的资源环境代价过大，即经济增长与资源环境承受能力失衡。资源环境成为经济增长的重要瓶颈。我国主要矿产品的对外依存度，1990 年还只占 5%，目前已占 50% 左右，风险很大。

四是区域、城乡发展失衡，居民收入差距过大且未能扭转。这是多年的老问题。农民收入水平太低，城乡居民收入水平相比名义上为 3:1，实际（加上社会福利）为 6:1。农村市场小，农民消费水平低。基尼系数 21 世纪以来一直超过 0.4 的警戒线。有学者指出，从 1988—2007 年，收入最高的 10% 人群和收入最低的 10% 人群的收入差距，已从 7.3 倍上升到 23 倍[1]。

在上述四大失衡中，最主要的是投资与消费失衡，或储蓄与消费失衡。投资增速很高，产能过剩，只好靠扩大外需找出路，出口依存度一路攀升。投资增速很高，粗放型扩张，必然要付出过大的资源环境代价。投资增速很高，在于追求 GDP 的快速增长，财政用于支持欠发达地区和增加低收入群体的财力不足，不能很好缓解地区之间、城乡之间经济和收入差距，不能扭转居民收入差距过大的局面。

2008 年国际金融危机的爆发和冲击使中国几个失衡问题凸显出来，特别是投资与消费失衡问题突出起来。2009 年强投资刺激政策使这一失衡更趋严重，成为今后调结构的重点。

有人说，中央政府 2008 年冬出台的 4 万亿元投资没有挤压消费。的确，经过 2009 年春"两会"后修改的 4 万亿元投资（这次修改较大幅度地增加了用于改善民生的项目）总的说结构比较合理，不会严重挤压消费。问题

---

[1]   参见《改革内参》2009 年第 32 期，第 49 页。

是，4万亿元投资是中央项目投资，其中2009年落实的只有2万亿元左右，而不是全社会投资，由中央投资项目带动的二三十万亿元地方投资项目才是大头，这些投资习惯性地投向"铁公基"（铁路、公路、基础设施）和一些重化工业项目。已有不少报道披露，不少原来被认为不能上马的"两高一资"（高能耗、高污染、资源型）项目，又在重新上马。2009年1—10月，城镇固定资产投资已超过15万亿元，同比增长33.1%。可见，中央项目投资只是全部投资中的一小部分，不能用中央项目投资结构相对合理说明全部投资是合理的、不会挤压消费的。

从2009年的实践看，保增长和调结构（特别是调整投资与消费的结构）是有一定矛盾的。为了在本年度保增长，只有进行大规模投资才能见效，因此，大量上工业项目和基础设施项目，铺新摊子，粗放扩张。实际情况也是如此。国家统计局材料，2009年1—9月，全国GDP增长7.7%，其中投资贡献7.3个百分点，消费贡献4个百分点，出口贡献-3.6个百分点，投资对经济增长的贡献比消费几乎多一倍。预计全年的趋势也是如此。这就意味着强刺激投资实现的增长，将进一步恶化投资与消费的结构。

二　产能过剩问题突出

投资增速过快带来的一个问题是产能过剩。官方公布，2009年产能过剩的有六大行业，即钢铁、水泥、平板玻璃、煤化工、多晶硅、风电设备。实际不止这六个行业。有一份材料说，在统计的24个行业中，有21个是产能过剩的。产能过剩是资本主义市场经济国家常态，我们常常批评资本主义市场经济不能充分利用生产能力，造成生产能力闲置，浪费资源。比如，美国在第二次世界大战后60年中，工业产能平均利用率是80.6%，即有近20%的产能过剩。问题在于，我国现在的产能过剩比美国还厉害，从而说明问题的严重性。比如钢铁，2009年产能为6.6亿吨，在建产能约6000万吨，而需求为4.7亿吨，过剩率达30%多。又如水泥，2008年产能已达到18.7亿吨，目前在建产能6.2亿吨，还有已核准尚未开工产能2.1亿吨，建成后全部产能达到27亿吨，预计市场需求量将由目前的14亿吨增长到16亿吨，即使全部淘汰目前落后产能5亿吨，还有6亿吨过剩产能，过剩率也超过 30% 。

我国产能过剩问题存在已久，2004 年经济过热后就一直存在。政府采取的是增加投资、维持投资高速增长（20% 以上）来扩大需求，缓解过剩矛盾。在 2008 年国际金融危机爆发前，由于出口增速强劲，靠扩大外需消化了大部分过剩产能。但国际金融危机发生后，外需下滑，出口从 2008 年 11 月起到 2009 年 11 月一直是负增长，靠扩大外需消化过剩产能已不可能，转而靠扩大投资来消化过剩产能则使这一问题越来越严重。实践证明，企求用新一轮的产能过剩来治理现有的产能过剩的路子是很难长时期走下去的。2009 年大量行业出现严重产能过剩说明了这一点。

产能过剩问题如果用市场经济通行办法并不难解决，市场竞争会使竞争力差的产能被淘汰，退出市场。中国产能过剩问题的复杂性在于，不少产能过剩是在政府主导下形成的。政府主导的项目，是软预算约束，产能过剩且无竞争力，产品卖不出去或者企业亏损，政府往往直接或间接出面，提供资金支持，不愿退出市场。这一届政府借的钱可以留给下一届或以后去还，使政府的隐性负债加重，积累风险。因此，为治理产能过剩，今后应更多地按市场经济规范办事，通过市场竞争优胜劣汰，淘汰行业内部落后的没有竞争力的产能。

产能过剩带来的一个严重问题是贷款大量增加形成通货膨胀压力。由于经济扩张过度依赖投资，使投资效率下降，经济高增长需要越来越多的资金支持。据国家信息中心测算，如果以增量资本产出率衡量，我国从 1995 年至 2009 年，15 年内平均增量资本产出率为 4，即每增加 1 元国民生产总值需要 4 元投资。预计 2009 年我国增量资本产出率将达到创纪录的 9.5，投资效果大大低于正常平均水平。而美国、德国、法国、日本、印度这些国家，每增加 1 元国民生产总值一般只需要 1—2 元投资。[1] 这也是为什么 2009 年 1—10 月我国新增贷款达到近 10 万亿元的天量，10 月 M2 增速达到 29.4% 的原因。大量的资金投放正在推高资产价格，催生资产泡沫；而且在逐步形成通货膨胀压力，这也是中国经济的"隐忧"。

---

[1]　参见《改革内参》2009 年第 34 期，第 10 页。

三 "十二五"起要逐步解决长期积累的
失衡问题，实现可持续的增长

我个人认为，制定"十二五"规划是一个很好的机会，可以有一个比较长期的打算，并在实际工作中着力解决上面讲的四个失衡问题，特别是投资与消费失衡问题，产能过剩问题，以便更好地摆脱国际金融危机的影响，实现可持续的较快增长，更好地于 2020 年实现全面建设小康社会的目标。

现在讨论和研究中国经济形势，较多的是从短期能否走出下滑局面率先复苏。我个人认为，在政府多项刺激政策和措施推动下，中国经济有望较快走出困境，较早复苏，2009 年实现 8% 的增长目标已无悬念。问题在于，这些刺激措施能否使中国经济持续较快增长，包括这些刺激措施能否持续，如贷款的飞速增长能否持续，使中国经济真正走上 V 形轨道（即使走上 V 形轨道，V 形的峰值也不可能像前几年达两位数甚至到 13%，而很可能为 8%—9%）。如果这些刺激措施只能短期有效且措施本身也不可持续，就有可能经济向上走一阵后再次向下探底或多次上下，走 W 型轨道，这比走 U 型轨道还糟。多次上下实际上是走弯路，而走弯路是最慢的。因此，对于治理中国经济问题，要有一个比较长期的规划，不能头痛医头，脚痛医脚，不要让目前采取的措施为以后的顺利发展制造障碍。这次制订"十二五"规划有利于人们冷静地思考中国经济的问题，因此人们对此寄予厚望。

为了改善投资与消费结构，应考虑大力调整收入分配结构，增加居民特别是低收入群体的收入；采取更加积极的鼓励消费的政策；中央和地方财政支出都应更多地用于民生工程，向居民提供更多的公共产品。通过这些努力，提升消费特别是居民消费占 GDP 的比重。我国居民消费占 GDP 比重已从"六五"（1981—1985 年）和"七五"（1986—1990 年）占 GDP 50% 多一点儿，降到"八五"（1991—1995 年）"九五"（1996—2000 年）的 45% 多一点儿，2001 年还占 45.2%，可是到 2007 年已降为占 35.6%，2008 年进一步降为 35.3%。所以，应把改变居民消费比重过低作为最突出问题，采取有力措施逐步解决，只有这样，扩大内需才能落到实处，经济增长才能转移到依靠消费、投资、出口协调拉动的轨道上。提高消费比重，也有利于协调发展第二、第三产业的关系，因为要提高消费的比重，必须大力发展第三产业，包括商业、旅游、餐饮、文化、医疗、教育、娱乐等产业。

为顺利推进经济转型，今后5—10年的对策建议有三条。

一是适当放缓经济增速。中国经济运行出现问题的根源都在于追求不切实际的高速增长。根据一些经济学家研究，中国现阶段潜在增长率为7.5%—9%，因此今后十年的经济增速以控制在8%左右为宜，不要再企求两位数的增长，把工作的着力点放在提高经济增长的质量和效益上。有8%左右的增长，如果经济结构趋于合理，加快发展第三产业和中小企业，逐步提高就业函数，应当可以比过去吸纳更多的劳动力就业。中国经济在2009年第一季度见底（当季GDP增速同比增长6.1%）后已逐步回升，到第三季度即已恢复到高速增长态势，当季GDP增速已达8.9%，9月和10月规模以上工业增加值增速已达13.9%和16.1%。财政收入增速也很快。所以，中国经济已经复苏，而且复苏速度很快。有的经济学家据此认为中国经济已呈V字形运行。我个人认为，中国经济从2009年第四季度开始，就应对增速进行适当控制，以便使工作着力点从追求数量规模扩张转为着力提高经济运行的质量和效益。如果还是惯性地盲目追求GDP的高速增长，2009年第四季度和2010年经济增速又达两位数，那么经济在一段时期超高速增长后很可能重新下行，这就将打破V字形运行态势，变为W型态势了。目前一些国外投行预测和宣传中国2010年经济增速将超过11%，我个人认为令人担心。

二是致力于调结构，转变经济发展方式。要认真落实2007年党的十七大提出的三个转变，即促进经济增长由主要依靠投资、出口拉动向依靠消费、投资、出口协调拉动转变，由主要依靠第二产业带动向依靠第一、第二、第三产业协同带动转变，由主要依靠增加物质资源消耗向主要依靠科技进步、劳动者素质提高、管理创新转变。转变经济增长和发展方式是很艰巨的任务，要着力提高自主创新能力，降能降耗减排，而且要用慢功夫，急不得，甚至在本届政府任期内不一定能明显见效。所以，一些政府部门一直对此没有多少兴趣，这是一个大问题。调结构范围更广，经济结构除产业结构外,还包括地区结构、城乡结构、收入分配结构、内外需结构、人与自然是否和谐等。其中产业结构的优化升级、大力发展第三产业和新兴绿色产业、节能减排等,是同转变经济发展方式一致的。当前调结构最重要的是调整投资消费结构,大力提高居民消费在 GDP 中的比重;调整收入分配结构,努力抑制居民收入差距过大的不正常现象;大力推进节能降耗减排减碳,努力建设资源节约型、环境友好型社会;加快城市化进程,加快农民转为市民的进程,这是今后扩大内需最为有效的选择,等等。特别需要指出,调结构、转变经济发展方式同追求 GDP 高速增长有时是有矛盾的。如何兼顾好优化结构、转变发展方式和经济增长,可能是今后经济工作最不容易处理好的难题。看来,保持经济的稳定增长,不去刻意追求不可持续的高速增长,将比较有利于优化经济结构和转变经济发展方式。还要看到,调整经济结构,转变经济发展方式,不是三年五年就能完成的,至少需要十年八年坚持不懈的努力。2009 年冬中央经济工作会议,把转变经济发展方式作为 2010 年经济工作的战略重点。这是一个良好的开端,希望能真正落实,并且在此后继续坚持下去,一步一个脚印,经过十年八年的努力,取得实质性进展。

三是深化改革,完善社会主义市场经济体制。调整经济结构,转变经济发展方式,有许多途径。如推进科技创新,提高自主创新能力,大幅度增加研究与开发投入;完善法律法规,健全法制环境;完善支持和鼓励各种有利于转变经济发展方式的政策,停止执行一切逆向调节的政策;完善各项技术标准,制订必要的市场准入标准;深化改革,促进经济社会转入科学发展轨道,等等。其中我认为最主要的是深化改革,完善社会主义市场经济体制。第一是深化政府改革,实现从经济建设型政府、追求 GDP 增速的政府向服务型政府的转变,切实履行好经济调节、市场监管、社会管理和公共服务职能,切实改变目前政府介入经济过深的状况。第二是价格改革,抓住当前物价稳定的有利时机,加快推进资源产品价格改革,使其能真正反映市场供求关系、资源稀缺程度和环境损害成本,发挥价格杠杆推动资源节约、保护环境的作用,推动资源的优化配置和产业结构优化升级。第三是财税改革,尽快向公共财政转型。要扩大消费,改善民生,就必须尽快从经济建设型财政向公共财政转型,逐步实现基本公共服务均等化。鉴于中国房地产市场炒风很盛，要尽快实施物业税，以抑制对房地产的过度和投机需求。2003 年就提出要实行物业税，至今已六年多，阻力重重，现在应是下决心推进实施的时候了。第四是金融改革。要吸取这次国际金融危机的教训，极力防止系统性金融风险，包括尽快建立居民存款保险制度。金融业要很好地为实体经济服务，促进资源配置优化。发展中小银行，更好地为中小企业服务。继续完善和发展资本市场、保险市场等。第五是深化垄断行业改革，放宽服务业市场准入，引入竞争机制，这对于加快金融、电信、铁路、公用事业、文化教育、医疗卫生事业的发展，优化产业结构，提高第三产业的比重，增加服务业就业岗位，有重要作用。现阶段要大力增加就业，而要增加就业岗位，主要靠发展第三产业。这就必须克服各种体制障碍，打破各种"玻璃门"，在可以放开市场的所有领域特别是服务领域放开市场，引入竞争机制。第六是推进各项有助于提高中低收入者收入水平，有助于扩大消费的各项改革。包括较大幅度提高财政对农村合作医疗的补助金额（第一步先从每人每年 100 元提高到 200 元，以后还要继续提高），降低个人所得税税率，继续推动家电等电子产品和农机、汽车等大规模、低价格进入农村市场，提高最低生活补助标准，建立廉租房等保障性住房的稳定的资金来源，建立对农民工失业的援助制度，等等。

中国经济改革已进入攻坚阶段。有一些改革容易受既得利益群体的阻挠和反对，改革很难迈步，因此，必须制订中长期改革规划，必须有党和政府自上而下的有力推动，才能使改革深入下去。当前，经济形势比较严峻，这也有利于大家努力从改革找出路，使改革获得较大的动力。重要的是抓住这一有利时机，适时推出必要的改革，积极配合适当的宏观经济政策，逐步使国民经济走上均衡可持续发展的轨道，实现 2020 年全面建设小康社会目标。

（原载《中国流通经济》2010 年第 5 期；《理论动态》2009 年第 1837 期）

我国转变经济发展方式的难点在哪里

2009 年年底，中央经济工作会议明确提出："这场国际金融危机使我国转变经济发展方式问题更加突显出来。综合国际国内形势看，转变经济发展方式已刻不容缓。我们要把加快经济发展方式转变作为深入贯彻落实科学发展观的重要目标和战略举措。"

紧接着，2010 年 2 月 3—7 日，全国省部级主要领导干部集中在中央党校，专题研讨深入贯彻落实科学发展观，加快经济发展方式转变问题，胡锦涛总书记等中央领导同志作报告，其规模和重视程度可以同几年前学习科学发展观相比拟。

这说明，中央已充分认识和高度重视中国经济的转型问题，即必须从追求数量扩张到注重质量和效益，转变经济发展方式很紧迫，已到刻不容缓的地步。

但是，从 1995 年"九五"计划提出转变经济增长方式任务以来 15 年的实践看，包括 2005 年中央关于"十一五"规划建议又一次提出转变经济增长方式和 2007 年党的十七大提出转变经济发展方式的任务以来的实践看，转变经济增长和发展方式困难重重，举步维艰。这一次，会不会也像过去几次那样，说得很厉害，要求大家高度重视，但在实践上大打折扣，变成雷声大，雨点小，现在还说不准。特别是因为，转变经济增长和发展方式，困难重重，没有十年八年的艰苦努力是很难有实质性进展的，而这一届领导还只有两年多的任期。因此，存在一种可能性，即实际上这两三年主要还只是解决认识问题，统一思想，主要实际行动留给下届领导班子。

转变经济发展方式的第一个困难是它同追求经济的短期高速增长是有矛盾的。而到目前为止，各级政府和许多干部，都仍然是把追求 GDP 的短期高速增长作为首要任务，各地在 2009 年保增长名义下上了一大批"两高一资"项目，他们对这些项目会因为要转变经济发展方式就轻易扔掉吗？

很难。因为扔了就会影响 GDP 增速，很快会出现财务危机。在各方面仍把追求 GDP 增速放在第一位的想法和做法影响下，他们对转变经济发展方式往往只是做点表面文章，基本实践还是走老路。今年从 31 个省区市由当地人代会通过的国民经济和社会发展计划来看，只有 3 个省市 GDP 增速定为 8%，其余都在 8% 以上，平均增速达 10.3%，许多省区都仍然是把增投资、上项目放在首位，没有把转方式放在首位的。而经济学原理告诉我们，转变经济发展方式、调整经济结构同短期追求 GDP 高速增长是有矛盾的，一个劲儿追求数量扩张同提高经济增长的质量和效益是有矛盾的，只要仍然把追求 GDP 高速增长放在第一位，转方式调结构就提不到重要议事日程，而且会出现新的粗放扩张和恶化结构。所以，只要各级政府和官员不愿放弃短期的特别是任期内 GDP 的高增长，转变经济增长和发展方式就很容易流为空谈或只能取得一些表面的进展。

因此，要真正着力抓经济发展方式转变，就不能继续把保增长放在首位，就不能追求过高的经济增速。2009 年的实践表明，保增长放在首位，带来的是不少地方又一轮的粗放扩张，投资与消费的结构进一步恶化，居民收入差距扩大的趋势难以扭转。现在要突出抓转变经济发展方式，如果继续把保增长放在首位，就等于提出一个根本无法破解的命题。

难点之二是重要领域和关键环节改革难启动。党的十七大报告提出，加快重要领域和关键环节改革步伐，但现在看来很难落实。这几年我国推进了一些改革并取得成效，如医疗体制改革，集体林权制度改革，成品油价格形成机制改革，文化体制改革，完善社会保障制度等。但是没有或很少重大改革政策出台，特别是缺少对推动经济转型和发展方式转变有重大意义的改革政策出台，总的感觉是进展不够大，大家见到的主要是一些修补性改革。原因在哪里？我认为至少有两条，一是专注于发展，顾不上抓改革。2003—2007 年，连续五年两位数和两位数以上的经济增长，使政府部门处理增长问题就忙不过来，比如前几年煤电油运那么紧张，节能减排任务那么繁重，使中央综合部门特别是国家发改委几乎全力抓发展，没有多少精力抓改革了。一次研讨会上，一位原国家发改委副主任回忆说，前几年，国际发改委 90% 以上的精力都用于抓发展，解决经济高速增长过程中出现的种种问题，一年党组研究改革问题的会议顶多一两次，改革很难排上重要议事日程。第二是从短期政绩看，不改革经济照样快速增长，日子很好过，而且很风光，而改革涉及利益调整，会凸显矛盾，得罪既得利益群体如垄断部门、有很大审批权力部门的利益，何必找这个麻烦。这种情况，造成现在改革缺少动力。从领导来说，他为什么要改革，抓改革出不了大的政绩，反而要冒风险，有许多矛盾和难题要处理，有的改革比如能源资源产品价格改革还会影响短期经济增速，因为中国能源资源产品价格偏低，改革会带来价格上升，从而使企业成本上升，影响低成本扩张，所以犯不着自找麻烦。这的确有一定道理，也在一定程度上反映了某些官员的心态。2005 年和 2006 年，有关部门曾提出能源资源产品价格改革设想，但一次又一次被搁置下来，以至于丧失价格改革的好时机（2005 年和 2006 年 CPI 上涨率仅为 1.8% 和 1.5%，是能源资源产品价格改革的好时机）。又如开征物业税问题，2003 年党的十六届三中全会明确提出开征物业税，当时不少经济学家对物业税寄予很大期望，认为这能有效抑制对房地产的投机性需求和过度需求，有利于房地产市场的健康发展。但是，由于有关部门对此不感兴趣或认为工作难度太大，不愿意采取切实措施落实三中全会提出的要求，一拖就是七年。近期房地产炒风很盛，房价疯涨，老百姓意见很大，但是到现在还看不出多少年后才能开征物业税，从而使这一对抑制房地产投机和房价有重大意义的改革被无限期拖延下来。2009 年以来，我们又碰上能源资源产品价格改革的好时机，已有更多的经济学家呼吁加快这一基础性改革，也是落实依靠市场优化资源配置的最重要的改革。但现在看来，也有可能照样因种种原因使这一改革难有大的动作，把问题留给下一届政府解决。

难点之三是政策调整阻力重重。在国际金融危机冲击下，2008 年年底，我国开始实行适度宽松的货币政策和积极的财政政策是必要的。但是，中国经济目前已迅速回升，去年 GDP 增长 8.7%，今年增长势头更猛，第一季度增速已高达 11.9%，已显偏热。与此同时，CPI 也由负转正，上涨率达 2.2%。2009 年已出现天量的信贷投放，年投放量近十万亿元，2010 年第一季度也达 2.6 万亿元。有些经济学家提出要考虑调整适度宽松的货币政策，以避免通货膨胀卷土重来，但地方政府官员强烈要求继续实施适度宽松的货币政策，不赞成有任何调整。在经济眼看着走向过热的情况下，我个人认为，适度宽松的货币政策似乎应作适当调整，以免经济过快扩张和出现中位通货膨胀，而把注意力集中到提高经济增长的质量和效益、加快转变经济发展方式上来。实际上，像 2009 年上半年那样过度宽松的货币政策在实践中也走不下去了，2010 年以来，一个多月央行连续两次提高银行存款准备金率，说明实际实施的已不完全是适度宽松的货币政策，而是一定程度收紧的政策，这是为防止通货膨胀袭击必须采取的政策。中国是率先走出国际金融危机的国家，既然经济已企稳回升，而且回升势头很猛，就理应率先退出为应对危机的临时刺激措施，以免刺激过头，带来不良后果。目前，过度宽松的流动性已造成通货膨胀预期、投资增速过快、产能过剩、房地产市场泡沫，值得警惕，政策的调整需及时跟上。

积极的财政政策是应当继续实施的，否则会出现大量烂尾工程。但投资结构仍有调整余地。中央投资项目经过调整，就比较合理，民生工程较多，没有工业项目。但是，中央投资项目在整个固定资产投资项目中只占很小比重。2009 年，全社会固定资产投资达 22.5 万亿元，而中央项目投资只有不到 2 万亿元，占 1/10 都不到。2009 年，地方财政用于"两高一资"的项目、产能过剩的项目就不少，这些项目是否全都要保下去呢？值得研究。当然，当初的投资决策者往往是不愿意调整的，而如果不调整，则同转变经济发展方式的要求不一致。所以，调整政策包括调整投资政策也很不容易，困难重重。

总之，在现有体制、政策格局下，原有利益关系难有大的调整，中国经济转型、经济发展方式转变有许多难点。不克服上述困难，就很难取得实质性进展。

（原载《经济纵横》2010 年第 6 期）

加快调整经济结构　促进经济
转型和发展方式转变

中国经济 2003—2007 年实现两位数以上增速，年均达 11.65%，其中 2006—2007 年更分别高达 12.7% 和 14.2%，处于明显过热状态，并积累和加重了许多结构矛盾，使经济的大规模数量扩张难以为继。2008 年国际金融危机爆发后，中国经济转型和发展方式转变显得更加刻不容缓。而要加快经济转型和发展方式转变，就必须把经济结构的战略性调整作为主攻方向。

一　加快调整经济结构，必须解决好现阶段
面临的五个失衡问题

调整经济结构，主要是要解决中国经济面临的失衡问题，重新协调好国民经济的主要比例关系。我认为，中国现阶段经济失衡主要表现在以下五个方面。

一是储蓄与消费失衡，储蓄率太高，消费率太低。1978 年，中国储蓄率为 37.9%，比世界平均储蓄率 25.1% 高 12.8 个百分点。到 2008 年，中国储蓄率为 51.4%，比世界平均储蓄率 23.9% 高 27.5 个百分点。这是因为，我国改革开放后，从 1978 年到 2008 年，储蓄率提高了 13.5 个百分点，年均提高 0.45 个百分点，其中 2002—2008 年储蓄率突然从 40.4% 上升到 51.4%，年均提高 1.83 个百分点。与此同时，消费率大幅度下降，1978 年中国消费率为 62.1%，2008 年降为 48.6%，下降了 13.5 个百分点，其中 2002—2008 年消费率连续下降，平均下降 1.6 个百分点。消费率下降主要是居民消费率下降造成的，居民消费率已从 1978 年的 48.8% 下降至 2008

年的 35.3%，共下降了 13.5 个百分点。我们常说内外需失衡，出口依存度太高（1998 年为 18%，2007 年提高到 36%），内需不足，实质是居民消费需求严重不足。居民消费不足，使我们越来越走上为生产而生产的怪圈，严重背离了社会主义生产的目的，背离了"以人为本"的理念。有专家提出，为解决这一失衡问题，"十二五"期间应使消费率提高至占 GDP 55% 以上，居民消费占 GDP 比重每年应至少提高一个百分点。这是很有道理的。

二是第三产业发展滞后，经济增长过于倚重第二产业。我国人均 GDP 从 2002 年起超过 1000 美元，到 2009 年已达 3600 美元，但是中国的第三产业增加值占 GDP 的比重，并没有随着人均 GDP 成倍成几倍的增长而提高，而一直在 40% 左右徘徊。2002 年占 41.5%，2008 年占 41.8%，2009 年占 42.9%。目前我国第三产业增加值占 GDP 的比重，已比同等发展水平的其他国家低十几个百分点。第三产业发展滞后，现代服务业发展滞后，制约着我国经济增长质量和效益的提高，制约着我国经济发展方式的转变，也制约着我国居民生活水平的提高。与此同时，中国经济增长过分依靠第二产业的发展，特别是其中"两高一资"行业和房地产行业的发展。据报道，全球房地产投资占 GDP 的比重为 4%—6%，而我国这几年都达 10% 多，致使有人说房地产行业绑架了中国经济。今后，需加快发展第三产业，第三产业增加值的增长，应快于 GDP 增长，使第三产业的比重逐步提高。这也有助于扩大就业，包括大量增加大学毕业生的就业岗位，使人力资源得到充分利用。

三是投入结构不合理，物质资源消耗太多，技术进步贡献率低。中国经济迄今为止主要靠粗放扩张，物质消耗大但效率不高。2009 年，中国 GDP 占全球总量的 8%，但消耗了世界能源消耗量的 18%，钢铁的 44%，水泥的 53%，这样巨大的资源消耗是不可持续的。由于资源大量消耗，而我国资源特别是人均资源拥有量低，使我国一些主要矿产品（如原油、铁矿石等）对外依存度已从 1990 年的 5% 上升到这几年的 50% 以上。科技进步不够快，研究与试验发展经费支出占 GDP 比重低，2000 年占 0.9%，2008 年占 1.47%，2009 年才占 1.62%，低于创新型国家至少占 2% 的水平。与此相应，我国技术的对外依存度很高，占 50% 以上。我国是世界汽车生产第一大国，但几乎所有核心技术和品牌都是外国的。我国号称"世界工厂",但没有一个世界名牌,前几年出口商品中90%是贴牌产品。中国今后必须着力从"高消耗、高排放、低效率"的粗放式增长,逐步向"低消耗、低排放、高效率"的资源节约型增长方式转变,这是转变经济发展方式的核心所在。

四是人与自然不和谐不协调。2003年以来经济超高速发展的一个代价是,生态和环境恶化了,人与自然更加不和谐了。2007年党的十七大报告也确认,经济增长的资源环境代价过大。环境和生态恶化的原因在于我们盲目发展了一批高耗能、高污染、高排放产业。"十一五"规划把节能减排列为约束性指标,但有专家预计,"十一五"规划要求单位GDP能耗下降20%的目标可能实现不了。现在,资源、环境、生态已成为我国经济可持续发展的最大瓶颈、真正的硬约束。我们不能继续走局部改善、总体恶化的老路,而要下决心走局部改善总体也改善的绿色发展道路,不再侵占子孙后代的利益。

五是居民收入差距过大。中国反映居民收入差距的基尼系数在进入21世纪后一直在0.4的警戒线之上,且有上升趋势,世界银行资料显示2007年已达0.48。有研究报告指出,从1988年至2007年,收入最高的10%人群和收入最低的10%人群的收入差距,已从7.3倍上升到23倍,贫富分化在发展。2009年,城镇居民家庭人均消费支出为12264.55元,而农村居民家庭人均消费支出为3993.45元,后者不及前者的1/3,说明城乡居民消费差距相当大。如加上医疗、教育、社保等公共服务的城乡不平等,城乡居民消费差距将进一步扩大至5:1的水平。人均地区生产总值差距也不小。2007年,上海为78225元,而贵州为10258元,前者为后者的七倍多。最近王小鲁在《比较》2010年第3期上发表文章,推算2008年有9.3万亿元隐性收入(其中灰色收入5.4万亿元)没有统计在国民总收入中,这两个数字都比2005年增加了近一倍。他提出,如把隐性收入计算进去,则以全国居民最高收入和最低收入各占10%的家庭来衡量,其人均收入差距应从统计数据显示的23倍,调整到65倍,基尼系数相应会高于0.47—0.5的水平。中国居民收入差距过大的主要原因在于分配不公、权钱交易、分配秩序混乱、政府调节不力等。注重公平分配,加快提高低收入群体的收入和消费水平,让人人共享改革发展成果,已成为缓解社会矛盾、维护社会稳定的关键。最近中央领导人提出要实现"包容性增长",就包含了要使增长成果由公众分享的内容。

二 加快调整经济结构要明确的三个问题

我认为,要加快调整经济结构,推进经济转型和发展方式转变,必须明确以下三个问题。

第一,转方式、调结构内涵会随着经济增长和矛盾积累而有所扩展。

从中国情况看,转方式、调结构似乎经历了以下四个阶段。

一是1995年制订"九五"计划时,首次提出要从根本上转变经济增长方式,即从粗放型向集约型转变。

二是2005年中央关于制订"十一五"规划建议,鉴于从1995年以后经济增长方式尚未实现根本性转变,重新强调转变经济增长方式,但其内涵有所扩展,提出了要从"高投入、高消耗、高排放、低效率"的粗放扩张的增长方式,转变为"低投入、低消耗、低排放、高效率"的资源节约型增长方式,并且明确了具体要求,如提出2010年单位国内生产总值能源消耗比"十五"期末降低20%左右,着力自主创新,大力发展循环经济,建设资源节约型环境友好型社会等。

三是2007年党的十七大进一步提出要加快转变经济发展方式,意味着转变经济增长方式已为转变经济发展方式所取代,其内涵也从"一个转变"扩展为"三个转变",即"促进经济增长由主要依靠投资、出口拉动向依靠消费、投资、出口协调拉动转变,由主要依靠第二产业带动向依靠第一、第二、第三产业协同带动转变,由主要依靠增加物质资源消耗向主要依靠科技进步、劳动者素质提高、管理创新转变"。

四是2010年年初以来中央一直强调加快转变经济发展方式,指出国际金融危机爆发后,转变经济发展方式显得更加刻不容缓,因为外需萎缩后,内需更显不足,产能更加过剩,增速大幅下滑;中国碳排放迅速增加受到各方面诘责,保护生态和环境的压力越来越大;由于分配差距过大且不断恶化,要求人人分享改革成果的呼声日益高涨,工人为增加工资而罢工事件增多,人们逐步认识到不仅要把"蛋糕"做大,而且要把做大的"蛋糕"切好，分配好，这是实现社会和谐的基础。因此，转变经济发展方式必须包括使公众共享改革发展成果的内容。

第二，转方式、调结构，就要适当放缓经济增速。

中国经济结构失衡的根本原因，我认为主要是连年追求超高速经济增长。为了追求短期超高速增长，不断加大投资，而且大上工业和重化工项目，挤压消费；投资增速很高，粗放扩张，必然要付出过大的资源环境代价。为保经济增速一高再高，财政支出多用于基础设施建设，用于支持欠发达地区和增加低收入群体收入的财力不足，社会公共事业发展滞后。由于追求短期的经济超高速增长，致使上述五个方面经济结构失衡越来越加重和突出。

因此，为缓解经济结构失衡问题，当前需适当放缓经济增速，从历来的追求两位数增长逐步转为追求比如8%左右的增速。最近，政府强化淘汰落后产能、取消一部分"两高一资"产品出口退税、加大节能降耗工作力度、各地纷纷提高最低工资标准、控制银行放贷规模和增速、整顿地方融资平台、对房地产行业进行调控等等，都在使经济增速有所回调，这些都是有利于调整经济结构的。

与此同时，在经济学家中也有人担心中国经济会因政府上述措施出现"二次探底"，不利于经济的平稳较快发展。有人甚至建议政府要再次实施经济刺激计划，以确保经济的快速发展。我认为，这是不可取的。当前经济的一定程度的回调是政府宏观调控的要求，是有利于转方式、调结构的，并不是什么"二次探底"。因为一般认为，按照现在的发展态势，今年三四季度的经济增速仍将在8%以上，全年经济增速将在9%以上。如果不能容忍现在一定程度的增速回调，老是想保两位数增长，那么，所谓调结构就将落空，甚至会使结构失衡更加严重，最终走向"硬着陆"。这说明，在中国经济转型过程中，需要转变增长和发展的理念，要从追求两位数增长转变为追求常态的中高速增长，即8%左右的增长。只有这样，才能为加快调整经济结构创造比较好的环境和条件。

其实，在目前中国体制和政策格局下，我们根本不必为经济探底发愁。现在各方面特别是地方政府，仍是GDP挂帅，急功近利，只要有一点可能，都会千方百计提高经济增速，即有强大的追求经济高速再高速的动力，并希望一直实施扩张性的宏观经济政策。在中国,目前最难的还是控制经济增速太快带来的资源紧张、环境恶化、通货膨胀、贫富悬殊、国强民不富等问题。我们要逐渐回归到常态的增长,只有在两种情况下有可能,一种是内外环境迫使不得不放缓经济增速,否则会出现社会震荡、危及社会稳定,这是被动的调整;另一种是通过深化改革,主要是推动政府转型,政府不再以追求 GDP 增速作为第一目标,转为公共服务型政府,这是主动的调整。我们应当努力实现主动的调整。

第三,主要着力于深化改革和调整政策,推动转方式、调结构。

转方式、调结构,有许多途径,如大力提高自主创新能力、发展战略性新兴产业、完善有关法规等,但我认为当前最重要的是着力深化改革和调整政策。

在深化改革方面,应以政府转型和财政转型为重点。2005 年中央关于"十一五"规划的建议,为配合把转变经济增长方式作为实施"十一五"规划的关键环节,明确提出加快行政管理体制改革是全面深化改革和提高对外开放水平的关键。这是有内在联系的。据我体会,当时已普遍认识到,要切实转变经济增长方式,必须靠政府转型来推动和保证。而政府转型是现阶段行政管理体制改革的主要内容。可惜这一关于加快行政管理体制改革重要意义的重要论断以后被淡化了,没有落实,服务型政府的建设滞后了。所以今后在经济转型中要突出强调政府转型,从经济建设型政府向服务型政府转变,处理好政府同市场、企业的关系,政府不再以追求 GDP 的高速增长作为主要目标,而应把做好公共服务放在第一位。

在政府转型过程中,财政转型很重要。财政要从经济建设型财政转为公共服务型财政。从中央到地方,财政支出主要用于公共服务而不是经济建设。经济建设除必要的基础设施外主要用于"三农",如兴修水利、改良品种、推广农业先进技术、对农民种粮等进行直补等。要大力调整财政支出结构,大幅度增加公共服务支出,包括教育、医疗卫生、就业培训与服务、社会保障、公共文化建设等,这些能有效提高公众特别是低收入者的收入和消费水平,提高居民消费占 GDP 的比重。这正是转变经济发展方式所要求的。

调整政策也很重要。各类资源和生产要素长期实行低价政策,实际是鼓励粗放扩张，今后需作重大调整，主要是放松政府对价格的管制，使各类资源和要素的价格能很好反映市场供求关系、资源稀缺程度和环境损害成本。又如，调整经济结构，需要加快发展服务业。但据国家税务总局的课题研究，目前我国服务业的营业税实际税负高于第二产业增值税税负2个百分点左右（见《国务院发展研究中心调查研究报告》第170号，2010年9月），这显然是不利于合理调整产业结构的，亟须尽快完善。还有各种限制民间资本进入垄断行业的政策，也不利于这些部门的技术进步和效率提高，有待进一步完善。

（原载《中国流通经济》2011年第11期）

调整经济结构　加快转变经济发展方式

《中共中央关于制定国民经济和社会发展第十二个五年规划的建议》（以下简称《建议》）指出，制定"十二五"规划，必须以加快转变经济发展方式为主线；坚持把经济结构战略性调整作为加快转变经济发展方式的主攻方向。这是根据我国基本国情和发展阶段性新特征、针对我国经济社会发展面临的突出问题、应对后国际金融危机时期世界经济形势新变化作出的战略决策，对于顺利完成"十二五"经济社会发展目标、实现国民经济长期平稳较快发展具有重要意义。

一　加快转变经济发展方式须着力
解决我国经济存在的失衡问题

《建议》指出，我国发展中不平衡、不协调、不可持续问题依然突出。调整经济结构、转变经济发展方式，就是要解决我国经济发展中的失衡问题，重新协调好国民经济的主要比例关系，促进经济长期平稳较快发展。现阶段，我国经济失衡主要表现在以下几个方面。

储蓄与消费失衡，储蓄率太高，消费率太低。2008 年，我国储蓄率为51.4%，比世界平均储蓄率高 27.5 个百分点。从 1978 年到 2008 年，我国储蓄率提高了 13.5 个百分点。与此同时，消费率大幅度下降。1978 年我国消费率为 62.1%，2008 年降为 48.6%，下降 13.5 个百分点。消费率下降主要是由居民消费率下降造成的。我国内外需失衡，出口依存度过高，内需不足，其实质是居民消费需求严重不足。居民消费不足，使我国经济越来越走上为生产而生产的怪圈，带来一系列经济社会问题。因此，《建议》强调把扩大消费需求作为扩大内需的战略重点，促进经济增长向依靠消费、投资、出口协调拉动转变。

　　第三产业发展滞后，经济增长过于依靠第二产业。我国人均 GDP 从 2002 年起超过 1000 美元，到 2009 年已达 3600 美元；但第三产业增加值占 GDP 的比重并没有随着人均 GDP 成倍增长而提高，一直在 40% 左右徘徊。目前，我国第三产业增加值占 GDP 的比重比其他同等发展水平的国家低十几个百分点。第三产业发展滞后，特别是现代服务业发展滞后，制约着我国经济增长质量和效益的提高，制约着经济发展方式的转变，也制约着居民生活水平的提高。与此同时，我国经济增长过于依靠第二产业特别是"两高一资"行业和房地产行业的发展。今后，需要加快发展第三产业，努力使第三产业增加值的增长快于 GDP 增长，从而促进经济增长向依靠第一、第二、第三产业协同带动转变。

　　投入结构不合理，物质资源消耗太多，科技进步贡献率低。长期以来，我国经济增长主要依靠粗放扩张，物质资源消耗大而效率不高。2009 年，我国 GDP 占全球总量的 8%，但消耗了世界能源消耗量的 18%、钢铁的 44%、水泥的 53%。这样巨大的资源消耗是不可持续的。我国一些主要矿产品（如原油、铁矿石等）的对外依存度已从 1990 年的 5% 上升到这几年的 50% 以上。另一方面，我国科技进步不够快，研究与试验发展经费支出占 GDP 比重低，技术对外依存度很高。我国是世界第一汽车生产大国，但核心技术几乎都是外国的。我国号称"世界工厂"，但几乎没有世界名牌，出口商品中 90% 是贴牌产品。今后，必须着力从"高消耗、高排放、低效率"的粗放型增长向"低消耗、低排放、高效率"的集约型增长转变，推动发展向主要依靠科技进步、劳动者素质提高、管理创新转变。

　　人与自然关系不够和谐。我国经济增长的资源环境代价过大，人与自然的关系趋于紧张。环境和生态恶化的原因在于各地盲目发展高耗能、高污染、高排放产业。"十一五"规划把节能减排列为约束性指标，但完成这方面任务的难度是很大的。应该看到，资源和生态环境已成为我国经济可持续发展的最大瓶颈、真正的硬约束。我们不能继续走局部改善、总体恶化的老路，而要下决心建设资源节约型、环境友好型社会，走可持续发展之路。

　　居民收入差距过大。例如，2009 年，城镇居民人均可支配收入为 17175 元，而农村居民人均纯收入为 5153 元，后者不及前者的 1/3。如果加上医疗、教育、社保等公共服务的城乡不平等，城乡居民收入差距将进一步扩大。人均地区生产总值的差距也不小，2007年上海为78225元，而贵州为10258元，前者为后者的7倍多。居民收入差距过大的主要原因在于城乡分割、行业垄断、权钱交易、再分配调节不力等。注重公平分配，加快提高低收入群体的收入和消费水平，着力保障和改善民生，已成为维护社会稳定和增强经济发展内生动力的关键。

二　转变经济发展方式的内涵随着
经济社会发展而扩展和丰富

1995年制定"九五"计划时，我们首次提出要从根本上转变经济增长方式，即从粗放型向集约型转变。2005年中央关于制定"十一五"规划的建议再次强调转变经济增长方式，同时其内涵有所扩展，提出要形成低投入、低消耗、低排放和高效率的节约型增长方式，并且明确了具体要求，如提出到2010年单位国内生产总值能源消耗比"十五"期末降低20%左右，着力自主创新，大力发展循环经济，建设资源节约型、环境友好型社会等。2007年党的十七大提出加快转变经济发展方式，这意味着转变经济增长方式进一步丰富发展为转变经济发展方式，其内涵也从一个转变扩展为三个转变，即促进经济增长由主要依靠投资、出口拉动向依靠消费、投资、出口协调拉动转变，由主要依靠第二产业带动向依靠第一、第二、第三产业协同带动转变，由主要依靠增加物质资源消耗向主要依靠科技进步、劳动者素质提高、管理创新转变。2010年年初以来，中央一直强调加快转变经济发展方式，指出国际金融危机爆发后，转变经济发展方式已刻不容缓。加快经济发展方式转变是适应全球需求结构重大变化、增强我国经济抵御国际市场风险能力的必然要求，是提高可持续发展能力的必然要求，是在后国际金融危机时期的国际竞争中抢占制高点、争创新优势的必然要求，是实现国民收入分配合理化、促进社会和谐稳定的必然要求，是适应实现全面建设小康社会奋斗目标新要求、满足人民群众过上更好生活新期待的必然要求。

正是在此基础上，《建议》指出，加快转变经济发展方式是我国经济社会领域的一场深刻变革，必须贯穿经济社会发展全过程和各领域，提高发展的全面性、协调性、可持续性。

三　转方式、调结构需要适当降低经济增长速度

我国作为一个发展中大国，必须保持一定的经济增长速度，这样才能解决各种经济社会问题。但过犹不及，连年追求超高速经济增长也成为我国经济结构失衡的重要原因。各地为了追求短期超高速经济增长，不断加大投资，而且大上工业特别是重化工项目，挤压消费。投资增速过高，粗放扩张，必然要付出过大的资源环境代价。为保经济增速，财政支出多用于基础设施建设，而用于支持欠发达地区和增加低收入群体收入的财力不足，社会公共事业发展滞后。因此，为了缓解经济结构失衡问题，当前需适当放缓经济增速，从追求两位数增长逐步转为追求比如8%左右的增速。最近，我们积极淘汰落后产能，取消一部分"两高一资"产品出口退税，加大节能降耗工作力度，控制银行放贷规模和增速，整顿地方融资平台，对房地产行业进行调控，以及各地纷纷提高最低工资标准等，都在使经济增速有所回调，有利于经济结构调整和发展方式转变。

有人担心我国经济会因为采取这些措施而出现"二次探底"，不利于经济平稳较快发展。这种认识是不正确的。当前经济增速一定程度的回调是宏观调控的要求，有利于转方式、调结构，并不是什么"二次探底"。按照现在的发展态势，今年全年的经济增速仍将在9%以上。如果不能容忍一定程度的增速回调，还想保两位数增长，那么，转方式、调结构就会落空，甚至会使结构失衡更加严重，最终走向"硬着陆"。只有深入贯彻落实科学发展观，切实转变发展理念，从追求两位数增长转变为追求常态的中高速增长即8%左右的增长，才能为调整经济结构、转变经济发展方式创造比较好的环境和条件。

其实，在目前的体制和政策格局下，我们根本不必为经济探底发愁。现在各方面特别是地方政府仍具有追求经济高速增长的强大动力。因此，目前最难的还是控制经济增速太快带来的资源紧张、环境恶化、通货膨胀、贫富悬殊等问题。这就对推动政府转型、建设服务型政府提出了紧迫要求。

四 着力通过深化改革和调整政策推动转方式、调结构

《建议》指出，改革是加快转变经济发展方式的强大动力。转方式、调结构需要综合施策，如提高自主创新能力、发展战略性新兴产业、推动节能减排等，其中非常重要的是着力深化改革和调整政策。

在深化改革方面，应以政府转型和财政转型为重点。2005 年中央关于制定"十一五"规划的建议为配合转变经济增长方式，明确提出加快行政管理体制改革是全面深化改革和提高对外开放水平的关键。这表明，当时我们已认识到转变经济增长方式必须靠政府转型来推动和保证。"十二五"规划建议再次强调，推进行政体制改革，进一步转变政府职能。在加快经济发展方式转变和经济结构调整中，应突出强调政府转型，即从经济建设型政府向服务型政府转变，处理好政府与市场、企业的关系。政府不能再把追求 GDP 的高速增长作为主要目标，而应把做好公共服务放在第一位。

在政府转型过程中，财政转型很重要。《建议》要求，积极构建有利于转变经济发展方式的财税体制。这就要求财政从经济建设型财政转为公共服务型财政，财政支出主要应用于公共服务而不是经济建设。经济建设支出除必要的基础设施外主要用于"三农"，如兴修水利、改良品种、推广农业先进技术、种粮直补等。应大幅度增加公共服务支出，包括教育、医疗卫生、就业培训与服务、社会保障、公共文化建设等，从而有效提高公众特别是低收入者的收入和消费水平，提高居民消费占 GDP 的比重。

调整政策也很重要。比如，资源和生产要素长期实行低价政策，实际是鼓励粗放扩张。今后需作重大调整，主要是放松价格管制，使各类资源和要素的价格能够反映市场供求关系、资源稀缺程度和环境损害成本。又如，调整经济结构，需要加快发展服务业，但目前我国服务业的营业税实际税负高于第二产业增值税税负两个百分点左右，这显然不利于调整产业结构；还有各种限制民间资本进入垄断行业的政策，也不利于这些部门的技术进步和效率提高，亟须调整。

（原载《人民日报》2010 年 11 月 25 日）

"十二五"：包容性增长是关键

一 政府改革是重中之重

"十二五"规划确定了一条主线，就是转变"经济发展方式"。"十一五"规划时提出的是转变"经济增长方式"，并没有把这作为主线，只是作为一个关键举措。政府那时对经济增长方式开始重视了，但是，落实的力度并不显著。

从转变经济增长方式到转变经济发展方式，这个提法是中共十七大报告改的。两字之差，内涵也有相应的变化。完善体制、转变经济发展方式，是实现经济又好又快发展的两个关键。把经济增长方式从高投入、高消耗，主要靠物质消耗推动经济增长，转向主要依靠科技进步、劳动者素质提高和管理创新转变。这是转变经济发展方式的实质。而转变经济发展方式，是在此基础上，又增加了两个"转变"，第一个是需求结构的转变，从出口和投资拉动经济，转为消费、投资、出口共同拉动；第二个是产业结构方面，原来是主要依靠第二产业，转变为第一、第二、第三产业协同拉动。

今年以来，特别是"十二五"规划，转变经济发展方式也好，科学发展也好，又加了一个内容，就是把关注民生、让公众共享改革发展的成果，也作为实现科学发展的一个内容。也就是说，不但要把蛋糕做大，还要把蛋糕分配好，这也是转变经济发展方式和科学发展的一个内涵。

中共十七届五中全会公报，除了强调经济平稳较快发展，推进经济结构战略性调整，还要实现城乡居民收入普遍较快增加。这里特别提到"普遍"和"较快"。这个提法，比"十五"和"十一五"都更加积极，将此纳入科学发展的范围，是有新意的。科学发展就应该以人为本。

这表明，由于经济和社会发展中各种矛盾的显露，大家的认识有了进一步提高。

还有一个要点是，加快经济发展方式转变，要贯穿经济社会发展全过程和各领域。这体现在公报的"五个坚持"上：坚持把经济结构战略性调整作为加快转变经济发展方式的主攻方向，坚持把科技进步和创新作为加快转变经济发展方式的重要支撑，坚持把保障和改善民生作为加快转变经济发展方式的出发点和落脚点，坚持把建设资源节约型、环境友好型社会作为加快转变经济发展方式的重要着力点，坚持把改革开放作为加快转变经济发展方式的强大动力。

2005 年，我们就曾经研究过，转变经济增长方式，有多个途径，最重要的是推进改革。现在转变经济发展方式的动力非常不足，而粗放扩张的动力却很强。到地方去看，就能感觉到，在 GDP 挂帅的情况下，实现这一转变太难。因此，当前最紧迫也是最重要的，就是深化改革开放。五中全会公告关于深化改革的阐述中，政府的改革是重中之重，即加快行政管理体制改革。

原因在于，如果政府只追求 GDP 的高速增长，则粗放扩张最易见效，而科技进步和创新是需要长期努力的。政府五年一届，官员多倾向于任期效益最大化，就会选择最容易做大和显示政绩的粗放扩张。所以，政府的改革、政府职能的转变最重要。各方面也一直呼吁加快政府改革，但推行起来困难重重，进展不大。现在迫切需要这方面有具体的举措。

与此紧密相关的是财政改革。财政从经济建设型转为公共服务型，不去搞形象工程，不去搞太多经济建设的项目；财政的支出结构要作调整，财政的钱更多地投向公共服务。今年我专门写过文章，指出这方面做得不够。客观上，为应对金融危机，财政上万亿投资以及配套的投资，在保增长的同时也强化了建设型财政。

财政的转型和政府转型是一致的，转型后变为服务型财政。财政要转型，很多政策需要调整，保障民富、增加居民收入，让百姓共享改革开放的成果。呼吁多年的提高个人所得税的起征点，这一对增加居民收入很直接的措施一直没有实施，主要是因为政府不想减少收入。

增加居民收入，关键是要提高劳动报酬在初次分配中的比重，为此，最重要的措施是让劳动者有谈判的实力。现在的劳资谈判中，劳动者往往处于弱势，资方处于强势，而且政府、工会往往倾向于资方。所以，应该很好地建设工会，并真正代表劳动者的利益，让劳动者在劳资谈判中有发言权。此外，应该有一个工资随着经济发展而增长的机制。

负利率也是一个必须处理好的问题。今年负利率维持了七八个月，而且在逐步扩大。百姓存款收入实际没有增加，反而在减少，这和增加居民收入的目标是背道而驰的。

长时间负利率不利于市场经济的正常运转，反而鼓励钱进入股市、房地产市场，容易导致资产泡沫的形成，对经济增长不利；百姓存款越来越不划算，被逼去搞风险很大的投资，对居民储蓄的稳定增长也不利。日前加息了一次，表明政府注意到了这个问题，开始设法解决。

如果公共财政支出主要用于医疗、社保、就业、教育、住房保障等，这方面支出多了，能提高居民特别是低收入居民的实际收入。这就涉及调整财政支出结构，而且要做到基本公共服务均等化。过去，财政资源所投的公共服务主要用到了城市里。城乡居民收入差距本来就大，加上公共服务方面的差异，差距就进一步扩大了。

二　以资源能源价格改革为切入点

要实现经济发展方式的转变，真正建立资源节约型、环境友好型社会，资源、能源价格的改革是关键。提高资源、能源价格，是节约资源和能源最直接、最有效的方式，制定"十一五"规划时，世界银行提供的材料显示，国外，能源的节约，一半以上是靠价格的调整。所以，理顺价格关系最重要。过去，我们大量出口高耗能产品，实际上出口了大量的资源能源，污染留在了国内，付出的代价太大了。

这一改革进展缓慢，有两个原因：一怕影响经济增速，二怕动作大了老百姓不满意。后一个问题好解决，可以对低收入群体给予补贴。长时期的低价格，实际上是给使用资源和能源的人补贴，很不合理。最重要的原因，还是怕影响经济的短期增速，为什么高耗能行业今年上半年发展那么快？因为电力给了优惠价格。这实际上是逆调节！给高耗能产品出口退税也是逆调节。

保增长和调结构，在特定情形下，是有矛盾的，现在，我们承认了这点。没有一定的发展速度，当然会有问题，尤其是就业问题不好解决。但是，现在的高增长也难以持续。现在提出保持长期平稳较快发展，这是比较合理的，可持续发展。如果总是要追求两位数的增长，是不可持续的。

进入"十二五"时期，中间正常的经济增长速度应该是中高速度，8%左右是合适的，也就是7%—9%。但是，政府的职能没有转换，地方追求高速度的动力很强，还是要"大干快上"。有的省，说要"大干150天实现大变样"，有点儿像1958年"大跃进"的口号。

目前许多人在讲包容性增长，最早世行、亚行提出这个概念，最主要就是要使得增长的成果让老百姓，特别是低收入群体能够享受，这是最关键的。

从五中全会的公报所表达的意思看，我认为这是符合民心的。过去强调国家强盛，现在提到居民收入的增加，民富方面也比较重视了，大家很拥护了。但是，有一个落实的问题。现在改革的动力和过去不一样了，过去动力比较足，现在既得利益势力比较强，比如垄断行业。我希望，在认识到这个问题后，中央要下决心，要有强有力的、由上而下的推动，不能只靠自下而上的力量。这取决于领导人的政治智慧和决心。

（原载《中国改革》2010 年第 11 期）

转方式调结构是避开"中等收入陷阱"的正确选择

中央关于"十二五"规划建议提出，制定"十二五"规划，要以科学发展为主题，以加快转变经济发展方式为主线。怎样加快转变？建议提出了五个基本要求，即坚持把经济结构战略性调整作为加快转变经济发展方式的主攻方向，坚持把科技进步和创新作为加快转变经济发展方式的重要支撑，坚持把保障和改善民生作为加快转变经济发展方式的根本出发点和落脚点，坚持把建设资源节约型、环境友好型社会作为加快转变经济发展方式的着力点，坚持把改革开放作为加快转变经济发展方式的强大动力。

我认为，中央《建议》这样突出强调科学发展、强调加快转变经济发展方式和调整经济结构，不仅为我国"十二五"期间的经济社会发展指明了正确方向，而且对我国长远发展特别是今后从中等收入国家向高收入国家跨越具有极其重要的指导意义，是使我国避开"中等收入陷阱"的唯一正确选择。

一　转方式调结构是世界上许多中等收入国家面临的共同难题

世界上已有不少国家进入中等收入国家行列。按世界银行 2009 年分组，人均国民收入 996—12195 美元（2009 年美元，下同）的国家和地区为中等收入国家和地区（其中 996—3945 美元为下中等收入国家，3946 – 12195 美元为上中等收入国家），低于 995 美元的为低收入国家和地区，高于 12196 美元的为高收入国家和地区。但我们看到，有一些国家早已进入中等收入国家行列，但是即使经过几十年的努力，还是跨不进高收入国家行列。最突出的是拉美一些国家。按世行数据，拉美国家中，1980 年，委内瑞拉人均国民收入为 3570 美元，乌拉圭为 2410 美元，墨西哥为 2140 美元，智利为 1900 美元，巴西为 1890 美元，阿根廷为 2520 美元。但是，经过 30 年的发展，至今没有一个进入高收入国家行列。2009 年，委内瑞拉人均国民收入为 10150 美元，乌拉圭为 9360 美元，墨西哥为 8920 美元，智利为 9420 美元，巴西为 8040 美元，阿根廷为 7570 美元。亚洲和非洲一些国家也是这样。亚洲除日本、"四小龙"和文莱等国家和地区外，至今大多为中等收入国家。2009 年，马来西亚人均国民收入为 7230 美元，巴基斯坦为 1020 美元，印度为 1180 美元，菲律宾为 1790 美元，泰国为 3760 美元。2010 年初，马来西亚颁布《新经济模式》方案，核心旨在逃离"中等收入陷阱"，要求 2020 年人均 GDP① 达到 15000—20000 美元，所以，人们又称它为摆脱"中等收入陷阱"的改革方案。

为什么会出现"中等收入陷阱"？一般认为，发展中国家在摆脱贫困时，往往追求经济的快速增长，容易忽视技术进步、结构优化，以致出现经济与社会、城乡、地区、经济增长与资源环境失衡和分配不公，结果出现社会危机或经济负增长、失业率提高、收入差距扩大等。世行专家认为，从低收入到中等收入阶段后，一国的经济发展战略和增长机制需要有新的突破，延续过去的战略和机制会使一国难以从中等收入国家向高收入国家转变，他们将此概括为"中等收入陷阱"。

中国 2001 年人均 GDP 为 1042 美元，开始进入中等收入国家行列。2009 年人均 GDP 达 3700 美元，2010 年将达 4000 美元，即开始进入上中等收入国家行列。我国面临的问题同世行论述的有不少相似之处。我国当前有五大失衡。一为储蓄与消费失衡或投资与消费失衡，消费率太低；二为第一、第二、第三产业失衡，第三产业发展滞后；三为经济增长付出的资源环境代价过大；四为生态环境总体恶化趋势未扭转；五为居民收入差距过大，基尼系数接近 0.5。因此，为避免"中等收入陷阱"，中国经济要转型，要从追求数量扩张型转变为注重质量效益型，从而要求转变经济发展方式和对经济结构进行战略性调整。所以，今后十年，至 2020 年，是中国经济发展的

---

① 人均 GDP 与人均国民收入只有很小差别，中国 2005 年以来人均国民收入略高于人均 GDP。

关键时期，是看中国能否跳出"中等收入陷阱"进入高收入国家行列打好基础的关键时期。而能否落实中央"十二五"规划建议提出的转方式、调结构的战略方针则是成败的关键，也是"中国模式"能否确立的关键。

二 进入新世纪后中国一再提出转方式调结构，意在保持经济的长期较快增长，避开"中等收入陷阱"

进入 21 世纪，中国已开始进入中等收入国家行列。2001 年我国人均 GDP 超过 1000 美元，2009 年人均 GDP 达 3700 美元，说明已进入中等收入国家行列。随着经济的增长，我国已基本上解决了温饱问题，人民生活总体上达到小康，进入全面建设小康社会的阶段。在新的发展阶段，中央根据经济形势任务的变化，及时地提出了转方式、调结构的方针，以保持经济社会的全面、协调和可持续的发展。

2000 年，中央在提出"十五"计划建议时，就明确提出，"制定'十五'计划，要把发展作为主题，把结构调整作为主线，把改革开放和科技进步作为动力，把提高人民生活水平作为根本出发点"。当然，这次"十二五"规划同"十五"计划相比有了较大的发展，"十二五"规划的主题，已从"十五"的发展变为科学发展，"十二五"的主线，也已从"十五"的结构调整变为加快转变经济发展方式。这个变化反映出各方面对发展的认识更全面和深入了，即发展应是全面、协调、可持续和惠及公众的发展，而不是一般的经济增长，更不是短期的经济增长。相应地，主线也更明确，针对性更强。发展理念的变化源于新世纪以来经济的快速增长的同时，一些失衡问题越来越突出，2008 年国际金融危机后更显转变经济发展方式刻不容缓。可以说，"十二五"规划是党的指导思想和方针的与时俱进的产物。

2005 年，中央在制定"十一五"规划建议时，明确"十一五"以科学发展观为指导，突出转变经济增长方式，认为这是实施"十一五"规划的关键。但这次"十二五"规划提出的转变经济发展方式比"十一五"规划的转变经济增长方式，内涵有新的扩展。回顾历史，中国关于转变经济增长和发展方式在有关正式文件中似乎经历了以下四个阶段。

一是 1995 年制订"九五"计划时，首次提出要从根本上转变经济增长方式，即从粗放型向集约型转变。

二是 2005 年中央在制订"十一五"规划建议时，鉴于从 1995 年以后经济增长方式尚未实现根本性转变，重新强调转变经济增长方式，但其内涵有所扩展，提出了要从"高投入、高消耗、高排放、低效率"的粗放扩张的增长方式，转变为"低投入、低消耗、低排放、高效率"的资源节约型增长方式，并且明确了具体要求，如提出 2010 年单位国内生产总值能源消耗比"十五"期末降低 20% 左右，着力自主创新，大力发展循环经济，建设资源节约型、环境友好型社会等。

三是 2007 年党的十七大进一步提出要加快转变经济发展方式，意味着转变经济增长方式已为转变经济发展方式所取代，其内涵也从"一个转变"扩展为"三个转变"，即"促进经济增长由主要依靠投资、出口拉动向依靠消费、投资、出口协调拉动转变，由主要依靠第二产业带动向依靠第一、第二、第三产业协同带动转变，由主要依靠增加物质资源消耗向主要依靠科技进步、劳动者素质提高、管理创新转变"。

四是 2010 年年初以来中央一直强调加快转变经济发展方式，指出国际金融危机爆发后，转变经济发展方式显得更加刻不容缓，因为外需萎缩后，内需更显不足，产能更加过剩，增速大幅下滑；中国碳排放迅速增加（2008 年中国 65 亿吨，高于美国的 58 亿吨）受到各方面诘责，保护生态和环境的压力越来越大；由于分配差距过大且不断恶化，要求人人分享改革发展的成果呼声日益高涨，工人要求增加工资而罢工事件增多，人们逐步认识到不仅要把"蛋糕"做大，而且要把做大的"蛋糕"切好，分配好，这是实现社会和谐的基础。因此，转变经济发展方式必然包括使公众共享改革发展成果的内容，即实现所谓包容性增长。

以上说明，中央在中国经济飞速增长取得举世瞩目成就时，对正在日益显露的矛盾和失衡问题是有清醒认识的，并及时提出了解决切中时弊的对策和举措，包括这次"十二五"规划建议提出的各项重要原则和方针政策。我们相信，只要我们沿着十七大和"十二五"规划建议精神走下去，我们就有希望再经过二十年左右的努力，从目前的上中等收入国家，迈入高收入国家行列，即进入中等发达国家行列，避开"中等收入陷阱"。

三 要致力于转方式、调结构，就要适当放缓经济增速

进入 21 世纪后中国经济发展的实践说明，要致力于转方式、调结构，实现又好又快发展，就要适当放缓经济增速，不再通过大规模粗放扩张追求经济的两位数增长。因为 2003 年以来经济的超高速增长，已带来经济结构失衡并日益显示这种增长的不可持续性，社会矛盾突出。因此，中央"十二五"规划建议明确提出，要加快转变经济发展方式，就要坚持把经济结构的战略性调整作为主攻方向，而要致力于调结构，当前就要不再一味追求经济的超高速增长，适当放缓经济增速。

中国经济结构失衡的根本原因，我认为主要是连年追求超高速经济增长。为了追求短期超高速增长，不断加大投资，而且大上工业和重化工项目，挤压消费；投资增速很高，粗放扩张，必然要付出过大的资源环境代价。为保经济增速一高再高，财政支出多用于基础设施建设，用于支持欠发达地区和增加低收入群体收入的财力不足，社会公共事业发展滞后。由于追求短期的经济超高速增长，致使上述五个方面经济结构失衡越来越加重和突出。

因此，为缓解经济结构失衡问题，推动经济发展方式转变，当前需适当放缓经济增速，从历来的追求两位数增长逐步转为追求比如 8% 左右的增速。最近，政府强化淘汰落后产能、取消一部分"两高一资"产品出口退税、加大节能降耗工作力度、各地纷纷提高最低工资标准、上调存款准备金率和加息等控制银行放贷规模和增速、整顿地方融资平台、对房地产行业进行调控等，都在使经济增速有所回调，这些都是有利于调整经济结构的。

与此同时，在经济学家中也有人担心中国经济会因政府上述措施出现"二次探底"，不利于经济的平稳较快发展。这是不必要的担忧。当前经济的一定程度的回调是政府宏观调控的要求，是有利于转方式、调结构的，并不是什么"二次探底"。因为一般认为，按照现在的发展态势，2010 年经济增速仍将在 10% 左右。如果不能容忍现在一定程度的增速回调，老是想保两位数增长，那么，所谓调结构就将落空，甚至会使结构失衡更加严

重，最终走向"硬着陆"。这说明，在中国经济转型过程中，需要转变增长和发展的理念，要从追求两位数增长转变为追求常态的中高速增长，即8%左右的增长。只有这样，才能为加快调整经济结构创造比较良好的环境和条件。

其实，在目前中国体制和政策格局下，我们根本不必为经济探底发愁。现在各方面特别是地方政府，仍是 GDP 挂帅，急功近利，只要有一点可能，都会千方百计提高经济增速，即有强大的追求经济高速再高速的动力，并希望一直实施扩张性的宏观经济政策。在中国，目前最难的还是控制经济增速太快带来的资源紧张、环境恶化、通货膨胀、贫富悬殊、国强民不富等问题。我们要逐渐回归到常态的增长，只有在两种情况下有可能，一是内外环境迫使不得不放缓经济增速，否则会出现社会震荡、危及社会稳定，这是被动的调整；另一种是通过深化改革，主要是推动政府转型，政府不再以追求 GDP 增速作为第一目标，转为公共服务型政府，这是主动的调整。我们应当努力实现主动的调整。

四　主要着力于深化改革和调整政策，推动转方式、调结构

转方式、调结构，有许多途径，如大力提高自主创新能力、发展战略性新兴产业、完善有关法规等，但我认为当前最重要的是着力深化改革和调整政策。

在深化改革方面，应以政府转型和财政转型为重点。2005 年中央关于"十一五"规划的建议，为配合把转变经济增长方式作为实施"十一五"规划的关键环节，明确提出加快行政管理体制改革是全面深化改革和提高对外开放水平的关键。这是有内在联系的。据我体会，当时已普遍认识到，要切实转变经济增长方式，必须靠政府转型来推动和保证。而政府转型是现阶段行政管理体制改革的主要内容。可惜这一关于加快行政管理体制改革的重要意义的论断以后被淡化了，没有落实，服务型政府的建设滞后了。所以今后在经济转型中要突出强调政府转型，从经济建设型政府向服务型政府转变，处理好政府同市场、企业的关系，政府不再以追求 GDP 的高速增长作为主要目标，而应把做好公共服务放在第一位。

　　在政府转型过程中，财政转型很重要。财政要从经济建设型财政转为公共服务型财政。从中央到地方，财政支出主要用于公共服务而不是经济建设。经济建设除必要的基础设施外主要用于"三农"，如兴修水利、改良品种、推广农业先进技术、对农民种粮进行直补等。要大力调整财政支出结构，大幅度增加公共服务支出，包括教育、医疗卫生、就业培训与服务、保护生态和环境、社会保障、公共文化建设等，这些能有效提高公众特别是低收入者的收入和消费水平，提高居民消费占 GDP 的比重。这正是转变经济发展方式所要求的。

　　调整政策也很重要。各类资源和生产要素长期实行低价政策，实际是鼓励粗放扩张，今后需作重大调整，主要是放松政府对价格的管制，使各类资源和要素的价格能很好反映市场供求关系、资源稀缺程度和环境损害成本。调整经济结构，需要加快发展服务业。但据有的课题研究，目前我国服务业的营业税实际税负高于第二产业增值税税负 2 个百分点左右[1]，这显然是不利于合理调整产业结构加快发展服务业的，亟须尽快完善。还有，各种限制民间资本进入垄断行业的政策，也不利于这些部门的技术进步和效率提高，有待进一步改善。

（原载《新视野》2011 年第 2 期；《理论动态》2011 年第 1886 期）

---

① 见《国务院发展研究中心调查研究报告》第 170 号，2010 年 9 月 20 日。

稳定和协调发展:今后五年中国经济走向

在中央"十二五"规划建议指引下，中国今后五年经济走向的主要特征将是稳定和协调发展。

首先是稳定发展。"十二五"期间，需要逐步缓解2003年以来经济超常规增长（其中"十一五"前四年GDP年均增速达11.4%）、连年突破了一般公认的潜在增长率（9%左右）而带来的资源环境不堪重负、产业结构失衡、社会建设滞后、居民收入差距扩大等矛盾。中国经济面临从追求数量规模扩张型向注重质量效益型转变的历史性任务，需要转变经济发展方式、调整经济结构、改革分配制度，以实现又好又快发展。这就要求恢复宏观经济的稳定和均衡，不再一个劲儿追求GDP短期高速增长，适当放缓经济增速至8%左右，以便致力于转方式、调结构，实现常态的可持续的增长。最近，货币政策已确定回归稳健，宽松的财政政策看来在一段时间后也会回归中性，以利于经济的稳定增长。

走向稳定发展另一个重要因素是2008年爆发国际金融危机后，外需和出口急剧下滑，大批出口企业停工或倒闭，上千万农民工返乡，为应对国际金融危机的冲击，2008年11月政府果断实施积极的财政政策和适度宽松的货币政策，启动4万亿投资等一揽子计划，2009年和2010年，分别新增贷款9.6万亿元和约8万亿元。这就使货币（M1和M2）增速大大高于GDP增速加CPI上涨率。2009年年底，M2同比增长27.7%，超出年初预定指标17%十多个百分点；M1同比增长32.4%，增速比上年加快23.3个百分点。2010年货币增速仍处于高位，至11月底，M2增速为19.5%，M1为22.1%。其结果是市场上流动性过剩，大量游资到处冲击，主要是冲击房地产市场，使房价2009年上涨25%，2010年上涨10%左右。接着是带来CPI的逐步攀高。年初许多权威机构和经济预测专家都认为2010年CPI涨幅将在7月份登顶，然后回落，但是CPI在7月份上涨3.3%以后，8月份上涨3.5%，9月份上涨3.6%，10月份上涨4.4%，11月份上涨5.1%，预计全年涨幅将超过计划的3%。2011年上半年CPI涨幅可能还要高一些，达4%—5%。当然，中国这轮CPI节节攀升还同部分农产品供应结构性季节性短缺、劳动力成本上升、国际市场大宗商品价格上涨等有关。面对逐步加重的通货膨胀压力，政府正在用更大的力气抗通胀，一再重拳调控房地产市场，最近国务院又出台16条措施，控制物价过快上涨。因此，今后为了逐步消化和吸收大量过剩的流动性，为了抵御主要发达国家实行定量宽松货币政策、零利率政策致使全世界流动性过分充裕容易导致国际市场大宗商品价格不断上涨的冲击，政府将在今后一段时间内下大力气稳定经济、稳定物价，以保持国民经济的健康运行。2010年12月中央经济工作会议，已确定2011年要把稳定价格总水平放在更加突出的位置。

其次是协调发展。中央"十二五"规划建议提出，制定"十二五"规划，要以科学发展为主题，以加快转变经济发展方式为主线。而要加快转变经济发展方式，就必须坚持把经济结构的战略性调整作为主攻方向。

中国经济现阶段面临几个失衡问题，亟须在"十二五"期间进行调整，重新协调好国民经济主要比例关系。一是储蓄与消费或投资与消费失衡，储蓄率太高，消费率特别是居民消费率太低，低得离谱（2009年只占GDP的35.1%）。政府正在采取措施，一些专家建议应逐步提高消费率并在"十二五"期间提高5个百分点以上。二是经济增长过分倚重第二产业，第三产业发展滞后。我国人均GDP从2001年起达1000美元，到2010年增加到4000美元，但是第三产业增加值占GDP比重，并没有随着人均GDP的成几倍增长而提高，一直在40%左右徘徊，同现代化进程脱节。为此"十二五"规划建议已明确提出要加快发展服务业，把推动服务业大发展作为产业结构优化升级的战略重点。三是经济增长付出的资源环境代价过大，资源环境瓶颈约束越来越突出，主要矿产品如铁矿石、精铜矿、原油等的对外依存度一路走高至50%以上。今后将着力建设资源节约型、环境友好型社会，继续把节能、节水、减排等列为约束性指标缓解矛盾。四是生态总体恶化趋势尚未扭转，祸及子孙后代。今后要努力做到生态局部改善，总体也要改善，建设生态文明。五是居民收入差距过大，基尼系数接近0.5%，超过了0.4的警戒线。2009年城乡居民收入差距为3.3∶1，如加上医疗、教育、社保等公共服务的城乡不平等，城乡居民实际收入差距则进一步扩大为 5:1。注重 公平分配，加快提高低收入群体的收入和消费水平，提高中等收入者比重，让人人共享改革发展成果，是今后五年最现实最紧迫的任务，已成为各界共识。

可见，努力缓解上述几大失衡问题，实现经济的再平衡，是促进我国经济长期稳定发展的关键，也是转变经济发展方式、调整经济结构的主要内容。相信在中央"十二五"规划建议指引下，全面落实建议提出的各项方针任务，今后五年我国经济定能稳定协调发展、又好又快发展。

（原载《中国社会科学报》2010 年 12 月 30 日）

为什么要牢牢扭住经济建设中心不动摇

胡锦涛同志在"七一"重要讲话中指出："在前进道路上，我们要继续牢牢扭住经济建设这个中心不动摇，坚定不移走科学发展道路。"这对我国今后社会主义现代化建设具有十分重要的指导意义。

一　实现两大目标的必然要求

党在社会主义初级阶段的基本路线的主要内容，概括地说就是一个中心、两个基本点，即以经济建设为中心，坚持四项基本原则、坚持改革开放。改革开放以来，由于废止以阶级斗争为纲，全党、全国工作中心转移到社会主义现代化建设的轨道上，经济迅速起飞，社会全面进步。1979—2010 年，国内生产总值年均增速达 9.9%，比改革开放前的 1952—1978 年高 3.8 个百分点。2010 年，中国已成为世界第二大经济体，国内生产总值占世界总量的比重上升至 9.5%（1978 年仅为 1.8%），人均国内生产总值达 4000 美元以上，进入中上等收入国家行列。同时，人民生活总体达到小康水平，教科文卫等事业快速发展，城乡居民住房条件大为改善，社会保障正在走向全覆盖和逐步完善中。改革开放 30 多年取得的让全世界瞩目的奇迹，充分说明把全党、全国工作中心转移到经济建设是多么重要和英明。

成绩固然灿烂夺目，但是要走的路仍然很长。在本世纪上半叶，我们要完成两个宏伟目标：到中国共产党成立 100 年时，建成惠及十几亿人口的更高水平的小康社会；到新中国成立 100 年时，建成富强、民主、文明、和谐的社会主义现代化国家。

为了实现这两个宏伟目标，我们必须继续坚持党的基本路线不动摇，必须继续坚持以经济建设为中心。为什么？因为马克思主义基本原理告诉我们，发展生产力，提高生产力水平，是人类社会发展的基础。人必须吃饱穿暖，才可能参与文化等社会活动。"仓廪实而知礼节，衣食足而知荣辱"就是这个道理。任何一个社会，都需要努力发展生产，增加物质财富，把"蛋糕"做大，为社会全面进步提供必要的物质基础。社会主义社会也概莫能外。社会主义制度的一大优越性就是人民当家作主，为社会生产力的发展提供宽广的空间。只要党和政府的路线方针政策对头，人民群众的积极性就会充分调动起来，使经济起飞，实现较高的劳动生产率。从这个意义上说，以经济建设为中心是符合社会和经济发展客观规律的。

当然，以经济建设为中心，不是单打一的只搞经济建设，不是不搞政治、文化、社会、生态文明等建设。社会主义生产的目的，是为了满足人民群众日益增长的物质和文化需要，是为了人的全面发展。因此，我们没有理由不以经济建设为中心，也没有理由不推进政治、文化、社会和生态文明建设，使社会主义建设全面协调向前推进。事实上，随着经济建设的推进，也要求其他建设跟进，否则会影响经济建设的健康顺利开展。不难想象，如果没有社会建设的大发展，如果没有文化建设的大发展大繁荣，经济建设急需的技术、管理等人才从何而来？何况，经济建设的出发点和落脚点是为了全面提高人的生活水平和质量，这不是单靠物质财富所能解决的，需要在物质财富增长的基础上通过加强社会、文化等建设来实现。改革开放 30 多年来，我们在经济建设方面已取得突出成绩，但同时在政治、社会、文化等领域的建设也快速发展，只不过相对而言略显滞后而已。近几年，党和政府在继续保持经济平稳较快发展的同时，着力加快社会、文化等建设，更加注重从多方面改善民生，使社会主义各项建设更加协调。这是必要的，也是正确的。

不过，我们也不能因此走到另一极端，以为既然要注重社会建设和改善民生，就可以不再以经济建设为中心。这种认识是不全面的。经济建设是各项建设的基础。只有搞好了经济建设，夯实了社会主义社会的物质基础，才能更好地、更全面地推进小康社会建设和社会主义现代化建设。

二 三个"没有变"的现实需要

胡锦涛同志在"七一"重要讲话中提出了三个"没有变"。首先，我国仍处于并将长期处于社会主义初级阶段的基本国情没有变。这意味着我国要摆脱经济不发达状态、实现现代化，还有很长的路要走。我们要争取再用十年左右的时间，实现工业化和城市化，全面建成小康社会，建成完善的社会主义市场经济体制，开始进入高收入国家行列，即人均国内生产总值达到1.2万美元。然后，在此基础上，全面推进现代化建设。为此，我们不能有丝毫松懈自满情绪，必须牢牢抓住和用好我国发展的重要战略机遇期，聚精会神搞建设，一心一意谋发展，不断在生产发展、生活富裕、生态良好的文明发展道路上取得新的更大的成绩。

其次，人民日益增长的物质文化需要同落后的社会生产之间的矛盾这一社会主要矛盾没有变。这意味着人民的物质文化生活水平和质量还比较低，离人的全面发展相差甚远。我国有13多亿人口，尽管许多工农业产品产量居世界第一，但人均产量并不高。虽然改革开放以来人民生活水平显著提高，出现一批富裕人群，但是，到2010年年末按农村贫困标准1274元测算，农村贫困人口仍多达2688万人。2010年，2311.1万名城市居民得到政府最低生活保障，5228.4万名农村居民得到政府最低生活保障，554.9万名农村居民得到政府"五保"救济。如果按国际标准测算，我国的贫困人口数量还要增加不少，联合国千年发展目标确定的标准是日均消费低于1美元属于"绝对贫困"，日均消费低于1.25美元属于"贫固人口"。以此计算，我国的贫困人口则高达1亿以上。此外，我国还要解决3亿人的饮用水安全问题。因此，未来我们还要用主要的力量，生产更多的粮食和其他农产品，供应更多、更好的工业消费品，修更多的路，盖更多的住房，提供更多的洁净水和新鲜空气，全面、普遍地改善民生，使老百姓过上富足生活。

再次，我国是世界上最大的发展中国家的国际地位没有变。这意味着我国要达到经济发达水平还要付出长期的努力，现代化建设的任务仍然艰巨、繁重。我国虽然于2010年成为世界第二大经济体，但人均国内生产总值只有4000美元多一点，在全世界排在100名之后，只有美国、日本、德国、英国、法国等发达国家的十分之一。换言之，我国同这些国家的经济、科技、教育等差距还不容小视。虽然我国一些大城市如北京、上海、广州、深圳等，人均国内生产总值已达1万美元以上，经济比较发达，但从全国来看，它们只是几个点，地域和人口比重都比较小。相反，广大农村地区还比较落后，而农村居民则占全国人口的一半以上。这样的国情和国际地位，都要求我们必须坚持以经济建设为中心。

三 现阶段的主要任务是转方式治通胀

2003 年以来，我国经济虽然连续以较快速度增长，但也积累了一些矛盾，不平衡、不协调、不可持续的问题逐步显现。2008 年国际金融危机爆发后，转变经济发展方式显得更加刻不容缓。今年 3 月全国人大通过的《中华人民共和国国民经济和社会发展第十二个五年规划纲要》把"科学发展"确定为"十二五"发展的主题，把加快转变经济发展方式确定为主线，坚持把经济结构战略性调整作为加快转变经济发展方式的主攻方向。

转变经济发展方式，就是要促进经济增长由主要依靠投资、出口拉动向依靠消费、投资、出口协调拉动转变，由主要依靠第二产业带动向依靠第一、第二、第三产业协同带动转变，由主要依靠增加物质资源消耗向主要依靠科技进步、劳动者素质提高、管理创新转变。同时，让发展成果由人民共享。

现阶段，我国经济面临的几个失衡问题亟需在"十二五"期间得到调整。一是储蓄与消费、投资与消费失衡。储蓄率和投资率太高，消费率特别是居民消费率太低，2010 年居民消费只占国内生产总值的 33.8%。专家建议，"十二五"期间消费率应提高 5 个百分点以上。二是经济增长过分倚重第二产业，第三产业发展滞后。我国人均国内生产总值 2001 年达到 1000美元，到 2010 年增加到 4000 多美元，但是第三产业增加值占国内生产总值的比重并没有随着人均国内生产总值的成倍增长而有较大提高，一直在40% 左右徘徊，2010 年仍只有 43%，同现代化进程脱节。为此，"十二五"规划提出要加快发展服务业，把推动服务业大发展作为产业结构优化升级的战略重点。三是经济增长付出的资源环境代价过大，资源环境瓶颈约束越来越突出，主要矿产品如原油、铁矿石等对外依存度一路走高，达到50% 以上。今后应着力建设资源节约型、环境友好型社会，继续把节能、节水、减排等列为约束性指标缓解矛盾。四是生态总体恶化趋势尚未有效扭转，祸及子孙后代。今后要努力做到生态局部改善和总体改善，建设生态文明。五是居民收入差距过大，目前基尼系数接近0.5，超过了0.4的警戒线。今后一段时间最现实、最紧迫的任务，是更加注重公平分配，加快提高低收入群体的收入和消费水平，提高中等收入者比重，让人民共享改革发展成果。解决上述五大失衡问题，实现经济再平衡，是促进我国经济长期平稳较快发展的关键，也是加快转变经济发展方式、调整经济结构的主要内容。

当前，我们要着重治理通货膨胀，稳定物价水平。近几年，由于货币供应过多，劳动力和能源成本上升，再加上国际市场粮食等大宗商品价格上涨传导至国内等因素的影响，我国从去年7月份开始消费者物价指数上涨率一直在3%以上，今年上半年达到5.4%，7月份进一步上升至6.5%。回顾新中国成立以来的几次引人关注的通货膨胀，每一次都毫无例外地是由食品价格上涨带动的，而且食品价格涨幅都是最高的，今年前七个月食品价格涨幅都在两位数以上。所以，我国治理通货膨胀，稳定物价水平，最根本的是要发展农业生产，增加以粮食为中心的食品的供应。这次治理通胀也不例外。重视农业生产，把"三农"列为工作的重中之重，正是我们贯彻以经济建设为中心的重要议题，也是落实科学发展观实现协调发展的重要议题。事实上，大力发展农业生产，不断增加粮食等农产品的供应，不仅对当前治理通胀有重要意义，而且是落实以经济建设为中心的重要环节，与转方式、调结构的要求完全一致。

（原载《前线》2011年第10期）

稳中求进是促进今年经济
稳定健康发展的正确决策

2011 年 12 月中央经济工作会议明确提出，推动明年经济社会发展，要突出把握好稳中求进的工作总基调。这是党和政府全面分析当前国际国内经济形势后作出的重大和正确的决策。

一 稳定经济并保持经济平稳增长是 2012 年的首要任务

2012 年的首要工作任务是稳定经济，保持经济平稳增长。中国经济经过 2003—2007 年两位数增长，2008 年国际金融危机爆发后为应对金融危机冲击实施了 4 万亿元的投资刺激计划等，2010 年经济增速重新登上两位数（GDP 增速达 10.4%），但经济的不平衡、不协调、不可持续的问题逐渐凸显，转方式调结构进展缓慢。面对美国经济复苏乏力、欧元区主权债务危机加重，国际组织连续下调 2012 年世界经济增长预期，外需疲软。国内由于前两年货币过量供应，通货膨胀压力上升，房价更是狂飙，因此去年开始适当紧缩货币和加强对房地产市场的调控。尽管各地各方面加快增长和攀比 GDP 增速的愿望很强烈，但是靠大规模扩张货币信贷刺激经济快速增长已无可能。相反，一些人特别是国外媒体和投行却一再预报中国经济将大幅下滑和硬着陆。在这种情况下，中央决定实行稳中求进的工作总基调，是十分必要和非常正确的。稳中求进，就是要稳字当头，在稳定中求增长、求发展、求改善民生。

稳中求进就要求经济稳定增长。首先，中国经济 2012 年不会像外媒说的那样会紧急迫降或硬着陆，而是会保持平稳较快增长，比如 8% 左右的增长。因为中国仍然处于工业化、城市化加快推进阶段，经济内生增长的动力还比较强，在党的扩大内需方针指引下，需求总的来说还是比较旺盛的。中国具有保持中高速增长的各种条件。其次，由于外需增速下滑，房地产市场受到比较有力度的调控，消费需求则因受制于居民收入增长不够快难以短期内大幅增长等原因，经济增速将会比过去有所放慢，地方追求 GDP 短期增速最大化的冲动也遏制不住这种下行趋势，因为现在与 2009 年不同，不能大规模投放货币，否则很快就会出现恶性通货膨胀，危及社会稳定。因此，中国经济整体上将告别两位数增长，转为常态的 7% 左右或 8% 左右的增长。再次，中国经济经过三十多年的平均近两位数增长，而面临经济转型、发展方式转变的历史性任务。由于转型意味着注重经济活动的质量和效益，而不是像过去那样专注于数量和规模，这就会在一定程度上弃量保质，使经济增速放缓，并要求经济保持稳定，在稳定中求增长，使这种增长是可持续的。近两年中国东部地区因着力推进产业结构优化升级，经济增速已经放缓，但转方式调结构步伐加快，说明了这一点。这是一个可喜的发展趋势。

二 继续稳定物价

物价稳定是经济稳定的主要标志。在市场经济条件下，物价基本稳定，表明社会经济总体上是均衡协调的，社会总需求和总供给是基本协调的，因而经济是稳定的。保持物价基本稳定，是各国宏观经济调控的重要目标，更是货币政策的主要目标。国内外实践表明，在物价稳定、经济稳定的条件下，不仅有利于经济的健康运行，而且有利于经济的有效增长，并能防止经济大起大落带来的资源浪费和损失，因而从长远看，经济的稳定增长是最快速的少走弯路的增长。还有，物价稳定、经济稳定更是社会稳定的基础，物价稳定最有利于老百姓的安居乐业。物价持续过快上涨，经济不稳定，容易引发社会震荡，影响社会的稳定。保持物价稳定和经济稳定，在稳定中增长，经验证明是一条正确的增长路径。

中国 2010 年 7 月起出现新世纪第三次温和的通货膨胀，2011 年 CPI 上涨率为 5.4%（其中 7 月份达 6.5%），估计今年 CPI 上涨率将回落至 4% 左右。如果按比较全面反映物价上涨水平的 GDP 平减指数计算，则 2011 年的物价总水平上涨率达 8.2%（因为按国家统计局公布的数字，2011 年全年 GDP 471564 亿元，比 2010 年的 401513 亿元实际增长 9.2%，名义增长则达 17.4%，GDP 平减指数为 8.2%）。这一轮通胀的原因，一是 2009 年以来货币超发流动性过分充裕形成比较强大的通胀压力；二是全球各个发达经济体奉行的量化宽松的货币政策推动国际大宗商品价格上扬，导致推高中国的物价水平；三是劳动力、资源环境等成本上升推动物价上涨。面对年初开始的通货膨胀发展势头，政府加强宏观经济调控，适当收缩货币，强化价格监督检查，提高农业生产补贴，减免蔬菜等流通环节收费，增加猪肉等食品进口，使物价涨幅有所下降，11 月、12 月 CPI 上涨率分别降到 4.2% 和 4.1%。与此同时，全国 31 个省份建立了物价上涨与补贴挂钩的联动机制，2011 年共给低收入群体和生活困难居民发放价格补贴近百亿元。

尽管 2011 年治理通货膨胀取得重要进展，但 2012 年中国通胀压力仍然不小，控制物价上涨过快还应是宏观经济调控的重要任务，不能掉以轻心。因为上述引发这一轮通胀的三个原因还存在，通胀压力虽然有所减小但未消除，一旦放松货币或者农业遇到严重自然灾害减产以及国际市场大宗农产品价格大幅度上涨等，CPI 就会反弹，重新站到 5% 以上。最近，央行报告称，有占 68.7% 的居民认为物价高难以接受。因此，今年需要实施稳健的货币政策，不宜大量放水。还要千方百计保证农业稳产增产，保证食品供应。继续加强房地产市场调控不放松。继续加强价格监督检查，维护市场秩序。总之，要努力使今年 CPI 涨幅控制在 4% 左右，保持物价的基本稳定，保证国民经济稳定运行。

三 在经济稳定条件下加大转方式调结构力度

2012 年，中国要在经济转型和发展方式转变上迈出更大的步伐。转变经济发展方式，主要是转变经济增长方式，即从高投入、高消耗、高排放、低效益的增长方式，转变为低投入、低消耗、低排放、高效益的增长方式。转方式的主攻方向是调整经济结构，包括调整需求结构、产业结构、投入结构和分配结构。这两年，我们在调整经济结构方面取得了一些进展，比如2011年，经济增长的贡献率，投资占54.2%，消费占51.6%，净出口占-5.8%，说明需求结构有一定改善。高技术产业和新兴产业加快发展，节能减排取得新进展，全覆盖的社会保障体系建设顺利进行。与此同时，也要看到，调结构成效总的还不尽如人意。第一、第二、第三产业结构仍然沿着第二产业高于而第三产业低于GDP平均增速发展，高能耗产业快速发展势头没有得到有效遏制，居民收入差距扩大的趋势仍在继续发展，生态环境总体还在恶化，等等。因此，今年需要在经济稳定条件下，加大转方式调结构力度。

加快转方式调结构是中国避开中等收入陷阱的正确选择。中国2011年人均GDP按当年汇率计算已超过5000美元，已进入中等偏上收入国家行列。不少国家经济发展实践证明，发展中国家在进入中等收入国家后，如不及时改变粗放型增长方式，改变先污染后治理的发展模式，扭转城乡、区域、居民群体之间收入分配差距扩大的趋势，改变教育、医疗、社保等投入不足导致社会矛盾加剧的状态，就很难逃脱中等收入陷阱，长时期跨不进高收入国家行列。中国在科学发展观指引下，加快推进转方式调结构，从专注于数量增长和规模扩张转变为注重增长的质量和效益，完全有可能避开中等收入陷阱，并争取到2020年前后进入高收入国家行列，即全国人均GDP达到12000美元（2008年美元）以上。

四 提供更多的公共产品和服务,进一步改善民生

2012年中国要在提供更多的公共产品和服务、进一步改善民生方面迈出更大的步伐。我们改革发展的目的是普遍提高人民的生活水平和质量。随着中国经济的高速增长，财政收入也连年大幅度增长，而且其增幅一般均大于当年GDP增速加物价涨幅，从而使这几年中国财力相当雄厚。2011年，全国财政收入首次超过十万亿元，达103740亿元，比上年增长24.8%。2012年，全国财政收入仍将在经济增长基础上保持较快增长。这就为财政向老百姓提供更多更好的公共产品和服务打下更加雄厚的物质基础。

2012年，要进一步调整财政支出结构，加大对"三农"和民生项目的

投入。财政用于"三农"的支出，其增速应达到或超过财政支出平均水平，以便更好地促进农业的稳产增产从而稳定经济。今年财政投向教育的支出，应首次达到占 GDP 的 4%。财政还要加大对社会保障和就业支出、医疗卫生支出、住房保障支出、保护环境与生态支出、文化体育与传媒支出等。以上这些，都是属于公共财政支出，其中除"三农"支出外，都是用于向老百姓提供公共产品和服务。增加这方面支出，可以逐步改变长期以来我国公共产品和服务短缺的状况。

为了更好地改善民生，要做到使城乡居民收入普遍较快增加。要努力实现居民收入增长和经济发展同步、劳动报酬增长和劳动生产率提高同步，低收入者收入明显增加，中等收入群体持续扩大，贫困人口显著减少，人民生活质量和水平不断提高。

五　经济改革要有新突破

2011 年中央经济工作会议提出，推动明年经济社会发展，要求在深化改革开放上取得新突破。为落实这一精神，首先要对一些难度较大的改革做好顶层设计总体规划。中国经济体制改革已进入深水区，有一些改革攻坚任务由于久拖不决逐渐成为老大难问题，如垄断行业改革、居民收入分配制度改革、政府职能转换改革、中央和地方财政管理体制改革、生产要素和资源产品价格市场化改革等。这些改革涉及比较重大的利益调整，困难和阻力比较大。这就首先需要做好顶层设计和总体规划，排除既得利益群体的干扰，然后由上而下进行强力推动，才能取得实质性进展。

其次，要积极推进有利于稳中求进的改革。比较重要的有：第一，稳步推进利率市场化改革。推进利率市场化，使资金利率能反映资金市场供求关系，并逐步改变负利率状态，利率回归为正数，有利于经济的平稳健康运行，抑制投机。前一段，我们看到，负利率使不少老百姓都不愿意把钱存进银行，而是投入到炒股等高风险行业，常常吃亏上当，怨言不少。负利率还必然带来资金的浪费和错配，不利于转方式调结构，不利于规范金融市场秩序。所以，为了更好地稳定经济，推动中国经济转型，需尽快推进利率市场化改革。第二，推进资源产品价格改革，逐步使资源产品价格真正能够反映市场供求关系、资源稀缺程度和环境损害成本。由于这一改革会引起价格上涨，国家需要给低收入群体予必要的补贴。今年中国物价上涨压力比去年小，有利于我们抓住时机在不影响物价基本稳定条件下推进资源产品价格改革，从而推进转方式调结构，提高经济活动的质量和效益。第三，继续调整和优化财政支出结构，更好地为稳增长、稳物价、转方式、惠民生服务。这也是从经济建设型财政向公共服务型财政转变的最重要内容。

（原载《中国延安干部学院学报》2012 年第 2 期）

经济回调是三重因素叠加的结果

2012 年中国经济出现明显回调，GDP 增速自 2002 年以来第一次降到 9% 以下，第一季度降到 8.1%，第二季度更是降到 7.6%。这是由三重因素叠加所造成的结果。

一 2003—2007 年连续五年 GDP 增速高达两位数，大量透支资源、环境和过分压低劳动报酬，要求经济再平衡

2004 年全国政协经济委员会讨论经济形势时，学者们持不同意见，一种认为中国经济增速如果超过两位数特别是连年超过两位数必然会走向过热，宏观经济政策需要适当收紧；另一种认为中国经济怕冷不怕热，增速高一点不必担心，没有必要进行紧缩。当时本人持前一种意见。但当时的主流观点是后一种。经济的两位数增长一直持续到 2007 年，经济的不平衡、不协调和不可持续问题越来越严重，"三过"即固定资产投资增速过快、信贷投放过多、贸易顺差过大问题突出。2007 年国内生产总值增速达 14.2%，2008 年消费价格指数涨幅达 5.9%。2007 年，党的十七大报告在讲到当前面临的困难和问题时也着重指出："经济增长的资源环境代价过大。"即使 2008 年不爆发国际金融危机，中国调整经济也势在必行。而调整经济首先要求把过高的经济增速适当降下来。

二 对国际金融危机反应有点过度

2008 年国际金融危机是第二次世界大战后最严重的经济危机，至今一

些主要发达国家还受其困扰。同时，也要看到，这次危机与 1929 年的经济危机有不同之处。这次危机只是使 2009 年全球经济收缩 0.7%，此后几年又恢复为正增长，2010 年和 2011 年全球经济分别增长 5.1% 和 4.0%，预计 2012 年全球经济仍将增长 3.0% 多。现在回过头看，我国在 2009 年应对国际金融危机似乎有点过度，四万亿元的投资刺激计划，近十万亿元的贷款，带来又一次大规模粗放扩张。2009 年，在全球主要发达国家经济负增长、其他国家经济低迷的情况下，我国经济增速高达 9.2%，2010 年进一步增长至 10.4%，使国民经济不平衡、不协调和不可持续的问题更加突出，转变经济发展方式显得刻不容缓。如果当年刺激计划不是那么庞大，贷款规模保持适度，经济保持 7%—8% 的增幅，2010 年和 2011 年的通货膨胀率包括房价上涨率就不会那么高，转方式、调结构就有可能取得一定进展，现在应对经济下行压力政策选择的余地也会大一些。

三　中国经济经过三十多年持续高速增长、人均 GDP 超过 5000 美元以后，经济增速将逐步放缓

我国 1978 年实行改革开放后，经济迅速起飞。1979—2011 年，GDP 年均增速达 9.9%，2011 年 GDP 达 47.16 万亿元人民币，经济总量跃居世界第二位，人均 GDP 达 5432 美元，进入中等偏上收入国家行列，这是一个令世人瞩目的成就，被称为"中国的奇迹"。而根据世界银行对许多国家经济发展史的研究，一个国家在进入中等收入国家行列后，如果继续延续粗放扩张的经济发展方式，一味追求经济增速，不更新发展思路和战略，不协调好经济增长与保护资源环境的关系，不改善居民收入分配结构让老百姓分享发展成果，就会陷入"中等收入陷阱"，无法跨进高收入国家行列。中国从 2003 年就提出科学发展观，接着又提出要转变经济发展方式、调整经济结构，这些都是避开"中等收入陷阱"的正确选择和战略举措。而要实现科学发展，切实推进转方式、调结构，就必须放弃唯增长主义，适当放缓经济增速，把主要精力用到提高经济增长的质量和效益上，力图做到经济转型、产业升级、人人共享改革发展成果。2007 年，党的十七大报告提出："促进经济增长由主要依靠投资、出口拉动向依靠消费、投资、出口协

调拉动转变，由主要依靠第二产业带动向依靠第一、第二、第三产业协同带动转变，由主要依靠增加物质资源消耗向主要依靠科技进步、劳动者素质提高、管理创新转变。"真正做到这三个转变，就要告别两位数增长，逐步进入次高增速或中高增速的新阶段。

中国经济回调是同经济转型结合在一起的，是为经济转型创造较好的环境。当前，中国经济转型有两个目标：一是克服国民经济比例失调，实现经济的再平衡。二是转变经济发展方式，从主要靠物质资源投入转变为主要靠科技进步、劳动者素质提高和管理创新。这两个目标是相互促进的，克服重大经济比例失调包括居民收入差距过大是转方式的必要前提，而转方式能有力促进经济实现再平衡。我们要为实现这两者间的良性互动而不懈努力。

由上可见，今年中国经济增速回调有其客观必然性，是很正常的。当然，不能回调过猛，如果经济增长率一下子跌到7%以下，将对经济的稳定和就业产生较大影响。因此，当经济增速下行风险过大时，政府采取一些刺激措施稳定经济增长是必要的。今年第一季度GDP增速降到8.1%，第二季度更是降到7.6%；4月份发电量同比只增长0.7%，出口增速只有4.9%，工业增加值降到一位数增长（9.3%，5月为9.6%），税收只增长2.6%，这些情况促使政府出台稳增长措施，包括加快批准一些大型项目建设，下调存款准备金率和降息，放宽市场准入，进一步鼓励民间资本扩大投资，等等。2012年1—5月，工业增加值同比增长10%多一点，全社会固定资产投资同比名义增速仍达20.1%，社会消费品零售额同比实际增速仍达两位数，出口也有一定幅度增长（其中5月增长15.3%），就业形势比较稳定，没有出现2009年初大批农民工回乡现象，这就决定了中国经济增速今年不太可能掉到7%以下。现在的问题是，刺激措施不能过度，不能再发放天量贷款，不宜继续主要靠铁路、公路等基础设施建设项目带动经济增长。扩大投资应尽量向民生项目倾斜，总的方向是逐步使消费成为主要经济增长动力源。

（原载《经济纵横》2012年第8期）

人均 GDP 在 5000 美元以上时
两位数增长不现实[*]

即将到来的十八大将为中国下一个 10 年，乃至更长时间设定新的目标。

其中最为关键的是，中国如何在建党、建国 100 年，即 2020、2050 年跨越"中等收入陷阱"，从中等收入国家进入高收入国家行列。

中国社科院学部委员、经济研究所研究员张卓元，之前参与过多次国家规划和政府政策的起草，亲眼见证和体验了中国经济的快速增长，同时对中国经济目前的短板有深刻的体会。

他认为，要解决中国的服务业发展慢，消费对经济贡献低，经济发展难以可持续的问题，需要加快收入分配体制的改革，以便尽快提高居民收入。而这需要加快垄断行业和政府本身的改革。

"最重要的是政府改革。"张卓元在近期接受本报专访时谈到，政府一些官员由于存在很多利益关系，政企分开实际上比较难。这也使得很多像文化等服务业领域并未放开，这制约了服务业的发展，也使得经济可持续性不高。

中国如何在未来的几十年内跨越"中等收入陷阱"，进入高收入国家？中国社科院学部委员张卓元就此接受了本报专访。

一　2020 年 GDP 翻番目标能实现

《21 世纪》：目前中国人均 GDP（地区生产总值）5000 多美元。2020

＊《21 世纪经济报道》记者为定军。

年会怎么样，能实现比2000年翻两番的目标吗？

张卓元：根据目前形势看，到了2020年，GDP能基本上达到1万美元。因为人民币兑美元汇率还会有上升的调整可能。不过1万美元的GDP仍不能达到高收入国家的水平，现在高收入国家的人均GDP下限是1.2万美元左右。

过去党的十五大已经提出目标划分为3个阶段，即2010年、2020年（2021年，建党一百年时）、2050年（2049年，新中国成立一百年时）。2020年GDP、人均GDP比2000年翻两番没问题。但是从2020年到2050年有30年，应该再细分阶段，分解目标。具体怎么分还需要研究。

《21世纪》：您如何看待潜在劳动率降低对未来中国经济目标的影响？

张卓元：经济经过30多年那么高的速度增长以后，应该多做点调整。过去高速增长透支了很多资源和环境，是要补上的。再一个，就是世界各国经济经验证明，经济发展到一定程度，人均GDP在5000美元以上，增长再达到两位数以上，这是不现实的。

所以我认为速度的调低是客观经济规律必然的结果，当然我们可以这样追求高速度，比如再加上几万亿的投资，速度会很快，但是也会很快掉下来，因为产能过剩太大。

而且现在已经是很大范围的产能过剩了，所以再搞大的投资刺激计划，恐怕规模太大也不行。特别是我们有二十几个行业产能过剩。上次是4万亿的计划投资，现在再用新的产能过剩来克服过去产能过剩带来的问题是不太可能的。

所以，今后GDP能够保持7%左右，一直到2020年已经很不错了。想再维持8%以上不容易。有些经济学家认为，8%以上的速度还能持续20年，我认为是不太可能、不太现实的。

我估计今年全年经济增速在7.8%，8%不一定能实现，但7.5%没有问题。主要原因是，过去经济高速增长，带来国民经济比例失调的问题，目前很难再持续。

此外，世界金融危机没有结束。特别是欧债危机更是如此。所以国际经济的复苏有一个过程，我们的出口受很大影响。我们比较大的产能过去主要靠出口消化，现在出口市场不能像过去那么快，速度肯定慢下来，还有我们的资源环境不能承担那么高的速度。高耗能、高污染也难以持续。

《21 世纪》：过去服务业发展指标多年没完成，科技投入指标也没完成，为什么？

张卓元：这个我想主要还是放开的问题，第三产业，特别是现代服务业还是要更好的放开，让更多的民间资本进来，更多的人可以在这方面自由创业。

目前看来这是个问题，当然也有国家规划引导的问题。按理来说，我们第三产业的比重应该高一点，相对世界各国来说，还是显得低了，我们服务业占经济比重只有 40% 多，比世界平均水平低 20 个百分点，甚至比印度还低 10 个百分点。所以说加快服务业发展的潜力还是比较大的。

要实现服务业的快速发展，涉及高层面的改革问题，包括政府职能转换问题，该管的管，不该管的就别管得那么死，特别是服务业很多本来是要放开的，比如文化产业。

这几年科技研发投入占 GDP 比重的指标完不成，建立创新型国家多年成效不大，也有体制方面问题。有的国有企业本身靠垄断能赚很多钱，靠科技去发展也不怎么容易，所以有段时间我们国有企业科技投入的比重比较低，属于不正常的情况。

现在开始在竞争压力下，稍微有点改进了。国有企业如果靠垄断，利润就很高，它不必搞科技创新，科技创新是很艰难的。没有一定的压力，要国有企业自动去搞科技创新，不太容易。但是在国外不搞科技创新则关系到企业的生死存亡问题。

二　收入分配制度需要改革

《21 世纪》：随着改革进入深水区，您觉得目前改革应从哪些方面突破？关键是什么？

张卓元：一要转变经济发展方式。因为原来的粗放型经济增长模式是不可持续的。二要改革收入分配制度，让广大群众享受经济社会发展的成果。

过去这两个方面多年都在说，但是成效不大，主要原因是我国的干部考核体制、财税体制等体制改革没有到位。同时没有用长远的目光看待GDP，只注重短期效益最大化，所以产生诸多后患，比如说先污染后治理就留下很多问题。

在收入分配方面，首先，这几年中西部经济增速已经逐渐赶上或超过东部，区域性差异有一定缩小，这是好的现象。如果政策实施有效，区域性差异将继续缩小。其次，中央决定将财政支出向三农和民生方面倾斜，实现基本公共服务均等化。这些举措也将有助于缩小收入差距。关键还是要保障和提高低收入群体的生活，完善社会保障制度。

现在社会保障制度已经有了初步改善，比如在医疗、养老方面，现在部分农村的老人每月能领取65元的养老金，对于部分农村人来说，65元也算一笔收入。以上在收入分配制度方面的改善都有助于缓解社会矛盾。

《21世纪》：很多人拿中国与日本相比，中国2000年进入老龄化社会，日本是1970年进入这个阶段，在过去的20年里日本经济停滞。有人说中国在2020年也可能面临类似困境，你怎么看？

张卓元：面对老龄化程度加深的问题，我赞成采取人口政策调整的办法。20世纪80年代我们提倡一对夫妇一个孩子，据说这个政策是管一代人生育的政策，但不能每一代都这样，否则人口用不了多久就会下降。

一代人搞计划生育已经维持30年左右了，中国人口预计最多就是14亿，然后即使就是现在允许生二胎，有些人也不一定愿意生二胎，这样也只能维持人口总量不变甚至减少。所以人口政策要及时改，不然将来我们都没有足够的青壮劳动力。

有人说老龄人多了，可以开发老年人资源。这没有错。现在人类的寿命延长，退休年龄也可以延长。这跟养老金缺口也有关。

《21世纪》：在人口红利消失的情况下，过去牺牲环境、低的劳动成本来发展的粗放发展模式该如何调整？

张卓元：即使人口红利结束，中国劳动力仍然很多，这还是一个优势。经济要发展还是要靠劳动力来完成，但是需要更加重视技术进步，更加重视培养劳动者的技术和文化素质，发展高新技术产业。我们也开始注意了这些方面。否则的话，即使我们的劳动力多，但是劳动力成本提高很快，这是个问题。现在中国的劳动力成本已经高过周边的国家，如柬埔寨、越南。所以你不重视技术进步，不重视劳动力素质的提高是不行的。

目前有一个矛盾的情况，比如高素质的大学生工作不好找，农民工工作反而更好找，素质提高反而更不好就业，并不是我们不需要高素质人才，而是因为我们的改革不到位：我们现在的服务业不够开放。

本来我们现在服务业更需要像大学生这样的劳动力，但是很多行业没有开放。所以如果我们把教育、医疗、文化、科技等一些产业能够更加放开，这些行业可以吸纳更多的高端人才。但是我们在这方面放开得不够，大学生就难以有比较多的就业门路。要加快发展现代服务业，而且要放开。

三　政府改革最为重要

《21世纪》：过去我国曾经把国有企业改革作为改革中心，目前的话，要解决经济可持续性，您觉得需要做哪些方面的改革，最主要在哪些方面？

张卓元：我认为需要做三个方面的改革，一是政府改革，二是垄断行业改革，三是收入分配的改革。当前来说，政府改革最重要。政府改革有双重性，它既是政治体制改革，也是经济体制改革。

这三者都有一定的关系，其中最重要的是政府改革。过去多年我们常说政企要分开、政事要分开、党政要分开之类的好多年了，但是实际很难做到，因为政府的利益在那里，要切断它的利益关系很困难。

在政府体制改革这一块，也是有大的方向的，也应该是清楚的，即市场能管好的政府最好就不要管，但政府往往喜欢去管，因为这里面有利益，难也难在这里。为什么很难？就是因为现在政府官员有他的利益在里面，你要改它就不容易了。

有些领域是要管的，比如像一些战略性新兴产业需要国家来管的，像新能源，美国也有国家规划的，但是不能弄得太多。有一些要规划和指导，这些都是涉及国家战略性的重要领域。但是有一些太具体的产品可能就不需要管。

《21世纪》：您说投资不要搞得太快，有人说北京的地铁挤得不得了，很多老人有钱养老院挤不进去，像这些涉及民生的投资是否要加快？涉及民生的投资是否需要以公益性为主？

张卓元：加快投资也有个度的问题，中国工业化、城市化没有完成，但是搞基础设施建设也不能太超前。一些西部荒凉的地方搞飞机场，从长远来看是可以的，但是由于客流量的问题会导致长期亏损。所以，一定程度的基础设施投资是需要的，但要掌握一个度。就跟很多行业已经产能过剩了一样，你再投资的话就更加加重产能过剩了。

就像北京需要地铁缓解交通压力的地方，搞基础设施投资有这种需要。但是有一些地方太超前的话，特别是像机场和高铁，可能要出问题。比如北京到上海、北京到广州建立高铁是需要的，而且是有市场的，尽管目前还是亏损的，当然这不会老是亏损。但到西北那些地方去建高铁的话肯定会长期亏损。

很多地方经济没发展到这个程度，而且客流量也不多，建设那么多的机场和高铁，负担不起啊，所以既要一定的投资，但是也不能太超前，太超前了投资进去的钱怎么还？利息怎么付？成本怎么收回？这些都要经过精密的计算，不能这样超前。现在问题在哪里呢？现在这一届的政府投资可以出政绩，但下一届政府挣不到钱怎么还？

（原载《21 世纪报道》2012 年 10 月 9 日）

中国经济必须迈过转型"坎"

改革开放后，中国经济迅速起飞，2010 年成为世界第二大经济体，2011 年中国人均 GDP 达到 5000 美元以上，进入中上收入国家的行列。但是，高速增长中的资源瓶颈制约日益显现突出，成为中国经济持续增长最突出的问题。推进经济转型刻不容缓，从资源低效滥用粗放扩张型，转为资源节约集约高效利用质量效益型，这也是中国社会主义现代化建设必须跨越的阶段。

一 经济转型"知易行难"

中国经济转型问题的提出可以追溯到 20 世纪 90 年代。1995 年中央关于"九五"计划的建议明确指出：实现"九五"和 2010 年的奋斗目标，关键是实行两个具有全局意义的根本性转变，一是经济体制从传统的计划经济体制向社会主义市场经济体制转变，二是经济增长方式从粗放型向集约型转变，促进国民经济持续、快速、健康发展和社会全面进步。

2005 年，中央"十一五"规划建议重新强调转变经济增长方式，并提出建设资源节约型环境友好型社会的任务。为什么要重提转变经济增长方式？主要是 1995 年我国提出实现经济增长方式根本性转变方针以来，进展不理想，总体而言主要依靠资源消耗的粗放式增长格局未变，影响经济的持续快速增长。

从资源状况来看，我国人均重要资源占有量大大低于世界平均水平，如人均耕地占有量仅为世界平均水平的 40%，人均淡水资源占有量只为世界平均水平的四分之一，人均占有的石油、天然气和煤炭资源储量分别为世界平均水平的 11%、4.5% 和 79%，人均铁、铜、铝等储量分别为世界平均水平的 1/6、1/6 和 1/9 等。

另一方面，我国主要矿产资源的对外依存度已从 1990 年的 5% 上升到 2004 年的 50% 以上。2004 年，我国 GDP 按当时人民币汇率计算占全世界 GDP 的 4%，但是消耗了全球 8% 的原油、10% 的电力、19% 的铝、20% 的铜和 31% 的煤炭。2005 年年初瑞士达沃斯世界经济论坛公布的"环境可持续指数"评价，在全球 144 个国家和地区的排序中，中国位居第 133 位。

正是在这样的严峻背景下，中央关于"十一五"规划的建议再次突出强调转变经济增长方式问题，提出要从"高投入、高消耗、高排放、低效率"的粗放扩张的增长方式，转变为"低投入、低消耗、低排放、高效率"的资源节约型增长方式，特别强调能源节约，把单位国内生产总值能源消耗比"十五"期末降低 20% 左右列为"十一五"的重要目标。

2007 年党的十七大报告进一步提出要转变经济发展方式，转变经济增长方式已扩展为转变经济发展方式，并具体要求实现如下三个转变：促进经济增长由主要依靠投资、出口拉动向依靠消费、投资、出口协调拉动转变，由主要依靠第二产业带动向依靠第一、第二、第三产业协同带动转变，由主要依靠增加物质资源消耗向主要依靠科技进步、劳动者素质提高、管理创新转变。

2008 年爆发国际金融危机后，转变经济发展方式、建设资源节约型环境友好型社会成为推动经济发展的当务之急，中国经济亟待从追求数量扩张规模转变为追求质量提高效率，从资源的滥用浪费转变为资源的节约集约利用。

因此，2009 年年底中央经济工作会议再次强调转变经济发展方式已刻不容缓。紧接着，2010 年，中央在制定"十二五"规划建议时提出，"十二五"规划要以加快转变经济发展方式为主线，还提出，坚持把经济结构战略性调整作为加快转变经济发展方式的主攻方向，坚持把建设资源节约型环境友好型社会作为加快转变经济发展方式的重要着力点。

需要指出，尽管从 2005 年以来中央一而再再而三不断强调要转方式调结构推动经济转型，但是在实践中经济转型困难重重，阻力很大，进展缓慢，最常见到的是有些地区往往不惜付出巨大的资源环境代价去保增长，片面追求短期 GDP 最大化。考虑到中国仍处于工业化城市化过程中，仍需投入大量资源用于基础设施等建设，如果不能很好地节约集约利用资源，仍然是高消耗低效率，其前景令人堪忧。应当认识到，中国经济发展到今天，经济转型这个坎是必须迈过去的，否则便容易跌入"中等收入陷阱"，并难以实现全面现代化这一宏伟目标。

二　必须重视重要资源的安全

中国是一个拥有13亿多人口的发展中大国。必须保证重要物质资源的安全，才能保持经济和社会的稳定，才能保持经济和社会的健康发展。资源安全首先是数量安全，有充足的资源供应。其次是质量安全，比如饮用水安全对人类是至关重要的，还有耕地如果受金属污染就会使农产品食用安全受到威胁。三是贸易安全，在市场经济条件下如果要向外购买资源其价格应当是可承受的，投资和运输的通道是顺畅的，有一个比较公平的市场环境和秩序。

在最重要的物质资源中，耕地和淡水资源安全主要是保证一国居民生存的需要，而能源安全则更多是保证一国居民享受和发展的需要，亦即实现工业化、城市化、现代化的需要。经济学原理告诉我们，农业是国民经济的基础，这就意味着我们首先必须有充足的耕地和淡水发展农业，提供充足的农产品，才能谈得上发展国民经济其他产业。

从中国经济发展的实践看，中国经济的短板是农业，中国经济每一次出现重大危机或严重比例失调都是由农业危机农业歉收引起的，新中国成立以来每一次物价水平的过大幅度上涨都是由农业减产，食品价格大幅度上涨带动的；经济严重比例失调和通货膨胀问题，也都是由于货币超发流动性过剩和农业因种种原因落后于国民经济其他部门的发展造成的，食品价格上涨常常成为物价总水平上涨的火车头。因此，对于中国来说，农业问题、粮食问题、耕地淡水问题，永远不能掉以轻心。

从以上认识出发，中国18亿亩耕地的红线是必须守住不能突破的，而且应当是长期都必须守住不能突破的。过去不少地区以牺牲耕地和粮食推进工业化、城市化是不可持续的，各地特别是中西部地区在现代化建设中不能再走这条老路。由于前一段我国耕地减少太多，已开始威胁到中国的农业安全与粮食安全，被迫实行弃油保粮的方针，以致现在 80% 的食用油和大豆要靠进口解决，粮食特别是饲料粮的进口也越来越多。如果再不守住 18 亿亩耕地这条红线，一旦农产品和粮食进口碰到困难，其后果将不堪设想。还有，从粮食安全考虑，为了更好地守护 18 亿亩耕地，还要使农民种植粮食和其他农产品是有利的。而目前种植粮食等农产品比较利益太低，这除了需要适当提高农产品价格外，国家财政对"三农"的支出仍需继续增加，各种惠农利农政策还要继续。

三 资源节约集约利用是经济转型根本标志

首先，加快转变经济发展和增长方式，从粗放型资源消耗型转为效率型资源节约型。在提高资源利用效率上下工夫，就需要主要依靠科技进步、劳动者素质提高和管理创新推动经济增长，克服过去主要靠增加物质资源投入推动经济增长的惯性。这是中国实现经济转型的要点所在。

现在的问题是，认识容易实践难。以 2011 年为例，由于不少地方为追求 GDP 的短期高速增长，争相发展高耗能行业，当年能源消费弹性系数出现不小的反弹，由 2008 年的 0.41、2009 年的 0.57 和 2010 年的 0.58 反弹至 0.76 的新高位。全国的能源消费总量达到 34.8 亿吨标准煤，比上年增长 7%，使全国单位 GDP 能源消耗降低 3.5% 的计划没有完成，实际只降低 2.01%。这也说明，现有的措施对推动转方式还远远不够，还需要有更多更有力的措施，才能使转方式取得进展。

其次，大力调整经济结构，重点是抑制高消耗、高排放、高污染行业的过快增长，加快发展资源占用和消耗低的第三产业特别是现代服务业。中国目前有不少行业产能过剩，其中有一些是高消耗的行业如钢铁、水泥、煤化工、电解铝、造船等，这是造成我国资源瓶颈制约难以缓解的重要原因，因此调结构首先要抑制这些高消耗行业的过快增长。

与此同时，加快发展服务业。早在十多年前，即 2000 年，中央关于制定"十五"计划建议中就明确提出要大力发展服务业，但是到 2011 年，尽管我国 GDP 已经比 2000 年增加了近两倍，而第三产业增加值在国内生产总值中的比重只提高了 4 个百分点，多年来仍然在 40% 左右徘徊。还有，目前在中国，无论是新增劳动力就业，还是吸收被农业、制造业转移或剥离出来的劳动力就业，服务业都起到主力军的作用，如从 2005 年到 2010 年，服务业年均就业人员增加数达 579 万人。这也说明，今后仍需加大调结构的力度，大力发展服务业。

再次，深化改革扩大开放。怎样使稀缺的资源做到节约和高效利用？许多国家的实践表明，在市场经济条件下，用市场手段价格机制是最灵敏、最有效的，世界银行的一项调查说明，能源的节约，一半以上的原因是靠提高能源的价格。我国过去资源的滥用浪费，很大程度上是由于人为地压低资源的价格，土地、淡水、能源等价格长时期严重偏低，不能很好地反映市场供求关系、资源稀缺程度和环境损害成本。应加快推进资源产品价格改革，把资源产品价格提高到一个比较合理的水平，用价格手段推动资源节约和合理配置。应当注意的是，在改革过程中，需要给低收入群体予以补偿，以免影响他们的实际收入和生活水平。

（原载《瞭望》2012 年第 44 期）

二

转变经济增长和发展
方式的途径与方法

转变经济增长方式主要靠深化改革

我国经济和社会经过改革开放后26年的快速发展，特别是2003年以来9%以上的GDP高速增长，资源瓶颈制约和环境压力不断加大，可持续发展问题日益突出，高投入、高消耗、高污染、低效率的粗放型增长已难以为继。我国人均耕地占有量为世界平均水平的40%左右，随着工业化和城市化的推进以及人口的增加，人均耕地还将减少。我国人均淡水资源占有量仅为世界平均水平的1/4，且时空分布不均。目前六百多个城市中已有四百多个缺水，110个严重缺水。我国人均占有的石油、天然气和煤炭资源储量分别为世界平均水平的11%、4.5%和79%；45种矿产资源人均占有量不到世界平均水平的一半；铁、铜、铝等主要矿产资源储量分别为世界平均水平的1/6、1/6和1/9。主要矿产资源的对外依存度已从1990年的5%上升到目前的50%以上。2004年，原油进口1.2亿吨，铁矿石进口2.08亿吨，已成为资源进口大国。

我国资源利用效率低，从资源投入与产出来看，2003年我国GDP按现行汇率计算为1.4万亿美元，约占全世界GDP的4%，但消耗了50亿吨左右的国内资源和进口资源。原油、原煤、铁矿石、钢材、氧化铝、水泥的消耗量分别达全世界消耗量的7.4%、31%、30%、27%、25%和40%。

针对上述严峻情况，必须转变经济增长方式，形成资源节约型产业结构、城市化模式和消费方式，以实现经济社会的可持续发展。而要转变经济增长方式，除了要实施有利于建设资源节约型社会的方针政策，完善法律法规以外，主要应靠深化改革，形成推动经济增长方式从粗放型向集约型发展的体制机制。

第一，切实转变政府职能，政府从经济活动主角转为公共服务型政府。真正实行政企分开、政资分开、政事分开、政府与市场中介组织分开，政府不再干预微观经济活动。政府要贯彻以经济建设为中心的方针，但不能因此就自认为是经济活动的主角，主导经济资源的配置。在社会主义市场经济条件下，经济活动的主角是企业。"经营城市"是政府职能的大错位。政府不能办企业，这是早就明确了的，怎么能去做以营利为目的的经营城市呢？2003年以来，主要是地方政府为追求GDP的高速增长和形象工程，大搞开发区和市政建设，个个都要工业立市，铺摊子，上项目，引发经济走向过热。在很多情况下，中央政府的宏观调控，主要是调控地方政府，因而不得不采取行政手段。政府改革和转换职能已成为今后深化改革的关键环节。

第二，深化财税改革。目前的财税体制促使各地热衷于粗放式发展工业特别是重化工业，因为这样GDP增速快，财税收入高，而对发展高技术产业和第三产业不够重视。今后需考虑逐步提高直接税的比重，降低间接税的比重；降低或取消高耗能产品和资源类产品出口退税；建立与事权相适应的中央和地方财政收支体制；财政资金不再投资于一般竞争性产业，而要投向公共服务领域，等等。

第三，深化价格改革，重点是使生产要素和资源性产品价格能反映资源的稀缺程度。高投入、高消耗、高污染的粗放型增长方式之所以难转变，是因为我国的生产要素价格和资源性产品价格长期受国家管制，严重偏低。资金的价格低，地价低，水价低，能源包括电价低。要转变经济增长方式，建立节地、节能、节水、节材的生产方式和消费方式，必须积极推进生产要素和资源性产品价格改革，建立反映资源稀缺程度的价格形成机制，节约利用资源，提高效率。

第四，改革干部政绩考核和提拔任用体制。干部政绩不能只看GDP（和绿色GDP）增速，更要看市场监管、社会管理和公共服务水平，包括就业、社会保障、教育、文化、环保、生态保护、医疗卫生以及社会秩序、信用、法治环境的改善等。

（原载《北京日报》2005年9月5日）

深化改革　推进粗放型
经济增长方式转变

推进粗放型经济增长方式转变，是 2005 年 10 月通过的《中共中央关于制定国民经济和社会发展第十一个五年规划的建议》（以下简称《建议》）的一个重要内容，是"十一五"时期我国经济发展面临最严峻的挑战和最紧迫的任务。十年前，1995 年在制订"九五"计划时，曾经提出实行两个根本性转变，即从传统的计划经济体制向社会主义市场经济体制转变和从粗放型经济增长方式向集约型经济增长方式转变的任务。从那以后，转变经济增长方式取得了一定成效，比如 1980—2002 年，单位 GDP 能耗下降 66.8%[①]，但不理想，因为我们原来经济增长的粗放程度很高，现有的成就尚未达到根本转变的目标。转变不理想的原因之一，是前一段粗放型经济增长还有一定的空间，尚未到难以为继的地步。社会主义市场经济体制还不完善，也影响着经济增长方式的转变。"十一五"时期则不同，粗放型经济扩张已走到尽头，不转变已经不行了。还有，这次提出转变经济增长方式，其内涵也不限于从粗放外延型转变为内涵集约型，而是要从高投入、高消耗、高排放、低效率的粗放型经济增长方式，转变为低投入、低消耗、低排放、高效率的资源节约型经济增长方式，把提高自主创新能力和节约资源、保护环境作为重要内容。

一　资源瓶颈制约突出，转变经济增长方式刻不容缓

我国经济和社会经过改革开放后 26 年的快速发展，特别是 2003 年以来

[①]　参见王梦奎主编《中国中长期发展的重要问题》，中国发展出版社 2005 年版，第 6 页。

9%以上的 GDP 高速增长，一部分行业（如建材、钢铁、电解铝等）已经出现生产能力过剩，今后还可能会有其他行业由于前期投资过热而陆续出现生产能力过剩。① 与此同时，资源瓶颈制约和环境压力不断加大，可持续发展问题日益突出，高投入、高消耗、高污染、低效率的粗放型增长已难以为继。我国人均耕地占有量为世界平均水平的 40% 左右，2004 年为人均1.41 亩，随着工业化和城市化的推进以及人口的增加，人均耕地还将减少。我国人均淡水资源占有量仅为世界平均水平的 1/4，且时空分布不均。目前600 多个城市中已有 400 多个缺水，110 个严重缺水。我国人均占有的石油、天然气和煤炭资源储量分别为世界平均水平的 11%、4.5% 和 79%；45 种矿产资源人均占有量不到世界平均水平的一半；铁、铜、铝等主要矿产资源储量分别为世界平均水平的 1/6、1/6 和 1/9。主要矿产资源的对外依存度已从 1990 年的 5% 上升到目前的 50% 以上。2003 年，中国石油消费量为2.67 亿吨，进口石油 9700 万吨，对外依存度为 36%。2004 年，中国石油消费量 2.92 亿吨，进口石油 1.23 亿吨，对外依存度达 42.1%。2004 年，我国铁矿石进口 2.08 亿吨，对外依存度约 40%。2005 年铁矿石进口将进一步提高至 2.4 亿吨②，占世界自由贸易量的 50% 以上。铜精矿和氧化铝消费量的 50% 都依赖进口。中国资源进口不断增加，也助长了国际市场资源性产品价格的上涨。自 1999 年以来，国际市场原油价格已上涨了约 4 倍。中国进口的铁矿石价格，2003 年上涨 30%，2004 年上涨 80%，2005 年年初上涨 71.5%。

我国资源利用效率低，从资源投入与产出看，2004 年，我国 GDP 按当时汇率计算占全世界 GDP 的 4%，但消耗了全球 8% 的原油、10% 的电力、19% 的铝、20% 的铜和 31% 的煤炭。③ 能源利用效率低，目前，钢铁、有色、电力、化工等 8 个高耗能行业单位产品能耗比世界先进水平高 40% 以上，单位建筑面积采暖能耗相当于气候条件相近发达国家的 2—3 倍。工业用水重复利用率、矿产资源总回收率比国外先进水平比低 15—25 个和 20 个

①　商务部材料，2005 年前 5 个月，39 个工业行业的产成品库存同比增长 19%，特别是钢铁、电解铝等产品供过于求的矛盾比较严重。（《中华工商时报》2005 年 8 月 20 日）

②　参见《经济日报》2005 年 4 月 9 日。

③　参见《中华工商时报》2005 年 6 月 26 日。

百分点。① 中国矿产资源总回收率只有30%，城市水的回用率也仅为30%左右。②

粗放式经济增长方式对环境压力日益增大，几近极限。2003年，我国工业和生活废水排放总量为680亿吨，化学需氧量排放1334万吨，位居世界第一；二氧化硫排放量2159万吨，位居世界第一，90%的二氧化硫排放是由于用煤导致的；二氧化碳年排放量仅次于美国，位居世界第二。全国七大水系38%的断面属五类及劣五类水质，90%流经城市的河段受到严重污染，大部分湖泊富营养化问题突出；近岸海域污染面积仍在扩大，赤潮灾害频繁发生；全国近一半的城镇水源地水质不符合原水标准，农村尚有近3亿人喝不上符合标准的饮用水；酸沉降、光化学烟雾、细颗粒物已经在城市密集地区构成严重的区域性污染。世界十大污染城市，中国占了6个。2005年年初，瑞士达沃斯世界经济论坛公布了最新的"环境可持续指数"评价，在全球144个国家和地区的排序中，中国居第133位。③

与此同时，生态退化问题也比较突出。目前，全国水土流失面积356万平方公里，占国土面积的37%。沙化土地面积174万平方公里，且有扩展之势。草原超载过牧，乱采滥挖严重，鼠虫灾害频繁，全国退化草原面积已占草原面积的90%。

1995年，党的十四届五中全会和"九五"计划确立实现经济增长方式根本性转变的方针以来，我国粗放型扩张的经济增长方式至今仍未实现根本性转变，高投入、高消耗、高排放、低效率的格局未变。进入21世纪后，各地热衷于发展重化工业和耗能高产品，能源弹性系数大幅度提高，能源的瓶颈制约特别突出，情况见下表。

针对这种严峻情况，中央《建议》在提出"十一五"期间的目标时，除了提出在优化结构、提高效益和降低消耗的基础上，实现2010年人均GDP比2000年翻一番，普及和巩固九年义务教育等外，特地提出，资源利用效率显著提高，单位国内生产总值能源消耗比"十五"期末降低20%左右，即能源弹性系数要降到1以下，节约能源成为节约资源的重点。还要求，

---

① 参见《人民日报》2005年6月26日
② 参见《中国经济时报》2005年7月1日。
③ 参见《经济参考报》2005年7月14日。

能源弹性系数（能源消费增长率/GDP 增长率）

时期（年）	GDP 增长（%）	能源消耗增长（%）	系数
1981—1990	143	64	0.44
1991—2000	162	32	0.2
1996—2000	48.8	0	0
2001—2004	39.6	51.2	1.29
2004	9.5	15.2	1.6

资料来源:《中国统计年鉴》。

生态环境恶化趋势基本遏制，耕地减少过多状况得到有效控制等。

转变经济增长方式，就要实现主要依靠资金和自然资源支撑经济增长，向主要依靠人力资本投入、劳动力素质提高和技术进步支撑经济增长转变，实现由资源—产品—废弃物流程，向资源—产品—废弃物—再生资源的循环经济型转变。为此，必须不断增强自主创新能力，大力发展循环经济，建立资源节约型的生产方式和消费方式，强化环境和生态保护，真正走可持续发展的道路。这是关系"十一五"规划能否顺利实施的全局性问题。

二 从体制机制方面逼迫经济增长方式转变，提高经济增长的质量和效益

我国要落实党中央提出的科学发展观，转变经济增长方式，提高经济增长的质量和效益，除了要实施有利于自主创新、优化产业结构、节约能源资源的方针政策，完善法律法规以外，主要靠深化改革，形成推动经济增长方式转变的体制机制。

我国粗放型经济增长方式之难以根本转变，重要原因，在于我国现行财税、价格等体制，刺激各地热衷于工业立市和外延式经济扩张。在现行的财税制度下，发展工业特别是重化工业，能给地方政府带来比发展高新技术产业和第三产业更多的税收和财政收入，而长期以来我国资源产品价格因为受到政府管制明显偏低，以及可以不支付环境污染成本，鼓励人们对资源的低效滥用和浪费。表现在：

一是地价低，一些地方政府用行政权力向农民低价征地，然后办开发区等，用低价出让土地招商引资。近年来，在农地向建设用地流转的过程中，各种压低补偿安置标准的行为和各种寻租行为等侵害农民权益的事情屡有发生，导致群体上访事件不断发生。据国土资源部 2003 年上半年统计，违法占用土地问题占信访部门接待量的 73%，其中 40% 与征地过程中产生的各种纠纷有关，87% 与征地补偿标准偏低有关。国家信访部门 2003 年受理土地征用上访 4116 件，大部分与农民失地失业有关。

二是水价低，2003 年，我国城市的每立方米水价为 0.15 美元，农用水几乎是免费的，而国外每立方米水价南非是 0.47 美元，美国是 0.51 美元，德国是 1.45 美元。各个城市水价普遍偏低，广州市居民用水价格 0.9 元 1 立方米，总体看目前仅为国际水价的 1/3。2005 年上半年，我国水行业全行业亏损。

三是能源价包括煤价、油价、电价低。中国的燃油税是美国的 1/10，是欧洲的 3%—5%。大量高耗能产品之所以争着出口，是因为中国能源价格低。

四是矿产品价格低，我国 15 万个矿山企业中仅有 2 万个矿山企业是要付费取得矿山开采权的，绝大部分是通过行政授予无偿占有的。我国矿产资源补偿费平均率为 1.18%，而外国一般为 2%—8%。我国石油、天然气的费率为 1%，远远低于美国的 12.5% 和澳大利亚的 10%。

要改变粗放型经济增长方式，形成节能、节地、节水、节材的生产方式和消费模式，必须深化经济体制改革，特别是财税体制改革和价格改革，使各种生产要素和产品的价格能很好地反映资源的稀缺程度，以及切实转变政府职能等。通过深化改革，用经济杠杆迫使生产企业和消费者节约使用资源，提高资源利用效率，从根本上减少环境污染，真正实现经济增长方式的转变。

三　财税体制和政策怎样促进经济增长方式的转变

转变经济增长方式，提高经济活动的质量和效益，是一个很大的目标和任务，这当中，深化财税改革，完善财税政策，有极其重要的作用。

首先，要完善预算制度，将所有政府性收入全部纳入预算管理统筹安排使用，接受人大和公众的监督。前一段，主要是城市政府的土地收入和一些收费与基金等预算外资金，往往被地方政府用于搞开发区、市政形象工程、政绩工程等，铺摊子，上项目，粗放式扩张，造成土地和其他资源的滥用浪费，引发经济走向过热。在很多情况下，中央政府的宏观调控，主要是调控地方政府盲目扩张经济的行为。为了从根本上改变政府充当地方经济活动主角的不正常状况，必须从财力上防止上述不规范的政府行为的发生。实践证明，游离于预算的统一规范管理之外几千亿上万亿元的资金，其使用的不规范、不透明，不仅不利于政府转变职能，成为腐败的土壤，而且必然助长追求短期效益的粗放式增长。因此，必须深化预算改革，真正实现预算硬约束，使财政资金真正用于公共服务领域，促进经济增长方式的转变。

其次，设立和完善有利于资源节约、环境保护和经济增长方式转变的税收制度。至少包括以下几项：

调整和完善资源税。开征资源税有利于抑制对矿产资源的滥采滥挖和掠夺性开采，有利于保护矿产资源，促进资源的合理开发和有效利用。但我国的资源税的征收存在不少问题。目前我国在矿业权取得环节，存在大量无偿使用的问题。我国大部分矿山企业都是采取行政授予无偿使用矿山开采权的，少部分有偿使用矿山开采权的矿山企业的付费水平也过低。因此，有必要普遍实行矿产资源有偿使用制度，并提高税率或补偿费率，运用市场机制促进资源的节约和提高资源的利用效率。

实施燃油税。目前我国汽油虽已纳入消费税范围，但税率低，需单独开征燃油税，将公路养路费、过桥费、过路费和公路运输管理费等纳入燃油税中。按照原来设计的方案，实施燃油税后，汽油的销售价格每公升将提高1元多人民币，即提高20%多。实施燃油税，将会有力促进汽油的节约使用，提高对汽油等紧缺资源的有效利用。

取消高耗能、高污染和资源性产品的出口退税。我国是能源资源并不富裕的国家，出口高耗能、高污染和资源性产品，等于出口能源和资源并带来环境污染。取消这些产品的出口退税，有利于节约能源资源和保护环境，提高能源、资源的使用效率。

稳步推行物业税，有利于房地产业的健康发展。物业税又称房地产税，根据对房产和土地的评估价值征税。谁的房产多，谁就要多交税，而且不是一次性多交税，而是每年都要多交税。这样，就能适当抑制对房产的需求，不会鼓励人们多买房、买大房等着升值牟利，而是要考虑支付房地产税的成本，从而控制对房产的过度的需求，有利于防止房地产业泡沫的出现。

最后，要对有利于转变经济增长方式的自主创新和技术改造、发展循环经济、节能节材产品的生产和使用、保护生态和环境行为等，给予财政支持和税收优惠。

四　深化价格改革，要点是使生产要素和资源产品价格能反映资源稀缺程度

高投入、高消耗、高污染、低效率的粗放型增长方式之所以难转变，是因为我国的生产要素价格和资源产品价格长期受国家管制，严重偏低。资金的价格低、地价低、水价低、能源包括电价低。要转变经济增长方式，建立节地、节能、节水、节材的生产方式和消费方式，必须积极推进生产要素和资源产品价格改革，建立反映市场供求状况和资源稀缺程度的价格形成机制，节约利用资源，提高效率。我国能源价格长期偏低，比价也不合理。2004 年国内汽油、柴油出厂价格比新加坡、鹿特丹、纽约三地市场进口到岸完税价格平均水平分别低 791 元/吨、837 元/吨；国内汽、柴油零售中准价较三地市场进口到岸完税价格平均水平分别低 231 元/吨、335 元/吨。国际上煤炭、石油、天然气的比价关系大体为 1:1.5:1.35，而我国实际大致为 1:4:3，煤价明显偏低。国际上天然气与原油按热值计算比价平均为 1.05:1，而我国为 0.4:1，天然气价格偏低。[①] 电力价格也偏低。因此，要节能，首先要调整过低的能源价格。国外有的经济学家曾对 2500 家公司做过一次研究发现，能源使用量的降低 55% 归功于价格调整的结果，17% 是研究与开发的结果，还有 12% 则源于所有制形式的不同，其余则归结于

---

① 参见中国价格协会联合课题组《"十一五"时期深化能源价格改革的基本思路研究》(2005 年 5 月)，第 6—7 页。

工业所占份额的变化。[①] 中国是淡水短缺的国家，可是水的利用效率较低，单位国内生产总值消费的水资源相当于一些发达国家的4倍。重要原因，是水价低。国际普遍流行的水价构成包括水资源价格、水工程成本、水处理成本及水管理成本，而且还包括污水处理的成本。而我国的水价只包括水工程成本、水处理成本和污水处理费。可见，要节约用水，必须提高水价，用价格杠杆来限制水的滥用浪费。国外的一些资料也证明了这一点。美国的研究结果是，水价从每立方米7.9美分提高到13.2美分，用水量减少42%；从15.9美分提高到21.1美分，用水量减少26%[②]。我国东部一些城市有这样的经验，有限的水资源如何分配给企业，是政府计划分配，还是用公开拍卖，谁出的价高卖给谁的办法，事实证明，用后一种办法能最有效利用水资源，说明价格杠杆的作用是非常见效的。

2005年经济增速很快（上半年达9.5%），而物价上涨率低，CPI上半年为2.3%，7月份为1.8%，8月份为1.3%，远低于国家发改委规定的"两条控制线"（即规定各省、市、自治区居民消费价格指数月环比上涨率超过（含达到）1%，或连续三个月同比超过（含达到）4%，该省、市、自治区就要暂停调价（指政府定价和政府指导价部分）三个月）。自2005年以来生产资料价格涨幅趋缓；工业消费品价格由于多数供过于求，竞争激烈，难以上涨；农产品价格也较平稳，因而通货膨胀压力不大，正有利于逐步提高资源产品价格。我们要抓住这一有利时机，出台一些调价措施。

在理顺各项资源产品价格中，重点是调高能源价格，包括要尽快出台燃油税，提高汽油价格。还要逐步调整煤、天然气、电的价格。提高能源价格，是降低能源消耗系数的有效途径。此外，要提高矿山资源补偿费；水价应计算水资源价格，污水处理费要能补偿成本并略有利润；严禁低价征用农民土地；城市经营性土地价格一律公开拍卖，严防暗箱操作，等等。

提高水、电、油等价格后，要考虑对农民和低收入群体某种补助，包括适当提高最低生活保障标准等。

此外，最重要的生产要素资本的价格利率的市场化进程仍需继续推进，还要稳步推进汇率形成机制改革。劳动力价格形成机制也要随着劳动力市

---

① 参见世界银行《中国"十一五"规划的政策》（2004年12月），第70页。

② 见段治平《我国水价改革历程及改革趋向分析》，《中国物价》2003年第4期。

场的完善而逐步完善。技术价格已基本由市场形成，当前最重要的是要切实保护知识产权，打击侵权行为，在这前提下完善价格形成机制，等等。

五　推进其他方面改革，形成促进经济增长方式转变的合力

首先，是切实转变政府职能，政府从经济活动的主角转为公共服务型政府。真正实行政企分开、政资分开、政事分开、政府与市场中介组织分开，政府不再干预微观经济活动。政府要贯彻以经济建设为中心的方针，但不能因此就自认为是经济活动的主角，主导经济资源的配置。在社会主义市场经济条件下，经济活动的主角是企业。"经营城市"是政府职能的大错位。政府不能办企业，这是早就明确了的，怎么能去做以营利为目的的经营城市呢？政府任期五年一届，每一届政府都要求有明显政绩，为此都追求短期（五年之内）效益最大化，不管后果怎样。外延式的粗放型经济增长最适合这一要求。2003 年以来，主要是地方政府为追求 GDP 的高速增长和形象工程，大搞开发区和市政建设，个个都要工业立市，铺摊子，上项目，外延式扩张，引发经济走向过热。资料显示，2003 年以来这一轮经济过热中，政府直接投资的比例超过 60%，政府通过廉价征用土地促成了城市化的高速发展和开发区的过度膨胀①。在很多情况下，中央政府的宏观经济调控，不得不采取行政手段，否则很难见效。政府改革和转换职能已成为今后深化改革的关键环节。今后，政府应当着力完善社会管理和公共服务职能。联合国驻华机构对中国"十一五"规划的箴言提出，用相对适度的财政支出政策，就可以大大改善弱势群体的社会生存状况。比如，便利地获取基本医疗保健服务及医疗保健信息，可以预防 75% 以上的孕产期死亡和降低 70% 以上的 5 岁以下婴幼儿死亡率。还要改变公共服务不平等状况。比如在健康领域，政府 2/3 的支出服务于 40% 的城市人口。各地政府每年人均卫生保健支出差异很大，从北京市和上海市的人均 200 元人民币到河南省和湖南省的不足 20 元人民币②。

---

① 参见《理论动态》第 1674 期（2005 年 6 月 25 日），第 8 页。

② 《促进中国的社会发展——联合国系统驻华机构对中国"十一五"规划的箴言》（2005 年 7 月）。

　　其次，改革干部政绩考核和提拔任用体制。干部政绩不能只看 GDP（和绿色 GDP）增速，更要看市场监管、社会管理和公共服务水平，包括就业、社会保障、教育、文化、环保、生态保护、医疗卫生以及社会秩序、信用、法治环境的改善等。政府职能没有很好转换或者转换不到位，关键是干部政绩考核和提拔任用制度不完善。不少地方官员，包括从事妇联、教育、卫生等工作的官员，也分配"招商引资"指标。以贱卖土地（甚至政府赔本进行土地开发）越权减免税办法争取外资，以及与外商站在一起，侵犯劳工合法权益等。在片面追求 GDP 增长驱动下，资源的滥用和破坏，环境的污染，生态的破坏，都可以放在一边。不改革这种祸及子孙后代的干部考核体制，就无法建设资源节约型和环境友好型社会。

　　再次，深化企业改革特别是国有企业改革，形成转变经济增长方式的微观基础。产权归属清晰，保护严格，作为市场主体的企业会自动地追求质量和效益型的经济增长。深化企业改革，就要使长期政企不分的国有企业和常常受到歧视的民营企业，都成为具有独立的法人财产权、经营决策权、自负盈亏和独立承担风险的法人实体和市场主体，并鼓励、支持非公有制企业参与国有企业改革改组。为此，既要引导民营企业制度创新，更要深化国企改革。许多国有企业由于其固有的机制缺损，资源利用效率低下，浪费严重。要继续推进国有经济布局和结构的战略性调整，使国有资本更好地集中在能发挥自己优势的重要行业和关键领域的大企业中，而从一般竞争性行业和中小企业逐步退出，使资源得到更为有效的利用。对于仍需国有经济控制的领域，要积极推进股份制改革，实行投资主体多元化，以改善公司治理结构。垄断行业的改革需加快推进，积极引进竞争机制，允许新的厂商参与竞争，特别是非自然垄断性业务要放开。对自然垄断性业务则要加强监督，包括安全、环保、价格、普遍服务等监管。即使是自然垄断性业务，有的也可以通过特许经营权拍卖，即通过招标的形式，在某些产业或业务领域（如自来水生产和供应）中让多家企业竞争独家经营权（即特许经营权），在一定质量要求下，由提供最低报价的企业取得特许经营权。这样，就能使自然垄断性业务也具有一定的竞争性并增进效率。垄断行业资源节约的潜力巨大，搞好垄断行业改革，能大幅度地提高资源配置效率，达到节约和合理使用资源、转变经济增长方式的目的。

　　此外，深化金融体制改革，完善市场体系和市场秩序，逐步理顺分配关系，提高外贸的质量、效益和利用外资的质量等，都将使我国经济运行逐步走上转变增长方式、建设资源节约型和环境友好型社会的轨道，从而使我国经济持续地实现快速健康发展。

参 考 文 献

　　《中共中央关于制定国民经济和社会发展第十一个五年规划的建议》（2005 年 10 月）。

　　《2005 中国统计摘要》，中国统计出版社 2005 年 5 月版。

　　世界银行：《中国"十一五"规划的政策》（2004 年 12 月）。

　　《中国改革高层论坛——以政府行政管理体制改革为重点全面推进体制创新》（2005 年 7 月 12—13 日，北京）。

　　国家发改委宏观经济研究院课题组：《"十一五"时期我国经济社会发展总体思路研究》（2004 年 4 月）。

（原载《经济研究》2005 年第 11 期）

适当放缓经济增速　切实转变经济增长方式

《中华人民共和国国民经济和社会发展第十一个五年规划纲要》（以下简称《"十一五"纲要》），传达了一个重要的信息，即中国经济经过2003—2005 年跃进式发展后，需要适当放缓增长速度，并切实转变经济增长方式，使中国经济社会发展转入以人为本、全面协调、可持续发展的轨道。

一　适当放缓经济增速，提高经济活动的质量和效益

《"十一五"纲要》确定"十一五"期间 GDP 年均增速 7.5%，十届人大四次会议《政府工作报告》中提出 2006 年 GDP 增速为 8%，表明中国经济增长需要适当放缓。我认为，确立这样的预期性指标是切合中国实际的。

按照国家统计局最新公布的数字，2003—2005 年，我国经济连续三年平均增速达两位数（10%），整个"十五"期间平均经济增速也达 9.5%，国民经济连年异常高速的增长，一方面使中国经济上了一个台阶，总量已超过英国、法国，成为世界上第四大经济体，经济实力和竞争力、综合国力、抗风险能力大大增强，财政收入超过 3 万亿元。这是应当充分肯定的。另一方面，我们也要清醒地看到，经济的迅速扩张也付出了不小的代价，主要带来了三大问题。一是部分行业由于过度投资出现生产能力过剩，钢铁、电解铝、焦炭、电力、汽车和铜冶炼等行业产能过剩问题突出，水泥、电力、煤炭和纺织行业也存在着产能过剩的问题。产能过剩使许多企业出现亏损，且亏损企业亏损额有增加的趋势。二是资源消耗过度，特别是能源消耗过度，环境污染越来越严重。能源消费弹性系数"十五"期间超过1，其中 2003 年达到 1.53、2004 年达到 1.59。由于资源过度消耗，我国主要矿产资源的对外依存度已从 1990 年的 5% 上升到目前的 50% 以上（其中

石油 40% 以上）。我国资源利用效率低，从资源投入与产出看，2004 年我国 GDP 按当时汇率计算占全世界 GDP 的 4%，但消耗了当年全球消耗总数 8% 的原油、10% 的电力、19% 的铝、20% 的铜、30% 的钢铁和 31% 的煤炭。伴随着经济的快速增长，环境恶化状况令人担忧。2005 年年初，达沃斯世界经济论坛公布了最新的"环境可持续指数"评价，在全球 144 个国家和地区的排序中，中国位居第 133 位。在全世界污染最严重的 20 个城市中，有 16 个在中国。中国科学院 2006 年 2 月发布的《2006 中国可持续发展战略报告》，对世界上 59 个国家的资源绩效水平进行排序，我国位列绩效最差的国家之一，排在第 54 位。三是扩大了收入差距。近年来，一些小煤窑主、房地产商、钢铁企业老板发大财，一夜暴富，而普通老百姓增收不多，引发了上学难、看病难、住房难等老百姓关心的日常生活问题。反映居民收入差距的基尼系数，目前已达 0.45，超过公认的 0.4 的警戒线。

以上情况表明，"十五"期间特别是 2003—2005 年的中国经济仍以粗放型扩张为主，这种粗放型扩张到"十五"期末已难以为继。"十一五"时期，转变粗放型增长方式，提高经济增长的质量和效益，对中国经济的持续快速健康发展具有根本性意义和深远的影响。为了在"十一五"时期切实转变经济增长方式，摒弃多年来拼资源、拼能源、先污染后治理、一味粗放扩张的做法，需要适当放缓经济增速，引导全社会主要依靠科技进步和劳动力素质的提高实现经济增长，致力于调整和优化经济结构，提升产业水平，提高经济增长的质量和效益，处理好经济增长同人口、资源、环境的关系。

遏制粗放扩张势头，转变经济增长方式，主要靠深化改革，使经济社会发展真正转入科学发展的轨道。适当放缓经济增速，遏制攀比之风，也是实现上述转变的一个重要条件。经验证明，粗放扩张只能实现短期的高速增长，而要切实提高经济活动的质量和效益，则要做长期艰辛的努力。比如，一项比较重要的科技发明并转化为现实的生产力，一般需要六七年甚至更长的时间，超过五年一届政府的任期。如果指标定得较高，实际上是鼓励人们的短期行为。适当放缓增速，则能促使大家逐渐把注意力转移到提高经济活动的质量和效益上来。

二 当前需着重防止投资继续过快增长,而不是防止通货紧缩

我认为,当前中国经济面临的问题主要是防止投资继续过快增长。经济增速居高不下,继续粗放扩张,将对今后长远发展带来严重的不良后果。

2006 年是"十一五"的开局之年,地方政府为追求政绩,互相攀比,热衷于加大投资,上项目。在这种情况下,要落实《"十一五"纲要》,落实"两会"精神,中央政府的宏观调控不能放松。

鉴于我国固定资产投资增速过高,从 2003 年起,连续三年都在 25%(名义值)和 20%(实际值)以上,国家发展和改革委员会提出,2006 年全社会固定资产投资总规模预期增长 18%。应当说,这是比较切合实际的,有助于抑制投资过热。但是,这一预期指标从一开始就被突破。2006 年 1—2 月,城镇固定资产投资增速居高不下,仍达到 26.6%(名义值)和 24.2%(实际值),说明投资增速还是过高。预计第一季度经济增速在投资高速增长带动下,将超过 8% 的预期目标,甚至达到 9% 以上[①]。

针对当前部分行业产能过剩问题,有的经济学家认为已经出现了通货紧缩,为了避免通货紧缩,主张推动社会主义新农村建设等,以扩大消费和投资。这是值得研究的问题。

首先,在我看来,尽管部分行业产能过剩,2006 年不太可能出现通货紧缩。当前的产能过剩还是结构性的,而不是总量过剩,即有部分行业产能过剩,但问题并不突出,并没有出现总的生产能力过剩、总供给大于总需求的格局。第二季度以后的情况还有待观察。只有投资大幅度增长,出现更多行业和更严重的产能过剩,才会导致总供求失衡,带来通货紧缩。

其次,推动社会主义新农村建设以扩大内需是可行的,也符合把国家对基础设施建设投入的重点转向农村的要求。政府增加对"三农"的投入,不仅有利于提高农民收入,也能有效促进农村消费的增长,因为,农民收入的提高能在较大程度上转化为消费,从而活跃农村市场。十届人大四次

---

① 参见《CCER 中国经济观察》2005 年第 4 期。

会议《政府工作报告》提出，2006 年中央财政用于"三农"的支出达到 3397 亿元，比上年增加 422 亿元，增长 14.2%，高于中央财政总收入、总支出的增长水平，占中央财政总支出的 15.3% 和支出增量的 21.4%，这是一个可喜的现象。同时，我们也要看到，我国农村人口占总人口的比重为 57%，现在中央财政用于"三农"的支出并不是很高的，今后需要继续提高。另外，三千多亿元即使全部用于农村基础设施建设，在全国八万多亿元固定资产投资总额中只占很小的比重，大规模的农村基础设施建设主要靠社会投资，而由于当前农村基础设施建设投资效果不佳，市场吸引力不大，所以不能期望短时期内对扩大内需有很大作用，要经过比较长时期（一二十年）的努力才能有明显效果。

最后，通货紧缩意味着物价的持续下跌，看来 2006 年内不太可能出现。在推进粗放型经济增长方式转变过程中，各种资源产品价格偏低的扭曲现象将逐步得到纠正，水价、油气价、电价、地价、矿产品价格将上涨，从而将直接和间接导致居民消费价格的上涨，再加上国际市场油价和初级产品价格高位运行，都会提高国内相关产品的成本和价格，这将抵消一些消费品因产能过剩、供过于求而导致的价格下跌对居民消费价格指数的影响。2006 年 1—2 月，我国居民消费价格同比上涨 1.4%，说明从 2003 年以来我国居民消费价格指数（CPI）不断小幅上涨的势头还在继续，短时期内还难以改变。国家发展和改革委员会把 2006 年居民消费价格总水平上涨率控制在 3%，我想主要也是考虑到上述因素。3 月下旬，我国成品油提价只是调整资源产品价格的一个开端，远没有到位，成品油和原油价格倒挂还没有完全纠正过来。预计今后各地方都将陆续出台提高公用事业服务价格的措施，从而使居民消费价格很难下跌。只要 2006 年粮价不出现大的波动，估计年物价上涨率将与上年（1.8%）持平。

三　"十一五"时期最突出的任务:转变经济增长方式

推进粗放型经济增长方式转变，是《中共中央关于制定国民经济和社会发展第十一个五年规划的建议》（以下简称《建议》）的一个重要内容，是"十一五"时期我国经济发展面临的最严峻的挑战和最紧迫的任务。

1995 年在制订"九五"计划时，曾经提出实行两个根本性转变，即从传统的计划经济体制向社会主义市场经济体制转变和从粗放型经济增长方式向集约型经济增长方式转变，并取得了一定成效，1980—2002 年，单位 GDP 能耗下降了 66.8%①，但由于原来经济增长的粗放程度很高，这一成效还不足以说明粗放型经济增长方式已有明显改变；社会主义市场经济体制还不完善，也影响着经济增长方式的转变。还有，20 世纪 90 年代末期，粗放型经济增长方式还有一定的空间。"十一五"时期则不同，粗放型经济扩张已走到尽头。"九五"计划提出的实现经济增长方式从粗放型向集约型转变，其含义还比较简单、抽象。经过 10 年的发展，我们对经济增长方式转变的内涵、要求的认识有了更深刻、更全面的理解，《建议》提出要从高投入、高消耗、高排放、低效率的粗放扩张的增长方式，转变为低投入、低消耗、低排放和高效率的资源节约型增长方式，并且明确了具体要求。我们要深刻理解《建议》的有关精神。

首先，突出资源能源节约。《"十一五"纲要》提出加快转变经济增长方式，是基于当前我国土地、淡水、能源、矿产资源对经济发展已构成严重制约，因此要把节约资源作为基本国策，发展循环经济，形成节能、节水、节地、节材的生产方式和消费模式，加快建设资源节约型社会。把节约资源提到基本国策的高度，可见其重要性与意义。

其次，着力自主创新。转变经济增长方式就要实现从主要依靠资金和自然资源消耗支撑经济增长，向主要依靠人力资本投入，提高劳动力素质和技术进步支撑经济增长转变，以"减量化、再利用、资源化"为原则，促进资源利用由"资源—产品—废弃物"流程，向"资源—产品—废弃物—再生资源"的循环型经济转变，真正走可持续发展的道路。为此，必须深入实施科教兴国战略和人才强国战略，把增强自主创新能力作为科学技术发展的战略基点和调整产业结构、转变经济增长方式的中心环节，大力提高原始创新能力、集成创新能力和引进消化吸收再创新能力。

再次，强调保护环境和自然生态。切实保护环境和自然生态，是实现可持续发展、人与自然和谐的关键环节，越来越受到人们的高度重视。

---

① 王梦奎主编：《中国中长期发展的重要问题》，中国发展出版社 2005 年版，第 6 页。

《"十一五"纲要》明确提出，要建设环境友好型社会，并提出了一系列具体要求，把主要污染物排放总量减少10%作为"十一五"时期约束性指标，可见其重视程度。从20世纪八九十年代起，随着经济的发展、社会的进步，绿色风暴席卷全球，保护环境和自然生态的呼声越来越高，人与自然和谐相处深入人心，经济发展要同人口、资源、环境相协调，实现节约发展、清洁发展、安全发展和可持续发展，成为转变经济增长方式的内在要求。转变经济增长方式，目的在于提高经济增长的质量和效益，在于使经济运行走上科学发展的轨道，从而使我国经济实现持续平稳较快发展。

《"十一五"纲要》除了突出转变经济增长方式这一战略任务以外，还做出了一系列具体规定。主要有以下几个方面：一是建立促进经济增长方式转变的法律法规、完善鼓励经济增长方式转变的方针政策；二是调整产业结构，提高自主创新能力，发挥科技进步对经济发展的巨大推动作用；三是深化改革，形成有助于转变经济增长方式，促进全面协调可持续发展的体制机制。而在这几个方面中，我认为最主要的是要深化改革，从体制、机制上推进经济增长方式转变。

四　深化改革，形成有利于转变经济增长方式的体制机制

"十一五"期间，要以转变政府职能和深化企业、财税、价格、金融等改革为重点，加快完善社会主义市场经济体制，形成有利于转变经济增长方式、促进全面协调可持续发展的机制。

首先，是切实转变政府职能，政府从经济活动的主角转为公共服务型政府。真正实行政企分开、政资分开、政事分开、政府与市场中介组织分开，政府不再干预微观经济活动。政府要贯彻以经济建设为中心的方针，但不能因此就自认为是经济活动的主角，主导经济资源的配置。在社会主义市场经济条件下，经济活动的主角是企业。"经营城市"是政府职能的大错位。政府不能办企业，这是早就明确了的，怎么能以营利为目的去经营城市呢？政府官员任期五年一届，每一届政府都要求有明显政绩，为此造成当政者追求短期效益最大化。2003年以来，地方政府为追求GDP的高速增长和树立形象工程，大搞开发区和市政建设，个个都要工业立市，铺摊

子、上项目、外延式扩张的现象十分突出，从而引发了经济过热。政府通过廉价征用土地促成了城市化的高速发展和开发区的过度膨胀。在很多情况下，中央政府的宏观经济调控，主要是调控地方政府盲目扩张经济的行为，因而不得不采取一些行政手段，否则很难见效。政府改革和转换职能已成为今后深化改革的关键环节。今后，政府应当着力完善社会管理和公共服务职能。《促进中国的社会发展——联合国系统驻华机构对中国"十一五"规划的箴言》中提出，用相对适度的财政支出政策，就可以大大改善弱势群体的社会生存状况，比如，便利地获取基本医疗保健服务及医疗保健信息，可以预防75%以上的孕产期死亡，5岁以下儿童的死亡率可以降低70%以上。要改变公共服务不平等状况，比如，在卫生保健领域，政府2/3的支出服务于40%的城市人口。上述意见是值得我们重视的。

与此相联系，要改革干部政绩考核和提拔任用体制。干部政绩考核不能只看GDP（包括绿色GDP）增速，更要看市场监管、社会管理和公共服务水平，包括就业、社会保障、教育、文化、环保、生态保护、医疗卫生以及社会秩序、信用、法治环境的改善等。政府职能没有很好转换或者转换不到位，关键是干部政绩考核和提拔任用制度不完善。不少地方官员，包括从事妇联、教育、卫生等工作的官员，也要完成"招商引资"指标。以贱卖土地（政府赔本进行土地开发）越权减免税收等办法争取外资，甚至不惜侵犯职工合法权益等。在片面追求GDP增速驱动下，无视资源的滥用、环境的污染、生态的破坏。不改革这种祸及子孙后代的干部考核体制，就无法建设资源节约型和环境友好型社会。

其次，深化企业改革特别是国有企业改革，形成转变经济增长方式的微观基础。产权归属清晰保护严格，作为市场主体的企业会主动地追求质量和效益型的经济增长，否则企业就没有竞争力。深化企业改革，就要使长期政企不分的国有企业和常常受到政策歧视的民营企业，都成为具有独立的法人财产权、经营决策权、自负盈亏和独立承担风险的法人实体和市场主体，并鼓励、支持非公有制企业参与国有企业改革改组。为此，既要引导民营企业制度创新，更要深化国企改革。许多国有企业由于其固有的机制缺损，资源利用效率低下，浪费严重。要继续推进国有经济布局和结构的战略性调整，使国有资本更好地集中在能发挥自己优势的重要行业和关键领域的大企业中，而从一般竞争性行业和中小企业中逐步退出，使资源得到更为有效的利用。对于仍需国有经济控制的领域，要积极推进股份制改革，实行投资主体多元化，以改善公司治理结构。垄断行业的改革需加快推进，积极引进竞争机制，允许新的厂商参与竞争，特别是非自然垄断性业务要放开。对自然垄断性业务则要加强监督，包括安全、环保、价格等监管。即使是自然垄断性业务，有的也可以通过特许经营权拍卖，即通过招标的形式，在某些产业或业务领域（如自来水生产和供应）中让多家企业竞争独家经营权（即特许经营权），在一定的质量标准下，由提供最低报价的企业取得特许经营权。这样，就能使自然垄断性业务也具有一定的竞争性并增进效率。垄断行业资源节约的潜力巨大，搞好垄断行业改革，能大幅度地提高资源配置效率，达到节约和合理使用资源、转变经济增长方式的目的。

再次，深化财税体制改革。前一段，主要是城市政府的土地收入和一些收费与基金等预算外资金，往往被地方政府用于搞开发区、市政形象工程、政绩工程等，造成土地和其他资源的滥用浪费。为了从根本上改变政府充当地方经济活动主角的不正常状况，必须从财力上防止上述不规范的政府行为的发生。实践证明，游离于预算的统一规范管理之外几千亿上万亿元的资金使用的不规范、不透明，不仅不利于政府转变职能，甚至成为腐败的土壤，而且必然助长追求短期效益的粗放式增长。因此，必须深化预算改革，完善预算制度，将所有政府性收入全部纳入预算管理统筹安排使用，接受人大和公众的监督，真正实现预算硬约束，使财政资金真正用于公共服务领域，促进经济增长方式的转变。

与此同时，我们还要设立和完善有利于资源节约、环境保护和经济增长方式转变的税收制度，包括调整和完善资源税，改变以往大部分矿山资源免费开采和即使征税（或收费）也是税费率严重偏低的情况；调整和完善消费税，新增高尔夫球及球具、高档手表、游艇、木制一次性筷子等税目，调整部分税率，包括扩大石油制品如航空煤油、溶剂油、润滑油、燃料油等的消费税征收范围，提高大排气量小汽车的税率，从而加强消费税促进节约资源和环境保护的作用，这方面文章今后还要做下去。实施燃油税，主要是我国汽油等消费税率太低，须尽快开征燃油税，鼓励节约汽油。

稳步推行物业税，实行物业税将能抑制对房地产的过度需求，减少房地产市场的投机行为，有利于房地产业的健康发展。取消高耗能、高污染和资源性产品的出口退税，以利于节约能源资源和保护环境，提高能源资源的使用效率。对有利于转变经济增长方式的自主创新和技术改造，发展循环经济，节能节材产品的生产等，给予财政支持和税收优惠。

最后，深化价格改革，重点是使生产要素和资源价格能反映资源的稀缺程度。

随着经济的快速增长，我国土地、淡水、能源、矿产资源的瓶颈制约越来越严重。造成这种状况的一个重要原因，是我国长期以来资源产品价格在政府管制下严重偏低，要转变经济增长方式，建设资源节约型、环境友好型社会，必须深化价格改革，提高土地和资源产品的价格，使其能反映市场供求关系和资源稀缺程度。在市场经济条件下，价格是一个最为强烈的信号，对企业和个人的生产、经营、消费有重大影响。

国外经济学家通过对 2500 家公司研究发现，能源使用量的降低，55% 归功于价格的调整，17% 是研究与开发的结果，12% 源于所有制形式的不同，其余则归结于工业所占份额的变化。[①] 也要用价格杠杆来限制水的滥用浪费。美国的研究结果表明，水价从 1 立方米 7.9 美分提高到 13.2 美分，用水量减少 42%；从 15.9 美分提高到 21.1 美分，用水量减少 26%。[②] 有限的水资源如何分配给企业，是政府分配，还是用公开拍卖给出价高者？我国东部一些城市的经验证明，用后一种办法能最有效利用水资源。经国务院批准，自 2006 年 3 月 26 日起，汽油和柴油出厂价格每吨分别提高 300 元和 200 元。这是一个良好的开端，因为中国原油和成品油价格倒挂，进口原油价每桶 60 美元多，而国内加工后成品油销售价相当于原油每桶 43 美元左右。据国家统计局公布，2005 年我国石油加工业全年净亏损达 220 亿元。这次提价还未到位，需要在今后择机继续提价，改变价格严重扭曲状况。提高水、油等价格后，要注意对农民和城市低收入群体给予补助，包括适当提高最低生活标准等。

此外，深化金融体制改革，完善市场体系和市场秩序，逐步理顺分配

---

① 世界银行：《中国"十一五"规划的政策》（2004 年 12 月）。

② 段治平：《我国水价改革历程及改革趋向分析》，《中国物价》2003 年第 4 期。

关系，提高外贸的质量、效益和利用外资的质量等，都将使我国经济运行逐步走上转变增长方式、建设资源节约型和环境友好型社会的轨道，从而使我国经济持续地快速健康发展。

（原载《天津社会科学》2006 年第 4 期）

转变经济增长方式与水价改革

这次会议的主题很好，很重要，一个是发展循环经济，一个是水价改革。这两个议题都是为了落实科学发展观，转变经济增长方式，促进经济运行转上科学发展的轨道。

一　转变经济增长方式日显紧迫

1995 年，在制订"九五"计划时，曾经提出根本转变经济增长方式的任务。2005 年，在制定"十一五"规划时，进一步提出要从高投入、高消耗、高排放、低效率的粗放型经济增长方式，向低投入、低消耗、低排放、高效率的资源节约型增长方式转变的任务。这是基于进入新世纪以后，我国土地、淡水、能源、矿产资源和环境状况对经济发展已构成严重制约，不转变经济增长方式，已难于持续保持经济的平稳较快增长，成为经济运行中亟待解决的突出问题。我国人均耕地占有量为世界平均水平的40%左右，2005 年为人均 1.4 亩，随着工业化和城市化的推进以及人口的增加，人均耕地还将减少。我国人均淡水资源占有量仅为世界平均水平的 1/4，且时空分布不均。目前 600 多个城市中已有 400 多个缺水，110 个严重缺水。我国人均占有的石油、天然气和煤炭资源储量分别为世界平均水平的11%、4.5%和79%；45 种矿产资源人均占有量不到世界平均水平的一半；铁、铜、铝等主要矿产资源储量分别为世界平均水平的 1/6、1/6 和 1/9。主要矿产资源的对外依存度已从 1990 年的 5%上升到目前的 50%以上。2004年，中国石油消费量 2.92 亿吨，进口石油 1.23 亿吨，对外依存度达42.1%。2005 年，我国石油净进口 1.36 亿吨，对外依存度达 42.9%。2004年，我国铁矿石进口 2.08 亿吨，对外依存度约 40%。2005 年铁矿石进口进一步提高至 2.4 亿吨，占世界自由贸易量的 50%以上。铜精矿和氧化铝消费量的 50% 都依赖进口。中国资源进口不断增加，也助长了国际市场资源性产品价格的上涨。1998 年年底，国际市场原油价格每桶才 10 美元多一点，到 2006 年 8 月，已涨到每桶 70 多美元，10 月回落至 60 美元左右。中国进口的铁矿石价格，2003 年上涨 30%，2004 年上涨 80%，2005 年上涨 71.5%，2006 年进一步上涨 19%。

我国资源利用效率低，从资源投入与产出看，2005 年，我国 GDP 按当时汇率计算占全世界 GDP 的 5%，但消费的原煤、铁矿石、氧化铝、钢材、水泥，却占全世界消费量的 25%—40%。能源利用效率低，目前，钢铁、有色、电力、化工等 8 个高耗能行业单位产品能耗比世界先进水平高 40% 以上，单位建筑面积采暖能耗相当于气候条件相近发达国家的 2—3 倍。工业用水重复利用率、矿产资源总回收率比国外先进水平比低 15—25 个和 20 个百分点。中国矿产资源总回收率只有 30%，城市水的回用率也仅为 30% 左右。

粗放式经济增长方式对环境压力日益增大，几近极限。我国"十一五"期间绝大多数指标都超额完成计划，但环保指标却没有完成计划。"十五"期间，衡量空气质量的二氧化硫和衡量水体质量的重要指标化学需氧量（COD）两个指标，一个不降反升，一个没有如期下降，都没有完成计划。2005 年，我国二氧化硫排放总量为 2549 万吨，位居世界第一，超过总量控制目标 749 万吨，比 2000 年增加 27%；全国 COD 排放 1413 万吨，与"十五"提出的 1300 万吨总量控制目标相差 113 万吨，仅比 2000 年的 1445 万吨减少 2%。"十一五"规划纲要要求我国单位 GDP 能耗和主要污染物排放总量每年都要下降，其中能耗降 4 个百分点，主要污染物排放总量降 2 个百分点。但是，2006 年上半年，全国 GDP 增速高达 10.9%，单位 GDP 能耗却提高了 0.8 个百分点，化学需氧量排放总量增长 3.7%，二氧化硫排放总量增长 4.2%，说明粗放扩张更厉害了。

全国七大水系 38% 的断面属五类及劣五类水质，90% 流经城市的河段受到严重污染，大部分湖泊富营养化问题突出；近岸海域污染面积仍在扩大，赤潮灾害频繁发生；全国近一半的城镇水源地水质不符合原水标准，农村尚有近 3 亿人喝不上符合标准的饮用水；酸沉降、光化学烟雾、细颗粒物已经在城市密集地区构成严重的区域性污染。世界十大污染城市，中国占了 6

个。2005年年初，瑞士达沃斯世界经济论坛公布了最新的"环境可持续指数"评价，在全球144个国家和地区的排序中，中国居第133位。

与此同时，生态退化问题也比较突出。目前，全国水土流失面积356万平方公里，占国土面积的37%。沙化土地面积174万平方公里，且有扩展之势。草原超载过牧，乱采滥挖严重，鼠虫灾害频繁，全国退化草原面积已占草原面积的90%。

总之，转变经济增长方式，已日显紧迫，不转变不行了。

二 资源产品价格扭曲严重影响经济增长方式转变

我国经济增长方式之所以很难转变，是由很多原因造成的。

首先是以GDP论英雄的干部政绩考核制度，使政府官员追求短期经济增速最大化，而粗放扩张最有利于实现这一点，靠科技进步和劳动生产率的提高增进效益则要付出长时间的艰苦努力。

其次，现行的间接税（流转税）为主的税收制度逼迫地方官员热衷于发展工业特别是重化工业增加税收，增加财政收入，而对发展高新技术产业和第三产业（它们能有效地提高经济增长的质量和效益）重视不够。前一段期间，土地收入和一些基金没有纳入财政预算也使地方政府有了搞形象工程、政绩工程和粗放扩张的"本钱"。

再次，对自主创新不够重视。在引进国外先进技术时忽视了消化吸收和再创新，政府和企业对自主创新投入不足，对知识产权和专利发明的鼓励和保护还不够有力，致使我国拥有自主知识产权核心技术的企业，仅占约万分之三，99%的企业没有申请专利，60%的企业没有自己的商标。

除了上述三个原因外，政府对资源产品价格的管制，导致资源产品价格过低，从而鼓励人们对资源的低效滥用和浪费，也助长了经济增长方式的粗放扩张。

一是地价低，一些地方政府用行政权力向农民低价征地，然后办开发区等，用低价出让土地招商引资。近年来，在农地向建设用地流转的过程中，各种压低补偿安置标准的行为和各种寻租行为等侵害农民权益的事情屡有发生，导致群体上访事件不断发生。据国土资源部2003年上半年统计，违法占用土地问题占信访部门接待量的 73%，其中 40% 与征地过程中产生的各种纠纷有关，87% 与征地补偿标准偏低有关。国家信访部门 2003 年受理土地征用上访 4116 件，大部分与农民失地失业有关。

二是水价低。目前水价存在的主要问题，一是水利工程价仍低于供水成本，二是部分地区污水处理收费不到位，三是水资源费征收标准偏低，不能充分反映资源的稀缺程度。从 1991 年 8 月以来，北京市的自来水价格经过多次调整已从每吨 0.12 元，提高到 3.7 元，这是全国各城市中水价最高的。但据预计，到 2007 年南水北调的水调到北京，水价要提高到每立方米 7 元。

三是能源价包括煤价、油价、电价低。大量高耗能产品之所以争着出口，是因为中国能源价格低。近两年，我国汽油价调高了几次，每升已达 5 元多，但是尽管目前国际市场原油价格每桶已降至 60 美元左右，但我国汽油批发价同原油价仍然倒挂约 1000 元/吨。同许多国家比，还是低很多。如英国每升汽油价相当于人民币 12.8 元，德国 12.1 元，美国 6.1 元。

四是矿产品价格低，我国长期以来 15 万个矿山企业中仅有 2 万个矿山企业是要付费取得矿山开采权的，绝大部分是通过行政授予无偿占有的。我国矿产资源补偿费平均率为 1.18%，而外国一般为 2%—8%。我国石油、天然气的费率为 1%，远远低于美国的 12.5% 和澳大利亚的 10%。2005 年以来，国家多次调高了矿产资源税率，如对河南、安徽、山东等八省区煤炭资源税额进行调整，每吨上调 2—4 元，但这个幅度太低了，只占其价格的 1% 左右，起不到遏止浪费资源的作用。

要改变粗放型经济增长方式，发展循环经济，形成节能、节地、节水、节材的生产方式和消费模式，必须深化经济体制改革，特别是财税体制改革和价格改革，使各种生产要素和产品的价格能很好地反映资源的稀缺程度。通过深化改革，用经济杠杆迫使生产企业和消费者节约使用资源，提高资源利用效率，从根本上减少环境污染，真正实现经济增长方式的转变。

三　加快水价改革

水价改革在资源产品价格改革中有重要地位。我国是淡水资源短缺的国家，人均淡水资源只有世界平均水平的 1/4。可是水的利用效率较低，单位国内生产总值消费的水资源相当于一些发达国家的 4 倍。重要原因是水价低。国际普遍流行的水价构成包括水资源价格、水工程成本、水处理成本及水管理成本，而且还包括污水处理的成本。而我国的水价只包括水工程成本、水处理成本和污水处理费。水价低，造成水的滥用浪费。全国 600多座城市中，有 420 多座城市缺水，其中 114 座严重缺水，全国城市日缺水量达 1600 万立方米，年缺水量 60 亿立方米。如果不采取有效措施厉行节水，随着我国城市化的进展和城市人口比重的提高，缺水状况将进一步加剧且日益严峻。

我国不仅水资源短缺，而且水源严重污染，影响水的利用和持续利用。我国城市每年没有处理的水的排放量是 2000 亿吨，这种大规模的污水排放造成了 90% 流经城市的河道受到污染，75% 的湖泊富营养化。所以，在南方地区，水资源不缺，但是水质恶化后出现水质性缺水。这里面也有价格问题，一方面是排放污水不收费，鼓励污水排放；另一方面，污水处理收费太低，影响对大量污水的有效处理。

今后，必须积极推进水价改革，建立起充分体现我国水资源稀缺状况、以节水和合理配置水资源、提高用水效率、促进水资源可持续利用的水价形成和运行机制。为此，要着重做好以下几项工作。

完善水资源费征收制度，主要是扩大水资源费征收范围，提高水资源费征收标准。如对中央直属电厂恢复征收水资源费，农业生产取水要依法逐步开征水资源费。在综合考虑本地区水资源状况、产业结构调整进展和企业承受能力基础上，逐步使城市供水公共管理网覆盖范围内取用地下水的自备水费高于自来水价格。北京市是水资源特别紧缺的城市，每年都要求同样水资源紧缺的河北省、山西省调水。最近，北京省和河北省达成协议，从 2005 年至 2009 年 5 年内，北京市安排水资源环境治理合作资金 1 亿元，支持密云、官厅两水库上游承德、张家口地区治理水环境污染、发展节水产业，河北省为此增加年出境水量 1300 万立方米。这实际上就是对水资源供应付费。

合理提高水利工程和城市供水价格。我国城市水价普遍偏低，自来水供应常常要政府财政补贴，也助长了对水的浪费使用。2003 年，我国城市每立方米水价为 0.15 美元，农用水几乎是免费的，而国外每立方米水价南非是 0.47 美元，美国是 0.51 美元，德国是 1.45 美元。各个城市水价大体仅为国际水价的 1/3。所以，必须逐步提高水价，使水价能反映资源的稀缺程度，促进水的节约和有效利用。国外的一些资料也证明了这一点。美国的研究结果是，水价从每立方米 7.9 美分提高到 13.2 美分，用水量减少42%；从 15.9 美分提高到 21.1 美分，用水量减少 26%。新加坡也是水资源紧缺的国家，其水价也是较高的，每立方米水的综合费用在 1 新元左右，相当于 5 元多人民币，促进了水的节约使用。我国东部一些城市有这样的经验，有限的水资源如何分配给企业，是政府计划分配，还是用公开拍卖谁出的价高卖给谁的办法，事实证明，用后一种办法能最有效利用水资源，说明价格杠杆优化水资源配置的作用是非常见效的。

全面开征污水处理费，使污水处理能保本有利。由于不少城市长期没有征收污水处理费或收费标准过低，到 2005 年年底，全国还有 278 个城市没有建成污水处理厂，至少 30 多个城市约 50 多个污水处理厂运行符合率不足 30%，或者根本没有运行。而城市垃圾的无害化处理不达标也加剧了城市水污染。最近，建设部负责人指出，我国将力争今年年和底或明年对所有城镇开征污水处理费，第一步在普遍的水价上加每吨 0.8 元污水处理费，这只是成本价，看来还将会再提高一点，使污水处理有利可图。污水处理可以使水能重复利用、循环使用，能大大节约用水，是发展循环经济的重要环节。建设部资料显示，未来 5 年我国将有超过 1 万亿元用于水资源治理，其中饮用水的保护和供水安全控制方面的投资至少 2700 亿元，污水处理和再生利用投资 3300 亿元，长距离的调水投资大概 2500 亿元等。我国供水行业包括污水处理已逐步引入市场竞争机制，水务市场发展前景良好。

此外，还要推进农业用水价格改革，推行面向农民的终端水价制度，逐步提高农业用水价格；研究建立国家水权制度，探索建立国家水权市场，使市场机制更好地优化水资源配置，等等。

推进水价改革，目的是推进资源节约型社会建设，推进经济增长方式转变，使之到"十一五"末单位 GDP 用水量降低 20%，全国农业灌溉用水有效利用系数从 0.45 提高到 0.5，全国农业灌溉用水基本实现零增长；单位工业增加值用水量降低 30%，服务业用水效率接近同期国际先进水平等。

（原载《价格理论与实践》2007 年第 4 期）

节能减排是硬约束

一 节能减排已成为中国进入"十一五"后经济活动硬约束

2006年3月全国人大通过的"十一五"规划纲要，第一次在五年规划的主要指标中区分为预期性指标和约束性指标。国内生产总值、人均国内生产总值、城镇居民人均可支配收入、农村居民人均纯收入等均为预期性指标；单位国内生产总值能源消耗降低、主要污染物排放总量减少、单位工业增加值用水量降低、耕地保有量等则为约束性指标。规划纲要指出："预期性指标是国家期望的发展目标，主要依靠市场主体的自主行为实现。""约束性指标是在预期性基础上进一步明确并强化了政府责任的指标，是中央政府在公共服务和涉及公众利益领域对地方政府和中央政府有关部门提出的工作要求。政府要通过合理配置公共资源和有效运用行政力量，确保实现。"按照"十一五"规划纲要，"十一五"期间，单位国内生产总值能源消耗要降低20%，年均4.4%；主要污染物排放总量减少10%，年均2.2%。可以认为，这两个指标是"十一五"最主要的约束性指标。

2006年，即"十一五"开局之年，国民经济和社会发展的主要指标实现情况不够理想。作为预期性指标的国内生产总值增速为10.7%，大大超出8%的预期性指标。与此相反，单位国内生产总值能耗则只下降1.23%，没有达到下降4%的目标；主要污染物排放总量则不降反升，其中二氧化硫排放量增加1.8%，化学需氧量增加1.2%，也都没有达标。2006年经济运行情况表明，各个方面还是GDP"挂帅"，继续互相攀比，而把体现转变粗放型增长方式的节能减排放在次要地位，节能减排等约束性指标成为实际上的软约束而不是硬约束。这也表明，要打破多年来粗放扩张的惯性，使经济社会运行转入科学发展的轨道真是困难重重。

进入 21 世纪以后，中国经济必须从高投入、高消耗、高排放、低效率的粗放型增长方式，转变为低投入、低消耗、低排放、高效率的资源节约型增长方式，或者说，从主要依靠能源、资源消耗和污染环境实现经济增长向主要依靠科技进步、劳动者素质提高和管理创新实现经济增长转变，做到全面、协调、可持续的发展，越来越显得重要、紧迫。2003 年以来连续四年 GDP 两位数的增长，主要是靠粗放扩张实现的，付出了过大的代价。主要表现是，首先，这几年能源消费量大幅度增加，能源消费弹性系数"十五"期间平均竟超过 1（电力消费弹性系数则从 2000 年起到 2006 年，年年均超过 1），大大超过改革开放以来的其他时期。请看下表：

中国能源消费弹性系数

时期	GDP 增长率（%）	能源消费增长率（%）	能源消费弹性系数
1981—1990	143	64	0.44
1991—1995	162	32	0.2
1996—2000	48.8	0	0
2001—2005	58	62.3	1.07
2001	8.3	3.4	0.41
2002	9.1	6.0	0.66
2003	10	15.3	1.53
2004	10.1	16.1	1.59
2005	10.4	10.6	1.02
2006	10.7	9.3	0.87

资料来源：《中国统计摘要 2006》，中国统计出版社 2006 年 5 月版；《中华人民共和国 2006 年国民经济和社会发展统计公报》，《人民日报》2007 年 3 月 1 日。

其次，伴随着能源消耗的迅猛增长，主要污染物排放量不断增加，生态和环境也在恶化。中国能源结构以煤炭为主，能耗高往往带来环境污染加重，从而带来经济损失。根据国家环保总局和国家统计局发布的《中国绿色国民经济核算研究报告 2004》，2004 年，全国因环境污染造成的经济损失为 5118 亿元, 占当年 GDP 的 3.05%。[1] 报告还指出, 这个数字还是不完全的, 实际损失数还要大一些。进入 21 世纪以来, 中国主要污染排放状况如下表:

主要污染物排放状况

年份	化学需氧量排放量（万吨）	二氧化硫排放量（万吨）
2001	1404.8	1947.8
2002	1366.9	1926.6
2003	1333.9	2158.5
2004	1339.2	2254.9
2005	1413	2549
2006	1431	2594

2006 年原要求减排 2%, 实际化学需氧量增排 1.2%, 二氧化硫增排 1.8%。

资料来源:《中国统计摘要 2006》, 中国统计出版社 2006 年 5 月版;《中华人民共和国 2006 年国民经济和社会发展统计公报》,《人民日报》2007 年 3 月 1 日。

可见, 进入 21 世纪以后, 中国主要污染物排放总量不但没有减少, 又还在上升。二氧化硫排放总量 2006 年比 2001 年上升 33.2%。还有, 中国二氧化碳排放量也在增加, 已占世界的 14%, 成为仅次于美国的第二大排放国。

与此同时, 生态环境也不容乐观。2006 年, 七大水系的 408 个水质监测断面中只有 46% 的断面满足国家地表水 Ⅲ 类标准; 28% 的断面为 Ⅳ—Ⅴ 类水质; 超过 Ⅴ 类水质的断面比例占 26%。全国农村尚有近 3 亿人喝不上符合标准的饮用水。全国水土流失面积 356 万平方公里, 占国土面积的 37%。沙化土地面积 174 万平方公里, 且有扩展之势。草原超载过牧, 退化草原面积已占草原面积的 90%。2005 年年初, 瑞士达沃斯世界经济论坛公布的"环境可持续指数"评价, 在全球 144 个国家和地区排序中, 中国居 133 位, 相当落后。

再次, 由于我国能源资源储量不高, 资源利用效率低（2006 年, 中国

---

[1] 《光明日报》2006 年 9 月 9 日。

GDP 按当时汇率计算占世界 GDP 总量的 5.5%，但是消耗的能源占全世界的 15% 左右，消耗的钢材占全世界的 30%，消耗的水泥占全世界的 54%），多年来能源资源的过度消耗使我国能源资源日显短缺，越来越依靠进口，致使主要矿产品对外依存度，从 1990 年的 5% 提高到现在的 50% 左右。原油、铁矿石、氧化铝、精铜矿等 40% 甚至 50% 以上都要依靠进口。中国在国际市场上对资源产品的旺盛需求，带动了国际市场资源性产品价格的大幅度上涨。1998 年年底，国际市场原油价格每桶才 10 美元多一点，现在已达 60 美元左右。中国进口的铁矿石价格，2003 年上涨 30%，2004 年上涨 80%，2005 年上涨 71.5%，2006 年上涨 19%，2007 年又上涨 9.5%。

　　长期以来，我们观察宏观经济好坏，主要看是否做到"高增长，低通胀"。根据现阶段中国经济发展的实际情况，根据"十一五"规划纲要，这种认识恐怕已不全面了。中国当前的现实情况是，经过多年的粗放扩张和数量型增长，资源和环境的瓶颈制约越来越严重，可持续发展问题很突出，因此"十一五"规划纲要把 GDP 列为预期性指标，且定得比较低（五年年均 7.5%），居民消费价格上涨率（CPI）甚至没有列入 22 个主要指标中，而把能耗降低和主要污染物排放总量降低等列为约束性指标，要求政府确保实现。也就是说，要在节能减排基础上实现高增长。没有做到节能减排的高增长不应成为我们追求的目标。必须全力提高经济增长的质量和效益，经济增长要服从节能减排的要求。在这种情况下，只用"高增长，低通胀"来说明宏观经济形势大好是不符合"十一五"规划纲要的。如果按照这一认识指导经济工作，容易使经济活动偏离"十一五"规划纲要的要求，实际上是偏离科学发展的轨道。

二　怎样使节能减排成为硬约束

　　第一，要转变观念。各方面特别是政府官员要转换指导思想，落实科学发展观，把注意力更好地集中到转变经济增长方式，把节能减排作为政府调节经济运行的着力点，真正放在经济工作的首位，而不再把追求 GDP 的高增长放在首位，用节能减排等约束性指标制约各级政府盲目攀比 GDP 行为。要认识到，在现阶段抓节能减排，就是抓经济增长方式转变。节能减排成效如何，标志着经济增长方式转变的成效如何。由于2006年节能减排没有达标，给"十一五"以后四年加大了节能减排的压力，也就是"十一五"后四年每年单位GDP节能率不是4.4%，而是要达到5%以上。国家"十一五"能源规划提出，到2010年，我国能源消费总量控制在27亿标准煤左右，即在2005年消费总量22.5亿吨标准煤基础上，每年增加4%[①]，每万元GDP能耗从1.22吨标准煤降到0.98吨标准煤。但是2006年我国即消费了24.57亿吨标准煤，消费量增长了9.3%。按照这样的增速，2007年即将接近达到"十一五"期末控制的27亿吨标准煤指标。而2007年第一季度能源消费增速还是居高不下。一季度能源生产总量累计增长12.1%，原煤产量增长14.8%，发电量增长15.5%，均明显高于GDP11.1%的增速。[②] 所以，必须进一步看到节能的严峻形势，不允许有丝毫放松。从2007年起，年均能源消费增长必须低于3%。稍微放松，27亿吨标准煤控制指标就会大大提前被突破。节能和减排是紧密相关的，节能不达标，减排更难达标。从某种意义上说，减排比节能难度更大。节能是单位GDP能耗的降低，而减排是减少排放污染物总量。有的专家曾指出，GDP年增速超过一定幅度（如7.5%），要减排难度增大。[③] 还要认识到，为使经济真正转到可持续发展的轨道，是要支付代价的，至少要付出两个代价。一个是放缓经济增速，8%左右也许是比较合适稳妥的增速。另一个是要使能源资源价格能较好地反映资源的稀缺程度，以及增加节能环保投入，使产品成本增加，实际是使成本比较全面反映生产经营中的费用支出，包括治理污染的费用等。

第二，要完善体制。现行的干部考核和选拔体制基本上还是以GDP论英雄，谁领导的地区GDP增速快就提拔谁，在政府拥有很大的资源配置权力下，政府官员更不顾任何代价地追求GDP增速，从而大大淡化了节能减排指标的约束性，使节能减排成为软约束。现行的以流转税为主的税收体制，也使地方官员一个劲发展高耗能、高排放的重化工业，不重视能耗低、污染少的第三产业和高新技术产业的发展。还有，政府管制下能源资源价

---

① 《人民日报》2007年4月11日。

② 《中国证券报》2007年5月8日。

③ 《人民日报》2007年2月13日。

格严重偏低也助长了对能源资源的滥用和浪费。因此，需尽快完善干部考核体制、财税体制和价格体制，切实转变政府职能。政府应从经济建设型政府向公共服务型政府转变，全面履行好经济调节、市场监管、社会管理、公共服务职能。以政府改革为重点，全面深化改革，是切实转变经济增长方式，使经济社会转入科学发展和可持续发展轨道的关键所在。

第三，要调整政策。现行的一些政策不是鼓励转变经济增长方式，而是鼓励大家粗放扩张。政府管制下土地价格低，能源价格包括汽油、天然气、电价低，水价低，资金价格低（居民储蓄存款常常是负利率），资源开采不收费或低收费，污染环境不收费，等等，都是在进行逆调节。这也是我国投资增速居高不下的重要原因。对节能减排，到现在为止，还是一般号召和说教多，而采取有力的政策措施很不够，致使一边强调转变经济增长方式和节约能源治理污染，一边还是大举发展高耗能高污染产业，节能减排任务被扔在一旁。国内外实践表明，运用市场机制，运用价格杠杆，能最有效地做到节能减排。因此，必须尽快调整有关政策，特别是尽快提高能源资源等价格，对排污坚决收费。只有这样，才能迅速扭转浪费能源资源、随意排污的局面。我国出口退税政策长期以来是鼓励出口能源资源而留下环境污染，近年来开始调整出口退税政策，调低高耗能、高耗材、高污染产品的出口退税率，有的甚至征收出口税，这方面仍须加大力度，以利于节约能源资源和保护环境。提高能源资源价格，往往担心会影响低收入群体的生活水平。这个问题并不是无法解决的。提高能源资源价格后，政府完全可以将一部分增加的收入（包括从国有企业提价收入中征收一部分）用于补助低收入群体。这几年物价上涨率较低，正是提高能源资源价格的大好时机，我们切不可放过这个机遇，畏缩不前。

第四，监管到位，严格执法。目前，无论是土地占用，还是能源消耗和污染物排放，都有法律法规约束或政府部门监管。但是，由于监管不到位，执法不严，致使违法占地，违法排污等，频频发生，甚至有些地方政府带头违法。因此，要落实节能减排任务，必须加强政府监管，严格执法。政府必须依法行政，模范遵守法律法规，不能有法不依、有令不行、有禁不止。只要政府带了一个好头，再难的节能减排任务都能完成。2007 年 1 月 10 日，国家环保总局成立 30 年来首次启动"区域限批"行政处罚措施，对河北省唐山市、山西省吕梁市、贵州省六盘水市、山东省莱芜市和大唐国际、华能、华电、国电四大电力集团实行"区域限批"，即不整改现有违规项目，绝不批新项目。同时，对投资1123亿元的82个严重违反环保和"三同时"制度（建设项目与环境保护措施同时设计、同时施工、同时投产使用）的钢铁、电力、冶金等项目通报批评。① 这是环保部门的重拳出击，收到初步的效果，到4月份，被"区域限批"的四个城市和四个集团通过整改等措施已被取消"区域限批"。需要指出，由于多年来地方政府和企业只顾追求GDP的高速增长，对环境保护普遍不够重视，违规现象比较严重。与此同时，环保监管执法不力，处罚不严（有的企业情愿交罚款不愿意投资治理环境污染），有的地方政府和企业还对环保部门监管不予理睬，我行我素。今后全国人大常委会和国务院要大力支持环保部门强化监管，严格执法。人大和政府要直接加强对环保的监督检查，以便更好地推动资源节约型、环境友好型社会的建设。

第五，落实责任。节能减排既然是人大通过的"十一五"规划的约束性指标，即政府必须保证完成的指标，就要由政府承担落实的责任，而且要各级政府层层落实。要把是否完成节能减排等约束性指标，作为考核政府工作是否很好履行职责的重要标准。为避免各级政府通过编造虚假数字欺骗公众，各地节能减排等约束性指标的完成情况应由国家统计局统一核算和公开发布，人大要有专门机构进行监督。同时，要动员公众和舆论对各地节能减排工作进行监督。要采取重大措施落实责任。最近，国务院提出《关于加快关停小火电机组的若干意见》就很重要。电力工业是节能减排的重点领域，电力工业上大压小，能有力促进节能减排。据估算，现有的小机组如果被大机组完全替代，一年可以节约煤炭9000万吨标准煤，相应地减少二氧化硫排放180万吨，减少二氧化碳排放2.2亿吨。② 钢铁、运输、建筑等耗能高的行业也应像电力行业那样，大力推行节能减排，并需限期落实。

第六，还要完善节能减排法律法规，大大提高浪费能源资源和污染环境的成本，更多地运用法律手段推进节能减排。大力推进产业结构调整，

---

① 《人民日报》2007年1月11日。
② 《经济日报》2007年2月15日。

发展高新技术产业和服务业，抑制高能耗产业的过快增长。着力自主创新，主要依靠科技进步和劳动者素质提高实现经济增长，而不是主要靠高投入、高消耗能源资源实现经济增长。

　　总之，要通过抓节能减排，促进经济增长方式转变，落实资源节约型、环境友好型社会建设任务，提高经济增长的质量和效益，使经济社会真正转入科学发展的轨道。

（原载《理论动态》2007 年第 1744 期）

转变经济增长方式 主要靠深化改革

2005 年 10 月，党的十六届五中全会通过的《中共中央关于制定国民经济和社会发展第十一个五年规划的建议》，明确提出了必须加快转变粗放扩张型经济增长方式的任务。从经济学角度理解，所谓经济增长方式，是指一个国家或一个经济组织（企业、公司），其产出和效益的增长的各种生产要素的投入和组合的方式，实质是靠什么和哪些要素，通过什么途径实现产出和效益的增长。粗放型经济增长方式的实质，是主要靠资本、土地和其他自然资源的大量投入，通过追求规模、数量外延扩张实现的经济增长。与此不同，集约型、效益型经济增长，则主要依靠科技进步、结构优化、效率提高实现的经济增长。2002 年党的十六大报告提出走科技含量高、经济效益好、资源消耗低、环境污染少、人力资源优势得到充分发挥的新型工业化道路，其实质，也是要求转变经济增长方式。最近一年我国经济社会发展的实践表明，转变经济增长方式，的确是目前经济运行中最重要、最紧迫需要着力抓好的突出问题；另一方面，人们越来越认识到，转变经济增长方式，绝非易事，困难重重，如不下大决心，用大力气，是很难推进的。这其中，深化改革，特别是深化政府改革，从体制上机制上逼迫高投入、高消耗、高排放、低效率的粗放型经济增长方式，转入低投入、低消耗、低排放、高效率的资源节约型经济增长方式轨道，具有决定性的作用。

一 转变经济增长方式愈显紧迫

11 年前，即 1995 年，中国在制订"九五"计划时，曾经提出实行两个根本性转变，即从传统的计划经济体制向社会主义市场经济体制转变和从粗放型经济增长方式向集约型经济增长方式转变的任务。从那以后，转变经济增长方式取得了一定成效，比如 1980—2002 年，单位 GDP 能耗下降 66.8%[1]，但不理想，因为我们原来经济增长的粗放程度很高，上面列的成就尚未达到根本转变的目标。转变不理想的原因之一，是前一段粗放型经济增长还有一定的空间，尚未到实在难以为继的地步。社会主义市场经济体制不完善，也严重影响着经济增长方式的转变。"十一五"时期则不同，粗放型经济扩张已走到尽头，不转变已经不行了。

我国经济和社会经过改革开放后 28 年的快速发展，特别是 2003 年以来 10% 以上的 GDP 高速增长，一部分行业（如建材、钢铁、电解铝等）已经出现生产能力过剩，今后还可能会有其他行业由于前期投资过热而陆续出现生产能力过剩。与此同时，资源瓶颈制约和环境压力不断加大，可持续发展问题日益突出，粗放型增长已难以为继。我国人均耕地占有量为世界平均水平的 40% 左右，2005 年为人均 1.4 亩，随着工业化和城市化的推进以及人口的增加，人均耕地还将减少。我国人均淡水资源占有量仅为世界平均水平的 1/4，且时空分布不均。目前 600 多个城市中已有 400 多个缺水，110 个严重缺水。我国人均占有的石油、天然气和煤炭资源储量分别为世界平均水平的 11%、4.5% 和 79%；45 种矿产资源人均占有量不到世界平均水平的一半；铁、铜、铝等主要矿产资源储量分别为世界平均水平的 1/6、1/6 和 1/9。主要矿产资源的对外依存度已从 1990 年的 5% 上升到目前的 50% 以上。2004 年，中国石油消费量 2.92 亿吨，进口石油 1.23 亿吨，对外依存度达 42.1%。2005 年，我国石油净进口 1.36 亿吨，对外依存度达 42.9%。2004 年，我国铁矿石进口 2.08 亿吨，对外依存度约 40%。2005 年铁矿石进口进一步提高至 2.4 亿吨，[2] 占世界自由贸易量的 50% 以上。铜精矿和氧化铝消费量的 50% 都依赖进口。中国资源进口不断增加，也助长了国际市场资源性产品价格的上涨。1998 年年底，国际市场原油价格每桶才 10 美元多一点，到 2006 年 8 月，已涨到每桶 70 多美元。中国进口的铁矿石价格，2003 年上涨 30%，2004 年上涨 80%，2005 年上涨 71.5%，2006 年进一步上涨 19%。

我国资源利用效率低，从资源投入与产出看，2004 年，我国 GDP 按当

---

[1]　见王梦奎主编《中国中长期发展的重要问题》，中国发展出版社 2005 年 4 月版，第 6 页。

[2]　参见《经济日报》2005 年 4 月 9 日。

时汇率计算占全世界 GDP 的 4%，但消耗了全球 8% 的原油、10% 的电力、19% 的铝、20% 的铜和 31% 的煤炭。[①] 能源利用效率低，目前，钢铁、有色、电力、化工等 8 个高耗能行业单位产品能耗比世界先进水平高 40% 以上，单位建筑面积采暖能耗相当于气候条件相近发达国家的 2—3 倍。工业用水重复利用率、矿产资源总回收率比国外先进水平比低 15—25 个和 20 个百分点[②]。中国矿产资源总回收率只有 30%，城市水的回用率也仅为 30% 左右。[③]

粗放式经济增长方式对环境压力日益增大，几近极限。2003 年，我国工业和生活废水排放总量为 680 亿吨，化学需氧量排放 1334 万吨，位居世界第一；二氧化硫排放量 2159 万吨，位居世界第一，90% 的二氧化硫排放是由于用煤导致的；二氧化碳年排放量仅次于美国，位居世界第二。我国"十一五"期间绝大多数指标都超额完成计划，但环保指标却没有完成计划。"十五"期间，衡量空气质量的二氧化硫和衡量水体质量的重要指标化学需氧量（COD）两个指标，一个不降反升，一个没有如期下降，都没有完成计划。2005 年，我国二氧化硫排放总量为 2549 万吨，仍位居世界第一，超过总量控制目标 749 万吨，比 2000 年增加 27%；全国 COD 排放 1413 万吨，与"十五"提出的 1300 万吨总量控制目标相差 113 万吨，仅比 2000 年的 1445 万吨减少 2%[④]。

全国七大水系 38% 的断面属五类及劣五类水质，90% 流经城市的河段受到严重污染，大部分湖泊富营养化问题突出；近岸海域污染面积仍在扩大，赤潮灾害频繁发生；全国近一半的城镇水源地水质不符合原水标准，农村尚有近 3 亿人喝不上符合标准的饮用水；酸沉降、光化学烟雾、细颗粒物已经在城市密集地区构成严重的区域性污染。世界十大污染城市，中国占了 6 个。2005 年年初，瑞士达沃斯世界经济论坛公布了最新的"环境可持续指数"评价，在全球 144 个国家和地区的排序中，中国居第 133 位[⑤]。

与此同时，生态退化问题也比较突出。目前，全国水土流失面积 356

① 参见《中华工商时报》2005 年 6 月 26 日。

② 参见《人民日报》2005 年 6 月 26 日。

③ 参见《中国经济时报》2005 年 7 月 1 日。

④ 参见《光明日报》2006 年 4 月 13 日。

⑤ 参见《经济参考报》2005 年 7 月 14 日。

万平方公里，占国土面积的37%。沙化土地面积174万平方公里，且有扩展之势。草原超载过牧，乱采滥挖严重，鼠虫灾害频繁，全国退化草原面积已占草原面积的90%。

　　需要指出，搞粗放式扩张，先污染后治理的经济增长模式，从长远和整体看，在经济上也是很不划算的。最近国家环保总局和国家统计局发布的《中国绿色国民经济核算研究报告2004》说明了这一点。报告指出，2004年，全国因环境污染造成的经济损失为5118亿元，占当年GDP的3.05%。由于部门局限和技术限制，已计算的损失成本只是实际资源环境成本的一部分，没有包括自然资源耗减成本和环境退化成本中的生态破坏成本。环境污染损失成本包括20多项，此次核算仅算了其中的10项（大气污染造成的健康、农业和材料损失，水污染造成的健康、工农业生产、人民生活和污染型缺水损失，以及固废侵占土地造成的经济损失等），地下水污染、土壤污染等重要部分都没有涉及。报告还指出，如果在现有的治理技术水平下全部处理2004年排放到环境中的污染物，需要一次性直接投资10800亿元，占当年GDP的6.8%左右，同时每年还需另外花费治理运行成本2874亿元（虚拟治理成本），占当年GDP的1.8%。可见，先污染后治理要付出的代价是多么沉重[①]。

　　总之，"十一五"期间，原来粗放型经济增长方式已到不转变不行的地步，成为经济发展中最突出的需要着力解决的问题。这也是这次提出转变经济增长方式同十年前提出同一问题的最大的不同点。

二　"十一五"时期转变经济增长方式的内涵有新的扩展和具体化

　　11年前，中央关于"九五"计划的建议提出实现经济增长方式从粗放型向集约型转变，其含义还比较简单、抽象。经过十年多的发展，大家对经济增长方式转变的内涵、要求等的认识有了更深刻、全面的理解，提出了要从"高投入、高消耗、高排放、低效率"的粗放扩张的增长方式，转

---

① 参见《光明日报》2006年9月9日。

变为"低投入、低消耗、低排放、高效率"的资源节约型增长方式,并且明确了具体要求。这当中,具有新意的至少包括以下几点。

首先,突出资源能源节约。"十一五"规划建议和纲要在提出加快转变经济增长方式时,是基于当前我国土地、淡水、能源、矿产资源对经济发展已构成严重制约,因此提出要把节约资源作为基本国策,发展循环经济,形成节能、节水、节地、节材的生产方式和消费模式,加快建设资源节约型社会。把节约资源提到基本国策的高度,可见其重要性与意义。

在节约资源中,特别突出能源节约。中央关于"十一五"规划的建议,只提了两个经济社会发展指标,一个是实现 2010 年人均国内生产总值比 2000 年翻一番,另一个是单位国内生产总值能源消耗比"十五"期末降低 20% 左右。2006 年 3 月全国人大通过的国家"十一五"发展规划纲要,把能源消耗降低 20% 列为约束性指标,即必须完成的指标。这是针对"十五"期间我国能源消耗过度,能源消费弹性系数竟超过 1 提出来的。能源消耗过度,特别是煤炭消费在"十五"期间增长近一倍,从 2000 年的近 13 亿吨增长到 2005 年的近 22 亿吨,带来一系列问题,特别是造成环境污染越来越严重,以及原油对外依存度不断提高等。下面是我国 20 世纪 80 年代以来能源消费弹性系数变化情况统计表。

能源消费弹性系数(能源消费增长率/GDP 增长率)

时期(年)	GDP 增长(%)	能源消耗增长(%)	系数
1981—1990	143	64	0.44
1991—2000	162	32	0.2
2001	8.3	3.4	0.41
2002	9.1	6.0	0.66
2003	10.0	15.3	1.53
2004	10.1	16.1	1.59
2005	9.9	9.5	0.96
2001—2005 平均	9.5	11.3	1.19

资料来源:《2005 中国统计年鉴》,《中国统计摘要 2006》。

由上表可知,"十五"以来,特别是 2003 年以来,我国能源消耗系数急剧上升，平均超过 1.3，达到不可思议的地步，说明能源消耗大幅度提高已成为我国经济增长中最为突出的问题，因此"十一五"期间必须把降低单位 GDP 能源消耗作为最重要最迫切的任务。

其次，着力自主创新。转变经济增长方式，就要实现主要依靠资金和自然资源支撑经济增长，向主要依靠人力资本投入劳动力素质提高和技术进步支撑经济增长转变，实现由资源—产品—废弃物流程，向资源—产品—废弃物—再生资源的循环经济型转变，真正走可持续发展的道路。为此，必须深入实施科教兴国战略和人才强国战略，把增强自主创新能力作为科学技术发展的战略基点和调整产业结构、转变增长方式的中心环节，大力提高原始创新能力、集成创新能力和引进消化吸收再创新能力。

再次，强调保护环境和自然生态。切实保护环境和自然生态，是实现可持续发展、人与自然和谐的关键环节，越来越受到人们的高度重视。五中全会的建议专门写了大力发展循环经济、加大环境保护力度和切实保护好自然生态三条，总的是要建设环境友好型社会，并占了相当大的篇幅，可见其重视程度。而这个问题在十年前尚未和转变经济增长方式相联系，没有引起特别重视。从 20 世纪八九十年代起，随着经济的发展、社会的进步，绿色风暴席卷全球，保护环境和自然生态呼声越来越高，人与自然和谐相处深入人心，经济增长要同人口、资源、环境相协调，实现节约发展、清洁发展、安全发展和可持续发展，成为转变经济增长方式的内在要求。转变经济增长方式，目的在于提高经济增长的质量和效益，在于使经济运行走上科学发展观的轨道，从而使我国经济实现持续平稳较快发展。

最后，"九五"计划建议对转变经济增长方式指出了正确的方向，作出了原则规定，尚缺乏具体的落实措施。"十一五"规划建议和纲要除了突出转变经济增长方式这一战略任务以外，还作出了一系列重要规定，提出了重大举措，落实这一根本性转变任务。

三　转变经济增长方式难度很大

2005 年中共中央关于制定"十一五"规划建议提出转变经济增长方式的任务后，受到各方面重视，有关部门还积极落实。特别是，根据中央建议制定的国家"十一五"发展规划纲要，比较好地体现了落实科学发展观、转变经济增长方式的要求，因而在第十届全国人大第四次会议获得高票通过。这当中，有几点需要特别提出。

第一，适当放缓经济增速。为了在"十一五"时期切实转变经济增长方式，摒弃多年来拼资源、拼能源、先污染后治理，一味粗放扩张的做法，适当放缓经济增速，有利于引导各方面致力于主要依靠科技进步和劳动力素质的提高实现经济增长，致力于调整和优化经济结构，提升产业水平，提高经济增长的质量和效益，处理好经济增长同人口、资源、环境的关系。所以，"十一五"时期年均经济增速定为 7.5%，相应地，《政府工作报告》把 2006 年经济增速定为 8%，是现实可行的，既属于快速增长范畴，又能把大家注意力集中到转变经济增长方式，落实科学发展观上来。

第二，规划纲要提出的"十一五"时期经济社会发展的主要指标（见下表），第一次区分为预期指标和约束性指标。预期性指标是国家期望的发展目标，主要依靠市场主体的自主行为实现。约束性指标是在预期性基础上进一步明确并强化了政府责任的指标，是中央政府在公共服务和涉及公众利益领域对地方政府和中央政府有关部门提出的工作要求，是要确保实现的指标。在 22 个主要指标中，国内生产总值和人均国内生产总值是预期性指标，而单位国内生产总值能源消耗降低、单位工业增加值用水量降低、耕地保有量、主要污染物排放总量减少、森林覆盖率等为约束性指标。这可以说是制定"十一五"规划纲要的重大变革。

"十一五"时期经济社会发展的主要指标

类别	指标	2005 年	2010 年	年均增长（%）	属性
经济增长	国内生产总值（万亿元）	18.2	26.1	7.5	预期性
	人均国内生产总值（元）	13985	19270	6.6	预期性
经济结构	服务业增加值比重（%）	40.3	43.3	[3]	预期性
	服务业就业比重（%）	31.3	35.3	[4]	预期性
	研究与试验发展经费支出占国内生产总值比重（%）	1.3	2.0	[0.7]	预期性
	城镇化率（%）	43	47	[4]	预期性

续表

类别	指标	2005 年	2010 年	年均增长（%）	属性
人口资源环境	全国总人口（万人）	130756	136000	<8‰	约束性
	单位国内生产总值能源消耗降低（%）			［20］	约束性
	单位工业增加值用水量降低（%）			［30］	约束性
	农业灌溉用水有效利用系数	0.45	0.5	［0.05］	预期性
	工业固体废物综合利用率（%）	55.8	60	［4.2］	预期性
	耕地保有量（亿公顷）	1.22	1.2	-0.3	约束性
	主要污染物排放总量减少（%）			［10］	约束性
	森林覆盖率（%）	18.2	20	［1.8］	约束性
公共服务人民生活	国民平均受教育年限（年）	5.5	9.0	［0.5］	预期性
	城镇基本养老保险覆盖人数（亿人）	1.74	2.23	5.1	约束性
	新型农村合作医疗覆盖率（%）	23.5	>80	>［56.5］	约束性
	五年城镇新增就业（万人）			［4500.0］	预期性
	五年转移农业劳动力（万人）			［4500.0］	预期性
	城镇登记失业率（%）	4.2	5.0		预期性
	城镇居民人均可支配收入（元）	10493	13390	5.0	预期性
	农村居民人均纯收入（元）	3255	4150	5.0	预期性

注：国内生产总值和城乡居民收入为 2005 年价格；带［ ］的为五年累计数；主要污染物指二氧化硫和化学需氧量。

资料来源：《中华人民共和国国民经济和社会发展第十一个五年规划纲要》（2006 年 3 月 14 日第十届全国人民代表大会第四次会议批准）

第三，提出了一系列促进经济增长方式转变的方针政策和改革举措，使转变经济增长方式不只是一个口号或抽象的要求，而是有具体的落实措施。

但是，从 2005 年 10 月中央建议提出加快转变经济增长方式明确要求到现在，已近一年，整个经济运行的情况却没有按中央建议和国家"十一五"规划纲要的要求转轨，而是继续粗放扩张，某些方面还有愈演愈烈之势。最突出的表现，是原来要求适当放缓经济增速，把注意力转移到转变经济增长方式、提高经济增长的质量和效益上，而实际上，2006 年上半年，GDP 增速跃升到 10.9%，固定资产投资增速达 29.8%，主要是新开工项目，达9.9万个。更为严重的是，上半年尽管国家安排了5.4亿元国债基金支持了98个重点节能项目，全国单位GDP能耗不但没有降低（全年计划降4%）反而提高了0.8个百分点，煤炭、石油石化、有色金属、电力等行业能耗水平均有所上升。[1] 亿元以上新开工项目约40%在征用土地、环境评估、审核程序等方面不同程度地存在违规现象。[2] 还有，国土资源部门通过对2004年9月以来的用地进行检查发现，一些城市的违法用地少的在60%左右，多的甚至在90%以上，地方政府成为新一轮土地违法主体。[3] 再有，国家环保总局等三部门联合发布公告，2006年上半年，重点污染物排放总量，不降反升（原计划全年降低2%），其中化学需氧量（COD）排放总量689.6万吨，同比增长3.7%；二氧化硫排放总量1274.6万吨，同比增长4.2%[4]。这些情况表明，当前我国经济运行是不够健康的，同转变经济增长方式的要求是相违背的。这充分说明，转变经济增长方式很不容易，困难重重。

转变经济方式难度很大，除了长期粗放扩张的惯性作用外，一是要使经济增长从主要靠增加投入、外延扩张转变为主要靠科技进步、劳动者素质提高是很不容易做到的，而且费时长、费力大。比如，一项较有价值的科技发明并使其转化为现实的生产力，一般需5—10年时间，不可能在短期内就有明显成效。二是现有的体制使各个方面特别是政府官员追求短期效益最大化，而粗放扩张最有利于实现这一点。现行的财税体制、价格体制、金融体制也在某些方面为粗放扩张型增长方式保驾护航。总之，直到2006年上半年中国经济实践表明，转变经济增长方式是一项极为艰巨的任务，必须经过长期不懈的努力，才有可能取得实质性的成效。

四 多方努力，共同推动经济增长方式转变

转变经济增长方式是一个很大的题目，需要多方面共同努力，才能

---

① 参见《新华每日电讯》2006年8月2日。
② 参见《中华工商时报》2006年6月12日。
③ 参见《中华工商时报》2006年8月3日。
④ 参见《人民日报》2006年8月30日。

奏效。

第一，要建立促进经济增长方式转变的法律法规，严格执法。健全法律法规很重要，但当前严格执法也很重要。粗放式扩张的特点是铺新摊子，上项目，而这都要落实到占用土地上。当前土地违法占用很厉害，很大一部分土地都是违法占用的。许多地方政府带头违反《中华人民共和国土地管理法》，而且屡禁不止，甚至有愈演愈烈之势。社会主义市场经济是法治经济。依法治国、建设社会主义法治国家是党领导人民治理国家的基本方略。我们一再教育人民大众要遵纪守法，"八荣八耻"中也有一条"以遵纪守法为荣，以违法乱纪为耻"。而地方政府这样在土地占用上带头违法，严重破坏了国家的法纪，形成无政府状态，造成极为恶劣的影响。环保法规同样也屡遭违抗，违规排放污染物也很严重。这些已成为当前国民经济运行中突出的问题。这不是宏观经济调控的问题，而是是否依法行政、依法办事的问题。这些问题不严肃处理，经济生活混乱的局面就难以改变，经济增长方式的转变也难以做到。

第二，完善方针政策。财税、金融、贸易、价格等政策都要为鼓励自主创新、发展循环经济、节约资源能源、保护环境和生态、转变经济增长方式服务。比如，应该尽快取消高耗能、高耗材、高污染产品的出口退税，限制这些产品的出口；应设立技术标准和严格环保要求，淘汰落后技术和保护环境；尽快出台燃油税，鼓励节约汽油；提高重要矿产资源的收费率，使矿产资源得到合理的开采和有效的利用；发展风险投资，完善退出机制，鼓励技术创新；对重要的资源性消费品征收消费税，节约资源消耗，等等。

第三，提高自主创新能力，发挥科技进步对经济发展的巨大推动作用。要大力提高自主创新能力。这是依靠科技进步推动经济社会发展的客观要求，也是走新型工业化道路的必然选择。我国目前这方面的现状是不能令人满意的。据有关资料，我国科技进步对经济增长的贡献程度不足 30%，明显低于发达国家 60%—70% 的水平；在全世界近 50 个主要国家中，我国科技创新能力仅居第 24 位，排在印度和巴西之后；全国科技研究开发经费不足 2000 亿元，占 GDP 的比重为 1.35%（2005 年），同美国的 2.8% 和经合组织国家的 2.26% 相比有较大差距；我国对外技术依赖程度高于 50%，而发达国家都在 30% 以下，美日仅为 5% 左右。在占固定资产投资 40% 左右的设备投资中，有60%以上需要进口。①

只有不断提高自主创新能力，才能实现产业发展由高消耗、低效率转向低消耗、高效率，掌握具有自主知识产权的关键技术和核心技术，提高产品的科技含量和附加值。提高自主创新能力，也是增强我国国际竞争力、确保国家经济安全的需要。大家知道，关键技术、核心技术是买不来的。作为一个大国，我们不能在重大技术装备、核心技术方面长期受制于人。现在看得很清楚，在科技迅速发展的今天，谁拥有较多的知识产权，谁就能在国际市场竞争中掌握主动权。所以，我们必须依靠自主创新提高综合国力、国际竞争力和抗风险能力。

为提高自主创新能国力，当务之急是建立健全以企业为主体、市场为导向、产学研相结合的技术创新体系，大力开发对经济社会发展具有重大带动作用的高新技术，支持开发重大产业技术标准，构建自主创新的技术基础。鼓励应用技术研发机构进入企业，大型骨干企业应在行业技术进步中发挥带头作用，支持小企业开展技术研发，增强创新活力。改善技术创新的市场环境，加快发展创业投资，加强技术咨询、技术转让等中介服务。增加科技投入，加大引进消化吸收创新的投入，使研究与开发投入从2005年占GDP的1.35%提高到2010年的2%，争取进入世界创新型国家行列，而目前全世界20个创新型国家研究与开发投入均占GDP的2%以上。在加大投入中，要增加政府投入，政府要大力支持新能源、新材料、节约资源、保护环境等技术的开发和推广使用。还要加大知识产权保护力度，健全知识产权保护体系，优化创新环境，完善自主创新的激励机制，等等。

第四，要优化产业结构，积极发展高新技术产业，发展第三产业特别是现代服务业，不断提高高新技术产业和现代服务业在GDP中的比重。同时转变外贸增长方式，促进技术水平和附加值高产品的出口。实践表明，哪个地方这方面做得好，经济增长的质量和效益就高；反之，情况也就相反。

第五，也是最重要的，是深化改革，形成推动转变经济增长方式，促进全面协调可持续发展的体制机制。

---

① 见《中国经济时报》2006年4月27日。

五　转变经济增长方式，政府改革是关键

2003 年以来中国经济大规模的粗放扩张，最直接、最现实的原因，是政府改革不到位，政府职能没有很好转换。政府机构等虽几经改革，也一再强调要政企分开，但政府仍拥有过多的资源，而且继续充当许多地方经济活动和资源配置的主角，严重抑制了市场在资源配置中基础性作用的发挥。有人做过统计，在 2003—2004 年经济过热中，政府支配的投资的比例竟超过 50%。[①] 政府参与资源配置的方式和途径有：低价向农民征用土地、违法占地和随意批租土地，正如国土资源部执法监察局官员最近说的，"地方政府违法占地问题突出，凡是性质严重的土地违法行为，几乎都涉及地方政府和相关领导。土地违法中，侵犯农民利益现象严重，低标准土地补偿和拖欠征地补偿费现象普遍"。利用卫星遥感监测新增建设使用地，平均每 3 亩就有 1 亩属违法占地。[②] 其次，审批项目，包括越权化整为零违反环保等规定促成大项目上马。再次，行政垄断，限制竞争，甚至封锁市场，强迫使用或消费本地生产的产品。还有是信贷干预，迫使当地银行等金融机构为形象工程、政绩工程提供贷款和信贷优惠；对生产要素和重要资源产品进行价格管制，压低价格，使市场信号严重扭曲；政企不分，干预微观经济活动，包括干预国有企业和民营企业生产经营活动；对计生委、妇联等下达招商引资指标，等等。所有这些，都限制和损害了市场配置资源功能的发挥。

由于政府介入经济活动过深，成为真正的市场活动参与者，市场竞争中的参与者和"运动员"，就使政府应履行的经济调节、市场监管、社会管理和公共服务的职能大大弱化，出现了政府职能的错位、越位和缺位，也影响了市场有效配置资源的法律法规的建立和完善，经济活动缺乏应有的规则和诚信以及不断提升效率的秩序。

为什么各级政府主要是地方政府那么热衷于充当经济活动主角，通过粗放扩张追求 GDP 的超高速增长呢？这主要是长期以来干部政绩考核和选

---

① 参见《理论动态》第 1674 期（2005 年 6 月 20 日）。

② 参见《中国经济时报》2006 年 4 月 18 日。

拔制度不完善，表现为以 GDP 论英雄，GDP 增速快的，政绩就好，就能得到提拔，这就使各级政府和干部都深深地介入经济活动中，并努力争取 GDP 的快速增长，越快越好。政府五年一换届，还引发政府官员的短期行为，即力求在五年任期内 GDP 总量最大化。外延式粗放扩张最有利于短期 GDP 总量最大化和提高增速。相反，通过科技进步提高经济活动的质量和效益，则既费力又要经过较长时间的努力，这同五年内就要使 GDP 有明显增长的要求不相匹配。政府和政府官员都习惯于通过粗放扩张来实现经济的快速增长，从而使改变粗放型经济增长方式难上加难，提高经济活动的质量和效益的要求得不到很好落实。

地方政府强烈追求短期内 GDP 的高速增长，还在于现行财税体制不完善。一方面地方政府承担的义务教育、公共卫生、安全、社会保障、社会管理等责任使其财政支出压力很大；另一方面，现行的以流转税（增值税）为主的税收制度，迫使地方政府只有追求更多的 GDP，才能增加税收和财政收入，因而热衷于发展工业、重化工业。土地收入等未纳入规范的预算管理，也使地方政府搞政绩工程、形象工程有了不可小视的财源。有资料显示，1990—2003 年，政府卖地收入累计达 10500 亿元，成为地方政府的"第二财政"①。许多地方房地产价格猛涨，同地方政府搞"经营城市"，期望提高土地价格增加卖地收入行为有关。可见，合理划分中央和地方的事权和财权，完善财税体制，对于改变粗放型经济增长方式也显得极为重要。

2005 年 10 月，中共十六届五中全会《关于国民经济和社会发展第十一个五年规划的建议》，接受了一些经济学家的意见，在党的文件中第一次提出，"加快行政管理体制改革，是全面深化改革和提高对外开放水平的关键"。这意味着，改革不限于完善社会主义市场经济体制，而是越出了经济体制改革范围，扩展到行政管理体制改革，主要是政府改革和政府职能转换。同时，突出了行政管理体制改革和政府改革的重要性，把它提高到深化改革和提高对外开放水平的关键地位。这意味着中国改革进入了一个新的阶段，即从国有企业改革为中心的阶段发展为以行政管理体制改革为关

---

① 参见《中国经济时报》2006 年 4 月 11 日。

键的阶段。我个人理解，之所以出现上述变化，主要是为适应中国新世纪新阶段落实科学发展观和转变经济增长方式的需要。经济社会发展面临的突出问题使政府改革成为最紧迫的任务。

在新世纪新阶段，中国经济要实现长期持续较快增长，就必须从高投入、高消耗、高排放、低效率的粗放扩张的增长方式，转变为低投入、低消耗、低排放和高效率的资源节约型的增长方式，即从主要依靠资金投入、资源消耗实现经济增长，转变为主要依靠科技进步和劳动力素质的提高实现经济增长。在这样一个大背景下，就必须着力抓行政管理体制改革，着力抓政府改革，使政府从资源配置主角转为公共服务型政府，切实履行经济调节、市场监督、社会管理和公共服务四大职能。

政府改革最重要内容是四分开，即政企分开、政资分开、政事分开、政府与市场中介组织分开。要减少和规范行政审批。各级政府要加强社会管理和公共服务职能，不得直接干预企业经营活动。具体来说，为促进经济增长方式转变，要积极推进以下几项改革。

第一，政府把资源配置主导权交给市场，致力于履行应由政府履行的职责。包括：经济调节，例如通过税收对收入分配进行调节、促进社会公平。中央政府要搞好宏观经济调控，保持经济的稳定。在市场经济条件下，政府宏观经济调控主要用经济手段，但在政府介入微观经济活动条件下，经济手段（如调整利率）往往效果不显著，而要同时较多地运用行政手段。市场监管，政府要为市场经济的健康运行、促进微观经济活动效率的提高，制定必要的法规，并严格执法，承担好市场监管者角色。社会管理，政府要加强资源（包括土地）、环境、就业、社会保障、安全、卫生、交通等管理，为社会创造良好的生产和生活环境。公共服务，政府要努力提供更多更好的公共产品和服务，包括义务教育、公共卫生和其他公用事业服务等。政府对全体居民的基本公共服务要均等化，不能差别悬殊。政府越是从市场参与者角色中退出，就越能发挥其纠正市场失灵的积极作用。在公平竞争条件下，市场主体将致力于提高效率和竞争力，从而使全社会形成竞相提高经济增长的质量和效益的氛围，促进经济增长方式转变。

第二，建立全面评价政府和干部绩效的指标体系。考核政府和政府官员政绩不再主要看 GDP 及其增速，除 GDP 外，还要看失业率、资源利用效率、环境和生态保护好坏、教育和文化发展水平、社会保障程度、人均收入水平、科技创新成果和专利申请数量、医疗卫生状况、法治环境、市场秩序、治安状况、诚信程度，一句话，形成有助于落实科学发展观、转变经济增长方式的政绩考核体系。

最近，看见深圳市公布"效益深圳"指标体系，他们认为深圳市 2006 年上半年 GDP 增速低于全省平均数不是坏事，而每单位 GDP 能耗下降 1.4% 则是大好事，我认为这是符合转变经济增长方式的总要求的。现特转录于后。

2006 年上半年"效益深圳"统计指标一览表①

指标名称（单位）	上半年数据	比去年同期增长（%）
"效益深圳"综合指数（%）	108.18	↑3.33
一、"经济效益"9 个指标		
1. 每平方公里土地产出 GDP（亿元）	1.31	↑13.5
2. 全社会劳动生产率（元/人）	41893	↑6.4
3. 万元 GDP 能耗（吨标准煤）	0.5898	↓1.5
4. 万元 GDP 水耗（吨）	32.7	↓8.86
5. 工业经济效益综合指数（%）	—	—
6. 高新技术产品增加值占 GDP 比重（%）	29.4	↑1.8
7. 物流业增加值占 GDP 比重（%）	9.09	↑0.09
8. 金融业增加值占 GDP 比重（%）	5.6	↑0.01
9. 文化产业增加值占 GDP 比重（%）	6.66	↑0.56
二、"社会效益"4 个指标		
10. 研究与试验发展经费支出占 GDP 的比重（%）	3.4	↑0.15
11. 财政性教育经费支出占 GDP 比例（%）	—	—
12. 年末城镇登记失业率（%）	—	—
13. 社会保险综合参保率（%）	—	—

---

① 见《深圳商报》2006 年 8 月 7 日。

续表

指标名称（单位）	上半年数据	比去年同期增长（%）
三、"生态效益" 4 个指标		
14. 扣除经济发展所引起的环境损失成本后的 GDP 占 GDP 的比率（%）	—	—
15. 空气综合污染指数（%）	1.71	↑0.32
16. 污染治理指数（%）		—
17. 城市污水集中处理率（%）	60.5	↑0.47
四、"人的发展" 3 个指标		
18 人均受教育年限（年）		—
19. 人口平均预期寿命（岁）		—
20. 人均可支配收入（元）	11781	↑8.3
五、其他 1 个指标（尚未分类）		
21. 无形资源开发利用指数（%）	—	上升趋势

市统计局在新闻发布会上公布了"效益深圳"统计指标体系各指标名称，以及上半年的各项统计数据，显示今年上半年"效益深圳"运行质量良好。具体数据请见上表。其中，"↑"表示增加、上升；"↓"表示减少、下降；"—"表示此次未公布数据。

第三，合理划分各级政府的事权和财权，完善财税体制。深化财税体制改革，对推进经济增长方式转变意义重大。要合理划分各级地方政府的事权和财权，使地方政府不再通过拼命提高 GDP 增速来提高财政收入和保障财政支出。要逐步减少政府对生产要素和资源产品价格的管制，建立反映市场供求状况和资源稀缺程度的价格形成机制。改革审批经济体制。政府常常通过审批投资项目，介入微观经济活动，压抑市场配置资源的功能，影响企业自动追求效率和竞争力的积极性。要发挥市场优化资源配置的功能，就要改革审批经济体制，推进投资体制改革，真正实行"谁投资、谁决策、谁受益、谁承担风险"，确立企业的投资主体地位。放宽市场准入，准入标准要透明。属于关系国家安全、影响环境、涉及不可再生资源利用等情况，则要依法办理许可手续，如此等等。

六 从经济体制方面逼迫经济增长方式 转变,提高经济增长的质量和效益

我国粗放型经济增长方式之所以难以根本转变,重要原因在于我国现行财税、价格等体制,刺激各地热衷于工业立市和外延式经济扩张。在现行的财税制度下,发展工业特别是重化工业,能给地方政府带来比发展高新技术产业和第三产业更多的税收和财政收入,而长期以来我国资源产品价格因为受到政府管制明显偏低,以及可以不支付环境污染成本,鼓励人们对资源的低效滥用和浪费。表现在:

第一,地价低,一些地方政府用行政权力向农民低价征地,然后办开发区等,用低价出让土地招商引资。近年来,在农地向建设用地流转的过程中,各种压低补偿安置标准的行为和各种寻租行为等侵害农民权益的事情屡有发生,导致群体上访事件不断发生。据国土资源部 2003 年上半年统计,违法占用土地问题占信访部门接待量的 73%,其中 40% 与征地过程中产生的各种纠纷有关,87% 与征地补偿标准偏低有关。国家信访部门 2003 年受理土地征用上访 4116 件,大部分与农民失地失业有关。

第二,水价低。目前水价存在的主要问题,一是水利工程价仍低于供水成本,二是部分地区污水处理收费不到位,三是水资源费征收标准偏低,不能充分反映资源的稀缺程度。从 1991 年 8 月以来,北京市的自来水价格经过多次调整已从每吨 0.12 元,提高到 3.7 元,这是全国各城市中水价最高的。但据预计,到 2007 年南水北调的水调到北京,水价要提高到每立方米 7 元。[①]

第三,能源价包括煤价、油价、电价低。大量高耗能产品之所以争着出口,是因为中国能源价格低。近两年,我国汽油价调高了几次,每升已达 5 元多,但同许多国家比,还是低很多。如英国每升汽油相当于人民币 12.8 元,德国 12.1 元,美国 6.1 元[②]。

第四,矿产品价格低,我国长期以来 15 万个矿山企业中仅有 2 万个矿

---

① 参见《经济参考报》2005 年 7 月 2 日。
② 参见《中国价格协会通讯》2006 年第 6 期。

山企业是要付费取得矿山开采权的，绝大部分是通过行政授予无偿占有的。我国矿产资源补偿费平均率为 1.18%，而外国一般为 2%—8%。我国石油、天然气的费率为 1%，远远低于美国的 12.5% 和澳大利亚的 10%。自 2005 年以来，国家多次调高了矿产资源税率，如对河南、安徽、山东等八省区煤炭资源税额进行调整，每吨上调 2—4 元，但这个幅度太低了，只占其价格的 1% 左右，起不到遏止浪费资源的作用①。

要改变粗放型经济增长方式，形成节能、节地、节水、节材的生产方式和消费模式，必须深化经济体制改革，特别是财税体制改革和价格改革，使各种生产要素和产品的价格能很好地反映资源的稀缺程度。通过深化改革，用经济杠杆迫使生产企业和消费者节约使用资源，提高资源利用效率，从根本上减少环境污染，真正实现经济增长方式的转变。

深化财税改革，完善财税政策，对转变经济增长方式，提高经济活动的质量和效益，有极其重要的作用。

首先，要完善预算制度，将所有政府性收入全部纳入预算管理统筹安排使用，接受人大和公众的监督。前一段，主要是城市政府的土地收入和一些收费与基金等预算外资金，往往被地方政府用于搞开发区、市政形象工程、政绩工程等，铺摊子，上项目，粗放式扩张，造成土地和其他资源的滥用浪费，引发经济走向过热。在很多情况下，中央政府的宏观调控，主要是调控地方政府盲目扩张经济的行为。为了从根本上改变政府充当地方经济活动主角的不正常状况，必须从财力上防止上述不规范的政府行为的发生。实践证明，游离于预算的统一规范管理之外几千亿上万亿元的资金，其使用的不规范、不透明，不仅不利于政府转变职能，成为腐败的土壤，而且必然助长追求短期效益的粗放式增长。因此，必须深化预算改革，真正实现预算硬约束，使财政资金真正用于公共服务领域，促进经济增长方式的转变。

其次，设立和完善有利于资源节约、环境保护和经济增长方式转变的税收制度。这至少包括以下几项：

调整和完善资源税。开征资源税有利于抑制对矿产资源的滥采滥挖和

---

① 参见《经济参考报》2005 年 6 月 14 日。

掠夺性开采，有利于保护矿产资源，促进资源的合理开发和有效利用。但我国的资源税的征收存在不少问题。目前我国在矿业权取得环节，存在大量无偿使用的问题。我国大部分矿山企业都是采取行政授予无偿使用矿山开采权的，少部分有偿使用矿山开采权的矿山企业的付费水平也过低。因此，有必要普遍实行矿产资源有偿使用制度，并提高税率或补偿费率，运用市场机制促进资源的节约和提高资源的利用效率。

实施燃油税。目前我国汽油虽已纳入消费税范围，但税率低，需单独开征燃油税，将公路养路费、过桥费、过路费和公路运输管理费等纳入燃油税中。按照原来设计的方案，实施燃油税后，汽油的销售价格每公升将提高1元多人民币，即提高20%多。实施燃油税，将会有力促进汽油的节约使用，提高对汽油等紧缺资源的有效利用。

完善出口退税制度。我国是能源资源并不富裕的国家，出口高耗能、高污染和资源性产品等于出口能源和资源并带来环境污染。取消这些产品的出口退税，有利于节约能源资源和保护环境，提高能源、资源的使用效率。

稳步推行物业税，有利于房地产业的健康发展。物业税又称房地产税，根据对房产和土地的评估价值征税。谁的房产多，谁就要多交税，而且不是一次性多交税，而是每年都要多交税。这样，就能适当抑制对房产的需求，不会鼓励人们多买房、买大房等着升值牟利，而是要考虑支付房地产税的成本，从而控制对房产的过度需求，有利于防止房地产业泡沫的出现。

深化价格改革，使生产要素和资源产品价格能反映资源稀缺程度，对转变经济增长方式有特别重要意义。

高投入、高消耗、高排放、低效率的粗放型增长方式之所以难转变，是因为我国的生产要素价格和资源产品价格长期受国家管制，严重偏低。资金的价格低，地价低，水价低，能源价包括电价低。要转变经济增长方式，建立节地、节能、节水、节材的生产方式和消费方式，必须积极推进生产要素和资源产品价格改革，建立反映市场供求状况和资源稀缺程度的价格形成机制，节约利用资源，提高效率。我国能源价格长期偏低，比价也不合理。2004年国内汽油、柴油出厂价格比新加坡、鹿特丹、纽约三地市场进口到岸完税价格平均水平分别低791元/吨、837元/吨；国内汽、柴油零售中准价较三地市场进口到岸完税价格平均水平分别低231元/吨、

335 元/吨。国际上煤炭、石油、天然气的比价关系大体为 1：5：1.35，而我国实际大致为 1：4：3，煤价明显偏低。国际上天然气与原油按热值计算比价平均为 1.05：1，而我国为 0.4：1，天然气价格偏低。[①] 电力价格也偏低。因此，要节能，首先要调整过低的能源价格。国外有的经济学家曾对 2500 家公司做过一次研究发现，能源使用量的降低 55% 归功于价格调整的结果，17% 是研究与开发的结果，还有 12% 则源于所有制形式的不同，其余则归结于工业所占份额的变化[②]。中国是淡水短缺的国家，可是水的利用效率较低，单位国内生产总值消费的水资源相当于一些发达国家的 4 倍。重要原因是水价低。国际普遍流行的水价构成包括水资源价格、水工程成本、水处理成本及水管理成本，而且还包括污水处理的成本。而我国的水价只包括水工程成本、水处理成本和污水处理费。可见，要节约用水，必须提高水价，用价格杠杆来限制水的滥用浪费。国外的一些资料也证明了这一点。美国的研究结果是，水价从每立方米 7.9 美分提高到 13.2 美分，用水量减少 42%；从 15.9 美分提高到 21.1 美分，用水量减少 26%。[③] 我国东部一些城市有这样的经验，有限的水资源如何分配给企业，是政府计划分配，还是用公开拍卖谁出的价高卖给谁的办法，事实证明，用后一种办法能最有效利用水资源，说明价格杠杆的作用是非常见效的。

这两年我国经济增速很快（2005 年达 10.2%，2006 年上半年达 10.9%），而物价上涨率低，CPI 2005 年为 1.8%，2006 年上半年为 1.3%，远低于国家发改委规定的"两条控制线"（即规定各省、市、自治区居民消费价格指数月环比上涨率超过（含达到）1%），或连续三个月同比超过（含达到）4%，该省、市、自治区就要暂停调价（指政府定价和政府指导价部分）三个月。2005 年以来生产资料价格涨幅趋缓；工业消费品价格由于多数供过于求，竞争激烈，难以上涨；农产品价格也较平稳，因而通货膨胀压力不大，正有利于逐步提高资源产品价格。我们要抓住这一有利时机，出台一些调价措施。

---

① 参见中国价格协会联合课题组《"十一五"时期深化能源价格改革的基本思路研究》（2005 年 5 月），第 6—7 页。

② 参见世界银行《中国"十一五"规划的政策》（2004 年 12 月），第 70 页。

③ 见段治平《我国水价改革历程及改革趋向分析》，《中国物价》2003 年第 4 期。

在理顺各项资源产品价格中，重点是调高能源价格，包括要尽快出台燃油税，提高汽油价格。还要逐步调整煤、天然气、电的价格。提高能源价格，是降低能源消耗系数的有效途径。此外，要提高矿山资源补偿费；水价应计算水资源价格，污水处理费要能补偿成本并略有利润；严禁低价征用农民土地；城市经营性土地价格一律公开拍卖，严防暗箱操作，等等。

提高水、电、油等价格后，要考虑对农民和城市低收入群体某种补助，有关单位曾对南方某城市作过调查，近年来提高水、电、油等价格，致使城市职工每人每月多支出 7.5 元。可以考虑从提价收入中拿出一部分作为价格调节基金补助给低收入者，或者适当提高最低生活保障标准等。

此外，最重要的生产要素资本的价格利率的市场化进程仍需继续推进，还要稳步推进汇率形成机制改革。劳动力价格形成机制也要随着劳动力市场的完善而逐步完善。技术价格已基本由市场形成，当前最重要的是要切实保护知识产权，打击侵权行为，在这前提下完善价格形成机制，等等。

最后，推进其他方面改革，形成促进经济增长方式转变的合力。

深化企业改革特别是国有企业改革，形成转变经济增长方式的微观基础。产权归属清晰、保护严格，作为市场主体的企业会自动地追求质量和效益型的经济增长。深化企业改革，就要使长期政企不分的国有企业和常常受到歧视的民营企业都成为具有独立的法人财产权、经营决策权、自负盈亏和独立承担风险的法人实体和市场主体，并鼓励、支持非公有制企业参与国有企业改革改组。为此，既要引导民营企业制度创新，更要深化国企改革。许多国有企业由于其固有的机制缺损，资源利用效率低下，浪费严重。要继续推进国有经济布局和结构的战略性调整，使国有资本更好地集中在能发挥自己优势的重要行业和关键领域的大企业中，而从一般竞争性行业和中小企业逐步退出，使资源得到更为有效的利用。对于仍需国有经济控制的领域，要积极推进股份制改革，实行投资主体多元化，以改善公司治理结构。垄断行业的改革需加快推进，积极引进竞争机制，允许新的厂商参与竞争，特别是非自然垄断性业务要放开。对自然垄断性业务则要加强监督，包括安全、环保、价格、普遍服务等监管。即使是自然垄断性业务，有的也可以通过特许经营权拍卖，即通过招标的形式，在某些产业或业务领域（如自来水生产和供应）中让多家企业竞争独家经营权（即特许经营权），在一定质量要求下，由提供最低报价的企业取得特许经营权。这样，就能使自然垄断性业务也具有一定的竞争性并增进效率。垄断行业资源节约的潜力巨大，搞好垄断行业改革，能大幅度地提高资源配置效率，达到节约和合理使用资源、转变经济增长方式的目的。

此外，深化金融体制改革，完善市场体系和市场秩序，逐步理顺分配关系，提高外贸的质量、效益和利用外资的质量等，都将使我国经济运行逐步走上转变增长方式、建设资源节约型和环境友好型社会的轨道，从而使我国经济持续地实现快速健康发展。

参　考　文　献

《中共中央关于制定国民经济和社会发展第十一个五年规划的建议》（2005 年 10 月）。

《中华人民共和国国民经济和社会发展第十一个五年规划纲要》，人民出版社 2006 年 3 月版。

《2006 中国统计摘要》，中国统计出版社 2006 年 5 月版。

世界银行：《中国"十一五"规划的政策》（2004 年 12 月）。

《中国改革高层论坛——以政府行政管理体制改革为重点全面推进体制创新》（2005 年 7 月 12—13 日）。

国家发改委宏观经济研究院课题组：《"十一五"时期我国经济社会发展总体思路研究》（2004 年 4 月）。

国家发展和改革委员会主办：《资源产品价格改革研讨会》（2005 年 10 月）。

国家发展和改革委员会、世界银行主办：《政府行政管理体制改革国际研讨会》（2006 年 5 月 17—18 日）。

张卓元：《深化改革，推进粗放型经济增长方式转变》，《经济研究》2005 年第 11 期。

（原载《中国社会科学院学术咨询委员会集刊（2007）》第 3 辑，社会科学文献出版社 2007 年版）

不断完善社会主义市场经济体制
促进国民经济又好又快发展

——学习党的十七大报告的一点体会

党的十七大报告指出，实现未来经济发展目标，关键要在加快转变经济发展方式、完善社会主义市场经济体制方面取得重大进展。本文拟从深化改革、不断完善社会主义市场经济体制促进国民经济又好又快发展方面，谈谈自己的学习体会。

中国已初步建立社会主义市场经济体制，但还不完善，改革攻坚任务尚未完成。今后需着力抓以下几方面改革，以便为经济增长包括转变经济发展方式提供强大动力，加快形成落实科学发展的体制机制保障。

一 坚持和完善基本经济制度，形成各种所有制经济平等竞争、相互促进新格局

党的十七大报告指出，坚持和完善以公有制为主体、多种所有制经济共同发展的基本经济制度，毫不动摇地巩固和发展公有制经济，毫不动摇地鼓励、支持、引导非公有制经济发展，坚持平等保护物权，形成各种所有制经济平等竞争、相互促进新格局。党的十六大以后，国有企业改革不断深化，大部分国有企业已进行公司制股份制改革。中央企业的公司制改革也在逐步推进，已有宝钢、神华等19家企业按照《公司法》转制。中央企业及所属子企业的股份制公司制户数比重，已由2002年年底的30.4%提高到2006年的64.2%。股权分置改革基本完成。截至2006年年底，全国801家国有控股上市公司已有785家完成或启动股改程序，占98%。国有经

济布局和结构的战略性调整也取得重大进展。1998 年，全国国有工商企业共有 23.8 万户，而到 2006 年，国有工商企业户数减少至 11.9 万户，正好减少了一半。1997 年，全国国有工商企业实现利润 800 亿元，而到 2006 年，国有工商企业共实现利润 1.2 万亿元，增长 14 倍。可以认为，经过多年努力，国有企业已走出困境，而且成为具有较高劳动生产率和较强竞争力的市场主体。2007 年 1—5 月，国有工业企业的盈利水平已略高于全国工业企业平均盈利水平。但是，国企改革任务还相当重。国有企业数量仍然太多，主要是地方国有中小企业太多，许多企业仍然活动在一般竞争性领域，很难发挥自己的优势。国有大型企业特别是中央企业公司制改革刚起步不久，股份制改革则远未完成，今后需加快推进。垄断行业改革也刚起步，今后将成为国企改革重点，但阻力和难度却不小。而垄断行业只有深化改革，引入竞争机制，同时加强政府监管和社会监督，才能有效提高资源配置效率，平息老百姓怨言。国有资产管理体制改革亟须完善，包括需加快建设和健全国有资本经营预算制度，完善对各类国有资产包括国有自然资源资产、金融资产和非经营性资产的体制和制度等。改革开放近三十年实践证明，只有深化国企改革，才能使国有制同市场经济很好结合起来，国有企业才能适应市场经济，国有经济作为公有制经济的主干，才能得到有效发展并在国民经济中发挥好主导作用。

个体、私营等非公有制经济是我国社会主义市场经济的有机组成部分，是我国重要的经济增长点、提供新就业岗位的主渠道、满足全国人民不断增长的物质文化生活需要的生力军，必须继续毫不动摇地鼓励、支持和引导它们健康发展。进入 21 世纪以来，我国个体、私营等非公有制经济继续迅速发展。2002 年，我国个体工商户为 2377 万户，从业人员 4743 万人，营业额 20834 亿元；私营企业 243 万户，从业人员 3409 万人，营业额 14369 亿元。到 2006 年，个体工商户已发展到 2576 万户，从业人员 7500 万人，营业额 25489.5 亿元；私营企业已发展到 497.4 万户，从业人员 6396 万人，营业额 34959 亿元。但目前我国非公有制经济发展仍然存在一些体制障碍，主要是有些领域在市场准入方面存在"玻璃门"，看起来似乎畅通，实际进不去，或不让进去。还有就是融资困难和负担较重。今后，需大力落实党和政府关于鼓励、支持和引导个体私营等非公有制经济发展的政策，破除各种体制障碍，推动非公有制经济进一步发展。

根据党的十七大报告的精神，今后完善基本经济制度，应着力于形成各种所有制经济平等竞争、相互促进新格局。改革开放近三十年经验表明，在一般竞争性领域，个体私营经济有其灵活适应市场的优势；而对投资大、建设周期长、规模效益明显、社会效益突出的重要行业和关键领域，国有经济有优势。党和政府的职责在于，创造良好的环境，使各种所有制经济能充分发挥自己的优势，平等竞争，相互促进，共同发展。

二　加快形成现代市场体系

党的十七大报告提出加快形成统一、开放、竞争、有序的现代市场体系，这是完善社会主义市场经济体制、促进经济又好又快发展的重要方面。新世纪新阶段，加快形成现代市场体系，重点有两个，一是发展各类生产要素市场，二是完善反映市场供求关系、资源稀缺程度、环境损害成本的生产要素和资源价格形成机制。

发展各类生产要素市场，首先要发展多层次资本市场，包括在海外上市的大公司回来发行 A 股，加快创业板和场外交易市场建设，大力发展公司债券市场等，完善市场结构和运行机制，提高直接融资比重。同时，稳步发展金融衍生品市场，培育外汇市场，积极发展保险市场等。资本等各类金融市场的健康发展，对于提高我国资源配置效率具有决定性意义。

劳动力资源丰富，是我国的一大优势。要建立和健全统一规范的劳动力市场，形成城乡劳动者平等就业制度，使数以亿计的农村剩余劳动力平稳有序地向城市、向第二、第三产业转移，以提高我国社会劳动生产率。据统计，农村劳动力转移至第二、第三产业，劳动生产率平均提高 4—5倍。还要发展各类人才市场，完善鼓励技术创新、管理创新等激励机制和市场环境。

规范发展土地市场。我国人均耕地只及世界平均水平的40%，在工业化、城市化过程中，要严格限制、有偿使用农用地转为非农用地。要发展土地市场，更多地用市场手段节约土地，杜绝浪费宝贵的土地资源。抽样调查表明，我国转为非农用地中，只有占 15% 的部分是通过"招拍挂"

（即实行拍卖挂牌招标协议）出让的，绝大部分是采取行政划拨或协议批租出让的，极容易产生腐败。今后需更好地规范和发展土地市场，提高土地资源配置效率。此外，还要进一步发展技术咨询等要素市场。

其次，要深化价格改革，并以生产要素和资源产品价格改革为重点。我国长期以来高投入、高消耗、高污染、低效率的粗放型经济增长方式之所以难以根本转变，一个重要原因在于我国生产要素和资源产品价格受政府管制，明显偏低。资金价格低、地价低、水价低、汽油和天然气价格低、矿产品价格低，不能反映资源的稀缺程度，许多资源产品价格也不能反映环境损害成本，从而鼓励人们滥用浪费。

要建设资源节约型、环境友好型社会，形成节能、节地、节水、节材的生产方式和消费模式，必须深化生产要素和资源产品价格改革，使它们的价格能很好地反映市场供求关系和资源的稀缺程度。有许多资源产品，它的开采和使用，往往会损害环境和破坏生态，所以它们的价格还要反映环境损害和生态破坏成本。国内外经验表明，在市场经济条件下，价格是最灵敏的手段，运用价格杠杆，能最有效地迫使生产企业和消费者节约使用生产要素和资源，并促进循环经济的发展。

今后，需根据经济发展需要和社会的承受能力，按照价值规律的要求，逐步提高生产要素和资源产品价格。重点是提高能源价格，包括提高天然气和电力价格，要尽快出台燃油税，提高汽油价格。要逐步提高水价，水价应包含水资源价格，污水处理要能补偿成本并略有利润。要提高矿山开采的资源补偿费。经营性土地一律公开拍卖，严防暗箱操作。资金的价格利率要逐步市场化，改变负利率或利率偏低状态，等等。提高能源和水价等同时，要考虑对农民和低收入群体进行某种补助，包括适当提高最低生活保障标准、发放临时性补贴等。

要进一步发展商品市场，发展现代化流通方式和新型流通业态，促进营销方式转变，培育各类市场流通主体，降低流通成本和交易费用，提高竞争力。构建农村现代流通体系，支持龙头企业、农民专业合作组织和农户联结，提高农民进入市场的组织化程度和增收能力。

加快形成现代市场体系，还要整顿和规范市场秩序，当前要特别注意维护食品、药品安全，打击各种商业欺诈活动和哄抬物价行为。要建立和健全社会信用体系，加快建设和完善企业和个人征信系统，建立有效的信用激励和失信惩戒制度，强化全社会信用意识和诚信行为，营造诚实守信、公平竞争的市场环境。要规范发展行业协会和市场中介组织。

三 深化财税、金融等体制改革，完善宏观调控体系

深化财税改革，完善财税体制和政策，对转变经济发展方式、实现科学发展至关重要。党的十七大报告提出，围绕推进基本公共服务均等化和主体功能区建设，完善公共财政体系。我国已经进入全面建设小康社会、加快推进现代化的新阶段。2006 年人均 GDP 已超过 2000 美元。在工业化、城市化快速推进和经济体制转轨、社会转型的过程中，人们对公共产品的需求增长迅速。但是，长期以来，由于受经济发展水平限制和思想认识不足的影响，公共产品不仅供给量不足，供给结构也不合理，不适应基本公共服务均等化的新要求。表现在城乡、地区和不同群体之间公共服务资源分配差距较大。农村公共服务水平明显落后于城市，流动人口享受的公共服务大大低于户籍人口，西部地区公共服务水平落后于东部地区。医疗卫生资源大约 80% 集中在城市，其中 2/3 又集中在城市的大医院，而中西部地区农村缺医少药问题普遍存在。教育资源过度向城市倾斜，在城市又过度向重点学校倾斜，而不少贫困地区农村中小学却达不到义务教育规定的标准。人口老龄化趋势不断加快也对社会保障特别是农村社会保障问题提出了新的要求。为改变基本公共服务差距很大的状况，要大力调整财政支出结构，在向公共财政体系转型过程中，国家财政投入应更多地投向长期"短腿"的社会事业，包括义务教育、基础医疗和公共卫生、基本社会保障、公共就业服务、廉租房、环境保护等方面建设。政府的公共政策和财政投入要更多地关注农村特别是西部农村，除免除农业税和农村义务教育免费外，要尽快构建全覆盖的农村新型合作医疗体系并逐步提高水平，建立农村最低生活保障制度，还要着力逐步解决农村饮水安全、农村公路与公共交通、电力供应、农业水利与防灾设施及服务、病虫害防治、农业市场信息技术推广等服务、气象和通信设施服务等。政府的基本公共服务应着力在欠发达地区落实，加大中央财政向中西部地区转移支付力度，提高

具有扶贫济困性质的一般转移支付的规模和比例。政府的基本公共服务还要更好地面向困难群众，除建立最低生活保障、基本卫生和医疗服务、社会救助等制度外，还要关注困难群众的就业问题，加强就业培训，消除"零就业家庭"等。

完善公共财政体系，还要促进和保障主体功能区建设。根据国家"十一五"规划纲要，各地区要根据资源环境承载能力和发展潜力，统筹考虑未来我国人口分布、经济布局、国土利用和城镇化格局，将国土空间划分为优化开发、重点开发、限制开发和禁止开发四类主体功能区，明确不同区域的功能定位，并制定相应的政策和评价指标，逐步形成各具特色的区域发展格局。公共财政体系要促进和保障主体功能区建设，特别是要增加对限制开发区域和禁止开发区域用于公共服务和生态补偿的财政转移支付，逐步使当地居民享有均等化公共服务。

要深化预算制度改革，强化预算管理，逐步把政府收入尤其是土地收入纳入预算管理，接受人大和社会的监督，以约束地方政府搞政绩工程的冲动。健全中央和地方财力与事权相匹配的体制。完善中央对地方的转移支付，提高一般性转移支付的规模和比例，提高基层政府的财政保障水平。中央对地方财政转移支付重点用于改善民生。有条件的地区推进省管县、乡财县管的财政管理方式。调整和提高资源税，使其能满足环境治理和生态修复需要以及保障安全生产。开征物业税，以抑制对房地产的过度需求，还可以充实基层财力。开征燃油税，促进汽油节约。全面实现增值税转型。完善出口退税政策，进一步抑制高耗能、高污染、资源性产品出口，等等。

深化金融改革，对于优化资源配置，提高我国的综合国力、国际竞争力、抗风险能力都很重要。

根据党的十七大报告精神，今后要进一步发展各类金融市场和金融机构，形成多种所有制和多种经营形式、结构合理、功能完善、高效安全的现代金融体系。继续深化国有商业银行改革，有条件上市的争取上市。稳步推进政策性银行改革。深化农村信用社改革，使之成为服务"三农"的社区性金融机构。加大城市商业银行改革力度，发展地方中小金融机构。推进金融资产管理公司改革。放宽市场准入，鼓励和引导各类社会资金投资发展金融业。通过改革，提高我国金融业竞争力。

继续稳步推进利率市场化改革，实现金融产品价格和服务收费的市场化。完善人民币汇率形成机制，逐步实现资本项目可兑换。深化外汇管理体制改革，放宽境内企业、个人使用和持有外汇的限制。

加强和改进金融监管，防范和化解金融风险。坚持国家对大型商业银行的控股地位，加强登记、托管、交易、清算等金融基础建设，确保对外开放格局下的国家金融安全。在继续实行银行、证券、保险分业监管的同时，根据金融业务的综合经营大趋势，强化按照金融产品和业务属性实施的功能监管，完善对金融控股公司、交叉性金融业务和监管。尽快建立和健全存款保险、投资者保护和保险保障制度。建立有效防范系统性金融风险、维护金融稳定的应急处置机制，加大反洗钱工作力度等。

最后，要推进国家规划改革，完善国家规划体系，使国家的发展规划和地方的发展规划相衔接，改变地方发展规划在先、国家发展规划在后的不正常情况。深化投资体制改革，减少审批，需保留审批的要规范和简化程序。按照科学发展、节约资源和保护环境的要求，健全和严格市场准入制度，严格限制和禁止高消耗、高污染项目建设。发挥国家发展规划如五年规划、年度计划和产业政策在宏观调控中的导向作用和协调作用，并综合运用财政政策和货币政策，不断提高宏观调控水平，为国民经济的运行提供稳定的环境。宏观调控不能泛化，不能把政府的所有干预和调节经济活动，统统冠以宏观调控的美名。在调控方式上，逐步做到主要运用经济手段和法律手段，辅之以必要的行政手段。以总量调控为主，努力保持总供给和总需求的基本平衡，也要促进重大结构的优化，做到全面、协调、可持续的发展。

四 深化收入分配和社会保障制度改革

党的十七大报告关于深化收入分配和社会保障制度改革方面的着力点在于更加关注民生，更加致力于改善民生，使城乡居民都能享受到改革发展的成果。

报告提出坚持和完善按劳分配为主体、多种分配方式并存的分配制度，健全劳动、资本、技术、管理等生产要素按贡献参与分配的制度，初次分配和再分配都要处理好效率和公平的关系，再分配更加注重公平。针对近几年居民收入分配差距过大的问题，要求今后逐步提高居民收入在国民收入分配中的比重，提高劳动报酬在初次分配中的比重，着力提高低收入者收入，逐步提高扶贫标准和最低工资标准，建立企业职工工资正常增长机制和支付保障机制，落实对农民工的各项政策等。还提出要扩大财政转移支付，强化税收调节，打破垄断经营，创造机会公平，整顿分配秩序，逐步扭转收入分配差距扩大趋势。要逐步提高中等收入者比重，创造条件让更多群众拥有财产性收入，等等。特别提出，各项社会建设要以解决人民最关心、最直接、最现实的利益问题为重点，使经济发展成果更多体现到改善民生上。

进一步健全社会保障体系是一项最重要的社会建设。党的十七大报告的一个亮点是提出加快建立覆盖城乡居民的社会保障体系。要以社会保险、社会救助、社会福利为基础，以基本养老、基本医疗、最低生活保障制度为重点，以慈善事业、商业保险为补充，加快完善社会保障体系。不仅在城市要建立最低生活保障制度，农村也要普遍建立最低生活保障制度，逐步提高保障水平。为解决农民看病难和农村缺医少药问题，要求普遍建立新型农村合作医疗制度，财政要逐步增加对新型农村合作医疗的补助。越来越多的城市也把没有参加医疗保险的老人、小孩、待业人员等纳入医保范围。把公共卫生和基本医疗列为基本公共服务的范围，要求政府负责向城乡居民提供，并逐步做到均等化。完善失业、工伤、生育保险制度。提高统筹层次，制定全国统一的社会保险关系转续办法。社会保障体系是社会的稳定器和安全网。社会保障体系日益完善，将有力促进社会的稳定，人民的安居乐业，并有利于调整投资与消费的结构。

五　深化政府改革

政府改革是整个改革的重要环节。党的十七大报告提出，行政管理体制改革是深化改革的重要环节。要抓紧制定行政管理体制改革总体方案，着力转变职能、理顺关系、优化结构、提高效能，形成权责一致、分工合理、决策科学、执行顺畅、监督有力的行政管理体制。

政府改革的实质是转换政府职能，从全能型政府转变为公共服务型政府。加快推进政企分开、政资分开、政事分开、政府与市场中介组织分开，规范政府行为，加强行政执法部门建设，减少和规范行政审批，减少政府对微观经济运行的干预。鉴于目前政府特别是地方政府热衷于经济建设、配置资源，过多地干预微观经济活动，追求 GDP 的高速增长，因此，深化政府改革显得更加迫切和重要。

党的十七大报告提出要转变经济发展方式，实现国民经济又好又快发展，看来关键在于深化政府改革。政府五年一任期，考核政绩一直以 GDP 增速为主要标准。政府追求 GDP 最大化，往往追求短期 GDP 最大化。这就极易导致粗放扩张，而把有利于经济长远发展的自主创新、节能减排、保护环境和生态放在一旁。所以，要转变经济发展方式，现在看来，最重要的是要深化政府改革，转变政府职能，政府真正履行经济调节、市场监督、社会管理和公共服务职能，真正为市场主体服务，创造良好的发展环境，不再充当资源配置的主角，减少对微观经济运行的干预。与此同时，考核政府官员政绩不再以 GDP 论英雄。政府应把更多的精力用到为居民提供基本公共服务，用到改善民生上面。应当看到，我国人均 GDP 已超过 2000 美元，总体上越过温饱线进入小康阶段，居民对公共服务的需求不断增长，要求政府在这方面作出更大的努力，以便使人民群众的生活质量逐步提高，并促进社会更加充满活力、更加和谐进步。

此外，还要继续推进农村综合改革，进一步扩大对外开放等。由于这些都是专门的大问题，本文从略。

（原载《经济研究》2007 年第 11 期）

经济:转变发展方式关键何在

十七大报告是指导我国经济社会发展的纲领性文件,在十六大确立的全面建设小康社会目标的基础上,对经济和社会发展提出新的更高的要求。

报告提出,实现未来经济发展目标,关键要在加快转变经济发展方式、完善社会主义市场经济体制方面取得重大进展。从转变经济增长方式扩展为转变经济发展方式,这是一个十分重要的论断,对今后经济建设有极其重要的指导意义。

转变经济发展方式,实际上比原来的转变经济增长方式提出了更高更宽的要求,也是现实针对性更强的要求。它是实现国民经济从又快又好发展转变为又好又快发展的关键所在。

为了实现新的目标和经济发展方式的转变,十七大报告特别突出了改革开放的主题。报告在关于深化改革开放、完善社会主义市场经济体制方面的论述,有许多新的突破和举措,目的在于为推动经济又好又快发展提供强大动力和体制保障。

一 加快建设国有资本经营预算制度

这些年来,由于大力推进改革,国有企业已经走出困境,并逐步成为具有较高劳动生产率、较强盈利能力和竞争力的市场主体。1997 年,国有工商企业共实现利润 800 亿元,而到 2006 年,国有工商企业共实现利润1.2 万亿元,增加了 14 倍。

国有企业利润的大幅度增长,要求加快建设国有资本经营预算制度,以便更好地把国有资本集中在关系国民经济命脉的重要行业和关键领域,更好地用于深化国企改革和充实社会保障基金。推进国有企业的股份制改革,国有股就能够比较规范地获得同非国有股一样的股息或红利,从而有利于建立健全国有资本盈利上交制度。

二 加快形成统一、开放、竞争、有序的现代市场体系,重点是进一步发展各类要素市场和深化生产要素与资源产品价格改革

转变经济发展方式要求深化生产要素和资源产品价格改革。长期以来,中国生产要素和资源产品价格受政府控制,严重偏低,这在事实上鼓励了对资源的滥用和浪费,妨碍了粗放型增长方式的转变。今后要大力推进生产要素和资源产品价格的市场化改革,使生产要素和资源产品价格很好地反映市场供求关系和资源的稀缺程度,使价格杠杆能很好地促进节能、节地、节水、节材,促进经济发展方式的转变。

十七大报告提出,要着力发展多层次资本市场,发展公司债券市场,提高直接融资比重。一是规范发展土地市场。目前农用地转为非农用地中,只有15%是通过“招拍挂”实现的,绝大部分是行政划拨和批租协议转让实现的,腐败问题非常突出。今后商业用地一律实行规范的“招拍挂”,通过市场进行。二是要建立和健全统一规范的劳动力市场,形成劳动者平等就业制度,使数以亿计的农村剩余劳动力平稳有序地向城市、向第二、第三产业转移,以提高中国的劳动生产率。

三 把环境损害成本列入价格形成要素

十七大报告提出,完善反映市场供求关系、资源稀缺程度、环境损害成本的生产要素和资源价格形成机制,第一次把环境损害成本列入决定价格的要素。这是在总结社会主义现代化建设实践经验的基础上概括出来的。

近几年经济两位数增长,消耗了大量的资源,并由此付出了很大的环境代价。实践告诉人们,消耗资源带来的环境损害成本是要补偿的,否则这种增长就不可持续。因此,生产要素和资源产品的价格必须反映环境损害的成本,即修复环境和生态的成本。

四 围绕推进基本公共服务均等化和主体功能区建设,完善公共财政体系

在社会主义市场经济条件下,经济建设型财政要向公共财政体系转型,这已是经济学界的共识。

怎样转型?一是要推进基本公共服务均等化,改变目前城乡之间、地区之间、不同社会群体之间基本公共服务严重不均的状况,财政支出应更多用于改善对农民、对中西部地区居民、对弱势群体的公共服务,逐步做到基本公共服务均等化。二是要为主体功能区建设服务,比如对于限制开发区和禁止开发区,各级财政应予大力支持,使当地居民能得到同其他地区居民均等的基本公共服务,修复生态,保护环境,促进主体功能区建设顺利进行。

强调财税改革对转变经济发展方式、实现科学发展的重要意义。

财税改革对转变经济发展方式特别重要,甚至是问题的症结所在。现行的以间接税(流转税)为主的税收体制,刺激各地粗放扩张,追求 GDP 的快速增长,以增加本地财政收入。原来的一些税收政策如出口退税政策也不利于科学发展。这两年国家出台了一系列调整财税的政策,如提高资源税,支持企业自主创新,大规模调整出口退税,规范地方政府土地收入,加大中央财政转移支付力度,财政支出更多用于改善民生等。今后,估计还会有更多的有利于转变经济发展方式的财税政策出台,并逐步完善财税体制。

五 发展各类金融市场,形成多种所有制和多种经营形式、结构合理、功能完善、高效安全的现代金融体系

规范发展各类金融市场,是提高我国资源配置效率的关键所在,是发挥市场在资源配置中基础性作用的依托。十七大报告重申完善人民币汇率形成机制,逐步实现资本项目可兑换。这就对金融改革提出了更高的要求。

六 拓展对外开放广度和深度

十七大报告提出，要适应新形势，扩大开放领域，优化开放结构，提高开放质量，完善内外联动、互利共赢、安全高效的开放型经济体系，形成经济全球化条件下参与国际经济合作和竞争新优势。

在加快转变外贸增长方式方面，要立足以质取胜，调整进出口结构，促进加工贸易转型升级，大力发展服务贸易。在创新利用外资方式方面，要优化利用外资结构，发挥利用外资在推动自主创新、产业升级、区域协调发展等方面的积极作用。在创新对外投资和合作方式方面，支持企业在研发、生产、销售等方面开展国际化经营，加快培育中国的跨国公司和国际知名品牌。积极开展国际能源资源互利合作等。

七 确认行政管理体制改革、政府改革是改革的重要环节

要转变经济发展方式，实现又好又快发展，关键在于政府改革。要转换政府职能，从全能型政府转变为公共服务型政府。

政府五年一任期，考核政绩一直以 GDP 增速为主要标准，这就使政府追求短期 GDP 最大化，热衷于粗放扩张，而把有利于经济长远发展的自主创新、节能减排、保护环境和生态放在一旁。只有进行行政管理体制的改革，政府转变职能，切实履行经济调节、市场监管、社会管理和公共服务职能，不再充当资源配置主角，不再越位直接干预微观经济活动，考核政府官员政绩也不再以 GDP 论英雄，政府才能把更多精力用到为居民提供基本公共服务，用到改善民生上面，成为真正的服务型政府，并主动推进经济发展方式转变，而不是成为转变经济发展方式的阻力。

（原载《财经》2007 年第 22 期）

深化改革 促进经济转型和发展方式转变

2009 年年底中央经济工作会议明确提出，要把加快经济发展方式转变作为深入贯彻落实科学发展观的重要目标和战略举措。这不仅对 2010 年的经济工作有重要指导意义，而且为中国经济中长期发展指明了正确方向，预示着中国经济将从主要追求数量扩张向更加注重质量效率转型。今后深化改革、完善社会主义市场经济体制，要围绕着这一战略目标的实现展开。

一 中国经济面临转型和发展方式转变的繁重任务

进入 21 世纪后，中国经济增长加速。2003—2007 年，连续五年以两位数和两位数以上速度增长。2008 年遭受国际金融危机袭击后，由于政府实行强投资刺激等一揽子计划，2008 年和 2009 年仍实现 9.6% 和 8% 以上增长。到 2008 年，我国 GDP 按当年年末汇率计算折合成美元达 4.595 亿美元，人均 3460 美元，已成为世界第三大经济体。由于经济高速增长，中国许多主要工农业产品产量已居世界首位。这说明，中国经济在规模和数量扩张上取得了骄人的业绩，令世人瞩目。中国已成为名副其实的经济大国、工业大国。

与此同时，也要看到，由于经济基本上沿袭粗放扩张模式高速增长，积累了不少不协调问题，制约着中国经济的稳定、高效和可持续增长。这包括：储蓄与消费失衡或投资与消费失衡，最终消费占 GDP 比重降到 50% 以下，其中居民消费 2008 年降到只占 GDP 的 35.3%；内外需失衡，过度依赖外需，出口依存度太高，2007 年达 36%，比 1998 年的 18% 高一倍，而内需严重不足；经济增长付出的资源环境代价过大，经济增长与资源环境承受能力失衡，资源环境成为经济增长的重要瓶颈；区域、城乡发展失衡，居民收入差距过大且未能很好扭转，特别是农民收入和消费水平太低。

2008 年，城镇居民人均消费性支出为 11243 元，而农民人均生活消费支出才 3661 元，不及前者的 1/3，表明经济发展的成果未能很好惠及全国人民。在上述几个失衡中，关键是投资与消费失衡，或储蓄与消费失衡。投资增速很高，产能过剩，国内消费不足，只好靠扩大外需找出路，出口依存度一路攀升。投资增速很高，粗放扩张，必然要付出过大的资源环境代价。投资增速很高，在于追求 GDP 的快速增长，财政用于支持欠发达地区发展和增加低收入群体的财力不足，不能很好缓解地区之间、城乡之间经济和收入差距，不能有效扭转居民收入差距过大的局面。

2008 年国际金融危机的爆发和冲击使中国的失衡问题和粗放扩张问题突出起来，转变经济发展方式已刻不容缓。转变经济发展方式意味着经济转型，即从追求数量扩张型转为注重增长的质量和效率型，使经济真正走上稳定、协调、高效和可持续发展的轨道、科学发展的轨道。

转变经济发展方式不是一朝一夕就能实现的，没有十年八年的努力难以取得实质性进展。但从现在开始就要在促进经济发展方式转变上下工夫，真正把保持经济平稳较快发展和加快经济发展方式转变有机统一起来，在发展中促转变，在转变中谋发展。

转变经济发展方式，就要认真落实党的十七大提出的三个转变，即促进经济增长由主要依靠投资、出口拉动向依靠消费、投资、出口协调拉动转变，由主要依靠第二产业带动向依靠第一、第二、第三产业协同带动转变，由主要依靠增加物质资源消耗向主要依靠科技进步、劳动者素质提高、管理创新转变。为此，就要大力调整经济结构。当前调结构最重要的是调整投资消费结构，大力提高居民消费在 GDP 中的比重；调整收入分配结构，努力抑制居民收入差距过大的不正常现象；大力推进产业结构优化升级，发展战略性新兴产业，加快发展第三产业特别是现代服务业；加大节能降耗减排力度，努力建设资源节约型、环境友好型社会；积极稳妥推进城镇化，加快农民转为市民的过程，这是今后扩大内需最为有效的选择，等等。需要指出，调整经济结构、转变经济发展方式同追求 GDP 高速增长有时是有矛盾的，如何兼顾好优化结构、转变发展方式和经济增长，可能是今后经济工作最不容易处理好的难题。看来，保持经济的稳定增长，不去刻意追求不可持续的高速增长，将比较有利于优化经济结构和转变经济发展方式。2009 年冬中央经济工作会议，突出强调转变经济发展方式，这是一个良好的开端。只要我们认真落实会议精神，并在此后继续坚持下去，我国经济就能在新的起点上顺利实现转型，我国就必将实现从工业大国到工业强国、从经济大国到经济强国的跨越。

二　实现经济转型和发展方式转变主要靠体制机制改革

推进经济转型和发展方式转变，有多种途径。包括：完善法律法规，形成良好的法治环境；完善政策体系，实行鼓励经济转型和发展方式转变的政策，废除一切逆调节的政策；大力推进科技进步，增加研究与开发投入，提高自主创新能力，着力培育和发展战略性新兴产业；强化科学管理，上上下下更加注重质量和效率；深化改革，形成推进经济转型和发展方式转变的体制机制，等等。这当中，目前主要靠体制机制改革，从制度安排入手，增强各方面加快经济发展方式转变的自觉性和主动性。只有深化改革，强化促进经济发展方式转变的制度建设，才能使我国经济运行稳定地转上科学发展的轨道。

我国多年来粗放型经济发展方式转变缓慢，数量扩张惯性难以扭转，一个重要原因是我国价格改革不到位，资源产品价格改革滞后，各类资源产品价格既不能很好反映市场供求关系和资源稀缺程度，又不能很好反映环境损害成本，总的说是价格偏低，这就在客观上使主要依靠物质资源消耗的粗放型扩张有利可图，"高能耗、高污染、资源型"产业发展得不到有效控制。价格是市场经济中最重要最灵敏的信号，价格扭曲必然使有限的资源无法实现优化配置。只有深化价格改革，当前主要是深化资源产品价格改革，确立反映市场供求关系、资源稀缺程度和环境损害成本的价格形成机制，才能从经济上有效抑制"两高一资"产业的盲目发展，才能使经济增长转移到主要依靠科技进步、劳动者素质提高和管理创新的轨道，从而提高经济增长的质量和效率。国内外数据表明，价格调整是节能、节水、节材的最有效手段。因此，现阶段理顺能源资源产品价格，是建立资源节约型、环境友好型社会的关键。

粗放型经济发展方式转变缓慢，还在于政府往往追求 GDP 短期的快速增长。因此，要加快转变经济发展方式，必须着力推动政府职能转换，从追求 GDP 的政府向服务型政府转换，切实履行经济调节、市场监管、公共服务和社会管理职能。为此，要完善政绩考核评价机制，政府官员不再以 GDP 增长作为主要考核评价标准，而应进行全面考核，主要以公共服务水平为考核评价标准。包括治安和法治环境状况，社会发展程度如就业、教育、医疗、文化、体育发展水平，环境和生态保护程度，居民收入增长和差距动态等。为减轻地方政府追求 GDP 增长的压力，财政应尽快向公共财政转型，中央财政应加大转移支付力度，使地方政府特别是欠发达地区的政府拥有必要的财力，逐步实现基本公共服务均等化。2003 年中共十六届三中全会提出开征物业税是一个很好的主意。开征物业税，既能为基层政府提供稳定的财政收入来源，又能有效地抑制对房地产过度投机的需求。人们一般不敢到美国去炒房地产，原因之一是在美国买了房地产后，每年都要交财产税，税率在 1.5% 左右，使不少投机者望而却步。这样一种制度安排对中国很适用和重要，可以有效地节约利用我国紧缺的土地资源。所以，要加快转变经济发展方式，也要从政府转型和财政转型入手。

我国已初步建立社会主义市场经济体制，市场在资源配置中已开始发挥基础性作用，但还不完善，不少改革还没有到位，所以使粗放扩张的增长方式还有空间。除上述政府改革、价格改革不到位外，其他领域改革也有待深化。比如，具有着力科技创新、提高效率和市场竞争力的内在动力、对市场信号高度敏感的现代企业是转变经济发展方式的行为主体。但是，目前我国企业改革不到位，特别是国有大中型企业的现代企业制度建设和产权多元化改革尚未到位，影响企业自主创新能力的提高。所以，为推进经济转型和发展方式转变，当务之急，是不失时机地推进重要领域和关键环节改革，加快完善社会主义市场经济体制。

三　凝聚改革共识，稳步推进有助于经济转型和发展方式转变的各项改革

这几年在经济高速发展过程中，改革仍然取得不少进展，如改革医疗体制，不断扩大社会保障的覆盖面并逐步完善，上市公司股权分置改革，

成品油价格体制改革和燃油税出台等，但是总的说进展不够快，特别是对推动经济转型和发展方式转变方面还没有很好汇集成制度的压力，致使粗放扩张在一些领域延续至今。

当前，转变经济发展方式已刻不容缓，因此今后必须形成加大改革力度共识，使各项改革汇成一股合力，以便更为有力地推动中国经济转型和发展方式转变。

第一，要进一步推动政府职能转换，建设服务型政府。2005年，党的十六届五中全会重新提出必须加快转变经济增长方式时，就相应提出要着力推进行政管理体制改革，认为加快行政管理体制改革，是全面深化改革和提高对外开放水平的关键。行政管理体制改革的主要内容是政府改革，即推进政企分开、政资分开、政事分开、政府与市场中介组织分开，减少和规范行政审批。这些论断，至今仍然完全适用。建设服务型政府是一场深刻的改革，首先政府的角色要转换，要从短期内追求GDP最大化从而自然倾向于采取粗放扩张方式，转为为经济持续增长和人民生活水平不断提高创造良好的环境，致力于资源节约型、环境友好型社会建设，为公众提供更多更好的公共产品和服务。在推进政府改革过程中，会触动部分政府官员的利益，遇上重重阻力，这就需要党中央和国务院加强领导，扎实推进。只有这样，政府才能成为经济转型和发展方式转变的重要推动力量。

第二，深化资源产品价格改革，重点是转换价格形成机制，使资源产品价格能真正反映市场供求关系、资源稀缺程度和环境损害成本。资源产品价格改革不可避免地将提高资源产品价格，需择机推进。目前CPI低位运行，是资源产品价格改革的好时机。而且，根据中央经济工作会议精神，2010年起政府将加大国民收入分配调整力度，提高居民特别是低收入群体收入水平和消费能力，加大对低收入群体的帮扶救助力度，推高城乡低保标准，提高企业退休人员基本养老金和部分优抚对象待遇水平等，这些将有助于提高公众对价格改革的承受能力。如果改革的步子迈得比较大，也可考虑对低收入群体予以专门补贴。理顺资源产品价格关系，是一个基础性改革，是抑制经济粗放扩张和节约资源最有效的手段，是实现资源优化配置的最重要条件，可考虑放在优先选择的位置。

第三，深化财税体制改革。财政要从经济建设型财政向公共财政转型，要向广大公众提供更多更好的公共产品和服务，逐步实现基本公共服务均等化。政府投资应像 2009 年中央政府投资那样主要投向民生工程，不上一个工业项目。所有政府收入包括卖地收入，一律进入预算管理，接受人大和社会监督，不搞"小金库"。加大中央财政转移支付力度，完善财政转移支付制度，扎实推进配套改革试验，如省直管县和乡（镇）财县管等。实行有助于经济发展方式转变、科技进步、能源资源节约和环境保护的财税制度，如提高资源税，推行物业税，完善燃油税，研究开征环境保护税等。财税改革对于合理调整经济结构、转变发展方式，特别容易见效，亟须抓紧，尽快取得成效。

第四，进一步深化金融体制改革，增强金融对经济服务功能。在百年一遇的国际金融危机面前，我国金融体系没有受到实质性冲击和损害，源于在此之前我国金融体制进行了重大改革，国有大商业银行剥离了 1.4 万亿元不良资产，充实了资本金，整体上市，资本市场挤掉了不少泡沫等等。继续深化金融改革，健全金融体系，包括实行储蓄存款保险制度等，将促进储蓄向投资转化和资源配置高效优化。发展中小银行，改善对中小企业的金融服务。加强金融监管，防止出现系统性金融风险。

第五，深化国有企业改革。继续推进国有经济有进有退的战略性调整，国有经济继续向关系国民经济命脉的重要行业和关键领域集中，而从一般竞争性行业和中小企业退出。企业之间进行兼并重组时要以市场为纽带，避免用行政命令办法。加快推进中央企业公司制股份制改革，有条件地争取整体上市，完善治理结构。推进垄断性行业体制改革，重点是打破行政垄断，积极引入市场竞争机制，同时加强政府监管和社会监督。属于自然垄断性业务部分也要努力降低成本，提高服务质量，实行价格听证制度，切实维护消费者权益。

第六，进一步优化所有制结构，放宽市场准入，发展民营经济。凡是政策没有规定不可以进入的领域，都应该让民间资本进入，破除"玻璃门"、"弹簧门"。调整经济结构、转变经济发展方式，要求大力发展服务业，提高服务业在国民经济中的比重，这就需要进一步鼓励民营经济在包括金融、公用事业、医疗、教育、文化等领域的发展。比如，发展地区性中小银行包括民营中小银行，可以更好地为数以百万计的中小企业进行融资等服务。又如，放宽医疗、教育、文化领域市场准入，可以吸纳更多高知识群体的就业。民营经济是很有活力和竞争力的，只要不设置人为障碍，它们是能够很好地发展起来的。民营经济还是解决就业问题的主渠道。经验证明，哪个地区民营经济越发展，哪个地区的经济活力就强，就业充分，老百姓收入提高也快。

第七，深化收入分配制度改革。当前居民收入分配中存在两大问题，一是劳动报酬在初次分配中的比重偏低，居民收入在国民收入中的比例偏低，导致居民消费率一路走低，2008 年居民消费占 GDP 的比重降到 35.3%，比一般国家居民消费率占 60% 左右低近一半。二是居民收入差距过大，基尼系数进入 21 世纪后一直在 0.4 的警戒线之上，且有上升趋势。有的研究报告指出，1988—2007 年，收入最高的 10% 人群和收入最低的 10% 人群的收入差距，从 7.3 倍上升到 23 倍，说明贫富分化在发展。居民收入分配制度改革要围绕解决上述两个问题展开。包括：稳步提高劳动报酬在初次分配中的比重，增加对农民种粮等直补，尊重和保护农民对土地的使用权，提高个人所得税起征点，健全社会保障制度，限制垄断行业和企业高管人员的高收入，等等，通过以上努力，逐步做到人人共享改革发展的成果。

（原载《人民日报》2010 年 1 月 25 日）

在中国经济转型中发挥示范作用

深圳经济特区建立 30 年来，在中国的改革、开放和社会主义现代化建设中，一直走在前列，创造了让世人惊叹的辉煌业绩。当前，我国经济面临从数量扩张型到注重质量效益型转变的艰巨任务，要求加快转变经济发展方式，实现好字当头的发展。在这种大环境下，深圳有必要也完全有可能在我国经济转型中继续发挥带头和示范作用，再创新的辉煌业绩。我认为，其着力点有以下五个方面。

第一，提高消费对经济增长的拉动作用。进入新世纪后，我国消费特别是居民消费需求对经济增长的拉动作用不足，成为经济结构失衡的突出问题。为增强消费对经济增长的拉动作用，深圳可以在提高劳动报酬初次分配中的比重、提高最低工资标准、加快廉租房、公共租赁房建设、大幅度增加财政在公共服务支出中的比重等方面做得更好。深圳财力雄厚，改革的环境较好，完全可以率先实现财政转型，加快公共服务型财政建设，率先实现基本公共服务均等化，率先提高消费在 GDP 中的比重，通过完善需求结构推动经济转型。

第二，加快发展第三产业特别是现代服务业。通过加快发展金融、信息、物流、科技研发与服务、文化、教育咨询评估、旅游、医疗保健与服务业，不断提升第三产业对 GDP 增长的贡献率和在 GDP 中的比重。制订规划，尽快做到第三产业增加值占 GDP 的比重达到 70% 的目标。要进一步放开市场准入，让更多的民间资本参与服务业的发展，真正形成不同所有制经济平等竞争，共同发展的格局。发展现代服务业，还可以更好地吸引国内外高端人才到深圳创业，从而提升深圳的城市竞争力。

第三，大力提高自主创新能力。我国经济转型的核心，就是要求经济增长由主要依靠增加物质资源消耗向主要依靠科技进步、劳动者素质提高和管理创新转变。这就必须大力提高自主创新能力，彻底改变技术对外依存度太高、重要产业核心技术受制于外国人的状况。深圳多年来大力发展高新技术产业且成效显著，涌现出像华为那样自主创新能力很强的公司，今后要进一步发挥既有优势，在科技进步方面带头，在提高自主创新能力方面带头，在发展新兴产业方面带头，在建设科技型、创新型城市方面带头，使深圳在转变经济发展方式的艰巨任务中走在全国最前列。

第四，切实重视和加强生态文明建设。我国由于多年大规模的粗放扩张，使资源、环境、生态的瓶颈制约越来越严重、突出，如何实现可持续发展，已成为摆在我国人民面前最大的挑战。深圳具有较高的经济发展水平，完全有能力加大生态建设的投入，大力推进节能减排，控制主要污染特别是二氧化碳的排放，修复良好的生态环境，实现绿色发展，为子孙后代造福。生态文明建设是一项长期奋斗的工程，不可能在短期内立竿见影，因此特别需要明确观念，树立长期奋斗决心，把社会效益放在第一位。

第五，让人人共享改革发展成果。我们不但要努力发展经济，把蛋糕做大，而且要把做大的蛋糕切好、分配好，让人人共享改革发展的成果。我国目前的基尼系数已超过了警戒线，需要在居民收入分配中特别注重公平问题。在这方面，深圳也要研究很好地推进收入分配制度改革，完善社会保障体系，重点是提高低收入群体的收入和生活水平，使他们也能分享改革发展的成果。社会主义市场经济体制的优越性在于能促进共同富裕，希望深圳在如何实现人人共享改革发展成果、走共同富裕道路方面，探索出一条有效和成功的路子。转变经济发展方式的含义比较广，除了包括转变经济增长方式外，还包括经济增长成果如何合理分配的内容，这也是中国经济转型应当包括的内容。

（原载《深圳特区报》2010 年 8 月 26 日）

适当放缓经济增速　加快调整经济结构

今天，在纪念我国著名经济学家孙尚清同志诞辰 80 周年的学术研讨会上，我怀着十分崇敬的心情，追忆尚清同志对经济结构、发展战略等理论所做出的重要贡献，并努力学习和继承尚清同志丰硕的研究成果，对当前我国经济面临的结构失衡问题，提出个人的看法和不成熟的对策设想。

一　孙尚清同志是我国经济结构理论研究的开拓者

改革开放后不久，1979 年 6 月，国务院财政经济委员会为了更好地贯彻"调整、改革、整顿、提高"的八字方针，推进我国的社会主义现代化建设，决定成立经济管理体制、经济结构、技术引进和企业现代化、理论和方法等四个调研组，对全国经济领域问题进行深入的调查研究。经济结构组由马洪和孙尚清负责，组织了四百余名从事实际工作的经济专家和 200 余名从事理论研究工作的经济学者（包括我本人和在座的一些同志），并集中了 100 余人组成经济结构综合调研队，分别到十几个省市进行了为期 10 个月的调研工作。这可以说是新中国成立以来规模最大的一次全国性经济调研活动。调研的成果上报党中央、国务院，为当时的经济结构调整提供了可靠的决策依据。调研组部分成果被编入《中国经济结构问题研究》一书，该书由马洪、孙尚清主编，人民出版社 1981 年出版，成为当时国内出版的第一部拥有大量实际材料和系统数据的经济研究著作，在国内外产生了重大社会影响。

在此基础上，尚清同志又于 1983 年组织有关专家学者针对当时中国经济结构中存在的多个特别重要的问题包括经济发展战略目标、产业结构、技术结构、教育科学结构、就业结构、企业规模与组织结构、地区结构、积累消费结构、投资结构、消费结构、国际交换和所有制结构等，进行了进一步的研究，并提出了相应的对策建议，汇集成《论经济结构对策》一书，由孙尚清主编，中国社会科学出版社 1984 年出版。本书由于对中国重大经济结构问题进行开创性研究，而荣获首届孙冶方经济科学著作奖。我本人作为本书副主编，也成为获奖者之一。

尚清同志对经济结构问题的研究，一直延续到 90 年代。2009 年他被评为影响新中国 60 年经济建设的百位经济学家后，收进丛书的有两篇著作，一篇是《90 年代的产业结构调整问题》，另一篇是《中国人口、资源、环境与经济发展》，都是有关经济结构的力作，具有很高的学术价值，产生了深远的社会影响。他的一系列研究成果和务实的研究方法，对我们今天研究当前的经济结构问题，有重要的指导价值。

二 当前中国经济结构失衡问题突出

当前中国面临严重的经济结构失衡问题，这已逐渐成为各方面共识。2003 年到 2007 年，由于经济增速连年达两位数和两位数以上，2002—2007 年年均经济增速高达 11.65%，2006 年、2007 年更高达 12.7% 和 14.2%，明显过热。在经济过热条件下，积累和加重了许多结构矛盾，使经济的大规模数量扩张难以为继。2008 年国际金融危机爆发后，中国解决结构失衡问题显得更加刻不容缓。

中国目前经济结构失衡主要表现在以下五个方面。

一是储蓄与消费失衡，储蓄率太高，消费率太低。1978 年，中国储蓄率为 37.9%，比世界平均储蓄率 25.1% 高 12.8 个百分点。到 2008 年，中国储蓄率为 51.4%，比世界平均储蓄率 23.9% 高出 27.5 个百分点。这是因为，我国改革开放后，从 1978—2008 年，储蓄率提高了 13.5 个百分点，年均提高 0.45 个百分点，其中 2002—2008 年储蓄率突然从 40.4% 上升到 51.4%，年均提高 1.83 个百分点。与此同时，消费率大幅度下降，1978 年中国消费率为 62.1%，2008 年降为 48.6%，下降了 13.5 个百分点，其中 2002—2008 年消费率连续下降，年均下降 1.6 个百分点。消费率下降主要是居民消费率下降造成的，居民消费率已从 1978 年的 48.8% 下降至 2008 年的 35.3%，共下降了 13.5 个百分点。我们常说内需不足，实质是居民消费需求严重不足。居民消费不足，使我们越来越走上为生产而生产的怪圈，严重背离了社会主义生产的目的，背离了"以人为本"的理念。

二是第三产业发展滞后，经济增长过于倚重第二产业。我国人均 GDP，从 2002 年起超过 1000 美元，到 2009 年已达 3600 美元，但是中国的第三产业增加值占 GDP 的比重，并没有随着人均 GDP 成倍成几倍的增长而提高，而一直在 40% 左右徘徊。2002 年占 41.5%，2008 年占 41.8%，2009 年占 42.9%。目前我国第三产业增加值占 GDP 的比重，已比同等发展水平的其他国家低十几个百分点。第三产业发展滞后，现代服务业发展滞后，制约着我国经济增长质量和效益的提高，制约着我国经济发展方式的转变，也制约着我国居民生活水平的提高。与此同时，中国经济增长过分依靠第二产业的发展，特别是其中"两高一资"行业和房地产行业的发展。据报道，全球房地产投资占 GDP 的比重为 4%—6%，而我国这几年都达 10% 多，致使有人说房地产行业绑架了中国经济。

三是投入结构不合理，物质资源消耗太多，技术进步贡献率低。中国经济迄今为止主要靠粗放扩张，物质消耗大但效率不高。2009 年，中国 GDP 占全球总量的 8%，但消耗了世界能源消耗量的 18%，钢铁的 44%，水泥的 53%，这样巨大的资源消耗是不可持续的。由于资源大量消耗，而我国资源特别是人均资源拥有量低，使我国一些主要矿产品（如原油、铁矿石等）对外依存度，已从 1990 年的 5% 上升到这几年的 50% 以上。科技进步不够快，研究与试验发展经费支出占 GDP 比重低，2000 年才占 0.9%，2008 年才占 1.47%，2009 年才占 1.62%，低于创新型国家至少占 2% 的水平。与此相应，我国技术的对外依存度很高，占 50% 以上。我国是世界生产汽车第一大国，但几乎所有核心技术和品牌都是外国的。我国号称"世界工厂"，但没有一个世界名牌，出口商品中 90% 是贴牌产品。

四是人与自然不和谐不协调。2003 年以来经济超高速发展的一个代价是，生态和环境恶化了，人与自然更加不和谐了。2007 年，党的十七大报告也确认，经济增长的资源环境代价过大。环境和生态恶化的原因在于我们盲目发展了一批高耗能、高污染、高排放产业。"十一五"规划把节能减排列为约束性指标，但有专家预计，"十一五"规划要求单位 GDP 能耗下降 20% 的目标可能实现不了。现在，资源、环境、生态已成为我国经济可持续发展的最大瓶颈、真正的硬约束。我们不能继续走局部改善、总体恶化的老路，而要走局部改善总体也改善的绿色发展道路，不再侵占子孙后代的利益。

五是居民收入差距过大。中国反映居民收入差距的基尼系数在进入 21 世纪后一直在 0.4 的警戒线之上，且有上升趋势，世界银行资料显示 2007 年已达 0.48。有研究报告指出，从 1988—2007 年，收入最高的 10% 人群和收入最低 10% 人群的收入差距，已从 7.3 倍上升到 23 倍，贫富分化在发展。2009 年，城镇居民家庭人均消费支出为 12264.55 元，而农村居民家庭人均消费支出为 3993.45 元，后者不及前者的 1/3，说明城乡居民消费差距相当大。人均地区生产总值差距也不小。2009 年，上海为 78225 元，而贵州为 10258 元，前者为后者的七倍多。最近王小鲁在《比较》2010 年第 3 期发表文章，推算 2008 年有 9.3 万亿元隐性收入（其中灰色收入 5.4 万亿元）没有统计在国民总收入中，这两个数字都比 2005 年增加了近一倍。他提出，如把隐性收入计算进去，则以全国居民最高收入和最低收入各 10% 的家庭来衡量，其人均收入差距应从统计数据显示的 23 倍，调整到 65 倍，基尼系数相应会高于 0.47—0.5 的水平。中国居民收入差距过大主要原因在于分配不公、权钱交易、分配秩序混乱、政府调节不力等。注重公平分配，加快提高低收入群体的收入和消费水平，让人人共享改革发展成果，已成为缓解社会矛盾、维护社会稳定的关键。

三　适当放缓经济增速，为加快调整经济结构创造必要的条件

中国经济结构失衡的根本原因，我认为主要是连年追求超高速经济增长。为了追求短期超高速增长，不断加大投资，而且大上工业和重化工项目，挤压消费；投资增速很高，粗放扩张，必然要付出过大的资源环境代价。为保经济增速一高再高，财政支出多用于基础设施建设，用于支持欠发达地区和增加低收入群体收入的财力不足，社会公共事业发展滞后。由于追求短期的经济超高速增长，致使上述五个方面经济结构失衡越来越加重和突出。

因此，为缓解经济结构失衡问题，当前需适当放缓经济增速，从历来的追求两位数增长逐步转为追求比如8%左右的增速。最近，政府强化淘汰落后产能、取消一部分"两高一资"产品出口退税、各地纷纷提高最低工资标准、控制银行放贷规模和增速，整顿地方融资平台、对房地产行业进行调控，等等，都在使经济增速有所回调，这些都是有利于调整经济结构的。

与此同时，在经济学家中也有人担心中国经济会出现"二次探底"，不利于经济的平稳较快发展。有人甚至建议政府要再次实施经济刺激计划，以确保经济的快速发展。我认为，这是不可取的。当前经济的一定程度的回调是政府宏观调控的要求，是有利于今后转方式、调结构的，并不是什么"二次探底"。因为一般认为，按照现在的发展态势，今年第三、第四季度的经济增速仍将在8%以上，全年经济增速将在9%以上。如果不能容忍现在一定程度的增速回调，老是想保两位数增长，那么，所谓调结构就将落空，甚至会使结构失衡更加严重，最终走向"硬着陆"。这说明，在中国经济转型过程中，需要转变增长和发展的理念，要从追求两位数增长转变为追求常态的8%左右的增长。只有这样，才能为加快调整经济结构创造比较良好的环境和条件。

其实，在目前中国体制和政策格局下，我们根本不必为经济探底发愁。现在各方面特别是地方政府，仍是GDP挂帅，急功近利，只要有一点可能，都会千方百计提高经济增速，即有强大的追求经济高速再高速的动力，并希望一直实施扩张性的宏观经济政策。在中国，目前最难的还是控制经济增速太快带来的资源紧张、环境恶化、通货膨胀、贫富悬殊、国强民不富等问题。我们要逐渐回归到常态的增长，只有在两种情况下有可能，一是内外环境迫使不得不放缓经济增速，否则会出现社会震荡、危及社会稳定，这是被动的调整；另一种是通过深化改革，主要是推动政府转型，政府不再以追求GDP增速作为第一目标，转为公共服务型政府，这是主动的调整。随着政府的转型，经济的稳定增长，财政转为公共财政，价格关系的理顺，市场在资源配置中基础性作用的充分发挥，居民收入分配差距的缩小，社会保障体系的健全，都将逐步顺利实现。但愿能早日实现这一光明前景。

（原载《中国经济时报》2010年8月30日）

坚持以经济建设为中心推动科学发展

胡锦涛总书记在庆祝中国共产党成立 90 周年大会上的讲话指出："在前进道路上，我们要继续牢牢扭住经济建设这个中心不动摇，坚定不移走科学发展道路。"这对我国顺利推进小康社会建设，加快实现现代化，有极其重要的指导意义。

一　以经济建设为中心坚持党的基本路线不动摇

1978 年年底，党的十一届三中全会作出把党和国家工作中心转移到经济建设上来，实行改革开放的历史性决策。从此，中国走上了建设中国特色社会主义的康庄大道。改革开放三十多年最显著的成就是经济快速发展。1978 年，中国国内生产总值为 3645.2 亿元；而到 2010 年，中国国内生产总值已达 397983.3 亿元。1978 年，我国 GDP 占世界比重只有 1.8%，而到 2010 年，则上升到占世界比重的 9.5%，成为世界第二大经济体，人均 GDP 超过 4000 美元，进入中等偏上收入国家行列，这让世人公认出现了"中国奇迹"。

尽管改革开放三十多年我国在经济发展上取得了上述辉煌业绩，但是由于我们原来的起点比较低，所以我们还要毫不松懈地继续努力。正如胡锦涛总书记指出的，在本世纪上半叶，我们党要团结带领人民完成两个宏伟目标，这就是到中国共产党成立 100 年时建成惠及十几亿人口的更高水平的小康社会，到新中国成立 100 年时建成富强民主文明和谐的社会主义现代化国家。而要实现这两个宏伟目标，就必须继续坚持以经济建设为中心，继续聚精会神搞建设，一心一意谋发展。

经济是基础，社会的发展和进步是以经济的发展为基础的。生产力是人类社会发展的根本动力。只有不断提高生产力水平，才能不断增强我国的经济实力和竞争力，不断提高人民的生活水平，加快社会建设，推动文化繁荣。这就是为什么我们判断一种社会制度是否先进，一种体制是否有效，一种政策措施是否合理的标准，就看它是不是有利于生产力的发展，这是最主要的甚至是唯一的标准。中国特色社会主义道路和制度之所以具有无限的生命力，社会主义市场经济体制之所以是中国经济体制的唯一正确选择，就在于它们能最大限度调动各方面积极性，有力地促进生产力的发展。改革开放三十多年来的实践完全证明了这一点。

我们党的社会主义初级阶段的基本路线的核心是"一个中心、两个基本点"，即以经济建设为中心，坚持四项基本原则，坚持改革开放。坚持这一基本路线，我们已取得令世人赞叹的伟大成绩。现阶段我们在取得经济建设辉煌业绩的基础上，要加快社会建设，要更好地推动文化大发展大繁荣，要切实做到人人共享改革发展的成果，以及要发展社会主义民主政治，但这并不能因此就不再以经济建设为中心，恰恰相反，为了更好更快地推动社会建设和进步，推动文化大发展大繁荣，让人人共享改革发展成果，以及推进社会主义民主政治建设，我们要坚持党的基本路线不动摇，坚持以经济建设为中心不动摇，不断夯实坚持和发展中国特色社会主义的物质基础。

二　三个"没有变"决定了我们在前进道路上必须坚持以经济建设为中心

胡锦涛总书记在"七一"讲话中说："我们已经取得了举世瞩目的伟大成就，但我国仍处于并将长期处于社会主义初级阶段的基本国情没有变，人民日益增长的物质文化需要同落后的社会生产力之间的矛盾这一社会主要矛盾没有变，我国是世界上最大的发展中国家的国际地位没有变。发展仍然是解决我国所有问题的关键。"

我体会，胡锦涛总书记指出的三个"没有变"，决定着我们在前进道路上必须继续坚持以经济建设为中心。

这三个"没有变"，都是要告诫我们，我国虽然经济社会发展很快，成就斐然，经济规模连续超英、超德、超日，成为世界第二大经济体，在全球经济活动中起着举足轻重的作用。但是要清醒看到,我国有十三多亿人口,人均 GDP 还排在世界百名之后。发达国家如美、日、德、英、法的人均 GDP 都在 4 万美元(2009 年,下同)以上,而我国刚到 4000 美元多一点,只及它们的 1/10。我国工业化和城市化尚未完成。因此我们一点也骄傲不得、松懈不得、自满不得,而是要牢牢抓住和用好我国发展的重要战略机遇期,继续以经济建设为中心,努力推进社会主义现代化建设。

在这三个"没有变"中,核心是我国仍处于并将长期处于社会主义初级阶段的基本国情没有变。我们必须从这一基本国情出发,制定发展战略和方针政策,谋划未来。我国东部地区一些大城市,如上海、北京、广州、深圳、苏州等,人均 GDP 已超 1 万美元,已进入工业化后期,或者后工业化时期,率先基本实现小康社会建设任务。但这只是几个城市,无论从地域或人口说只占全国的很小一部分。而且即使是这几个国内最发达的城市,离发达国家的人均 GDP 水平等还有较大差距。现阶段,就全国来说,还处于全面建设小康社会阶段。就是到 2020 年我国建成更高水平的小康社会以后,我们还要继续推进社会主义现代化建设,在 21 世纪中叶基本实现现代化。这些都是不可逾越的。东部发达城市要在建设小康社会和实现现代化过程中,起率先和引领示范作用。

三 转方式调结构,推动科学发展

2008 年国际金融危机爆发后,我国经济在连年高速发展中积累的不均衡不协调不可持续的问题更加突出,转变经济发展方式,实现从数量扩张型经济向质量效益型经济转变的任务更加刻不容缓。

转变经济发展方式,就要促进经济增长由主要依靠投资、出口拉动向依靠消费、投资出口协调拉动转变,由主要依靠第二产业带动向依靠第一、第二、第三产业协同带动转变,由主要依靠增加物质资源消耗向主要依靠科技进步、劳动者素质提高、管理创新转变。

在当代中国,坚持发展是硬道理的本质需求,就是坚持科学发展。要推动科学发展,首先要加快转变经济发展方式,加快经济结构战略性调整。同时,要更加注重以人为本,使发展成果惠及全体社会成员,并实现全面协调可持续地发展。我们首先要做好做大"蛋糕",同时要把"蛋糕"切好分配好。这是贯彻以经济建设为中心,坚持科学发展的内在要求。过去我们在做大"蛋糕"上取得突出成绩,而在做好"蛋糕"上相对注意不够,在切好"蛋糕"上存在一些问题,出现分配不公,贫富差距拉大,基尼系数超警戒线的问题。要使经济社会发展转入科学发展的轨道,就要解决好上述不够协调的问题,更加注重改革开放,加快科技进步和创新,更加注重保障和改善民生,同时加快建设资源节约型、环境友好型社会,促进社会公平正义,不断在生产发展、生活富裕、生态良好的文明发展道路上取得新的更大的成绩。

我国在全面建设更高水平的小康社会过程中,当前最重要的是努力使我国逐步从中等偏上收入国家迈向高收入国家行列。所谓高收入国家,就是要达到人均国民总收入(大体相当于人均 GDP)达 12195 美元(2009 年美元)以上,避免陷入"中等收入陷阱"。"中等收入陷阱"是世界银行于2006 年首次提出的。他们认为,从低收入到中等收入阶段后,一国的经济发展战略和增长机制需要有新的突破,延续过去的战略和机制会使一国难以从中等收入国家向高收入国家转变。他们以此概括为"中等收入陷阱"。我们提出转方式、调结构,实现经济转型,正是为了避开"中等收入陷阱",使我国经济经过若干年努力,进入高收入国家行列,给全国人民带来更大福祉。如果在 21 世纪第二个十年我国年均 GDP 增速能达到 7%—8%,加上人民币对美元的缓慢升值,我国到 2020 年或再多一两年就能顺利进入高收入国家行列,从而可以进一步缩小与发达国家在经济、技术上的差距,使我国小康社会的标准大大提高,并为进一步基本实现现代化打下更加牢固的基础。

(原载《深圳特区报》2011 年 8 月 16 日)

深化改革是加快转变经济发展方式的关键

党的十八大报告明确指出，深化改革是加快转变经济发展方式的关键。这是一个十分重要的判断，为我国今后加快转变经济发展方式指明了方向和路径。回顾 2005 年中央"十一五"规划建议又一次提出转变经济增长方式要求后，学界对于怎样转变经济增长方式，曾各自强调不同的方面和设想，有的强调着力提高自主创新能力和保护知识产权，有的强调要制定和完善促进经济增长方式转变的法律法规，有的强调要完善政策强化对转变经济增长方式的激励机制，有的则强调关键是要深化改革形成促进经济增长方式转变的体制机制。经过此后多年的研讨和实践，已逐渐达成共识，即像十八大报告所说的，要加快转变经济发展方式，关键在于深化改革。

深化改革包括的范围很广，本文主要就深化经济体制改革和政府改革对推动经济发展方式转变的意义和作用，简要说一点个人想法。

十八大报告说，经济体制改革的核心问题是处理好政府和市场的关系，必须更加尊重市场规律，更好发挥政府作用。过去我们一直在说国有企业改革是经济体制改革的中心环节，2005 年中央"十一五"规划建议强调转变经济增长方式的同时，指出加快行政管理体制改革，是全面深化改革和提高对外开放水平的关键。我体会，这里说的行政管理体制改革，最主要的是政府改革，是政府职能的转换。多年的实践证明，要推动经济增长方式转变，要害在于加快行政管理体制改革，加快政府改革，使政府真正履行经济调节、市场监管、公共服务和社会管理职能，而不只是深化国有企业改革。也就是说，中国改革开放建设发展的实践，已开始把政府改革推到了改革的最前列。

推进政府改革，处理好政府和市场的关系，其要点我认为还是十八大报告说的，"更大程度更广范围发挥市场在资源配置中的基础性作用"，也就是说，要解决政府"越位"、"错位"、"缺位"特别是其中的"越位"问题，真正做到政企分开、政资分开、政事分开、政府与市场中介组织分开，减少和规范行政审批，尽可能减少对微观经济活动的干预，从全能型政府向服务型政府转变。

第一，政府应当从介入过深的经济领域逐步退出，不再充当资源配置主角。当前较大的问题是不少地方政府公司化，地方政府首脑充当当地经济活动的董事长和总经理。由于我国长时期都以 GDP 增速作为政府官员政绩大小的主要考核指标，而政府官员实行任期制，一般五年一任期，不少官员为了追逐自己千秋业绩，都全力以赴使任期内 GDP 增速最大化，往往运用手中权力搞粗放扩张，拼资源，拼环境，因为粗放扩张最能短期见成效、出政绩。我国一些高耗能产业已经过剩，但是至今仍有一些资源比较丰富的地区继续发展这些产业，地方政府擅自降低能源价格如电价，鼓励这些产业发展，形成不平等竞争格局，致使产能过剩问题加剧，而作为约束性指标的能耗降低指标则连年没有完成计划。难怪国务院有的领导同志说，中央政府的宏观调控，主要是调控地方政府的经济行为。所以，要加快转变经济发展方式，必须转变政府职能，政府不再以主力运动员身份参与市场竞争，不再带头搞粗放扩张，不顾后果地追求短期 GDP 最快增速。

第二，政府履行经济调节职能应主要搞好宏观调控或贯彻中央政府宏观调控举措，为社会经济活动提供良好的稳定的环境，基本上不干预微观经济活动，真正实行政企分开。凡是市场能做且有效率的事，就应放手让市场去做，包括取消各种各样的行政垄断让非公有制经济能够平等地进入市场和参与市场竞争，政府主要是制定标准和规则并认真进行监管，不必替企业进行微观决策，不必事事审批。审批过多过滥往往扼杀创新活动，降低微观经济活动效率。但是，减少审批会直接影响那些有审批权力的官员的利益，因而常常受到他们的强烈反对。至今仍有一些竞争性项目还是要层层审批历时数月甚至一年多才能立项，而且几乎每次审批都要请吃送礼，花费多多。这说明我国的商业环境仍需大力改进，政府的服务意识和职能仍需大大增强。

第三，财政要加快向公共服务财政转型，逐步实现基本公共服务均等化。财政转型看起来属于财政体制改革，实际上是政府改革的重要内容。如果政府是经济建设型政府，那么财政必然是经济建设型财政，财政支出尽量用于搞经济建设。现在政府要向服务型转轨，财政自然要跟着向公共服务型转轨。我国财政用于公共服务的支出占财政总支出的比例一直严重偏低，离公共服务型财政的要求很远。比如，2008年，中国医疗卫生支出占财政支出比重为4.4%，社会保障与就业服务支出占财政支出比重为10.9%，两项合计为15.3%，比人均GDP3000—6000美元阶段国家平均31%左右的水平，低了一半多。2011年，情况并未有多少好转，当年我国医疗卫生支出和社会保障与就业服务支出占财政支出比重仍只占16%，仍然比发展程度大体相同的国家低一半。

还要看到，我国严重偏低的公共服务支出，其内部结构也不合理，大体上用于城市的比用于农村的多得多，越是弱势群体得到的服务越少。这说明，我国向公共服务型财政转型的任务还非常繁重。而只有实现财政转型，财政支出大力向民生倾斜，占的比重有大幅度提高，才有可能逐步实现基本公共服务均等化。在某种程度上可以说，财政转型是政府转型的最重要标志。

第四，政府减少对价格特别是生产要素和资源产品价格的管制。中国粗放型增长方式之所以很难转变，重要原因是由于我国生产要素如土地、资本和一些重要资源产品价格受政府控制，长期偏低或严重偏低，从而鼓励对它们的滥用和浪费，效率很低。我国不少产品出口有竞争力，往往是因为尽管消耗大但价格低廉，而且即使破坏了环境也不必付费。因此，要转变经济增长和发展方式，就必须改变这种情况，不能任意用行政手段人为地压低土地和资本的价格，同时要使资源产品价格能很好地反映市场供求关系、资源稀缺程度和环境损害成本。2005年，在制定我国"十一五"规划时，世界银行曾向我国有关部门提供报告，指出根据他们的调研，能源的节约，一半以上的因素在于能源价格的提高。因此，要节约和集约使用能源资源，提高效率，就要充分运用市场机制，通过价格杠杆即提高能源资源的价格至合理水平。这就需要政府放松或减少对生产要素和资源产品价格的管制，理顺它们的价格，用经济手段逼迫各经济主体节约集约使用资源，从而推动经济增长和发展方式的转变，推动资源节约型环境友好型社会建设。当前，我国物价基本稳定，CPI上涨率比较低，正是推进生产要素和资源产品价格改革的好时机，希望这次不要再坐失良机，抓紧推进这一重要领域改革，从而在推动转变经济发展方式上取得实效。

第五，深化收入分配制度改革。中国收入分配存在不合理现象，不断做大的"蛋糕"没有切好、分配好，居民收入差距过大（接近0.5），已成为各界共识。由于居民消费支出在国内生产总值中比重在进入21世纪以后连年下降，从2000年的占46.4%降到2011年的34.9%，致使消费需求不足，消费对经济增长的拉动作用减弱，经济增长过分倚重投资和出口，影响了经济增长的协调性和可持续性。劳动报酬占GDP的比重太低且在下降，1997年，劳动报酬占GDP的比重为53.4%，这几年已降到40%以下。这种情况不利于劳动者素质与技能的提高，从而不利于转变经济发展方式。居民收入差距过大，使大量低收入群体不能很好地分享到改革发展成果，不能很好地落实以人为本，影响他们积极性的发挥，也不利于更好地促进社会和谐和稳定。

总之，抓住政府改革这个"牛鼻子"，就能把各项经济改革带动起来，形成推动经济发展方式转变的合力，切实做到以改革促转方式，促经济健康发展。

（原载《财贸经济》2012年第12期）

三

深化改革 完善社会主义市场经济体制

国有企业改革理论的新突破

随着我国国有企业改革的逐步深入，人们一直在努力寻找国有制的有效实现形式。党的十六届三中全会通过的《决定》提出，要适应经济市场化不断发展的趋势，进一步增强公有制经济的活力，大力发展国有资本、集体资本和非公有资本等参股的混合所有制经济，实现投资主体多元化，使股份制成为公有制的主要实现形式。这一论断，是对过去党的文件关于这个问题的论述的继承和重大发展，是我国国有企业改革理论的新突破，反映了我国经济体制改革的深化和发展趋势。

一 重要的国有企业大部分已改为股份制企业

1993 年，十四届三中全会《决定》提出，随着产权的流动和重组，财产混合所有的经济单位越来越多，将会形成新的财产所有结构。1997 年，十五大报告提出，公有制实现形式可以而且应当多样化。要努力寻找能够极大促进生产力发展的公有制实现形式。股份制是现代企业的一种资本组织形式，有利于所有权和经营权的分离，有利于提高企业和资本的运作效率，资本主义可以用，社会主义也可以用。1999 年，十五届四中全会《决定》提出，国有大中型企业尤其是优势企业，宜于实行股份制的，要通过规范上市、中外合资和企业互相参股等形式，改为股份制企业，发展混合所有制经济，重要的企业由国家控股。2002 年，十六大报告进一步提出，除极少数必须由国家独资经营的企业外，积极推行股份制，发展混合所有制经济。

我国国有企业在 1993 年十四届三中全会《决定》明确以建立现代企业制度为改革方向后，一直积极推进股份制和公司制改革，实行制度创新，使公有制和非公有制在现代公司制度的财产组织形式中相互渗透和融合，股份制、混合所有制逐渐成为公有制特别是国有制的主要实现形式。据国家统计局对全国 4371 家重点企业，包括 514 家国家重点企业、181 家中央管理的国有重要骨干企业、93 家国务院确定的建立现代企业制度百户试点企业、121 家国务院确定的国家试点企业集团母公司以及 3000 多家省级重点与试点企业的跟踪统计调查，截至 2001 年年底，这些重点企业中已有 3322 家实行了公司制改造，改造面为 76%。改制企业中非国有独资公司（即其他有限责任公司和股份有限公司）占改制企业的 74%。3322 家改制企业注册资本金合计 11437 亿元，其中，国有资本 7383 亿元，占 64.55%；包括集体资本、法人资本、个人资本、外商资本在内的其他各类资本 4054 亿元，占 35.45%，大多数企业实现了产权的多元化。这表明，目前全国最重要的国有企业，大部分已改为股份制企业，股份制、混合所有制已成为国有制的主要实现形式。有资料显示，到 2001 年年底，除个体户外，90% 以上的新建企业为股份制企业，70% 以上的老企业改为股份制企业，纯国有企业和纯私营企业正在逐渐减少。

二　国有资本和各类非国有资本相互融合趋势加强

我国上市公司国有资本和非国有资本呈互相渗透的趋势。1992 年，我国上市公司 53 家，全部是国有控股。到 2001 年，情况已有很大变化，在 1159 家上市公司中，无国家持股的公司 294 家，占 25.37%；国家一般参股的公司 121 家，占 10.44%；国家相对控股的公司 377 家，占 32.53%；国家绝对控股的公司 367 家，占 31.67%。

近几年我国实施允许国内民间资本和外资参与国有企业改革改组的政策，促进了国有资本和各类非国有资本的相互融合，促进了股份制和混合所有制经济的发展，出现了个体、私营经济与公有制经济相互渗透、相互融合的趋势。据全国工商联 2002 年对全国私营企业的调查，分别有 8% 和 13.9% 的私营企业已经和准备兼并收购国有企业，有 25.7% 的私营企业是由原来的国有企业、集体企业改制而成的。这几年，外资收购和参股国内企业（主要是国有企业）逐渐增多。据世界知名咨询公司美国波士顿顾问公司公布的报告，1997—2001 年，"海外收购国内"的交易共有 66 项，交易金额为 65 亿元人民币。2002 年以来这项活动进一步发展。深圳市 2002 年决定向外商出售市属从事公用事业等业务的优质国有企业的部分股份，其中能源集团有限公司转让 25% 的股权，水务（集团）有限公司转让 45% 的股权，燃气集团有限公司转让 24% 的股权，公共交通（集团）有限公司转让 45% 的股权，食品总公司转让 70% 的股权。有的经济学家估计，以股份制为主体的混合所有制经济目前已占我国总体经济的 40% 左右（1990 年占 9.8%）。再经过 5—10 年的改革，混合所有制经济可能达到 80% 左右。

三　使股份制成为公有制的主要实现形式具有重要的政策含义

股份制成为公有制特别是国有制的主要实现形式，其政策含义非常重要：一是要更加积极地推进国有企业的股份制、公司制改革，积极吸引非国有资本参与国有企业的改革和改组。二是今后要尽量少搞国有独资企业。三是重要的企业需要国有控股的，也要尽可能相对控股，这是规范的股份制和公司制的要求。个别仍需实行国有独资的，也要由多家国有投资主体共同持股，使出资主体互相制约。四是国有投资公司、控股公司也可向非国有企业参股，但要遵守市场经济自愿交易、公平竞争的原则，不能凭借政府力量强令推行。五是国有资产管理机构需考虑如何更好地利用控股公司、投资公司等，对不同类型的企业控股或参股，从事资本经营，促进国有资本保值增值。

从放权让利的国有企业改革到推行股份制和发展混合所有制经济，再到股份制和混合所有制成为公有制的主要实现形式，这表明我国公有制特别是国有制逐步找到了与市场经济相结合的形式和途径。

（原载《人民日报》2003 年 11 月 17 日）

国有企业改革任重道远

我国国有企业改革，自 1993 年党的十四届三中全会确定以建立现代企业制度作为改革方向以来，已取得重大进展。国有经济继续控制着关系国民经济命脉的重要行业和关键领域，对经济发展起着主导作用。一批大型国有企业正在推进现代企业制度建设，经济效益有所好转，2003 年，国有及国有控股企业实现利润 4610 亿元，其中光是中央企业①。实现利润就达 3000 亿元；2004 年国有及国有控股企业实现利润 5312 亿元，中央企业实现利润 4785 亿元，比上年增长近六成。国有资产稳步增加，2002 年达 11 万亿元以上，超过当年国内生产总值，其中 2/3 是经营性资产即国有资本。截至 2004 年年底，中央企业总资产达到 91948 亿元，净资产达到 39463 亿元，净资产收益率达到 8.9%。② 与此同时，我们也要看到，从战略上调整国有经济布局和结构的任务还十分繁重；国有大中型企业只是初步形成现代企业制度的框架，离规范的要求还很远；国有资产管理体制改革才刚刚起步。特别是，作为国有企业骨干力量和主力军的中央企业，改革滞后，亟须加快改革步伐，积极推进现代企业制度建设。在中国已加入 WTO 并且过渡期即将结束（2005 年、2006 年）的情况下，越来越多的境外企业、跨国公司进来参与竞争，中央企业如不迅速转换机制、适应市场，将面临巨大的压力，甚至处于被动的局面。因此，应有制度创新的紧迫感。

在全国国有工商企业的国有资产总量中，中央企业占 56.7%（2003 年数据），占大头。特别是，从整体看，中央企业的资产质量较高，垄断行业中大型特大型骨干企业几乎全部是中央企业。2003 年，中国上市公司 100 强中，母公司是中央企业的有 26 家。在前 10 家上市公司中，母公司是中央

---

① 本文说的中央企业，均特指目前由国务院国资委监管的 180 家左右国有工商企业。

② 参见《人民日报》2005 年 3 月 24 日。

企业的有 9 家；在纽约上市的 15 家公司中，母公司是中央企业的有 12 家；在香港上市的 36 家公司中，母公司是中央企业的有 19 家。《财富》杂志 2004 年度公布的世界 500 强企业中，中国入选企业 15 家，其中内地的 14 家企业全部是国有企业，主要是中央企业。考虑到将来需要保留国有或国有控股的企业，最主要的就是 100 家左右的中央企业，国有经济在国民经济中发挥主导作用，并积极参与国际市场竞争，也是主要靠这些中央企业。因此，深化中央企业改革，在整个国企改革中有举足轻重的作用。

但是，目前中央企业改革相对于地方企业来说，改革慢了半拍，甚至还不止。例如，目前中央企业中最重要的特大型企业许多都是按《中华人民共和国全民所有制工业企业法》登记的国有独资企业，实行总经理负责制。到 2004 年底，在 177 家中央企业中，按《公司法》注册的只有 11 户国有独资公司。又如，在中央企业中，集团一级实现投资主体多元化的只有 9 家。地方企业股份制改革明显快于中央企业，比如，到 2003 年底，我国 4223 家国有大中型骨干企业中，已有 2514 家通过多种形式改制成为多元持股的公司制企业，比重为近 60%。这说明，地方企业半数以上已初步进行股份制公司制改革，大大快于中央企业。

我们认为，积极推进中央企业改革，主要需从以下几个方面展开。

第一，进一步推动国有资本向关系国民经济命脉的重要行业和关键领域集中，向大企业集中，以便更好地发挥自己的优势，增强国有经济的控制力。目前，中央企业有超过 177 家，其中有七八十家是中小企业，需通过资产重组、产权流动等进行收缩，使兼并重组后的中央企业在百家以下，不能太多。这些大型企业有不少资产达几千亿元。中央企业的国有资本还是要按照十五届四中全会指出的那样，向以下四大行业和领域集中，即关系国家安全的行业，自然垄断的行业，提供重要公共产品和服务的行业，以及支柱产业和高新技术产业中的重要骨干企业。同时，也要向大型企业集中。有人说，在对国有经济布局的有进有退调整中，中央企业是进，地方企业是退。这种说法不一定符合实际，中央企业也是有进有退，而不是只进不退，退的主要是一般竞争性行业（而不是所有竞争性行业）和中小企业。当然，也要承认，由于中央企业较多分布于关系国民经济命脉的重要行业和关键领域，因此退的企业可能要比地方企业少一些，留下来的和继续发展壮大的企业多一些。

第二，积极推进国有大中型企业规范的公司制改革。这是中央企业改革的重中之重。党的十六届三中全会《决定》指出："要适应经济市场化不断发展的趋势，进一步增强公有制经济的活力，大力发展国有资本、集体资本和非公有资本等参股的混合所有制经济，实现投资主体多元化，使股份制成为公有制的主要实现形式。"据此。今后中央企业改革，似可大体分三步。第一步，按《公司法》要求将中央企业转为公司，建立董事会，包括聘请一部分独立董事，初步实行两权分离。第二步，大力发展股份制，除极少数特殊企业外，都要实行投资主体多元化，通过改制上市等引入战略投资者，包括国内民间资本、非国有机构投资者和基金、外资等。需要国家控股的，要更多地实行相对控股，有的还可以采取黄金股的办法。这些做法，都有利于改善股权结构，有利于建立现代产权制度，有利于真正实行政企分开。由于中央企业一般都是大型企业，资产巨大，不能采用MBO即管理层收购的方法进行改革。第三步，建立和完善法人治理结构。现在要抓紧进行第一步工作，但较难的是第二步，即大部分中央企业要通过上市、引入战略投资者等实行股份制即股权多元化。这一步需采取更积极的态度，配合垄断行业改革进行。还有，这三个步骤也不是截然分开，只有走完前一步才能走下一步。比如国务院国资委成立后不久，就在十几家中央企业中面向全球招聘经营班子成员，这走的是第三步，即属于改善治理结构的范畴。

对于极少数目前仍需保留国有独资的，也要尽可能由多家国有投资公司共同持股，使持股者能互相制约，改善法人治理结构。

为了推行股份制，中央企业需做好几方面的工作，比如，要继续推进主辅分离工作，包括不再承担应由社会或政府负担的工作，使企业能轻装上阵，参与市场竞争。又如，对占企业净资产百分之十几、占总资产5.4%数额达4000多亿元的不良资产。[①] 进行适当处理或剥离，就像国有独资商业银行要推行股份制首先要降低不良资产率那样，以利于吸引新的非国有投资主体。还有，对亏损企业（2004年当年有10家）要继续减亏，对中央

---

① 参见《经济日报》2004 年 12 月 16 日。

企业所属一些该退出的企业用多种形式平稳退出市场，等等。

第三，加快推进垄断行业中央企业改革。垄断行业是我国国有经济最集中的领域。垄断行业主要指自然垄断行业改革，是我国国有经济（国有企业）改革的一个重点。垄断行业中大型特大型骨干企业几乎全部是中央企业。加快推进垄断行业中中央企业改革，就是加快推进垄断行业改革。按照十六届三中全会《决定》的精神，我国垄断行业改革分为两类。一类是已经进行初步分拆、竞争的电力、电信、民航等行业，要完善改革措施。一是放宽市场准入，引进新的厂商参与市场竞争；二是现有的企业有条件的要实行多元持股，以利于形成规范的公司治理结构。这一改革，是同中央企业的股份制改革一致的。另一类是尚未进行实质性体制改革的铁道、邮政、某些城市公用事业等，则要积极推进政企分开、政资分开、政事分开改革，为下一步的实质性改革即股份制改革创造条件。要认真区分垄断行业中自然垄断性业务（自然垄断性表现为显著的规模经济性、成本弱增性和资产专用性等特点）和非自然垄断性业务，在非自然垄断性业务领域放开市场，引入竞争机制，以提高效率。与此同时，国家要对垄断行业特别是其中的自然垄断性业务加强监管，既要加强安全、环保、普遍服务等管制，也要实行价格管制，如实行价格听证制等，以维护消费者的正当权益。

第四，继续推进国有资产管理体制改革。党的十六大明确了我国国有资产管理改革的方针任务。2003年上半年，国务院国资委已成立，监管189家中央企业和2.59万亿元国有净资产，《企业国有资产监督管理暂行条例》等有关法规陆续出台。可以看出，对中央企业国有资产的监管已经开始，正在不断改进和完善中。国务院国资委对推进中央企业改革、资产重组和实现国有资产保值增值等方面肩负着重任。在这方面，有许多问题值得实践中研究和改进。

例如，目前国务院国资委监管着100多家中央企业，即使经过几年资产重组后，仍将有近百家企业。按管理学原理，很难有较高的效率。可否在国资委和企业之间设立第二层次如投资公司控股公司（如新加坡的淡马锡公司）等来管理，就很值得研究。

又如，一些中央企业上市时，都是先把企业的优质资产剥离出来，非优质资产则留给母公司，而上市公司又是由母公司控股。这种制度安排很容易使母公司利用控股权，通过关联交易或借债等形式向上市公司淘钱，损害上市公司和中小股东的利益。在实际生活中，这几年已发生许多起这类恶性事件，严重损害了国有企业的声誉。所以，如何处理中央企业中上市公司与母公司的关系，是迫切需要解决的问题。除了加强对上市公司财务活动的监管、依法保护上市公司权益等外，更需加快对母公司的改革，包括处置不良资产，分离办社会负担等。还有，今后中央企业上市最好是整体上市，不再先把优质资产分拆出来上市。

再如，国有资产管理机构如何真正做到管资产和管人、管事相结合，只当老板，履行出资人职责，不当"婆婆"，还需很好探索，总结实践经验。国资机构如何当好股东，行使股东而不是董事会和经营班子的权力；如何派出董事，派出的股东代表和董事同国资机构是什么关系，董事能否从社会上公开招聘；对国资监管机构如何评价和考核它们的业绩，如何建立激励、约束和监督机制，包括如何建立国有资本的经营预算制度，等等，都是属于这一类问题。新的《公司法》即将通过，国资委要依法履行出资人职责，凡是同《公司法》不一致的都要改过来，依法办事。在这里要特别指出的是，2003年党的十六届三中全会决定已提出"建立国有资本经营预算制度"的任务，需要抓紧落实。1992年以来，一直实行国有企业的税后利润归企业支配的政策，有其必要性、合理性。但是现在已成立了国资委，国资委要代表政府履行出资人职责，国有企业利润已达5000多亿元，其中中央企业已达4785亿元（2004年）之巨，如果仍全部留给企业，国有资本就很难集中起来投向重要行业和关键领域，中央企业进一步做强做大，形成具有国际竞争力的大公司大集团也会受到影响，国资委作为出资人的职责也没有很好落实（对所监管企业的利润无权支配）。所以，国有资本经营预算制度应尽快建立。

中央企业深化改革面临的问题很多，以上四个方面是最重要的，并且要有十年八年的努力，不是短时间就能完成的。这四个方面工作做好了，原国有中央企业就会大变样，可能成为许多国有控股参股的大公司，在国际国内市场上有竞争力的独立的市场主体。它们连同其他国有企业一起，在国民经济中继续发挥主导作用。

国有中央企业改革，左右着国有企业改革的大局。顺利推进国有中央企业改革，不但能改变国有企业改革滞后的状态，还将有力推进财政金融体制改革和市场体系的统一完善。在这个意义上，中央企业改革的成效，决定着国有企业改革的成效。要从这样的高度，深刻认识国有中央企业改革的重要性，并下大力气加以推进。

（原载《中国社会科学院院报》2004 年 3 月 16 日；《人民日报》和《人民政协报》2004 年 3 月 8 日摘发）

国有企业改革任重道远　应尽快建立国有资产经营预算制度

就国有企业改革我讲四点意见：

第一，国有企业改革虽然不再是经济改革的中心环节，但国有企业改革的任务还很重。1984年，明确国有企业改革是经济改革的中心环节以来，国有企业改革取得巨大进展，总体上是成功的，不能因为在改革进程中出现了这样或那样的问题，就否定20多年来国有企业改革的成效。国有企业改革主要取得了四大成效。一是从战略上调整国民经济的布局和结构取得重大进展，国有企业的数量已从20世纪90年代的30多万个减少至目前的10万个左右，但国有资本的总量并没有减少，而是有所增加。全国500强企业中，前几十个几乎都是国有企业或国有控股公司，国有经济仍然主导着整个国民经济的发展。二是国有大中型企业对股份制公司制改革已取得初步成效。在理论上、政策上已明确股份制是公有制包括国有制的主要实现形式，一大批国有大型企业通过规范上市、中外合资和企业相互参股、资产重组等实现了投资主体多元化。在不断改善股权结构的基础上，逐步完善公司治理，健全委托代理关系，改进激励与约束机制。三是开始推进垄断行业的改革，逐步引入竞争机制，不仅明确在非自然垄断性业务方面要引入竞争机制，而且对自然垄断性业务方面也在探索如特许经营权、拍卖等方式使其具有一定的竞争性。四是逐步建立同社会主义市场经济相适应的国有资产管理体制，实行国家统一所有，由中央和省地两级政府分别代表国家履行出资人职责，享有所有者权益，权利义务和责任相统一，管资产和管人、管事相结合的国有资产管理体制。各级国资委正在逐步减少非出资人职责，以便较好地承担出资人的职责。尽管中国国有经济、国有企业正在逐步走向与社会主义市场经济相结合的轨道，但是，上述四大方面的改革远未达标。国有企业的数量还是太多，国有资产应向更能发挥优势的重要和关键领域集中、向大企业集中。国有大中型公司的股权结构和治理水平亟待提高。垄断行业的改革还刚刚开始，已逐步成为国有企业改革的重点。国有资产管理体制改革也刚搭起架子，国有金融资产、自然资源资产、非经营性资产的管理体制框架还没有搭建起来。总之，今后国有企业改革任务还很重，仍需抓紧做好。

第二，尽快建立国有资产经营预算制度，以利于国有经济布局和结构的战略性调整。2003 年 10 月，党的十六届三中全会提出要建立国有资产经营预算制度，这意味着过去国有企业利润全部留归企业的做法将发生改变。国资委成立以后，作为各级政府出资人代表，要履行出资人职责，享有所有者权益，自然有权利支配国有企业的利润，更好地对国有经济的布局和结构进行战略性调整，使国有资产逐步集中到能发挥自己优势的大企业和领域中，从一般竞争性领域退出，放活中小企业。通过几年的酝酿，有关部门正在编制国有资产经营预算制度。建立国有资产、国有资本经营预算制度的必要性还在于国有企业这几年来利润额已相当可观。2005 年仅中央企业利润就达到 6000 多亿元，亟须统筹安排，比如补充重点企业发展的资本金和用于困难企业作为改革成本等。还可考虑从企业上缴利润中拿出一部分补充社会保障基金，或建立对老职工的专项补贴基金。建立国有企业经营预算制度，可以减少公司的储蓄，有利于中国经济的平衡发展，抑制投资增速过快，也有利于改善投资与消费的关系，从而有利于促进宏观经济的平衡。

第三，国有企业要努力转变经济增长方式，承担起社会责任。进入新世纪新阶段，特别是经过 2003—2005 年中国经济两位数的超高速增长后，大家认识到，继续实行高投入、高消耗、高污染、低效率经营扩张的增长方式已难以为继。从根本上转变经济增长方式，建设资源节约型和环境友好型社会，已成为刻不容缓的紧迫任务。转变经济增长方式，是一个长期而艰巨的过程，需要多方面共同努力才能奏效。最重要的是：（1）建立促进经济增长方式转变的法律法规，严格执法。（2）完善方针政策，特别是财税和价格政策。（3）提高自主创新能力，发挥科技进步对经济发展的重大推动作用。（4）深化改革，形成转变经济增长方式、促进全面协调可持续发展的体制机制。可见，推动转变经济增长方式，主要靠企业外部的政策。但是，企业作为微观经济活动主体，并非完全无能为力。国有企业在推动转变经济增长方式方面，应发挥自己应有的带头作用。国有企业还要承担起社会责任，不要把财务收益作为唯一目标，要处理好利益相关者的关系，特别是与职工的关系，以及应承担的其他社会责任。

第四，认真总结近30年的经验，使今后国有企业改革更加健康发展。改革开放以来，国有企业改革是各项改革中争论最多、最激烈的，在改制过程中，的确出现许多不规范行为，侵吞国家资产或瓜分国有资产，触目惊心的案例不少，但是，能不能把国有企业改革就概括为瓜分国有资产的盛宴呢？显然是不能的。因为一方面中央关于国有企业改革的一系列部署和方针政策基本上是正确的，是符合建立社会主义市场经济体制总目标的；另一方面，国有企业改革进程中出现的问题，主要是极少数人侵吞国有资产问题和不规范的行为，中央有关部门正在不断总结经验，推进立法，完善政策，下力气纠正偏差，力推社会向前进。比如，产权交易，必须进入产权交易市场进行；对国有中小企业可以进行管理层收购，但设立了五条禁令：对企业业绩下降负有责任的企业负责人不得购买股权；改制方案要由产权单位委托中介机构制定，严禁自买自卖；必须通过产权交易所进行交易，出让价格通过市场竞价确定，经营者购买股权与其他受让者必须同股同价，不得将有关费用从份额中事先抵扣，等等。考虑到国企改革过程中出现的问题较多，争议较大，而今后国有企业改革的任务又比较重，所以，有必要认真总结过去近30年改革的经验教训，目的是提高认识，完善政策，做好规划，以便今后更好地深化国有企业改革。

（原载《经济与管理研究》2006年第11期）

加快形成落实科学发展观的体制机制保障

2006 年 12 月初举行的中央经济工作会议提出，建立健全贯彻科学发展观的体制机制，是今后一个时期深化改革的主要任务。这是一个具有重要现实意义的命题。

一　转变经济增长方式，实现科学发展，要靠深化改革

我国 2003 年以来两位数的经济增长（10%、10.1%、10.2%、10.5% 左右），成效和问题都很突出。成效方面，中国经济实力大大增强。2002 年讨论十六大报告时预计，到 2020 年中国人均 GDP 可达 3000—3200 美元，2010 年为 1700 美元左右。由于这几年经济增速加快、统计数字订正和人民币汇率提高，2005 年人均 GDP 即达 1703 美元，2006 年可达 2000 美元。这样发展下去，2010 年即可达人均 GDP 3000 美元。中国经济总量 2005 年已是世界第四位，估计到 2007 年能达到 2.8 万亿美元，即达到 2005 年世界第三位德国的水平，2008 年或 2009 年有可能超过德国成为第三大经济体。在经济高速增长的同时，CPI 不高（2003 年 1.2%，2004 年 3.9%，2005 年 1.8%，2006 年 1.4% 左右）。财政收入大幅增长，我国财政收入 1978 年才 1132 亿元，到 2003 年为 21715 亿元，2004 年、2005 年各比上年增 5000 亿元，2005 年达 31627 亿元，2006 年可达 3.9 万亿元以上，增加约 8000 亿元，财政收入按人均已达 3000 元。

与此同时，也应冷静地看到，这几年特别是 2003 年以来两位数的经济增长付出的代价很大。由于经济继续粗放扩张，经济增长的可持续性问题越来越突出。

2004 年，我国 GDP 按当时汇率计算占全世界 GDP 的 4%，但消耗了全球 8% 的原油、10% 的电力、19% 的铝、20% 的铜和 31% 的煤炭。2005 年，

我国 GDP 占世界 GDP 的 5%，但一次能源消耗量占全世界的 14.7%（煤炭则占 36.9%），钢材消耗量占世界的 27%，水泥消耗量占世界的 50%。2005 年，我国万元国内生产总值能源消耗量为 1.22 吨标准煤，相当于美国的 3.2 倍，日本的 8.7 倍。

另一方面，我国又是资源不富裕，人均耕地、淡水、石油、重要矿产品如铁矿石、氧化铝、铜等短缺的国家。多年的粗放扩张，特别是 2003 年以来大规模的粗放扩张，已使我国资源和环境状况对经济增长构成严重制约，成为最突出的瓶颈。这其中一个突出表现是，1990 年，我国主要矿产品的对外依存度为 5%，现在已到 50% 以上，即 50% 以上要靠进口，风险很大。2005 年，我国消费的石油的 42.9%、铁矿石的 53%、氧化铝的近一半依靠进口。进口品的价格也不断上涨。1998 年年底，石油 10 美元一桶，现在为 60 美元左右。进口铁矿石价格，2003 年上涨 30%，2004 年上涨 80%，2005 年上涨 71.5%，2006 年又涨 19%。

能源资源消耗高还带来环境污染和生态破坏问题。针对上述严峻情况，2005 年中央"十一五"规划建议，2006 年 3 月全国人大通过的"十一五"规划纲要，都把转变经济增长方式，提高经济增长的质量和效益，作为落实"十一五"规划的关键。中央建议有两个指标，一为人均 GDP 2010 年比 2000 年翻一番，一为单位 GDP 能耗 2010 年比 2005 年降 20%。"十一五"规划建议为何突出单位 GDP 能耗降低？因为过去能源消费弹性系数一直是 1 以下，1981—1990 年为 0.44，1991—2000 年为 0.2，但 2001—2005 年上升为 1.02，其中 2003 年为 1.53，2004 年为 1.59，2005 年为 0.97。能耗高成为制约经济增长最突出的问题。

2006 年 3 月全国人大通过的"十一五"规划纲要，根据中央关于"十一五"规划建议，提出了"十一五"时期的经济社会发展的 22 个主要指标，其中分为预期性指标 14 个，GDP 和人均 GDP 均为预期性指标；约束性指标 8 个，单位国内生产总值能源消耗降低（20%）和主要污染物排放总量减少（10%）以及水耗降低、耕地保有量等，均为约束性指标，即政府要确保实现的指标。这些约束性指标是最重要的指标，是落实中央"十一五"规划建议，落实科学发展观，转变经济增长方式，建设资源节约型、环境友好型社会的重要体现。但是，在实际经济生活中，转变经济增长方式是很不容易的，困难重重。突出地表现为，在2003—2005年能源消费弹性系数平均超过1，"十五"期间环保指标没有完成，"十一五"规划纲要要求扭转这种趋势并要求从2006年起，单位GDP能耗每年降4.4个百分点，主要污染物排放总量每年降接近2.2个百分点后，2006年上半年，作为预期性指标的GDP增长率，大幅度超过预计数，原预计年增长8%，实际上半年增长10.9%，估计全年增长10.5%左右。与此不同，2006年上半年，作为政府要确保降低的两个主要约束性指标，即单位GDP能耗和主要污染物排放总量，却不但没有下降，反而有所上升，单位GDP能耗提高了0.8%，化学需氧量排放总量增长了3.7%，二氧化硫排放总量增长了4.2%，从而说明经济的粗放扩张没有扭转且呈继续发展势头。

通过粗放扩张追求GDP高速增长，也是带来2006年三个"过"的根源，即固定资产投资增速过快、信贷投放过多（1—9月已达2.77万亿元，超过原定2.5万亿元指标）、外贸顺差过大（1—10月已达1336亿美元，10月份一个月就达238亿美元，全年将大大超出2005年1019亿美元的规模）。这三个"过"是相互联系的。投资增速过快，生产能力大大提高，而消费需求是相对稳定的，生产的大量产品就要出口，造成外贸顺差太多。顺差太多，一结汇，央行外汇储备迅速增加，央行被迫大量投放基础货币（因无法用票据等完全对冲掉），造成流动性泛滥，货币太多使贷款猛增，刺激投资加快，如此循环下去。

当前经济生活中存在的突出问题，说明我国经济还未很好转上科学发展的轨道，还主要是数量型增长而不是质量效益型增长。"十一五"规划要求切实转变经济增长方式的要求没有得到很好落实。其原因，归根结底是体制问题。现行的干部政绩考核体制、财税体制等使各地仍然热衷于用粗放扩张方式实现GDP高速增长，不顾这种增长要付出多大的代价。所以，如何从体制上使社会经济的发展转向科学发展的轨道，以实现速度、质量、效益相协调，消费、投资、出口相协调，人口、资源、环境相协调，成为当前更为紧迫的任务。

二 加快行政管理体制改革,加快政府职能转变,是全面深化改革的关键

五中全会建议提出,加快行政管理体制改革,是全面深化改革和提高对外开放水平的关键。为什么要突出行政管理体制改革?为什么要突出政府改革和职能转换?因为从 2003 年以来经济一再倾向过热,重要原因在于政府特别是地方政府为追求短期 GDP 最大化,一个劲儿铺摊子,上项目,粗放扩张。在某种意义上,国家的宏观经济调控,主要是调控地方政府盲目扩张的行为。地方政府不但拥有过多的资源(特别是土地),而且拥有过大的配置资源的权力(通过项目审批、信贷干预、减免税收、封锁市场、干部任免等),使市场在资源配置中的基础性作用不能很好发挥。2006 年宏观调控实际又一次说明,光靠经济手段(提高存款准备金率,提高存贷款利率等),效果不够理想;而一旦动用行政手段,如查处内蒙古、河南违规上项目和占用土地后很快见效,固定资产投资增速、新增贷款、工业增速都有比较明显的放缓。这种情况,同市场经济主要运用经济手段特别是利率手段调节宏观经济运行是有区别的,也说明要完善社会主义市场经济体制,必须推进行政管理体制改革,推进政府改革,转换政府职能。

转换经济增长方式,提高经济增长的质量和效益,阻力来自诸多方面,除了上面说的政府直接主导资源配置带来的短期行为即追求短期 GDP 最大化外,还来自同政府行为有直接关系的财政体制和价格体制。现行的财政体制给地方政府较大的支出压力,要承担义务教育、公共卫生、社保等责任,在以间接税为主体制下,地方政府自然极力发展能带来较多财税收入的工业特别是重化工业,这样既可以搞政绩工程,又可缓解财政支出压力。这实际上不利于高新技术产业和第三产业的加快发展,影响产业结构的优化升级,不利于提高经济增长的质量和效益。

另外政府对能源资源价格的管制,价格严重偏低,致使能源资源滥用和浪费。有的专家提出,要改变中国的发展模式,从数量型转变为质量效益型,关键是理顺价格关系,改善对能源、资源、土地和环境危害的定价,提高利率等。我认为这个看法是有道理的。我国高能耗、高污染产品之所

以大量出口，是因为我国能源资源价格太低。所以，放松政府对能源资源价格的管制，逐步走向市场化，对于转向低投入、低消耗、低排放、高效率的资源节约型增长方式至关重要。这也应看成是政府职能转换、政府改革的一个重要内容。

可见，五中全会关于加快行政管理体制改革是全面深化改革关键的判断是切合实际的、正确的。当然，这一命题并不是一下子就为所有的人所认识和接受。五中全会建议提出以来一年多，行政管理体制和政府转型改革已有一定进展但不够理想，有的同志可能还对此表示怀疑。所以，要对这方面改革的必要性和意义作更充分的论述和宣传，使这方面改革能更加扎实地向前推进。

三　加快公共服务型政府建设和深化财税、价格等改革，使经济社会转上科学发展轨道

随着社会主义市场经济体制的逐步完善，随着经济从政府主导型向市场主导型转变，政府的角色定位也要从全能型政府向公共服务型政府转变，政府真正履行经济调节、市场监管、社会管理和公共服务职能，特别要强化其中社会管理和公共服务职能。

公共服务型政府要求政府对全体企业、其他社会组织和居民一视同仁，实行国民待遇，政府基本公共服务均等化，不要对不同所有制、阶层、群体区别对待。

公共服务型政府以公共财政体系为基础。建设公共服务型政府，首先要建设公共财政体系，并逐步实现基本公共服务均等化。这方面可做的事情很多，以下仅举几点。

财政资金减少并逐渐取消对一般竞争性领域投资。现有国有资产实行政资分开。建立国有资本经营预算制度，国资委收上来的利润应拿出一部分充实社会保障基金和用于支付改革成本，即支付用于关闭破产的国有企业的必要费用。这有利于调整投资消费结构，提高消费的比重。

财政增收部分应用于公共服务的薄弱环节，如义务教育、公共卫生、就业培训、社会保障、公益文化、生态环境保护、公共基础设施建设、社

会治安等领域。

大力支持全覆盖的基本社会保障支出，比如全覆盖的最低生活保障制度（城市已建，农村也要建立）。加快发展农村合作医疗（已有4亿农民参加，2007年要发展到占80%），并提高财政支持的金额。探索普遍的养老（65岁以上人群）保障制度等。

财政逐步负担义务教育，2007年对农村学生义务教育除可免收学杂费，同时应尽快实现"两免一补"（免收学杂费、课本费，对住校的贫困家庭子女给予一定的补助），并逐步扩展至城市。

把政府的全部收支纳入预算，不再让各地留"小金库"，特别是土地收益金应纳入预算。强化人大对财政收支包括超收部分的监督。

推进税收体制改革，包括企业所得税两税合一，增值税转型，开征燃油税、物业税，提高资源税税率，等等。

健全财力与事权相匹配，以增强地方政府主要是基层政府提供公共产品和服务的能力。

价格改革很重要。要积极推进能源资源产品价格改革，使其价格能反映供求关系和资源稀缺程度。国内外经验表明，提高能源资源价格，能有效节约能源和资源，从而也有利于保护环境。目前居民消费价格上涨率不高，正是调整能源资源价格的有利时机。能源资源价格提高后，需考虑给低收入群体以必要的补助。

还要以提高竞争力和控制力为重点深化国有企业改革，继续从战略上调整国有经济的布局和结构，加快现代企业制度建设。鼓励、支持和引导非公有制经济发展，不断增加就业容量。以完善金融企业法人治理结构和优化金融结构为重点，深化金融体制改革，提高资金配置效率，等等。

只要我们认真贯彻中央经济工作会议精神，加大改革的力度，稳步务实地推进重点领域和关键环节的改革，我国经济社会就能转上科学发展的轨道，实现国民经济和社会又好又快发展。

（原载《人民日报》2007年1月22日）

深化改革是顺应时代潮流之举

党的十七大报告是强调改革开放、突出改革开放的报告。在高举建设中国特色社会主义伟大旗帜下，坚持改革开放与继续解放思想，推动科学发展，促进社会和谐等，并列为大会主题的四大支撑。明年是中国改革开放三十周年，报告专门有一部分总结改革开放近三十年的丰富经验，指出改革开放是我们党在新的时代条件下带领人民进行的一次新的伟大革命。改革开放不但使我国社会主义现代化建设取得了举世瞩目的成就，也使我们党找到了一条建设中国特色社会主义的正确道路，形成了马克思主义中国化的最新成果——中国特色社会主义理论体系。事实雄辩地证明，改革开放是发展中国特色社会主义、实现中华民族伟大复兴的必由之路。报告鲜明提出，改革开放符合党心民心、顺应时代潮流，方向和道路是完全正确的，成效和功绩不容否定，停顿和倒退没有出路。

党的十七大报告特别突出改革开放，认为新时期最鲜明的特点是改革开放。报告关于改革开放问题的论述有许多新的突破和新的举措，下面仅列其中一部分，主要是经济领域部分。

一　坚持和完善公有制为主体、多种所有制经济共同发展的基本经济制度，应落脚于形成各种所有制经济平等竞争、相互促进新格局

要继续毫不动摇地巩固和发展公有制经济，继续毫不动摇地支持、鼓励、引导非公有制经济发展。改革开放近三十年实践表明，在一般竞争性领域，个体私营经济有其灵活适应市场的优势；而对投资大、建设周期长、规模效益明显、社会效益突出的重要行业和关键领域，国有经济有优势。党和政府的职责在于，创造良好的环境，使各种所有制经济能充分发挥自

己的优势，平等竞争，相互促进，共同发展。

二 加快建设国有资本经营预算制度

由于大力推进改革，国有企业总体上已经走出困境，并逐步成为具有较高劳动生产率、较强盈利能力和竞争力的市场主体。1997 年，国有工商企业共实现利润 800 亿元，而到 2006 年，国有工商企业共实现利润 12000 亿元，增加了 14 倍。国有企业利润的大幅度增长要求加快建设国有资本经营预算制度，以便更好地把国有资本集中在关系国民经济命脉的重要行业和关键领域，更好地用于深化国企改革和充实社会保障基金。推进国有企业的股份制改革，国有股就能够比较规范地获得同非国有股一样的股息或红利，从而有利于建立健全国有资本盈利上交制度。

三 加快形成统一、开放、竞争、有序的现代市场体系，重点是进一步发展各类要素市场和深化生产要素与资源产品价格改革

要着力发展多层次资本市场，发展公司债券市场，提高直接融资比重。规范发展土地市场，目前农用地转为非农用地中，只有占 15% 是通过"招拍挂"实现的，绝大部分是行政划拨和批租协议转让实现的，腐败问题非常突出。今后商业用地一律实行规范的"招拍挂"，通过市场进行。要建立和健全统一规范的劳动力市场，形成劳动者平等就业制度，使数以亿计的农村剩余劳动力平稳有序地向城市、向第二、第三产业转移，以提高我国的劳动生产率。十七大报告提出转变经济发展方式的重大任务，这就要求深化生产要素和资源产品价格改革。长期以来，我国生产要素和资源产品价格受政府控制，严重偏低，鼓励滥用浪费，妨碍粗放型增长方式的转变。今后要大力推进生产要素和资源产品价格的市场化改革，使生产要素和资源产品价格很好地反映市场供求关系和资源的稀缺程度，使价格杠杆能很好地促进节能、节地、节水、节材，促进经济发展方式的转变。

四　把环境损害成本列入价格形成要素中

党的十七大报告提出，完善反映市场供求关系、资源稀缺程度、环境损害成本的生产要素和资源价格形成机制，第一次把环境损害成本列入决定价格的要素中。这是在总结社会主义现代化建设实践经验的基础上概括出来的。这几年经济的两位数增长，消耗了大量的资源，并由此付出了很大的环境代价。实践告诉人们，消耗资源带来的环境损害成本，是要补偿的，否则这种增长就是不可持续的，就是抢吃子孙后代的饭。随着经济的增长和人们收入的提高，公众对环境保护的意识日益增强，认为是提高生活质量必不可少的。因此，生产要素和资源产品的价格必须反映环境损害的成本，即修复环境和生态的成本。有人算过，目前在我国，如果把环境损害成本算上，加上矿业权取得和必要的安全投入，每吨煤需加价 49 元，原油 169 元，每立方米天然气加价 69 元等。

五　提出围绕推进基本公共服务均等化和
主体功能区建设，完善公共财政体系

在社会主义市场经济条件下，经济建设型财政要向公共财政体系转型，这已是经济学界的共识。怎样转型呢？十七大报告提出，围绕推进基本公共服务均等化和主体功能区建设，来完善公共财政体系。这就要求大力调整财政支出结构，一是要推进基本公共服务均等化，改变目前城乡之间、地区之间、不同社会群体之间基本公共服务严重不均的状况，财政支出应更多地用于改善对农民、对中西部地区居民、对弱势群体的公共服务，用于改善民生，逐步做到基本公共服务均等化。二是要为主体功能区建设服务，比如对于限制开发区和禁止开发区，各级财政应予大力支持，使当地居民能得到同其他地区居民均等的基本公共服务，修复生态，保护环境，促进主体功能区建设顺利进行。

六 强调财税改革对转变经济发展方式、 实现科学发展的重要意义

财税改革对转变经济发展方式特别重要，有的同志认为这是问题的症结所在。的确，现行的以间接税（流转税）为主的税收体制刺激各地粗放扩张追求 GDP 的快速增长，以增加本地财政收入，原来的一些税收政策如出口退税政策刺激高耗能、高污染、资源性产品的大量出口，原来的绝大部分矿山开采权的取得通过政府审批不必付费的政策导致资源的滥采乱挖，以及长期以来地方政府土地收入等不纳入预算成为当地政府大搞政绩工程、推动房价不断上涨的重要因素等。针对上述情况，党的十七大报告提出，要实行有利于科学发展的财税制度，建立健全资源有偿使用制度和生态环境补偿机制。这两年国家出台了一系列调整财税的政策，如提高资源税，支持企业自主创新，大规模调整出口退税，规范地方政府土地收入，加大中央财政转移支付力度，财政支出更多用于改善民生等。今后，估计还会有更多的有利于转变经济发展方式的财税政策出台，并逐步完善财税体制。

七 提出形成多种所有制和多种经营形式、结构 合理、功能完善、高效安全的现代金融体系

这就对金融改革提出了更高的要求。报告还提出要发展各类金融市场，我体会既包括发展多层次资本市场（含公司债券市场），也包括发展保险市场、货币市场、外汇市场、期货市场等。规范发展各类金融市场，是提高我国资源配置效率的关键所在，是发挥市场在资源配置中基础性作用的依托。报告重申完善人民币汇率形成机制，逐步实现资本项目可兑换。

八 突出加强金融监管，维护金融安全

在经济全球化趋势不断深化、我国金融业按 WTO 规则实行对外开放的今天，加强和改进金融监管，防范和化解金融风险，特别重要。要坚持国

家对大型商业银行的控股地位，加强登记、托管、交易、清算等金融基础建设，确保对外开放格局下的金融安全。完善金融业监管制度。建立健全存款保险、投资者保护和保险保障制度。建立有效防范系统性金融风险、维护金融稳定的应急处置机制。加大反洗钱工作力度，等等。

九 提出初次分配和再分配两个环节都要处理好效率与公平的关系，再分配更加注重公平

公平与效率问题这几年在理论界争论不休。报告不再提"效率优先，兼顾公平"，转为在初次分配和再分配都要处理好效率和公平的关系，再分配更加注重公平。这一方针政策的调整，对于逐步扭转居民收入分配差距过大有重要意义。与此相适应，报告还明确提出要逐步提高居民收入在国民收入分配中的比重，提高劳动报酬在初次分配中的比重。规定着力提高低收入者收入，逐步提高扶贫标准和最低工资标准，建立企业职工工资正常增长机制和支付保障机制等。这一切，都着眼于提高低收入群体的收入，使他们能共享改革发展成果。报告首次提出，创造条件让更多群众拥有财产性收入，充分表明党坚持实施富民政策。

十 提出基本建立全覆盖的社会保障体系，这是党的十七大报告的一个亮点

报告要求以社会保险、社会救助、社会福利为基础，以基本养老、基本医疗、最低生活保障制度为重点，以慈善事业、商业保险为补充，加快完善社会保障体系。其最大特点是全覆盖。不仅城市要建立最低生活保障制度，农村也要普遍建立最低生活保障制度。为解决农民看病难和农村缺医少药问题，要求普遍建立新型农村合作医疗制度，财政要逐步增加对新型农村合作医疗的补助。越来越多的城市，也把没有参加医疗保险的老人、小孩、待业人员纳入医保范围。把公共卫生和基本医疗列为基本公共服务范围，要求政府负责向城乡居民提供并逐步做到均等化。

十一 明确医疗体制改革的方针，既不是市场化，也不是完全福利化

党的十七大报告提出，要坚持公共医疗卫生的公益性质，坚持预防为主、以农村为重点、中西医并重，实行政事分开、管办分开、医药分开、营利性和非营利性分开，强化政府责任和投入，完善国民健康政策，鼓励社会参与，建设覆盖城乡居民的公共卫生服务体系、医疗服务体系、医疗保障体系、药品供应保障体系，为群众提供安全、有效、方便、价廉的医疗卫生服务。还专门提出，要建立国家基本药物制度，实行政府干预价格，保证群众基本用药。要确保食品药品安全，这关系千家万户的安康。

十二 对外开放要转变外贸增长方式，创新利用外资方式，创新对外投资和合作方式，把"引进来"和"走出去"更好地结合起来

适应新形势，要扩大开放领域，优化开放结构，提高开放质量，完善内外联动、互利共赢、安全高效的开放型经济体系，形成经济全球化条件下参与国际经济合作和竞争新优势。在加快转变外贸增长方式方面，要立足以质取胜，调整进出口结构，促进加工贸易转型升级，大力发展服务贸易。在创新利用外资方式方面，要优化利用外资结构，发挥利用外资在推动自主创新、产业升级、区域协调发展等方面的积极作用。在创新对外投资和合作方式方面，支持企业在研发、生产、销售等方面开展国际化经营，加快培育我国的跨国公司和国际知名品牌。积极开展国际能源资源互利合作等。

十三 确认行政管理体制改革、政府改革是改革的重要环节

当前行政管理体制改革主要是政府改革，转换政府职能，从全能型政府转变为公共服务型政府。党的十七大报告提出要转变经济发展方式，实

现又好又快发展，看来关键在于政府改革。政府五年一任期，考核政绩一直以 GDP 增速为主要标准，这就使政府追求短期 GDP 最大化，热衷于粗放扩张，而把有利于经济长远发展的自主创新、节能减排、保护环境和生态放在一旁。只有转变政府职能，切实履行经济调节、市场监管、社会管理和公共服务职能，不再充当资源配置主角，不再越位直接干预微观经济活动，考核政府官员政绩也不再以 GDP 论英雄，政府才能把更多精力用到为居民提供基本公共服务，用到改善民生上面，成为真正的服务型政府，并主动推进经济发展方式转变，而不是成为转变经济发展方式的阻力。

十四　强调深化改革开放,是深化贯彻 落实科学发展观的根本要求

不仅要毫不动摇地坚持改革开放，同时要提高改革决策的科学性、增强改革措施的协调性。要完善社会主义市场经济体制，推进各方面体制改革创新，加快重要领域和关键环节改革步伐，全面提高开放水平，着力构建充满活力、富有效率、更加开放、有利于科学发展的体制机制，为发展中国特色社会主义提供强大动力和体制保障。

（原载《中国改革报》2007 年 11 月 8 日）

中国国有企业改革三十年：重大进展、基本经验和攻坚展望

国有企业改革①，是中国经济体制改革最重要的领域，也是困难最大、争议最多的改革。中国的国有企业，从作为上级行政部门的附属物和"算盘珠"，改造成为政企分开、政资分开的独立的市场主体和法人实体，是一个脱胎换骨的过程，其艰难困苦程度可想而知。经过从1978年开始的30年的努力，国有企业改革最困难的阶段已经过去，国有企业微观经济基础再造的任务已初步实现，绝大部分国有企业已成为同社会主义市场经济相适应的市场竞争主体，自主经营，自负盈亏。国有经济继续有力地在国民经济中发挥着主导作用。回顾中国国有企业改革的历程，认真总结其基本经验，提出若干攻坚展望，对于今后进一步深化改革，完善社会主义市场经济体制，具有重要的意义。

一 三十年国有企业改革取得重大进展

从1978年底开始的国有企业改革，可以分为两大阶段。第一阶段是从1978年到1992年，主要是放权让利，探索"两权分离"。第二阶段是1993年起到现在，明确以建立现代企业制度为方向，不断深化改革，完善新体制。

1978年10月，四川省宁江机床厂等6个企业进行了扩大企业自主权的试点，确定企业在增收基础上，可以提取一些利润留成，职工可以得到一定的奖金。允许国有企业从事国家指令性计划之外的生产，允许出口企业

---

① 本文所论述国有企业改革，专指国有工商企业改革，不含国有金融企业改革。

保留部分外汇收入自主支配。1983 年开始，向政府上缴利润由利润所得税替代。1984 年 10 月，党的十二届三中全会作出了关于经济体制改革的决定，确认社会主义经济是有计划的商品经济。按照发展社会主义有计划商品经济的要求，决定提出今后应全面推进以增强企业活力，特别是增强国有大中型企业活力为中心的、以城市为重点的经济体制改革。国有企业改革的目标是：要使企业真正成为相对独立的经济实体，成为自主经营、自负盈亏的社会主义商品生产者和经营者，具有自我改造和自我发展能力，成为具有一定权利和义务的法人。按照这一目标，国有企业改革转向实行"两权分离"，即国家的所有权与企业的经营权分离。1986 年 12 月，国务院提出，要推行多种形式的经营承包责任制，给经营者以充分的经营自主权。1987 年，大中型企业普遍推行企业承包经营责任制。到 1987 年底，全国预算内企业的承包面达 78%，大中型企业达 80%。1990 年，第一轮承包到期的预算内工业企业有 3.3 万多户，占承包企业总数的 90%。接着又开始第二轮承包。

从扩大经营自主权到承包制的放权让利改革，使企业开始有一定的活力。但是，承包制也有重大缺陷，承包制"一对一"谈判强化了政企不分，只有激励没有约束，所有权和经营权分离了，但所有者缺位，所有权不能约束经营权。经营者滥用经营自主权牟取私利或小集体利益，普遍出现"内部人控制"，短期行为，以致不少企业承包一轮，国有资产流失一轮，"富了和尚穷了庙"，后果严重。实践告诉我们，国有企业改革不能以承包制为方向，必须另找出路，实行制度创新。

1992 年，党的十四大确立社会主义市场经济体制为中国经济体制改革的目标模式。1993 年 11 月，党的十四届三中全会作出了《关于建立社会主义市场经济体制若干问题的决定》，在党的文件中第一次明确提出国有企业改革的方向是建立现代企业制度，并指出现代企业制度的特征是：产权清晰，权责明确，政企分开，管理科学。从此，国有企业改革进入制度创新阶段。

由于承包制不能促进国有企业适应市场经济的发展，还带来国有资产的流失，使许多国有企业包括大中型企业陷于困境。1997 年党和政府提出帮助国有企业脱困的任务，其目标是，从 1998 年起，用三年左右的时间，使大多数国有大中型亏损企业摆脱困境，力争到 20 世纪末大多数国有大中型骨干企业初步建立现代企业制度。到 2000 年底，这一目标已基本实现。1997 年底，国有及国有控股大中型工业企业为 16874 户，其中亏损的为 6599 户，占 39.1%。到 2000 年，亏损户减为 1800 户，减少近 3/4。在帮助国有大中型企业脱困的同时，进行了现代企业制度试点，逐步推行公司制股份制改革，努力使国有或国有控股企业成为适应社会主义市场经济发展的市场主体和法人实体。

经过多年的努力，国有企业股份制公司制改革已取得巨大进展。首先，到 2005 年底，国家统计局统计的国家重点企业中的 2524 家国有及国有控股企业，已有 1331 家改制为多元股东的股份制企业，改制面为 52.7%。国有中小企业改制面已达 80% 以上，其中县属企业改制面最大，一些已达 90% 以上。其次，作为国有企业主干的中央企业，到 2007 年已有宝钢集团有限责任公司等 19 家企业按照《公司法》转制，开展董事会试点，共选派了 66 名外部董事，有 14 家试点企业的外部董事达到或超过了董事会成员的半数，实现了企业决策层与执行层分开，改善了公司法人治理结构。再次，中央企业及所属子企业的股份制公司制企业户数比重，已由 2002 年底的 30.4% 提高到 2006 年的 64.2%。最后，股权分置改革基本完成，是这两年改革取得的重大进展。截至 2006 年底，全国除国有金融机构控股的上市公司外，801 家国有控股上市公司已有 785 家完成或启动股改程序，占 98%。在改革过程中，大量企业实行资产重组，有不少企业关闭破产[①]，职工下岗分流，并尽可能剥离企业办社会职能等。

多年的国有企业改革实践告诉我们，要想把数以十万计的国有企业每个都搞好是不可能的，大量的在一般竞争性行业从事生产经营的国有中小企业没有优势，竞争力低下。针对这一情况，1997 年党的十五大报告以及 1999 年党的十五届四中全会《关于国有企业改革和发展若干重大问题的决定》，提出了从战略上调整国有经济的布局和结构的任务和"抓大放中小"的方针，要求从整体上搞好国有经济，发挥国有经济的主导作用。国有经济主要控制关系国民经济命脉的重要行业和关键领域，包括涉及国家安全

---

① 截至 2006 年年底，全国国有工商企业共实施政策性关闭破产项目 4251 户，安置人员 837 万人，已完成政策性关闭破产 80% 的工作量。参见《经济参考报》2007 年 8 月 27 日。

的行业、自然垄断的行业、提供重要公共产品和服务的行业以及支柱产业和高新技术产业中的重要骨干企业。

自那以后，经过十年的努力，调整国有经济布局和结构的任务已取得实质性进展。国有经济和国有资本逐步向关系国民经济命脉的重要行业和关键领域集中，向大企业集中，而从一般竞争性行业中逐步退出，开始改变国有企业量多面广和过于分散的状况。1998 年，全国国有工商企业共有23.8 万户，到 2006 年，国有企业户数减少至 11.9 万户，减少了一半。1997 年，全国国有工商企业实现利润 800 亿元，到 2007 年，全国国有企业实现利润达 1.62 万亿元，增长了近 20 倍。其中中央企业实现利润 9968.5亿元，上缴税金 8303.2 亿元。2007 年，中央企业主营业务收入超过千亿元的有 26 家，利润超过百亿元的有 19 家。① 2007 年，《财富》全球 500 强中中国有 30 家，其中内地企业 22 家（比 2006 年增加了 3 家），这些企业全部为国有控股企业。2007 年，有 16 家中央企业进入世界 500 强。表 1 是 1998年以来中国国有工商企业改革发展的情况。

表1　　　　　1998—2007 年中国国有工商企业改革发展的若干经济指标

指标	1998	1999	2000	2001	2002	2003	2004	2005	2006	2007
国有企业户数（亿元）	23.8	21.7	19.1	17.4	15.9	14.6	13.6	12.6	11.9	
销售收入（亿元）	64685	69137	75082	76356	85326	100161	120722	140727	162000	180000
利润总额（亿元）	800*					4852	7364	9190	12000	16200
销售利润率（%）	0.3	1.7	3.8	3	4.4	3.0	6.1	6.8	7.4	9.0
上缴税金（亿元）						8140		10075	14000	15700
职工人数（万人）	6394	5998	5564	5017	4446	3067	3660	3209		
中央企业数（户）						196			157	150
中央企业利润总额（亿元）						3006	4877.2	6377	7681.5	9968.5
中央企业上缴税金（亿元）						3563	4655.2	5779.9	6822.5	8303.2

＊1997 年数据。

---

① 李荣融：《五年来国有企业改革发展取得重大进展》，《光明日报》2008 年 3 月 26 日。

中国国有企业经过多年改革和制度创新，不但走出了困境，而且成为具有较高劳动生产率、较强赢利能力和竞争力的市场主体，国有经济也不断向能发挥自己优势的重要行业和关键领域集中，向大企业集中，并且站稳了脚跟，成为社会主义市场经济的一支骨干力量，主导着国民经济的发展。这说明党关于推进国有企业改革的方针是正确的。下面几组数字充分证明，国有企业的效益和竞争力已有明显提高。2005年，全国国有及国有控股工业企业在全国工业企业中的比重，户数仅占11%，但销售收入占35%，实现利润占45%，上缴税金占57%。2007年1—11月，全国规模以上工业企业中，国有及国有控股企业实现利润9662亿元，比2006年同期增长29.6%，超过同期集体企业利润的增幅（25.2%）、接近股份制企业利润的增幅（35.1%）。[①] 2006年中国企业500强排行榜名单中，国有及国有控股企业共349户，占69.8%；实现年营业收入14.9万亿元，占500强企业收入的85.2%。2006年中国制造业企业500强中，国有及国有控股企业共249家，占49.8%，实现营业收入5.09万亿元，占66.7%。2006年中国服务业企业500强中，国有及国有控股企业307家，占61.4%，实现营业收入6.59万亿元，占87.4%。[②] 与此同时，我们要冷静地看到，国有企业改革仍然面临一些改革攻坚任务，有待今后完成。

二　三十年国有企业改革的基本经验

中国国有企业改革三十年积累了极其丰富的经验，其中基本经验有以下八个方面。

（一）坚持社会主义市场经济改革方向，使国有企业成为与市场经济相适应的市场主体，实现微观经济基础再造

中国经济体制改革从一开始就是以市场为取向的，引入市场机制来搞活经济和搞活企业。改革初期的放权让利，使企业有一定的自主权，让企

---

① 《证券时报》2007年12月28日。

② 中国企业联合会、中国企业家协会：《中国大企业发展的新趋势新特征》，《经济要参》2007年第72期。

业参与市场竞争，从而打破了长期以来国有企业只是上级行政机关的附属物、没有独立的经济利益和没有生产经营自主权的窘况。1984 年党的十二届三中全会《关于经济体制改革的决定》，明确了社会主义经济是有计划的商品经济后，增强国有企业活力、国有企业改革被确定为经济体制改革的中心环节，国有企业进一步要求改革成为相对独立的商品生产者和经营者。1992 年党的十四大确立社会主义市场经济体制的改革目标后，国有企业的改革目标相应地最终确认要成为同市场经济相适应的、政企分开的独立的市场主体和法人实体，成为社会主义市场经济的重要微观基础。

为使国有企业改革成为自主经营、自负盈亏的市场主体和法人实体，就必须寻找能与市场经济相结合的国有制的实现形式。实践经验证明，股份制可以成为公有制包括国有制的有效实现形式，并且对国有大中型企业特别适用。因此，推进国有企业适应市场经济的改革，应着力于推进国有大中型企业的股份制改革，即现代公司制改革。同时，在公司制股份制框架下，逐步完善公司法人治理结构。国有大中型企业改革为现代公司，其中重要的企业实行国有控股（个别的还可国有独资），就成为与市场经济相适应的市场主体，同一般市场经济国家的现代公司接轨，不仅可以同非国有制市场主体如外资企业、私营企业展开平等竞争，而且可以走向国际市场，参与国际市场竞争。

（二）坚持循序渐进，从放权让利到明确以建立现代企业制度为方向，从明晰产权到国有出资人到位，注重制度建设和创新，步步深入

中国在社会主义条件下发展市场经济的改革既是一个伟大创举，又是一个全新课题，只能是"摸着石头过河"，循序渐进。事实证明，"渐进式"有利于恰当处理改革、发展与稳定的关系，避免社会出现大的震荡。国有企业改革也是这样。改革从放权让利开始包括实行"两权分离"，使企业和职工有一定的生产经营积极性，具有一定的活力。但是企业的经营机制尚未很好转换，出现了普遍的"内部人控制"和国有资产流失。改革必须尽快转向制度创新。1992 年，党的十四大明确社会主义市场经济体制的改革目标后，1993 年，党的十四届三中全会进一步明确国有企业改革的方向是建立现代企业制度，从此，国有企业改革进入制度创新的阶段。

现代企业制度的基本特征是：产权清晰、权责明确、政企分开、管理科学。现代企业制度的有效组织形式就是股权多元化的现代公司。所以，对国有大中型企业进行公司制股份制改革，成为国有企业改革的重点。

首先，要切实做到政企分开。政府对国家出资兴办和拥有股权的企业，通过出资人代表行使所有者职能，按出资额享有资产受益、重大决策和选择经营管理者等权利，对企业的债务承担有限责任，不干预企业日常经营活动。企业依法自主经营，照章纳税，对所有者的净资产承担保值增值责任，不得损害所有者权益。

其次，要对国有大中型企业实行规范的公司制改革，完善公司治理。公司法人治理结构是公司制的核心。要明确股东会、董事会、监事会和经理层的职责，形成各负其责、协调运转、有效制衡的公司法人治理结构。所有者对企业拥有最终控制权。董事会要维护出资人权益，对股东会负责。董事会对公司的发展目标和重大经营活动作出决策，聘任经营者，并对经营者的业绩进行考核和评价，发挥监事会对企业财务和董事、经营者行为的监督作用。

再次，要面向市场着力转换企业经营机制。要逐步形成企业优胜劣汰、经营者能上能下、人员能进能出、收入能增能减、技术不断创新、国有资产保值增值等机制。建立与现代企业制度相适应的收入分配制度。

复次，加强和改善企业管理，从严管理企业，实现管理创新。要加强企业发展战略研究，健全和完善各项规章制度，狠抓管理薄弱环节，广泛采用现代管理技术、方法和手段。

在对国有大中型企业公司制股份制改革中，要明晰产权，更要确保出资人到位。国家对拥有股权的股份公司，要派出股东代表，享有所有者权益，选择或参与选择经营管理者，但不代替公司董事会进行生产经营决策，也不干预公司日常经营活动，只当老板，不当"婆婆"。

（三）坚持从整体上搞好国有经济，使国有经济在国民经济中发挥主导作用，而不企求把每一个国有企业都搞好

着眼于搞好整个国有经济，推进国有资产合理流动和重组，调整国有经济布局和结构，是推动国有企业改革的重大战略举措。改革开放以前，

在城市几乎是国有企业一统天下，光是工商企业就数以十万计。改革实践表明，在改革过程中企求把每一个国有企业都搞好是不可能的。必须重新确定国有经济在新经济体制中的定位。在社会主义市场经济条件下，国有经济在国民经济中要发挥主导作用，但这种主导作用主要体现在控制力上，而不是必须分布在国民经济所有领域。国有经济需要控制的行业和领域主要包括：涉及国家安全的行业，自然垄断的行业，提供重要公共产品和服务的行业，以及支柱产业和高新技术产业中的重要骨干企业。与此同时，其他行业和领域特别是一般竞争性行业，则可以逐步收缩。在相当长一段时期内，国有经济在有些竞争性领域还有优势，特别是投资大、建设周期长、回收慢、社会效益突出的领域，如一些支柱产业和高新技术产业领域，还有相当优势，国有经济不能轻易退出。只有在国内民间资本逐步发展壮大，利用外资大量增加后，国有经济的优势不明显时，才可以考虑将这些领域的国有资本逐步撤出到国有经济仍保持优势的领域，主要是提供公共产品和服务的领域。

从整体上搞好国有经济，必须坚持有所为有所不为的方针。不能把国有企业改革归结为"国退民进"，而是有进有退。国有资本越是向能发挥自己优势的重要行业和关键领域集中，而从没有优势或丧失优势的一般竞争性等领域退出，就越能增强国有经济的控制力，其在国民经济中的主导作用就越能很好地发挥出来。改革开放以来，国有企业的数量减少了一半多，但国有资本大量增加，最近五年增长达一倍左右，继续控制着国民经济命脉的重要行业和关键领域，国有经济的竞争力进一步增强，在国民经济中继续发挥着主导作用。

国有经济占 GDP 比重多少比较合适，不能一概而论，因经济发展的不同时期而异，前期高一些，后期可以低一些。在社会主义市场经济条件下，国有经济在国民经济中的比重主要由市场竞争决定，但又不宜完全由市场决定。为使社会主义市场经济健康发展，为使社会主义国家宏观经济调控更加有效，为保证经济发展成果由人民共享，走共同富裕的道路，中国国有经济的比重应比其他发达国家（一般 5% 左右）和发展中国家（一般占10%）高一些，看来即使经济比较发达了，也要占 20% 左右，以便保证国有经济继续在国民经济中发挥主导作用。

（四）坚持"抓大放中小"，着力搞好中央企业

国有大型企业是国有经济的骨干。在国有企业改革过程中，必须着力抓好大型企业的改革，搞好大型企业。而对主要分布在一般竞争性领域的大量国有中小企业，则要采取多种形式，包括改组、联合、兼并、租赁、承包经营和股份合作制、出售等，要放开搞活。

对国有企业组织结构进行调整与对国有经济布局的调整是密切结合的。国有大型企业主要分布在关系国民经济命脉的重要行业和关键领域，大部分是需要保留国有或国有控股的，因此应着力推进公司制股份制改革，不断提高市场竞争力。而数以十万计的国有中小企业则大量分布在一般竞争性领域，它们在市场化改革过程中，往往不能很好适应市场竞争而陷入困境。据有关部门 2000 年初统计，全国国有小型工业企业超过 5 万户，职工人数 1400 万人左右，至 1999 年已连续 6 年亏损，年亏损额 300 亿元左右。在流通领域，国有物资企业连续 7 年亏损，商业企业连续 5 年亏损，粮食企业更是挂账多达几千亿元，外贸企业亏损面也大。① 所以，必须把大量国有中小企业放开搞活。1995 年以后，一些地方在放开搞活国有中小企业方面采取了不少独特的形式，如广东顺德的"靓女先嫁"、山东诸城的股份合作制、河南漯河市的"一厂一策"等。但是由于各地认识不一致，国有中小企业退出问题多，困难大，直至 2000 年，国有中小工商企业仍有 18.1 万户，占全部国有企业总户数的 94.8%，其中亏损企业 9.4 万户，亏损面为 52%，国有中小亏损企业占全部国有亏损工商企业户数的 96.6%，亏损额 1086.8 亿元。当年，在全部国有企业中，资不抵债和"空壳企业"（即损失挂账大于所有者权益）合计为 8.5 万户，其中绝大部分也是中小企业。进入新世纪后，放开国有中小企业步子有所加快，但直至 2006 年，国有工商企业仍有 11.9 万户，其中中小企业仍达 10 万户多一点，有待进一步放开搞活。

在抓大方面，1997 年中央提出国有大中型工业企业脱困任务。1997 年，国有及国有控股大中型工业企业中亏损的为 6599 户，经过三年努力，

---

① 张卓元：《新世纪国企改革面临的七大问题及深化改革设想》，《经济学家》2001 年第 6 期。

到 2000 年年底上述亏损户只剩下 1800 户，基本上实现了脱困目标，但付出的成本也不小。三年国有大中型工业企业脱困，用去银行呆坏账准备金1500 亿元以上，技改贴息 200 亿元左右，还实施债权转股权，共 580 户，债转股总额 4050 亿元，并于 2000 年 4 月 1 日开始停息，当年即可减少企业利息支出 195 亿元。此外，银行剥离的 1.3 万亿元不良资产中，约有一半也是国有工商企业的不良贷款。国有企业整体摆脱了困境，增强了适应市场经济的能力和竞争力，从而为进入新世纪后国有大中型工业企业做强做大和快速发展打下了比较好的基础。

抓大最重要的是着力抓中央企业。在全国国有工商企业的国有资产总量中，中央企业占 56.7%（2003 年数据），占一半多一点。从整体看，中央企业的资产质量较高，赢利能力较强，2003 年以来，中央企业的利润总额一直占全国工商企业利润总额的 60% 以上。全国特大型工商企业全部是中央企业，他们的资产都在几千亿元上万亿元，截至 2007 年 6 月 30 日，中央企业控股境内上市公司 201 户，占全部境内上市公司比重为 14%；股本总额 3356.8 亿股，占全部境内上市公司股本总额比重为 20%；境内市价总值 42324.4 亿元，占境内全部上市公司市价总值的比重为 25.7%。2006 年，中央企业增加值为 24637.7 亿元，占当年全国 GDP 的比重为 11.68%。可见中央企业在国民经济中的举足轻重地位。考虑到将来需要保留国有或国有控股的工商企业，最主要的就是 100 家左右的中央企业，国有经济在国民经济中发挥主导作用，并积极参与国际市场竞争，也是主要靠这些中央企业（和中央金融企业）。因此，深化中央企业改革，把中央企业进一步做强做大，显得特别重要。

（五）坚持推进垄断行业改革，引入竞争机制，同时加强政府监管和社会监督

国有企业改革推进到一定阶段，必须把垄断行业改革提上议事日程。垄断行业是国有企业最集中的领域，也是国有大型企业、中央企业集中的领域。垄断行业改革同中央企业改革是结合在一起的。

垄断行业主要指自然垄断行业。所谓自然垄断行业，是因为它们有自然垄断性业务。所谓自然垄断性业务，是指那些固定网络性操作业务，如电力、煤气和自来水供应行业中的线路、管道等输出网络业务，电信行业中的有线通信网络业务和铁路运输行业中的铁轨网络业务。电网、铁路等输送网络业务需要大量固定资产投资，其中相当大的部分是沉淀资本，如果由两家或两家以上企业进行重复投资，不仅会浪费资源，而且会使每家的网络系统不能得到充分利用。因此，与自由竞争能促进效率不同，网络性自然垄断业务由一家经营比多家厂商竞争更有效率，资源配置更为优化。随着科技进步和管理水平的提高，自然垄断行业并不是只从事自然垄断性业务，而是自然垄断性业务和非自然垄断性业务并存，而且后者所占比重逐步增加。如电力行业包括电力设备供应、电力生产（供电）、高压输电、低压配电和电力供应等业务，其中只有高压输电和低压配电属自然垄断性业务，其他都属于非自然垄断性业务。非自然垄断性业务是可以竞争的。所以，垄断行业改革主要是引入竞争机制以提高效率。不仅非自然垄断性业务可以引入竞争机制，由多家厂商经营，即使是自然垄断性业务，也可以通过如拍卖特许经营权等方式，使其具有一定的竞争性并提高效率。与此同时，要加强政府监管和社会监督，不仅要加强对安全、环保、普遍服务等监管，还要加强对成本和价格的监管包括实行价格听证等。社会监督也很重要，垄断行业业务牵涉公众的切身利益，人人关心，所以必须实行广泛的社会监督，维护老百姓的正当权益。

垄断行业改革已取得相当进展，但离目标要求还很远。当前特别要打破既得利益的阻挠和抵抗，主要是打破市场进入壁垒，以利于引入竞争机制，让新的厂商进来竞争。为此，必须有中央政府的强有力的推动和领导，必须有超脱垄断部门的机构来设计改革方案和监督执行。经验证明，由本部门来设计改革方案是不可取的，容易走偏方向。

（六）坚持建立中央政府和地方政府分别代表国家履行出资人职责，享有所有者权益，权利、义务和责任相统一，管资产和管人、管事相结合的国有资产管理体制，加快建立国有资本经营预算制度

中国有庞大的国有资产。随着国有经济的发展，国有资产（无论是总资产还是净资产）逐步增加，改革开放以来，一直在探索适应市场经济发展的国有资产管理、监督和营运机制。1998 年，国务院成立了国家国有资产管理局。上海、深圳、珠海、武汉、青岛等地分别建立了国有资产监督管理机构，探索国有资产管理模式。在改革试点方面，1994 年国务院决定对中国石化总公司等三个全国性行业总公司作为国家控股公司试点。1998年以来，国务院先后批准了石化、军工、电力等领域 44 家企业集团进行授权经营试点。1998 年国务院对大型国有企业实行了稽查特派员制度，两年后过渡到向国有重点大型企业派出监事会。[①] 20 世纪八九十年代，改革的深化暴露出国有资产管理存在两方面问题：一是"五龙治水"，多头管理，有了成绩都抢着要算在自己名下，出了问题则互相推诿，谁都不负责任；二是"内部人控制"严重，常常造成国有资产流失。2002 年，党的十六大在总结各地经验基础上，明确了国有资产管理体制改革的原则，也就是要建立由中央政府和地方政府分别代表国家履行出资人职责，享有所有者权益，权利、义务和责任相统一，管资产和管人、管事相结合的体制。此后，国有资产监管逐步纳入规范轨道，国有企业出资人逐步到位。表 2 说明1998 年以来全国国有工商企业国有资产发展情况。

表 2　　　　国有及国有控股的非金融类企业总资产和净资产　　　　单位：亿元

年份	资产总额	净资产	中央企业总资产	中央企业净资产
1998	134780	50371		
1999	145288	53813		
2000	160068	57976		
2001	179245	61436		
2002	180219	66543		
2003	19997	70991	83280	36000
2004	215602	76763		
2005	242560	87387		
2006	290000	122000	122000	53900
2007			148000	

① 全国人大财政经济委员会法案室：《国有资产管理体制改革与立法》，《中国发展观察》2007 年第 12 期。

2002 年以后国有资产管理体制改革加快并取得显著成效。首先是组建机构，继 2003 年国务院国资委成立后，到 2004 年 6 月，全国 31 个省（区、市）和新疆生产建设兵团国资委全部成立，目前地（市）级国有资产监管机构组建工作基本完成。这意味着三级政府国有资产监管机构逐步组建完成，"政资分开"和"三统一、三结合"的管理模式初步形成。与此同时，制定了《企业国有资产监督管理暂行条例》和与此相配套的规章。经历 14 年艰难起草的《国有资产法》也已于 2007 年 12 月列入全国人大常委会议程。其次，强化出资人监管，抓财务监督和风险控制，开展了国有独资公司建立董事会试点工作，公开招聘中央企业高级经营管理者（头七批 103 人），核定中央企业主业以提高企业核心竞争力等。再次，推进国有大中型企业公司制股份制改革，完善公司法人治理结构。2003 年以来，中央企业在 A 股市场上市 29 家，H 股市场上市 16 家，红筹股市场上市 7 家。目前，中央企业作为实际控制方的上市公司共有 279 家。① 与此同时，规范国有企业改制和产权转让，国有产权交易普遍进入产权交易市场公开操作，避免了国有资产的大量流失。实践表明，十六大以来国有资产管理体制改革，有效地推进了国有企业改革的深化和国有经济的迅速发展与主导作用的发挥。

2003 年党的十六届三中全会提出建立国有资本经营预算制度的任务，2007 年党的十七大进一步提出要建立国有资本经营预算制度。这是深化国有资产管理体制改革的重大举措。1994 年以来，国有企业的利润是留归企业支配的，那时国有企业处境比较困难，利润不多。经过以后几年的发展，特别是进入新世纪以后，国有企业利润大幅度增加，2007 年达 1.62 万亿元，其中中央企业利润近万亿元。在这种情况下，利润全部留归企业已不合适，建立国有资本经营预算制度提上了议事日程。这样做，有利于把国有资本集中于能发挥国有经济优势的领域，有利于为加快推进国有企业的资产重组和兼并破产支付必要的改革成本，还可用一部分收上来的利润支付对老职工的欠账等。

---

① 李荣融：《五年来国有企业改革发展取得重大进展》，《光明日报》2008 年 3 月 26 日。

（七）坚持为国有企业改革创造良好的外部环境，加快建立健全社会保障体系，推进债务重组，剥离企业办社会负担

推进国有企业改革，需要有比较良好的外部社会环境的配合。主要包括：建立比较充足的呆坏账准备金等，以利于扭亏无望的国有企业退出市场；建立健全社会保障体系，以利于富余员工下岗分流；剥离企业办社会负担，以利于企业轻装上阵参与市场竞争。

1998—2000年国有大中型工业企业脱困，主要采取资产重组，大量冲销呆坏账和债务重组等办法。这次国有大中型工业企业脱困，为新世纪新阶段国有大型企业的振兴和快速发展、越来越多的国有企业进入世界500强，打下了良好的基础。债务重组不限于国有大中型工业企业，还包括流通企业、金融企业等。经过债务重组，降低企业资产负债率，从90%左右降到60%左右的正常水平，是企业正常经营、参与市场竞争的重要条件。

建立健全社会保障体系，对于分流富余人员至关重要。1997—1999年，国有企业下岗职工达2100万人，以后还有一批富余人员下岗，主要不是靠社会保障体系解决下岗职工生活出路，而是采取特别政策解决的。在国有企业政策性破产于2008年结束后，国有企业富余人员下岗分流后的生活出路，将靠失业保险来解决，采取的是与其他所有制企业同一的办法和标准。因此，建立和健全社会保障体系，对于形成正常的企业（包括国有企业）退出机制，形成企业职工能进能出机制，至关重要。党的十七大报告在谈到加快推进以改善民生为重点的社会建设时，专门讲了加快建立覆盖城乡居民的社会保障体系，保障人民基本生活，其中提到完善城乡居民最低生活保障制度，逐步提高保障水平，完善失业、工伤、生育保险制度，等等。因此，必须逐步健全社会保障体系。

剥离企业办社会负担，是使国有企业能够平等参与市场竞争的重要条件。过去，国有企业办社会负担普遍很重，不少钱要用于办学校、幼儿园、医院、体育娱乐住宅设施等，背上沉重的包袱。在国有企业改革过程中，需要把应由政府承担的提供公共产品和服务的职能（如义务教育、基本医疗卫生服务、社会治安、廉租房等）移交给政府，有一些则可通过成立专门的服务企业转移出去。这方面工作经过十几年努力，已取得很大进展，今后还需进一步解决好剩下的一些问题。

（八）坚持把改革的成功经验及时地上升为理论和提升为法律，指导改革规范进行

中国国有企业改革，面对的是几十万个国有企业。改革没有现成的理论和模式可以仿效，也来不及制定好成套法律后才开始推进改革，只能"摸着石头过河"，在改革实践中积累经验，并将其中成功的经验及时地上升为理论和提升为法律，指导改革规范进行。完善社会主义市场经济的一项重要内容，就是要在中国特色社会主义理论体系指导下，使社会主义市场经济真正成为法治经济，即在法治轨道上运行的经济。

规范国有企业改革和国有企业经济活动的法律法规已颁布实施了不少。其中比较重要的有《公司法》、《物权法》、《反垄断法》、《价格法》和《企业国有资产监督管理暂行条例》等。这些法律法规对国企改革特别是对在国企改革过程中防止国有资产流失作了严格的规定。如规定所有国有企业产权交易必须由批准设立的产权交易所公开透明进行，有力地阻止了一度普遍存在的国有产权交易暗箱操作等腐败问题。对国有中小型企业可以实行管理层收购，但设立了五条"禁令"：对企业业绩下降负有责任的企业负责人不得购买股权；改制方案要由产权单位委托中介机构制订，严禁自买自卖；必须通过产权交易所进行交易，出让价通过市场竞价确定，经营者购买股权与其他受让者必须同股同价；经营者不得向包括本企业在内的国有及国有控股企业借款，不得以企业产权或实物资产进行抵押；除国家规定外，不得将有关费用从借款中事先抵扣，等等。

中国国有企业改革实践表明，经过总结实践经验形成法律规范改革实践后，权钱交易、国有资产流失等现象得到有效的遏制。随着改革的深化，规范改革的法律将更加健全、完善，如《国有资产法》又一次列上了人大常委会议事日程。

严格执法也很重要。有了好的法律，还要严格执法，如果不严格执法，再好的法律也不能很好地发挥作用。政府部门要依法行政，带头严格执法。现阶段中国社会主义市场经济还是政府主导型市场经济，政府常常越位干预国有企业的生产经营活动，不能很好做到政企职责分开。所以，政府部

门带头严格执法是使社会主义市场经济真正成为法治经济的重要保证。

中国国有企业改革三十年历程中，也存在一些不足之处，值得我们认真思考。

第一，国有企业转制过程中出现国有资产流失问题。由于国有企业改制面很大，数量很多，且又仓促上阵，缺乏规范，或者改革措施有漏洞，给人以可乘之机，致使改制过程中，特别是初期，出现国有资产流失问题，有的案例触目惊心，引发公众的强烈不满。突出的是，国有企业负责人与政府官员勾结，暗箱操作，在企业转制时，把国有资产大大低于其内在价值或市场价格卖掉，甚至送掉。与此同时，严重损害广大企业职工合法权益，使大量职工失业，生活没有保障。在探索"两权分离"实行承包制过程中，比较普遍地出现国有资产流失现象。

第二，政企不分问题至今未能很好解决，同时有的国有企业还存在"内部人控制"现象。政企分开是现代企业制度的基本特征之一，是国有企业改革成为自主经营、自负盈亏的市场主体和法人实体的重要条件。改革开放以来，政企分开、政资分开已有很大进展，但政企分开问题尚未完全解决。表现形式有：审批项目，如地方政府越权，化整为零地违反环保、用地等规定促成项目上马；行政垄断，限制竞争，甚至封锁市场，把高品位矿产原料只卖给本地企业，或者强迫使用或消费本地生产产品；信贷干预，迫使当地银行等金融机构为本地政府支持的企业和为形象工程、政绩工程提供贷款或信贷优惠；价格管制，对生产要素和重要资源产品进行价格干预，压低价格，使市场信号严重扭曲；对一些环保等不达标企业挂牌保护，不让检查执法人员履行公务；干预国有企业的日常生产经营活动，等等。这些不仅使国有企业难以成为真正独立的市场主体，也限制和损害了市场配置资源功能的发挥。另一方面，有的国有企业，包括有的授权资本经营的集团公司，则仍然存在"内部人控制"现象，出资人到位问题尚未很好解决。

第三，垄断行业改革抓得不够紧，出现既得利益固化倾向。国有企业改革在20世纪80年代和90年代着力抓中小企业改革，大企业特别是垄断行业大企业改革因关系重大，没有抓紧有效推进，以致出现垄断行业既得利益固化倾向，为保住既得利益，既得利益群体往往设置一些壁垒，阻挠竞争，特别是阻挠新的厂商进入参与竞争。这也是垄断行业改革不够快的一个重要原因，并影响资源配置的优化和效率的提高。

第四，部分国有企业退休职工和下岗分流职工生活困难。在国企改革过程中，一部分比较早退休的职工有些是被动员提早退休的，收入水平长期偏低，有的生活还相当困难，特别是和同期退休的机关干部相比，收入差距比较大，许多退休老职工为此频频上访，要求增加退休金。另一部分是下岗分流职工，他们下岗后，收入普遍较低，并且同在岗职工收入的差距越来越大，有的全家下岗，成为零就业家庭，引发生活困难。这两部分职工，曾为国企改革作出了贡献，但他们的实际问题没有随着改革的深化、国有企业效益的提高和国家财力的不断增强及时得到解决，没有使他们共享改革发展的成果，并由此引发不少社会问题，影响社会的和谐与安宁。近几年，党和政府比较重视这个重大的民生问题，采取了比较有力的措施解决这一问题，正在取得成效。

今后在深化国有企业改革过程中，我们要坚持基本经验，努力克服过去工作中不足之处，不断完善新体制。根据规划，我们要在 2020 年建成完善的、成熟和定型的社会主义市场经济体制，深化国有企业改革是实现上述宏伟目标的重要方面和关键领域。我们要坚持社会主义市场经济的改革方向，坚持实践证明的成功经验和做法，不断努力，打好攻坚战，完满地实现国有企业改革的既定目标。

三　国有企业改革深化和攻坚展望

中国国有企业经历三十年市场化改革，已取得实质性进展，总体上已成为适应社会主义市场经济发展、继续控制着国民经济命脉和在国民经济中发挥主导作用的强势市场主体。国有企业改革的深化，有力地促进了国有经济的发展、国有总资产和净资产增加、国有经济控制力的增强。与此同时，我们也要冷静地看到，国有经济的发展仍然存在一些改革攻坚任务有待继续完成。这些改革攻坚任务都属于深层次的、难度较大的改革，需要统筹规划，奋力推进。按照改革开放总设计师邓小平的设想，大体到 2020 年，"我们才会在各方面形成一套更加成熟、更加定型的制度。在这个制度下的方针、政策，也将更加定型化"①。党的十六大报告也提出到2020年要建成完善的社会主义市场经济体制和更具活力、更加开放的经济体系。深化国企改革，是完善社会主义市场经济体制的最重要环节。现在离2020年只有12年的时间了，国有企业改革还面临不少任务，深化国有企业改革要有紧迫感。要抓住当前国有经济发展较快、实力较强的有利时机，深化国企改革，完成攻坚任务，为2020年建成完善的社会主义市场经济体制作出应有的贡献！

（一）继续推进国有大中型企业公司制股份制改革，中央企业改革要加快

国有大中型企业实行公司制股份制改革的户数已过半，占70%左右，但仍有相当一部分企业尚未实行公司制股份制改革。特别是中央企业，目前150家中央企业中，只有10家左右实现了股权多元化，其余都是国有独资，中央企业下属子公司的股份制改制面2002年只占30.4%，2006年提高到64.2%，按照2006年数字，还有1/3左右没有实现投资主体多元化。目前，中央企业中有宝钢集团、神华集团等19家企业按照《公司法》开展了董事会试点，成立了国有独资公司，聘请了60多位独立董事。即使这样，还要进一步引入战略投资者，推进股份制改革，实现股权多元化。可见，中央企业公司制股份制改革任务还很重，要加快速度推进改革。

在推进中央企业公司制股份制改革时，可以借鉴国有大商业银行整体上市的成功做法。过去，中央企业不少采取把优质资产单独拿出来上市的做法，曾经出现了一些弊端，有的母公司把自己控股的上市公司当作取款机，不断从上市公司提款解决自身困难，严重损害了广大股东的利益，社会影响很不好。整体上市可以从根本上避免上述弊端。国有大商业银行原来不良资产率很高，它们都能在国家支持下，采取种种办法创造条件上市，大多数中央企业应该说也是完全有条件做到的。

国有大中型企业进行公司制股份制改革，能有效地提高企业效益和竞争力。许多研究国有企业和股份公司业绩的报告均表明，国有企业引进新

---

① 邓小平：《在武昌、深圳、珠海、上海等地的谈话要点（一九九二年一月十八日——二月二十一日）》，载《邓小平文选》第三卷，人民出版社1993年版，第372页。

投资主体后，业绩一般能够得到不同程度提高，而股份公司一般比国有独资公司业绩要好一些（见表3）。

表3 国有独资公司与其他所有制企业效益比较（2004年）

所有制形式	总资产周转率	总资产报酬率	销售利润率
国有独资公司	0.54	3.32%	6.12%
其他有限责任公司	0.81	5.37%	6.67%
股份有限公司	0.85	8.04%	9.38%

所以，加快推进国有大中型企业公司制股份制改革，不仅有利于制度创新，而且有利于提高企业和公司绩效。

对于已经进行公司制改革的国有大中型企业，在转向公司制以后，如何完善公司治理，仍有很多问题需要逐步解决。

一是如何处理好"新三会"和"老三会"的关系，有待继续探索和解决。公司法人治理结构是公司制的核心。1999年党的十五届四中全会决定明确提出，要明确股东会、董事会、监事会和经理层的职责，形成各负其责、协调运转、有效制衡的公司法人治理结构。在实际经济生活中，往往出现如何处理好"新三会"（股东会、董事会、监事会）和"老三会"（党委会、工会和职工代表大会）的关系，突出的是董事会与党委会的关系问题。四中全会决定曾提出"双向进入"的原则，即在国有独资和国有控股公司中，党委负责人可以通过法定程序进入董事会；另一方面，董事会中的党员负责人，也可依照党章和有关规定进入党委会。党委书记和董事长可由一人担任，董事长、总经理原则上分设。充分发挥董事会对重大问题统一决策、监事会有效监督的作用。但在实际上，仍有一些问题还要解决。如对公司重大经营战略，董事会要决策，党委会也要决策，需要很好协调。有的公司，还是党委书记、董事长、总经理一人兼任，成为真正的"一把手"，与公司治理要求有效制衡原则相悖。这些问题，有待积累更丰富的经验，逐步解决。看来，今后需要更加强调董事会对公司重大问题统一决策，更加强调决策、执行和监督分开，以利于做到相互制约、有效制衡。

二是完善现代企业制度选人用人新机制问题。国有企业要适应建立现代企业制度的要求，在激烈的市场竞争中生存发展，必须建设高素质的经营管理者队伍，培育一大批优秀企业家。国内外经验表明，市场化选聘是最有效的办法。但这方面工作做得还不够，还需要加快推进。比如国务院国资委2003年成立以来，已多次公开在境内外招聘中央企业经营管理人才。截至2007年，先后分七批进行了公开招聘高级经营管理者的试点工作，共有100家（次）中央企业的103个高级管理职位面向全社会公开招聘，为中央企业引进了一批优秀的管理人才。但总起来看，目前中央企业通过市场化方式选用的各级经营管理人才只占30%，比重太低，亟需加快推进这方面工作，以适应市场竞争和"走出去"充分利用两个市场两种资源发展自己的需要。

三是完善中央特大型企业高管人员选聘任命制度。根据四中全会决定提出"中央和地方党委对关系国家安全和国民经济命脉的重要骨干企业领导班子要加强管理"的精神，50多家中央特大型企业领导班子由中组部任命。2002年党的十六大报告提出建立管资产和管人、管事相结合的国有资产管理体制后，改为正职（党委书记、董事长、总经理）由中组部任命，其余高管人员由国务院国资委任命。这几年，有关部门曾提议由中组部派一位负责人担任国资委党委书记，使这些特大型企业正职也由国资委任命，贯彻十六大提出的管资产和管人、管事相结合的原则，但至今仍未具体落实。有些省市、已实行省（市）委组织部长兼任国资委主任，使管资产和管人、管事相结合得到落实。这也是今后深化国企改革中需要解决的问题。

中央企业是国有企业的主干。中央企业的公司制股份制改革比较顺利地完成了，就标志着国有大中型公司制股份制改革目标的实现，国有企业改革的核心任务也就宣告完成。

（二）基本完成调整国有经济布局和结构的任务，中央企业保留几十家至百家，各省市自治区保留二三十家大型骨干企业

当前国有企业数量仍然太多，达10万个左右，主要是地方中小企业太多，它们仍然大量活动在一般竞争性领域，很难发挥国有企业的优势，需要继续进行资产重组等推进国有经济布局和结构的战略性调整。中央企业资产重组任务也未完成。2003年国务院国资委成立以来，到2007年，已有

95 家中央企业进行了 47 次重组，企业数已从 196 家减少到 150 家。① 一批科研院所进入产业集团，实现了产研结合，有利于提高企业的技术创新能力。一些优势企业强强联合，提高了综合竞争力。一些"窗口"公司并入大型骨干企业，有利于企业"走出去"和参与国际市场竞争。一些困难企业通过重组实现脱困，等等。

国有企业在投资大、建设周期长、规模效益显著、社会效益突出的领域有优势。因此，今后调整国有经济的布局和结构，就要进一步推动国有资本向关系国家安全和国民经济命脉的重要行业和关键领域集中，向大企业集中，加快形成一批拥有自主知识产权和国际知名品牌、国际竞争力较强的优势企业，而从一般竞争性行业逐步退出；把大多数国有中小企业放开搞活；到 2008 年，长期积累的一批资不抵债、扭亏无望的国有企业政策性关闭破产任务基本完成；到 2010 年，国务院国资委履行出资人职责的企业调整和重组至 80—100 户。

有人认为，国有中央企业将来要减少至 100 家，太少了，甚至认为会影响公有制的主体地位，这是不必要的担忧。2006 年，中央企业虽然只有 157 户，但拥有下属企业共达 16373 户，销售收入达 82939.7 亿元，利润总额 7681.5 亿元，上缴税金 6822.5 亿元，增加值 24637.7 亿元，占全国 GDP 的近 12%。特别是，中央企业控制着关系国民经济命脉的重要行业和关键领域，在国民经济中起着举足轻重的作用。这里说的一是指中央企业，不包括地方企业；二是指工商企业，没有包括金融企业。如果加上国有地方企业和国有金融企业，国有经济在全国 GDP 的比重将占 30% 左右，国有经济继续发挥着主导作用。如果再加上其他公有制经济，加上国有自然资源资产、非经营性资产等，公有资产在社会总资产中占优势是没有问题的，公有制的主体地位并没有因为深化国企改革而受到影响。

地方国有企业仍然太多。地方国有企业究竟有多少，目前没有很准确的统计。笼统说还有 10 万户左右，可是每个省市发布国企改革信息时，一般都说只有几十户几百户，很少还有上千户的，但是全国总数又说还有十万户。有可能是把一些国有企业的子公司孙子公司只要是法人的也算一户，

---

① 李荣融：《五年来国有企业改革发展取得重大进展》，《光明日报》2008 年 3 月 26 日。

从而把数字算多了。总的来看，将来每个省市自治区，经过布局调整，需要保留国有独资或国有控股的，也许就是二三十家大型骨干企业（下面可以有若干子公司、孙子公司），这样加上中央企业，全国保留国有独资或国有控股的大型企业，不会超过千家。但由于他们都是大型骨干企业，且都是分布在关系国民经济命脉的重要行业和关键领域，在国民经济中起着举足轻重的作用，因此仍将有力地主导国民经济的发展。

地方国有经济布局和结构的调整，由于过去已有较好基础，估计这一任务不难完成。关键是要选准有优势的领域，以利于提高本地区国有企业的市场竞争力。同时，一定要处理好众多中小企业退出市场后职工的妥善安置问题，不要造成许多后遗症。

（三）加快推进垄断行业改革，积极引入竞争机制

垄断行业是中国国有经济最集中和控制力最强的领域。垄断行业中的主要大型骨干企业，几乎都是国有企业，都是中央企业。随着改革的深化，垄断行业改革已成为今后国有企业改革的重点。

深化垄断行业改革，重点是实行政企分开、政资分开，引入竞争机制，包括引入战略投资者或新的厂商（市场主体），同时加强政府监管和社会监督，以提高资源配置效率，并有效保护消费者利益。

进入新世纪以后，垄断行业改革逐步开展，但发展不平衡，总的说来攻坚任务尚未完成。今后，需要根据各个垄断行业改革进程，分类推进或深化改革。一类是已经实行政企分开、政资分开和进行初步分拆、引入竞争机制的电力、电信、民航、石油等行业，要完善改革措施，深化改革。一是放开市场准入，引进新的厂商参与市场竞争。特别是非自然垄断性业务，应开放市场，允许国内民间资本和外资进入竞争，以提高效率。如电力部门应实行厂网分开、发电厂竞价上网，电信运营商开展竞争，允许民营资本投资经营航空公司（目前已有 7 家民营航空公司领取运营牌照），放开成品油市场等。即使是自然垄断性业务，有的也可以通过特许经营权公开拍卖（如自来水生产和供应、污水处理等），使其具有一定的竞争性并增进效率。2006 年，酝酿了 8 年之久的邮政改革开始启动，已初步实现政企分开和政资分开，这项改革仍需不断完善。二是尚未进行实质性体制改革

的铁道、某些城市的公用事业等，则要积极推进政企分开、政资分开、政事分开改革。铁路投融资体制改革已开始进行，铁路建设、运输、运输设备制造和多元经营等领域已向国内非公有资本开放。但整个铁路部门的政企、政资分开尚待进行。党的十七大报告在谈到加快行政管理体制改革时，提出要探索实行职能有机统一的大部门制。如果铁道部政企、政资不分开，统一的交通运输部就很难建立起来。此外烟草、食盐等属于行政垄断部门的改革，也应逐步提上议事日程。根据国外的经验，这两个部门同样不一定非要实行行政垄断不可，也是可以实行政企分开、政资分开的，有些领域比如生产领域是可以引入竞争机制的。

垄断行业引入竞争机制必须同加强政府监管和社会监督相结合，既要加强对安全、环保、普遍服务等监管，也要加强对价格的监管，包括实行价格听证制度等，以维护公众的正当权益。

目前公众对不少垄断行业职工收入畸高、为维护自身既得利益构筑较高的进入壁垒、收费高服务差效率低等问题意见颇大，说明垄断行业改革是一场真正的攻坚战。既然是攻坚战，就必须有自上而下的有力推动，有中央的强有力的领导。要科学、合理制订改革规划，然后分步实施。垄断行业引入市场竞争机制，国外已有许多成功经验，其案例涉及各个垄断行业。国内也有自然垄断行业民营化的成功案例[①]。只要我们很好借鉴国内外成功做法，坚定而又扎实地推进改革，既大胆引入市场竞争机制，又加强政府监管和社会监督，就一定能取得这一改革的胜利。

（四）完善国有资产管理体制和国有资本经营预算制度

完善国有资产管理体制是国有企业建立健全现代产权制度的根本所在，必须高度重视，努力做好这方面的工作。现在看来，今后应着力做好以下几个方面的工作：

第一，2002 年十六大明确国有资产管理体制改革原则和方针后，至今已近 6 年，但对国有金融资产、自然资源资产、非经营性资产等，还没有明确和建立代表国家履行出资人职责的机构，还是"五龙治水"，"内部人

---

① 王俊豪、周小梅：《中国自然垄断产业民营化改革与政府管制政策》，经济管理出版社 2004 年版；仇保兴、王俊豪：《中国市政公用事业监管体制研究》，中国社会科学出版社 2006 年版。

控制"问题严重。2003年成立国务院国资委时,只明确了对工商企业国有资产进行监管,对其他国有资产则先放一放,但一放就是五六年过去了。2007年,党的十七大报告提出"完善各类国有资产管理体制和制度"的任务,因此建立和完善除工商企业国有资产以外的国有资产的管理体制和制度,必须尽快提上议事日程,否则一放又是几年过去了。要看到,不尽快建立监管制度,极易造成国有资产流失。山西一些煤老板,日赚几十万元上百万元,主要是开采属于国家的煤矿不花钱或花很少的钱,使国有资产流入他们的口袋。

第二,还有相当数量的非金融类经营性资产政企不分、政资不分现象亟待改变。到2008年,中央政府层面上还有80多个部门对其下属的3000多家企业进行直接管理,没有纳入到集中统一的国有资产监管体系,政企不分、政资不分现象突出。还有,一些政府部门仍在继续对国资委所监管企业行使部分出资人权利,军工、电信、电力等行业部门甚至要求重新履行出资人职能。还授权其他政府部门履行国有资产出资人职责,如授权财政部对中国出版集团、中国烟草总公司、中国邮政集团公司等企业履行出资人职责。一些应该由企业自主决策的事项仍然需要政府部门审批。① 这种情况,应制订规划尽快改变,不能总是久拖不决。

第三,明确各级国资委职责。国务院国资委成立初期,承接了原来国家经贸委的工作,承担了不少不属于出资人的职能,如行业协会管理指导、呆坏账准备金分配、离退休干部管理保障、维护企业稳定和企业职工合法权益、国企改革遗留问题处理等,这些工作,花去国资委不少精力,今后需逐步减少和退出,专心致力于履行出资人职责。同时,十六大明确的国有资产监管机构的权力尚未完全落实,如在管资产和管人、管事相结合方面,至今国务院国资委对特大型企业的主要负责人(正职)还没有任命的权力。特别是,国资委作为出资人代表,如何只当"老板",不当"婆婆",包括不代替公司董事会进行经营决策,切实尊重企业法人财产权等,要认真研究和落实。还有,国资委的监管职能也有待明确,即监管是基于直接的出资人职能,还是基于间接的国家统一所有者职能(如国务院国资委对

---

① 黄勇:《关注国有资产监管体制》,《中国发展观察》2007年第12期。

地方国资委进行监督指导），还是基于国家行政职能。现在看来，根据十六大精神，国资委监管职能仍应基于直接的出资人职能比较恰当。最后，地方国资委需完善的工作更多，出资人职责没有到位的现象还比较普遍。所有这些，都需要抓紧研究解决，使国有资产监管体制逐步完善。

第四，加快建立国有资本经营预算制度。这是党的十七大提出的任务。1994年起，国有企业利润留给企业，当时国有企业处境比较困难，1997年国有企业利润总额才800亿元，半数国有企业亏损。所以，当时规定企业利润不上交是合适的。此后，特别是进入新世纪以后，国有企业利润大幅增加。2006年突破1万亿元，2007年达1.62万亿元，其中中央企业利润近万亿元。在这种情况下，继续维持利润全部留归企业显然已不合适。必须开始建立国有资本经营预算制度，国有企业利润要上交一部分归财政部门或国资委。2007年12月，财政部和国务院国资委发文规定，中央企业分三类分别向财政部上缴利润率10%、5%和三年暂不上交。地方国有企业有的已实行利润上交制度。但这一制度必须完善。在上交比例方面，应逐步采取规范的如同上市公司国有股权分红的办法。在支出方面，应明确用于加强优势领域、支付部分国企破产兼并的改革成本、充实社会保障基金和支付对老职工的欠账等。国有资本经营预算制度牵涉大量国有资本的效益如何分配使用，它同社会公共财政预算、社会保障基金预算等，构成财政预算的庞大体系，需认真做好，不断完善。

（五）形成规范国企改革的法律体系

中国国有企业改革没有现成模式可以搬用，只能"摸着石头过河"，在改革实践中学习改革，推广好的做法和经验，摒弃错误的、不成功的做法和经验。同时，要及时地把成功的做法和经验上升为法律，规范改革有序进行，避免不必要的损失和少走弯路。

经过三十年改革，中国已制定和实施了同国有企业改革有关的一系列法律，包括《公司法》、《价格法》、《反垄断法》、《物权法》、《企业国有资产监督管理暂行条例》、《全民所有制工业企业法》、《全民所有制工业企业转换经营机制条例》、《国有资产评估管理办法》、《国有企业财产监督管理条例》、《国有企业监事会条例》、《企业国有资产产权登记管理办法》等，相关法律法规和规范性文件达 200 多件。目前最重要的是要制定《国有资产法》，该法 2007 年 12 月已开始由全国人大常委会讨论，但要出台还得一段时日。如何制订好《国有资产法》，各方面还有不同看法。

首先，关于《国有资产法》的对象，是只包括国有工商企业的国有资产，还是包括全部国有资产，即除国有工商企业国有资产外，还包括国有金融资产、自然资源资产、非经营性资产等。我们认为，最好是包括全部国有资产。如果只包括国有工商企业国有资产，就太狭窄了，而且目前已有《企业国有资产监督管理暂行条例》，这个条例现在看来还是很有效的，暂时不必急于通过新制定《国有资产法》来完善。特别是，当前最紧迫的是国有金融资产、自然资源资产、非经营性资产等如何监管，某种意义上属于空白状态，或者还是"五龙治水"，没有一个专门机构对这些国有资产负责。这也是完善国有资产监管体制的最重要的基础性任务，希望全国人大常委会能关注这一点。

其次，关于国有资产监管机构的定位。国资委作为代表政府履行出资人职责的机构，其职能和责任需在立法中进一步明确。比如，对于经营性资产，除金融类资产外，是否可以统一归国资委监管，以彻底改变"五龙治水"状态。为此，至今仍未归国资委监管的铁路、农垦、烟草、教育、文化、科技等系统的经营性国有资产，应明确归国资委监管，由国资委统一承担国有资产保值增值的责任，并理顺国资委同这些领域企业主管部门的关系。与此同时，需明确出资人监管与其他监管的关系，理顺国有资产监管与行政监管、行业监管、特殊产品监管的关系，以便进一步明确各级国资委职责。

再次，国资委作为直接履行国有资产出资人职责的机构，还要在立法中明确同本级政府的关系，同出资企业的关系。直到现在，有的省市级政府，仍未将本级政府所属国有工商企业资产委托国资委监管，仍由政府直接行使出资人职责，有的国资委只监管一个企业的国有资产。国资委同企业的关系特别重要，如何做到只当"老板"不当"婆婆"并不容易。企业上市后，国资委能否直接持股，国资委如何选派股东代表和董事会成员包括独立董事，这些专门人才如何从社会上通过市场化方式选聘等，都需要在立法中明确。

（六）加强领导，搞好规划，提高改革决策的科学性和增强改革措施的协调性

在今后国有企业改革的攻坚过程中，由于会受到既得利益群体的阻挠和反抗，因此必须加强对改革的领导，需要党和政府的强有力的推进。改革发展到今天，光靠自下而上勇敢地闯、勇敢地干已经不够了。不能小看长期渐进式改革形成的既得利益群体积累的力量和话语权，要他们放弃既得利益是很不容易的。还在 20 世纪 90 年代初，当工业生产资料双轨价差已大大缩小到 50% 以下、取消双轨价实行市场单轨价的条件已经成熟时，有的主管部门为维护自己拥有的定价权坚持反对双轨价并轨，多次协调也协调不下来，最终还是靠国务院统一下达哪些产品价格政府要管，其他产品价格一律放开，才解决了当时认为的难题，把原来主管部门反对并轨的生产资料价格一举放开由市场调节。这就说明有些改革必须靠自上而下的强有力推动才能奏效。

深化国企改革要搞好规划，有步骤地向前推进。要搞好规划，就要有一个锐意改革而又客观公正的机构或群体从事这项工作。这方面过去有成功的经验。1987 年，当时国家体改委曾委托 8 个单位，包括中国社科院、中央党校、国务院发展研究中心、北京大学等，制订中期（1988—1995 年）改革规划。由于这些单位都是利益超脱者，所以提出了许多可行的方案，如改革发展都要稳中求进、国企改革要大力推行股价制、推进市场化价格改革促进经济运行机制转轨、加强国家体改委对改革的领导和综合协调等。今后，制订规划必须坚持社会主义市场经济改革方向，不能让本部门设计自己的改革方案，否则改革必然走样，只顾追逐本部门利益，或使部门利益固化，而同市场化改革方向相左。

深化国企改革，还要提高改革决策的科学性，增强改革措施的协调性。2003 年国务院机构改革，原国家体改办并入原国家发展计划委员会，成立国家发展和改革委员会，使经济改革和经济发展紧密联系起来。经过几年的运行，有些专家反映，取消体改办，少了一个利益超脱、专司研究和推动改革的部门，对于防止部门利益固化、推进垄断部门改革，也有一些不利的影响。党的十七大报告提出，"要把改革创新精神贯彻到治国理政各个环节，毫不动摇地坚持改革方向，提高改革决策的科学性，增强改革措施的协调性"。这是很有针对性的，在深化国有企业改革中也应坚决贯彻。

现在离 2020 年建成完善的社会主义市场经济体制的时间还有 12 年，时不我待。我们要抓紧工作，全面深化国有企业改革，到 2020 年完成制度创新任务，较好地实现国有制与市场经济的有机结合。

（原载《经济与管理研究》2008 年第 10 期）

六十年城市经济体制和政府职能变化

六十年来，我国城市经济体制和政府管理经济的职能，随着经济的发展而变化。前三十年在社会主义经济制度确立后，主要是探索如何改进传统的计划经济体制和与之相适应的政府职能。1979年以后，对传统的经济体制进行了重大的改革，逐步建立和完善社会主义市场经济体制，与此相适应，政府也逐步转型，从全能型、经济建设型转变为公共服务型。实践表明，经济体制的改进特别是1979年以后的经济体制改革，有力地推动了中国经济的发展；同样，政府职能的改进特别是向适应社会主义市场经济方向转型，也能很好地促进国民经济的健康运行和平稳增长。

一　前三十年城市经济体制的发展变化

中国城市经济体制的发展变化，总体上反映着整个国家经济体制的发展变化。新中国成立前夕，1949年3月5日，毛泽东在党的七届二中全会上的报告提出，"从现在起，开始了由城市到乡村并由城市领导乡村的时期"。随着工作重心的转移，城市越来越成为社会的政治中心、经济中心、文化中心。

新中国成立之初，我国的主要经济成分包括：没收官僚资本形成的社会主义性质的国营经济；容许存在和发展一切不是于国民经济有害而是于国民经济有利的城乡资本主义成分；占国民经济总产值90%的分散的个体的农业和手工业经济。1949—1952年，为国民经济恢复时期，党和政府致力于推进土地制度改革，稳定物价与统一财经工作，医治连年战争对国民经济的破坏和创伤，恢复正常的经济活动与秩序。经过三年多的努力，到1952年，财政经济状况根本好转，国民经济全面恢复。工业总产值1952年比1949年增长144.9%，主要工业品产量除化肥外都已超过解放前最高产量。农业总产值 1952 年比 1949 年增长 48.5%，主要农产品粮食、棉花、糖料、大牲畜和猪的年底头数都已超过解放前最高产量。1952 年，国家财政收支平衡，并有结余，财政支出中用于建设支出已增加到占 50% 以上。①

在国民经济恢复时期，我国在有些方面如基本建设、工业和地区如东北地区已经逐步实行计划管理。从 1953 年起，实行五年计划，第一个五年计划时期为 1953—1957 年，逐步走上计划经济。"一五"期间，对个体农业、手工业和私人资本主义工商业进行大规模的社会主义改造，个体农业和手工业走合作化道路，到 1956 年年底，参加高级农业生产合作社的农户已占总农户的 87.8%；到 1957 年年底，全国高级社总数达到 75.3 万个，入社农户共计 11945 万户，占农户总数 96% 以上。在农业合作化带动下，手工业合作化进展迅速。到 1956 年，手工业合作社数量达 74000 个，社员占手工业从业人员总数的 73.6%，产值占手工业总产值的 86.2%。对私人资本主义工商业的社会主义改造则是主要通过公私合营的形式、采取赎买的办法进行。到 1956 年年底，占私营工业总产值 99.6% 的企业已经完成了所有制的改造，主要形式是公私合营；占私人商业资本额 93.3% 的商店也完成了所有制改造，其中公私合营部分占资本总额的 71.5%。这样，1956年，我国社会主义改造已基本完成，社会主义基本制度已确立起来了。

随着社会主义基本制度的确立，社会主义计划经济体制也在全国范围内建立起来。在当时的国内外条件下，中国建立计划经济体制是一种必然的选择，企求在那个时候建立今天的社会主义市场经济体制是不现实的，也是不可想象的。社会主义计划经济建立后，一方面在一段时间内的确发挥了一定的积极作用，比如在第一个五年计划期间集中力量建设 156 个项目，建立工业化的初步基础。另一方面，高度集中的、以行政管理为主并主要靠指令性计划安排产、供、销和排斥市场机制的体制，束缚了广大生产经营单位和劳动群众的积极性和主动性，致使整个经济活力不强。

对传统计划经济体制的弊端，党和国家领导人以及经济学家也有察觉，并试图作某些改造。比如，1956 年，毛泽东的《论十大关系》就试图探索适合中国国情的社会主义建设道路。1956 年，在中共八大会上，陈云提出

---

① 以上资料见苏星《新中国经济史》，中共中央党校出版社 2007 年版，第 137—139 页。

了利用市场调节作为国家计划补充的意见。1964 年，还借鉴西方发达国家管理企业的组织形式，在工业、交通部门试办托拉斯，共成立了 12 个托拉斯，其中烟草公司和医药公司具有全行业的性质。一些经济学家也对传统计划经济体制的弊端提出尖锐的批评，如 1956 年孙冶方提出要把计划和统计建立在价值规律的基础上，1957 年顾准提出让价值规律自动调节企业生产和流通等。但是，总的来说，在实际工作中采取的措施都没有突破计划经济的框框，还是在计划经济体制下放权、收权上兜圈子。孙冶方等经济学家的观点比较尖锐，但那时尚未成为主流观点，更难于为领导人接受，相反，在以阶级斗争为纲环境下，他们反而受到残酷的政治迫害，"文化大革命"期间更把孙冶方作为"中国经济学界最大的修正主义分子"投进监牢达七年之久。

总之，在新中国成立头三十年，在社会主义基本制度确立后逐步形成的计划经济体制，虽在其运行中试图做一些改进，但未走出"一放就乱，一统就死"的怪圈，传统的计划经济体制没有发生重大变化。

二 前三十年政府管理经济职能变迁

传统的社会主义计划经济体制是高度集中的以行政管理为主的体制，政府管理经济的职能极其强化，政府不仅是经济活动的主角，而且集决策、执行、监督于一身。所以，在社会主义改造基本完成以后，从 20 世纪 50 年代中期开始，随着计划经济体制的建立，政府愈来愈全面直接介入经济生活的各个领域，成为整个国民经济的支配力量。

中国是一个大国，政府管理经济要处理中央和地方的关系，还要处理政府同企业与职工的关系。毛泽东在《论十大关系》中专门讲了中央和地方的关系，国家、生产单位和生产者个人的关系，提出"应当在巩固中央统一领导的前提下，扩大一点地方的权力，给地方更多的独立性，让地方办更多的事情"。"不能只顾一头，必须兼顾国家、集体和个人三个方面，也就是我们过去常说的'军民兼顾'、'公私兼顾'。"实际上在改革开放前，更多的是在中央和地方之间放权和收权，政府和企业的关系没有多少实质性变化，所以人们常说在国民经济中占统治地位的国有企业只是政府部门的附属物和算盘珠。

根据毛泽东《论十大关系》讲话精神，1957 年 9 月，党的八届三中全会基本上通过了《关于改进工业管理体制的规定（草案）》、《关于改进财政体制和划分中央和地方对财政管理权限的规定（草案）》和《关于改进商业管理体制的规定（草案）》。同年 11 月 14 日，一届人大常委会第 84 次会议原则批准了这三个规定，自 1958 年起施行。如《关于改进工业管理体制的规定》提出：适当扩大省、自治区、直辖市管理工作的权限。包括：调整现有企业的隶属关系，把由中央直接管理的一部分企业下放给省、自治区、直辖市领导，作为地方企业。一切仍归中央各部管辖的企业，都实行以中央各部门为主的中央和地方的双重领导，加强地方对中央各部所属企业的领导和监督。增加各省、自治区、直辖市人民委员会在物资分配方面的权限。原来属于中央各部管理现在下放给地方管理的企业，全部利润的 20% 归地方所得、80% 归中央所得。在人事管理方面，增加地方的管理权限等。这些可以说是初步的有益的探索。可惜的是，这些设想绝大部分被 1958 年的"大跃进"冲毁了。

以后，在五年调整期间（1961—1965 年），1964 年 9 月，中央又决定把 19 个非工业部门（即农业、林业、水利、文教卫生、交通运输、商业等）属于地方管理的基本建设投资，划给一笔资金，由地方统筹安排。拨给地方的基建投资，在 1964 年、1965 年都占预算内投资的 20% 以上。

"文化大革命"期间，1970 年，在批判所谓"条条专政"的情况下，又开始大规模下放中央企事业单位。至 9 月底，中央工交 9 个部已下放 2237 个企事业单位，占总数的 73%。这次下放，把鞍钢、大庆油田、长春汽车制造厂、开滦煤矿等都下放了，一机部连一个直属企业都没有了。1965 年，中央各部直属企业产值占全国工业总产值的比重为 42%，1976 年，已下降到 6%。商业部门也再次实行政企合一，撤销了全国和省两级公司，商业部直属企业全部下放。这次由于下放过多、过猛、过急，也带来不少问题，突出的是地方自成体系、自给自足倾向发展，盲目建设和重复建设严重，造成浪费。

由上可见，新中国成立头三十年，在政府管理经济工作中，主要是在中央和地方之间放权、收权上做文章，而且一直没有得到很好处理。值得一提的是，早在 1961 年，我国著名经济学家孙冶方在一份研究报告中已经提出新的不同的思路。他说："财经管理体制的中心问题是作为独立核算单位的企业的权力、责任和它们同国家的关系问题，也即是企业的经营管理权问题。至于体制中的其他问题，如中央与地方的关系、条条与块块的关系等，在企业的职权问题解决以后，是容易解决的。"① 改革开放以后我国经济体制改革实践证明，孙冶方的上述主张是对的，可惜他的主张那时未被采纳和考虑。

三　改革开放后城市经济体制改革

中国 1979 年开始的经济体制改革，首先是从农村开始的，农村实行家庭联产承包责任制，确认农民作为独立的商品生产者的地位，大大解放了农村生产力，农业生产迅速发展。与此同时，城市国有企业也实行扩大自主权试点，并逐步放开市场与价格，国民经济逐渐活跃起来，使改革一开始就给老百姓带来实惠，得到老百姓的衷心拥护。从 1984 年 10 月中共十二届三中全会起，中央开始扩大改革范围并将改革的重心由农村转入城市。1984 年 10 月 10 日，邓小平在会见联邦德国总理科尔时说道："过几天我们要开十二届三中全会，这将是很有特色的全会。前一次三中全会重点在农村改革，这一次三中全会则要转到城市改革，包括工业、商业和其他行业的改革，可以说是全面的改革。"② 随后党的十二届三中全会通过的《中共中央关于经济体制改革的决定》作出了重大决策，确认社会主义经济是"公有制基础上的有计划的商品经济"，要求"加快以城市为重点的整个经济体制改革的步伐"。城市经济体制改革可分为以下几个阶段。

（一）1979—1992 年市场取向改革探索和逐步展开阶段

1. 在企业改革方面，主要是放权让利、探索两权分离

1978 年 10 月，四川省宁江机床厂等 6 个企业进行了扩大企业自主权的

---

① 见孙冶方《关于全民所有制经济内部的财经体制问题》，《社会主义经济的若干理论问题》，人民出版社 1979 年版，第 140 页。

② 中共中央文献研究室：《新时期经济体制改革重要文献选编》（上），中央文献出版社 1998 年版。

试点,确定企业在增收基础上,可以提取一些利润留成,职工可以得到一定的奖金。允许国有企业从事国家指令性计划之外的生产,允许出口企业保留部分外汇收入自主支配。1983 年开始,向政府上缴利润由利润所得税替代。1984 年 10 月,党的十二届三中全会作出了关于经济体制改革的决定,确认社会主义经济是有计划的商品经济。按照发展社会主义有计划商品经济的要求,国有企业改革的目标是:要使企业真正成为相对独立的经济实体,成为自主经营、自负盈亏的社会主义商品生产者和经营者,具有自我改造和自我发展能力,成为具有一定权利和义务的法人。按照这一目标,国有企业改革转向实行"两权分离",即国家的所有权与企业的经营权分离。1986 年 12 月,国务院提出,要推进多种形式的经营承包责任制,给经营者以充分的经营自主权。1987 年,大中型企业普遍推行企业承包经营责任制。到 1987 年底,全国预算内企业的承包面达 78%,大中型企业达 80%。1990 年,第一轮承包到期的预算内企 业有 3.3 万多户,占承包企业总数的 90%。接着又开始第二轮承包。

从扩大经营自主权到承包制的放权让利改革,使企业开始有一定的活力。但是,承包制也有重大缺陷,承包制"一对一"谈判强化了政企不分,只有激励没有约束,所有权和经营权分离了,但所有者缺位,所有权不能约束经营权。经营者滥用经营自主权谋取私利或小集体利益,普遍出现"内部人控制",短期行为,以致不少企业承包一轮,国有资产流失一轮,富了和尚穷了庙,后果严重。实践告诉我们,国有企业改革不能以承包制为方向,必须另找出路,实行制度创新。

2. 在推进国有企业改革的同时,发展个体,私营等非公有制经济

改革开放后,由于认识到中国仍处于社会主义初级阶段,必须允许个体、私营等非公有制经济发展,以便调动一切积极因素发展社会生产力。同时这也是扩大就业的重要举措。因此,从 1980 年开始,中央和国务院出台了一系列政策,鼓励、支持和引导个体私营等非公有制经济发展。截至 1992 年,个体经济已从 1978 年的 14 万户、从业人员 15 万人发展到 1533.9 万户、从业人员 2467.6 万人,注册资金 600.9 亿元,营业额 2238.9 亿元;私营经济则从零开始,也发展到 13.9 万户,从业人员 232 万人,注册资金 221.2 亿元,营业额 113.6 亿元。

3. 放开市场，放开价格

改革开放后，城市经济运行的重大改革是放开市场，放开价格。全国许多城市从 20 世纪 80 年代初就逐步放开一些商品价格。广州市是在 20 世纪 70 年代末 80 年代初最早放开蔬菜、水果、水产品、猪肉等价格的，结果是"放到哪里活到哪里"。放开价格之初，价格有点上涨。但不久由于供应充足很快价格就平抑下来、稳定下来，老百姓拍手称快。放开价格带来的最大变化是取消凭票供应。广州市 20 世纪六七十年代票证最多时达 118 种，随着商品价格一样一样地放开，市场供应增加，票证一个一个被取消。1982 年还有 48 种票证，1988 年只剩粮票、糖票两种。不久连这两种也取消了①。

全国各个城市差不多都在几年的时间走了广州市走的放开价格的路子。1985 年开始，国家放开了除国家定购的粮、棉、油、糖等少数品种外的绝大部分农副产品的购销价格。工业消费品价格也逐步放开。1985 年放开了缝纫机、收音机、手表等价格，1986 年放开了自行车、电冰箱、洗衣机等七种耐用消费品价格，1988 年放开了 13 种名烟名酒价格。在这之前，1982 年 9 月和 1983 年 8 月先后放开了 160 种和 350 种小商品价格。1992 年，随着宏观经济环境改善，政府进一步放升大批同而价格，中央政府管理的商品价格目录大大减少。其中，重工业生产资料和交通运输价格由原来的 737 种减为 89 种，农产品价格由原来的 40 种减少为 10 种，轻工商品由 41 种减少为 9 种。从此，中国的市场价格体制初步形成了。②

中国价格改革过程中，20 世纪 80 年代中后期实行工业生产资料价格双轨制并于 90 年代初并为市场单轨制的实践，是渐进式市场取向改革的生动范例。中国同种工业生产资料在同一时间、地点上存在计划内价格和计划外价格，是 1984 年开始出现的，1985 年后遍及所有产品。据 1988 年统计，在重工业品出厂价格中，按国家定价销售的比重，采掘工业产品为 95.1%，原材料产品为 74.6%，加工工业产品为 41.4%，其余为计划外价格即市场价销售部分。工业生产资料价格双轨制，是在短缺经济环境下，双重经济体制特别是双重经济运行体制并存的集中表现，是双重生产体制和物资流

---

① 《广州放开农产品价格——中国价格改革由此开端》，《粤港信息日报》1988 年 7 月 5 日。
② 马凯：《中国价格改革 20 年的历史进程和基本经验》，《价格理论与实践》1999 年第 1 期。

通体制的集中表现。

双轨制价格能刺激紧缺物资的增产，鼓励超计划的生产，满足计划照顾不到的非国有经济包括乡镇工业企业的原材料等的需要，有助于调剂余缺、调节流通，还有助于了解正常的比价关系等。这是实行双轨价的有利的一面。与此同时，双轨价又常常在利益驱动下影响供货合同的履行，助长投机倒卖、营私舞弊等，这是它的弊端。经验表明，如果双轨价差不那么大，市场价格高出计划价格一倍以内，双轨价的积极作用可以发挥得好一些；而如果价差很大，超出一倍，其消极作用就很突出。20 世纪 80 年代中期，实行双轨价初期，价差不很大，如 1985 年年底、1986 年年初估计，价差在一倍左右，属正常范围。但此后在需求过旺推动下，市场价格往往比计划价格高出一倍多，甚至两三倍，造成市场秩序混乱，倒卖生产资料活动猖獗，要求取消双轨制价格呼声很高。1990—1991 年，由于宏观经济环境改善，供求关系趋于缓和，双轨价差缩小至一倍以内甚至 50% 以内。党和政府抓住有利时机，对双轨价进行并轨，主要并为市场单轨价。这说明，工业生产资料价格双轨制及其向市场单轨制过渡，是中国渐进式市场取向改革的又一成功实践。

（二）1992 年至 2002 年，初步建立社会主义市场经济体制阶段

1992 年，党的十四大在邓小平年初南方谈话精神鼓舞下，确定社会主义市场经济体制是中国经济改革的目标模式，从此，城市市场化改革迅速全面展开，并于 20 世纪末 21 世纪初初步建立起社会主义市场经济体制。

1. 从战略上调整国有经济的布局和结构，对国有大中型企业进行公司制股份制改革

1993 年，党的十四届三中全会决定明确国有企业改革的方向是建立产权清晰、权责明确、政企分开、管理科学的现代企业制度即现代公司制。1997 年，党的十五大进一步提出从战略上调整国有经济的布局和结构，实行"抓大放小"以及对国有大中型企业进行公司制股份制改造的任务。在此指导下，国有企业市场化改革深入推进。1998 年，全国国有工商企业为 23.8 万户，销售收入 64685 亿元，净资产 50371 亿元。到 2002 年，

国有工商企业总户数降为 15.9 万户，但销售收入增加到 85326 亿元，净资产增加到 66543 亿元。国有大中型企业公司制股份制改革快步推进，其中作为国有企业主干的中央企业的子企业的股份制改造面 2002 年已达 30.2%。

2. 个体、私营等非公有制经济进一步快速发展

1997 年，党的十五大确立以公有制为主体、多种所有制经济共同发展为社会主义初级阶段的基本经济制度，确认个体、私营等非公有制经济为社会主义市场经济的重要组成部分。这样，非公经济得到进一步的迅速发展。到 2002 年，个体经济已达 2377 万户，从业人员 4743 万人，分别比 1992 年增加 55% 和 92%；私营经济已达 243 万户，从业人员 3409 万人，分别比 1992 年增加 16.5 倍和 13.7 倍。

3. 初步建立了统一开放竞争有序的市场体系由于工业生产资料和消费品价格已基本放开，市场关系迅速扩展，生产资料市场、消费品市场日益发达，资本、劳动力、技术等生产要素市场也逐步建立。特别需要指出，中国市场化改革经过近 20 年努力后中国经济出现了"奇迹"，突出的标志是，从 1997 年起，中国告别了困扰全国人民几十年的短缺经济，市场一片繁荣，人民生活水平大幅度提高，开始形成大家梦寐以求的供大于求的买方市场格局。还要特别提出，2001 年 11 月，中国加入世贸组织，使中国对外开放进入一个崭新的阶段。

4. 要运用经济手段以间接管理为主的宏观经济管理体系初步形成

向社会主义市场经济体制转型，意味着国家不能再主要用行政手段调控宏观经济的运行，而转为主要采取经济手段、运用财政政策和货币政策，对宏观经济进行间接管理。我国 1988 年和 1993 年治理通货膨胀，恢复宏观经济的稳定，就是主要通过从紧的财政政策和货币政策（如大幅度提高利率）同时采取必要的行政手段（如一度冻结个别必要消费品价格）实现的。1998 年治理通货紧缩，则采取扩张性的财政政策、增加发行长期建设国债刺激需求等逐步实现的。

5. 行按劳分配为主、多种分配方式并存的收入分配制度

早在 20 世纪 80 年代末，我国就有经济学家提出了按劳分配与按生产要

素分配结合的观点。[①] 当时有一些经济学家不赞成他们的观点，展开过相当热烈的讨论。但不久，随着社会主义市场经济体制改革目标模式的确立，按生产要素分配逐步被党的文件确认。1997 年，党的"十五大"报告提出："坚持按劳分配为主体、多种分配方式并存的制度。把按劳分配和按生产要素分配结合起来，坚持效率优先、兼顾公平。"2002 年，党的"十六大"报告提出："确立劳动、资本、技术和管理等生产要素按贡献参与分配的原则，完善按劳分配为主体、多种分配方式并存的分配制度。"这样，新的收入分配制度逐步建立起来。

6. 着手建立与社会主义市场经济相适应的社会保障制度

1993 年，党的十四届三中全会提出，要建立多层次的社会保障制度，为城乡居民提供同我国国情相适应的社会保障，促进经济发展和社会稳定。特别提出，城镇职工养老和医疗保险由单位和个人共同负担，实行社会统筹和个人账户相结合。此后，据此原则，各地着手建立养老、医疗、失业和最低生活等保障制度。

（三）2002 年以后完善社会主义市场经济体制阶段

2002 年，党的"十六大"提出，21 世纪头二十年的主要任务是全面建设小康社会，并要求到 2020 年建成完善的社会主义市场经济体制。2003 年，党的十六届三中全会作出了《关于完善社会主义市场经济体制若干问题的决定》，我国新体制进入以完善为主题的阶段。这方面主要的进展是：

1. 建立和完善国有资产管理体制

2002 年，党的"十六大"明确了国有资产管理体制改革的原则，也就是要建立由中央政府和地方政府分别代表国家履行出资人职责，享有所有者权益，权利、义务和责任相统一，管资产和管人、管事相结合的体制。此后，国有资产监管逐步纳入规范轨道，国有企业出资人逐步到位。下表说明 2002 年以来全国国有工商企业国有资产发展情况。

---

① 参见谷书堂、蔡继明《按贡献分配是社会主义初级阶段的分配原则》，载中共中央宣传部主编《理论纵横》（上篇），河北人民出版社 1988 年版；同时发表在《经济学家》1989 年第 2 期。

国有及国有控股的非金融类企业总资产和净资产　　　单位：亿元

年份	资产总额	净资产	中央企业总资产	中央企业净资产
2002	180219	66543		
2003	199971	70991	83280	36000
2004	215602	76763		
2005	242560	87387		
2006	290000	122000	122000	53900
2007	355000		148000	
2008			177000	

　　2002 年以后，国有资产管理体制改革加快并取得显著成效。首先是组建机构，继国务院国资委于 2003 年成立后，到 2004 年 6 月，全国 31 个省（区、市）和新疆生产建设兵团国资委全部成立，目前地（市）级国有资产监管机构组建工作基本完成。这意味着三级政府国有资产监管机构逐步组建完成，"政企分开"和"三统一、三结合"的管理模式初步形成。与此同时，制定了《企业国有资产监督管理暂行条例》和与此相配套的规章。《中华人民共和国企业国有资产法》已于 2008 年由全国人大常委会通过，自 2009 年 5 月 1 日起施行。与此同时，国有资本经营预算制度开始建立，中央企业 2007 年起区别不同行业分类上交 5% 和 10% 的利润或暂时不上缴利润。

　　国有企业改革继续深化。中央企业经过重组已从 2003 年的 196 家重组为目前的 136 家，中央企业下属子公司改制面已从 2002 年的 30.4% 上升到 70%，已有 24 家中央企业开展建立规范董事会试点工作。一批垄断行业开始引入竞争机制的改革。

　　2. 非公有制经济进一步发展

　　进入 21 世纪后，非公有制经济进一步发展。到 2009 年 6 月底，全国实有私营企业 692.35 万户，注册资本 12.81 万亿元，从业人员 8212 万人；实有个体工商户 3063.63 万户，资金数额 9851.3 亿元，从业人员 6099.6 万人。[①] 党的十七大提出，要形成各种所有制经济平等竞争相互促进新格局。目前非

---

　　① 见《人民日报》2009 年日 8 月 3 日。

公有经济发展中，仍然存在市场准入难、融资难、税费负担重等问题，党和政府正在采取措施，有针对性地解决上述问题，以促进非公经济的健康发展。

3. 资本市场股权分置改革和国有大型商业银行上市

股权分置改革对象主要是国有控股上市公司。到 2006 年底，全国除国有金融机构控股的上市公司外，801 家国有控股上市公司已有 785 家完成或启动股改程序，占，标志着股权分置改革基本完成。这是完善中国资本市场的一个重大步骤。进入 21 世纪以后，中国工商银行、建设银行、中国银行、中国农业银行等国有大型商业银行经过剥离不良资产、注资本金、引进战略投资者等陆续整体上市，使中国的银行体系比较健全。这就使中国能够较好地抵御 2008 年爆发的国际金融危机。

4. 社会保障体系迈出大的步伐

党的十七大报告提出，到 2020 年"覆盖城乡居民的社会保障体系基本建立，人人有享有基本生活保障"。"努力使全体人民学有所教、劳有所得、病有所医、老有所养、住有所居，推动建设和谐社会。"这两年，社会保障体系建设大步推进。截至 2009 年 6 月，我国城镇基本养老保险参保人数达到 2. 24 亿人，基本医疗保险参保人数达到 3. 37 亿人，失业保险参保人数达到 1. 23 亿人，工伤保险参保人数达到 1. 4 亿人，生育保险参保人数达到 0. 98 亿人，成为世界上参保人数最多的国家。与此同时，农村社会保障也有大的进展。农村最低生活保障享有人数达到 4291 万人，新型农村合作医疗保险参合农民达到 8. 14 亿人，参合率达 91. 5% ;① 目前还在启动农民养老保险工作等。

四　改革开放后政府职能转换

计划经济体制转向社会主义市场经济体制后，政府的职能随之相应转变，从全能型、经济建设型政府逐步向有限政府服务型政府转变，政府的职能定位为经济调节、市场监管、社会管理和公共服务，实行政企分开、政资分开、政事分开、政府与市场中介组织分开，政府依法行政。作为政

---

①　参见《光明日报》2009 年 9 月 3 日。

府经济支柱的财政，也从经济建设型财政向公共财政转型，要求逐步实现基本公共服务均等化。在上述原则方针指导下，政府职能转换首先表现为从 1982 年起进行了六次政府机构改革。

1982 年的政府机构改革，主要内容是撤并机构、裁减人员，以解决干部副职过多和干部老化问题。同时，注意到了经济体制改革的进一步发展可能对政府机构设置提出的新要求，较大幅度地撤并了经济管理部门，并将其中一些条件成熟的单位 改为经济组织。这次共裁掉了 39 个部门，从原来 100 个部门缩减为 61 个部门。

1988 年政府机构改革，企求建立一个符合现代化管理要求的、具有中国特色的功能齐全、结构合理、运转协调、灵活高效的行政管理体系，还提出要转变政府职能，实行政企分开。这次改革，从全能型政府走了出来，增强了政府调控宏观经济的能力。

1993 年的政府机构改革以适应社会主义市场经济发展要求为目标，仍然以转变政府职能为核心，继续推进政企分开。这次改革，从计划经济的政府走了出来，增强政府适应社会主义市场经济的能力。

1998 年的政府机构改革，继续推进政府职能转换，优化政府组织机构，大规模调整和减少专业经济部门，适当调整社会服务部门，加强执法监管部门，发展社会中介组织。这次改革，把国务院 40 个组成部门，一下子拿掉 11 个，保留 29 个，把绝大多数直接管理工业的部门都撤销了。

2003 年政府改革的一个特点是按照"十六大"要求，实行政资分开，成立国务院国资委作为特设机构，代表中央政府履行出资人职责。同时，成立国家发展和改革委，撤销原体改办。这项改革至今有不同看法，认为实际上削弱了对改革的领导。成立银监会，组建商务部，加强食品安全和安全生产监管体制建设等。

2008 年政府改革的特点则是探索实行大部门体制。这次改革，主要围绕转变职能，合理配置宏观调控部门职能，调整和完善行业管理机构，加强社会管理和公共服务部门，探索实行职能有机统一的大部门体制，如将有关交通运输（铁路除外）部门合并为交通运输部，将原人事部、劳动和社会保障部合并为人力资源和社会保障部，成立环境保护部、工业和信息化部、国家能源局等。

在上述政府机构改革的同时，从 2002 年起，浙江、湖北、河南、广东等省开始了强县扩权改革，并多从财政入手，探索和扩大省直管县改革。

在政府转变职能的同时，与政府行为最为密切的财政体制进行了重大改革。一是 1994 年的分税制改革，将维护国家权益、实施宏观调控所必需的税种划分为中央税；将与地方经济社会发展关系密切、适宜地方征管的税种划为地方税；将涉及经济社会发展全局的主要税种（如增值税）划分为中央与地方分享税（增值税中央得 75%，地方得 25%）。实行分享税制以后，我国财力不断增强，全国财政收入从 1993 年的 4348.95 亿元增加到 2008 年的 61316.9 亿元，年均名义增长率近 20%。从 1993 年至 2008 年，中央财政收入占全国财政收入比重，从 22% 上升到 53.3%。二是进入 21 世纪以后，随着公共服务型政府建设，财政也向公共财政转型；财政支出主要用于公共产品和服务，大幅度提高用于改善民生的各项投入，如教育投入、环保投入、社会保障投入、节能投入、廉租房建设投入、公共医疗卫生投入、就业培训投入等。同时，以实现基本公共服务均等化为取向，进一步完善政府间转移支付制度。

同政府职能转变紧密相关的还有投资体制改革，特别是审批制度改革。投资体制改革的原则是谁投资，谁受益、谁承担风险。审批制度改革则是减少审批、依法审批、透明审批。这方面改革已取得很大进展。也要看到，发展并不平衡。比如，2009 年年初，河北省还暴露出办理一个房地产项目手续要一年多甚至两三年时间，盖 166 个公章，涉及 54 项收费。后经清理，河北省政府 2009 年年初作出决定：对 147 项行政审批、备案办理事项，取消 119 项；166 枚审批公章，取消 139 项；54 个收费项目，停收、取消 23 项，放开由市场调节 9 项；审批流程缩短为 18 天。[1] 这说明，投资和审批体制改革尚未到位，有待今后继续推进。

我们相信，随着改革的深化，2002 年党的十六大提出的到 2020 年建成完善的社会主义市场经济体制的目标一定能如期实现，行政管理体制改革主要是政府职能转换也一定能如期到位。

（原载王茂林主编《中国城市经济六十年》，中国城市出版社 2009 年版）

---

[1]　参见《经济参考报》2009 年 2 月 25 日。

基本经济制度的确立带来生产力大解放

把公有制为主体、多种所有制经济共同发展确立为我国社会主义初级阶段的基本经济制度，是我们党对建设社会主义长期实践经验的科学总结，揭示出社会主义初级阶段生产关系的本质特征，既坚持了马克思主义基本原理，又创新发展了马克思主义所有制理论。

新中国成立后，我国确立社会主义制度，为当代中国一切发展进步奠定了根本政治前提和制度基础。但不可否认的是，改革开放前，我国在所有制问题上出现了超越阶段的冒进，片面追求"一大二公"，搞"纯而又纯"的公有制。这种超越生产力发展阶段、不适应生产力发展状况的生产关系，导致生产力发展停滞不前，生产效率低下，人民生活困难。1978年，我国国内生产总值仅为3645亿元，农村有2.5亿没有解决温饱的绝对贫困人口，城镇有上千万待业人员。而与此同时，新技术革命在世界范围蓬勃兴起，不少国家处在经济高速增长时期。如果我国生产力不能加速发展，人民生活不能持续改善，社会主义制度的优越性就无从体现。正如邓小平同志所说，"如果现在再不实行改革，我们的现代化事业和社会主义事业就会被葬送"。

改革开放以来，我们党围绕完善社会主义初级阶段的所有制结构，进行了不懈探索。党的十一届三中全会提出，非公有制经济是社会主义经济的必要补充。1993年党的十四届三中全会进一步指出，必须坚持以公有制为主体、多种经济成分共同发展的方针。从20世纪80年代到90年代中期，我们在积极推进公有制经济特别是国有经济改革发展的同时，大力发展个体、私营等非公有制经济，使社会生产力得到解放和发展，促进了国民经济快速增长。1997年，党的十五大科学总结改革开放以来调整所有制结构的成功实践经验，明确提出公有制为主体、多种所有制经济共同发展是我国社会主义初级阶段的基本经济制度。

　　把公有制为主体、多种所有制经济共同发展确立为我国社会主义初级阶段的基本经济制度，是由社会主义的性质和初级阶段的基本国情所决定的。我国是人民当家做主的社会主义国家，必须坚持把公有制作为社会主义经济制度的基础。我国正处于并将长期处于社会主义初级阶段，整体生产力水平比较低，需要在公有制为主体的条件下发展多种所有制经济。实践证明，这一基本经济制度的确立带来了生产力的大解放，出现了公有制经济和非公有制经济蓬勃发展、共同繁荣的景象，使国民经济进一步活跃，经济高速增长，人民收入和生活水平迅速提高。从1978—2007年，我国国内生产总值由3645亿元增长到24.95万亿元，年均实际增长9.8%，是同期世界经济增长率的3倍多；全国城镇居民人均可支配收入实际增长6.5倍，农民人均纯收入实际增长6.3倍，农村贫困人口从2.5亿人减少到1400多万人。国有经济不断发展壮大，在关系国民经济命脉的重要行业和关键领域的实力和控制力进一步增强，在国民经济中发挥着主导作用。到2007年，国有工商企业资产总额超过35万亿元，比1997年高1倍多；销售收入达18万亿元，利润总额超过1.6万亿元，上缴税金超过1.5万亿元。城乡集体经济、合作经济也迅速发展。同时，个体、私营等非公有制经济也在快速发展，成为我国重要的经济增长点、提供新就业岗位的主渠道和满足人民不断增长的多样化物质文化需求的生力军。2007年，全国登记个体工商户2741.5万户，私营企业551.3万家。城镇非公有制单位就业人员的比例，从1978年的0.2%增加到2007年的75.7%。

　　我国社会主义初级阶段基本经济制度随着改革发展而不断完善。2002年，党的十六大报告提出，必须毫不动摇地巩固和发展公有制经济，必须毫不动摇地鼓励、支持和引导非公有制经济发展；同时指出，坚持公有制为主体，促进非公有制经济发展，统一于社会主义现代化建设的进程中，不能把两者对立起来。2007年，党的十七大报告在阐明完善基本经济制度时提出，"坚持平等保护物权，形成各种所有制经济平等竞争、相互促进新格局。"这些重要论述为进一步完善基本经济制度指明了方向：坚持平等保护物权；继续把国有资本集中到能发挥自身优势的重要行业和关键领域，发展多种形式的集体经济、合作经济；发展以股份制为主要形式的混合所有制经济；创造良好环境，加强政策引导，促进各种所有制经济平等竞争、相互促进、共同发展。坚持和完善社会主义初级阶段基本经济制度，对于进一步解放和发展生产力，推动科学发展，促进社会和谐，夺取全面建设小康社会新胜利，开创中国特色社会主义事业新局面，具有十分重要的现实意义和深远的历史意义。

（原载《人民日报》2009 年 1 月 19 日）

调整财政支出结构改善收入分配

调整国民收入分配结构，可以有很多途径。现在看来，如果中央真正要下大决心提高居民消费占 GDP 比重，就要大幅度调整我们的财政支出结构，大大增加公共服务的支出，减少经济建设的支出。把财政支出的钱更大部分用于提高保民生，特别是保低收入群体的实际生活水平。我想如果是中央能够下大决心的话，这个还是能够取得效果的。

2009 年全国财政收入 68000 多亿元，人均的财政收入相比全国农村居民人均收入稍微少一点。如果加上卖地等收入，就超过了农村居民人均收入水平，说明我们现在财政收入水平应该是很高的。财政支出更多，2009 年 70000 多亿元，人均的财政支出比农村的人均收入高多了。如果我们把财政支出做个比较大的调整，那么我们可以比较大幅度地提高居民收入和消费水平，包括提高农村居民的人均收入和消费水平。

根据国务院发展研究中心的一个材料，2008 年，中国的医疗卫生支出占财政支出的比重为 4.4%，社保与就业支出占财政支出的比重为 10.9%，两项合计占 15.3%，这比人均 3000—6000 美元阶段其他国家平均用于这两方面的支出低了整整 16 个百分点。因为那些国家这两项支出平均占全部财政支出的 31.9%。我们作为社会主义国家，公共支出占的比重比其他国家平均水平还低那么多，实在是说不过去。前年和去年我们的人均 GDP 已经达 3000 美元以上了，大大提高财政支出用于民生包括医疗、社保、教育等等的支出应该是可以做到的。可是包括 40000 亿元的投资刺激计划等，我们财政支出用于民生的支出有一些还是没有做好，比如说廉租房和保障性住房建设的投资，就没有很好完成计划。为什么呢？因为这对地方政府没多大的利益，对于 GDP 的增长没多大作用，所以他们是很消极的。根据全国人大常委的调研报告，按照 2009 年国家下达的保障性住房建设的计划，全国要投入资金 1676 亿元，但是到 8 月底只完成了投资 395 亿元，仅完成了 23.6%，说明列入计划的用于公共支出的投资没有很好完成。所以我想如果国家真的要下决心调整国民收入分配结构，下决心调整投资和消费结构，增加居民消费比重，增加保民生的支出，应该说潜力是很大的。

我们现在国有企业每年有 10000 多亿元利润，如果拿出 30%—50% 用于充实社保基金等，这就是 3000 亿—5000 亿元，把这些钱用于民生项目，包括社保等，就可以增加好几千亿元，现在我们的国有资本经营预算制度不完善，国有企业利润上交比例太低了，这也是很不合理的。所以我的一个想法就是，要真正调整国民收入分配结构，调整投资或者储蓄和消费的结构，大大增加居民消费的比重，除了很多其他途径，调整国家的财政支出结构，而且比较大幅度地调整，应该说是有效的，也是可以做到的。

（原载《中国改革报》2010 年 3 月 15 日）

垄断行业改革任重道远

一　深化垄断行业改革是深化经济改革和国企改革攻坚战

深化垄断行业改革是当前中国突出的热点经济问题，也是老百姓普遍关心的话题。但最近七八年这一改革进展缓慢，亟须加快这方面改革。

中国推进垄断行业改革，是从 20 世纪 90 年代中下期开始的，1998—2002 年形成过一个小高潮。那时，民航、电信、电力等试行分拆改组等改革。2002 年，党的十六大在讲到深化国企改革时，提出"推进垄断行业改革，积极引入竞争机制"。2003 年，党的十六届三中全会关于完善社会主义市场经济体制若干问题的决定进一步对垄断行业改革专门写了一条（第九条），说："加快推进和完善垄断行业改革。对垄断行业要放宽市场准入，引入竞争机制。有条件的企业要积极推行投资主体多元化。继续推进和完善电信、电力、民航等行业的改革改组。加快推进铁道、邮政和城市公用事业等改革，实行政企分开、政资分开、政事分开。对自然垄断业务要进行有效监管。"

对照中央八九年前提出的加快推进垄断行业改革的任务，我国垄断行业改革在这之后不是加快，而是放慢，进展迟缓。由于没有很好引入竞争机制，致使垄断行业价高利大、职工特别是高管人员收入和福利畸高、浪费严重，各方面意见很大。

为什么垄断行业改革 2003 年以后进展缓慢，我认为原因之一是缺乏自上而下的有力推进。改革牵涉利益调整，要触动垄断部门利益，必然会受到既得利益群体的阻挠和反抗，因此必须自上而下的有力推动，冲破既得利益群体的阻力才行。但是，2003 年以来，由于各方面全力专注于经济增长，各种改革攻坚包括垄断行业改革难以排上议事日程，除了邮政部门实行政企分开外，就都放下来了，而且一放就是八九年。

我还认为，垄断行业改革缓慢的原因还在于 2003 年机构改革把体改办并到国家发改委后，对垄断行业改革推动不力。我参加了那次机构改革方案的起草小组，当时主张把体改办与原国家计委合并组建国家发改委的一个重要根据是，那几年由国家计委提出的民航、电信等垄断行业分拆改组的改革方案，由于能把改革和发展较好地结合起来，在发展中推进改革，比较现实可行，因而在实践中被采纳并初见成效。与此不同，那时体改办提出的改革方案却未被采纳。这在当时是有说服力的，也把当时参加机构改革方案起草的成员说服了。结果是，专司改革的体改办被与国家计委合并，组建国家发改委，由国家发改委作为推进改革的职能部门。

但是从 2003 年到现在八年的实践看，那次机构改革后并没有做到更好地推进改革包括垄断行业改革，而是改革进展缓慢。重要原因是，2003 年后，由于专注于经济增长，经济增速从 2003 年起，到 2010 年，除 2008 年、2009 年因国际金融危机为 9.6% 和 9.2% 外，都高达两位数，最高 2007 年为 14.2%。经济的两位数增长，带来煤电油运等很紧张，国家发改委几乎是全力以赴地处理经济高速增长中碰到的各种紧迫问题，无力顾及改革。正如前两年国家发改委一位原副主任讲的，那几年，国家发改委党组，一年专门开会研究改革问题的，顶多只有一两次，绝大部分时间和精力，都致力于解决发展问题了。这样，原来以为把体改办并入国家发改委有助于推进垄断行业等改革的如意算盘落空了。难怪这几年不断有人主张要恢复体改委或体改办，作为专司改革的部门，以便更好地推进改革。但是这个意见看来一时也难以被采纳。

二　垄断行业这两三年发展加快，但改革滞后

国际金融危机以来，中国国有经济迎来发展机遇，4 万亿元投资刺激计划和各地大举跟进投资，强化了国有经济包括垄断行业。突出的一个例子是铁路的大规模投资。铁路运输业投资 2008 年为 4073 亿元，而 2009 年达 6823 亿元，比上年增长 67.5%，2010 年为 7495 亿元，比上年又增长 19.5%。铁道部还计划"十二五"期间投资 3 万亿元。其他垄断行业也有

类似情况。我有时想，这次国际金融危机并未像有些人预计的那样会造成全世界经济的长期的大衰退。我们应对这次国际金融危机，是不是有点反应过度。

这次国际金融危机，对世界经济伤害不小，特别是对发达国家伤害较大，失业率居高不下，美国曾达10%，现在还是9%左右，欧盟失业率也在两位数左右，西班牙达20%多，欧洲主权债务危机还在发展。但是总的并不像一些人预计的那样特别严重，经济衰退不那么突出。《中国统计摘要2011》表明，从全世界来看，2008年世界经济增长2.8%，只是2009年收缩0.6个百分点，欧元区和美国也是2009年一年负增长，到2010年就强劲反弹，全球经济增速达4.8%，IMF预计今年近4%。我们要抓住发达国家陷入危机机遇发展自己是对的，但似乎没有必要下太大猛药，付出过大代价应对危机。天量的贷款和投资，强化了中国的粗放增长，恶化了经济结构，形成了通货膨胀的压力，加快了垄断部门的发展而改革没有很好跟上去。如铁路部门至今还是政企不分、政资不分，2003年中央决定就提出要加快铁道行业改革，但至今八年过去了，仍未迈步。今年4月，全国改革会议又一次提出要推进垄断行业改革，还专门提了盐业和铁路部门的名，说明铁路等垄断行业改革的紧迫性。所以，我觉得除了金融机构要防止出现大到不能倒的同时，垄断部门则要注意不要走到大到不能改革的地步，或者用发展来代替改革。

三　推进垄断行业改革，最重要的是引入竞争机制

随着科技进步，以输送网络系统的存在为基础的自然垄断性业务正在逐步缩小，原来被视为垄断行业的大量业务逐步变为完全可以引入市场竞争的非自然垄断性业务，这就为垄断行业引入新的厂商和开展竞争创造了条件。一些国家的经验还表明，即使是自然垄断性业务，还可在一定程度上引入竞争。最明显的是，国际长途电话公司可以租海底电缆开展长话业务，如智利、美国那样。我在20世纪90年代末去智利访问，他们那里经营国际长途电话的公司就有15家，竞争激烈，5美元电话卡可打一百多分钟至北京。实践证明，一旦引入竞争机制，资源就能优化配置，价格可以降

低，服务质量可以提高，消费者得到实惠。还有，对自然垄断形成的高收入，要通过国家收取特许经营权费、资源税等，调节其过高收入。

中国还存在一些资源垄断性行业。这也需引入竞争机制，提高效率。据我所知，国有中央企业中国铝业原来生产经营的氧化铝、电解铝的市场占有率为100%，年利润曾达上百亿元。但是，由于这一行业在民营的或股份制企业逐步进来后，市场竞争机制起作用，民营等企业逐渐提高了市场占有率。目前中国铝业生产经营的氧化铝、电解铝只占30%的市场份额，而且受到强大的竞争压力，不得不大力提高技术水平，改善经营管理，原来靠吃垄断饭的境况已一去不复还了。显然，这对优化资源配置增进社会福利是有利的。

所以，只要引入市场机制，就能提高效率，哪怕像民航、电信那样只是分拆改组的改革，也是能提高效率的。但是，光是分拆重组改革是不够的，还要引入新的厂商或战略投资者，推进公司制股份制改革，完善公司治理，才能更好地提高行业和企业的素质和市场竞争力。

四 垄断行业改革仍任重道远

2002年11月，党的十六大明确提出，到2020年，"建成完善的社会主义市场经济体制和更具活力、更加开放的经济体系"。2003年10月，党的十六届三中全会作出了关于完善社会主义市场经济体制若干问题的决定，也要求"完善国有资产管理体制，深化国有企业改革。完善公司法人治理结构，形成权力机构、决策机构、监督机构和经营管理者之间的制衡机制。加快推进和完善垄断行业改革"。

从现在起到2020年，只有不到十年的时间，而作为整个经济体制改革中心环节的国有企业改革，包括垄断行业改革，仍有许多攻坚任务，时不我待，如果还像最近七八年那样改革拖着基本不动，那么十六大提出的到2020年建成完善的社会主义市场经济体制的任务就会落空。这点到现在尚未引起大家的足够重视。

为了推进国企改革攻坚，垄断行业改革攻坚，首先要有顶层设计，同时要有自上而下的强力推动，否则无法排除既得利益群体的阻挠和干扰。

由于这几年改革进展缓慢，既得利益逐渐固化，要突破既得利益群体设置的种种障碍，已越来越困难。所以，如果没有党中央、国务院的坚强有力推动，只靠某些部门如国家发改委、国资委推动，估计很难取得实质性进展。

（原载《当代财经》2011 年第 8 期）

改革需要顶层设计更需顶层推动

一 2003年以来改革进展缓慢前景令人担忧

近几年（2003年以来）中国经济改革同20世纪八九十年代和新世纪初相比明显缓慢得多，甚至可以说处于半停滞状态。去年在一次经济论坛上，有的国外学者如新加坡东亚研究所所长郑永年教授认为这几年中国"无改革"。我当时曾对这一论断进行评论，认为：一方面上述论断不是很全面，因为2003年以来中国还是在继续推进改革且取得一定成效，如2005年以来上市公司股权分置改革、四大国有商业银行整体上市、集体林权制度改革、2005年人民币汇率形成机制改革、成品油价格形成机制改革、增值税转型、企业和个人所得税改革、资源税费改革、房地产税改革试点、文化体制改革、医疗卫生体制改革、以全覆盖为目标的社会保障体系建设等；另一方面，也要承认，这几年的确没有特别重大和关键环节以带动全局的改革。

党的十六大报告明确提出，要在2020年"建成完善的社会主义市场经济体制和更具活力、更加开放的经济体系。"现在看来，如果按照前几年的做法和推进速度，那么2020年建成完善的社会主义市场经济体制的目标就很可能落空。因为现在无论是政府改革国企改革，还是财税、金融、价格、收入分配等体制改革，离建成完善的新体制目标还有不小的差距。改革滞后的主要表现是政府支配的资源过多，政府过分主导资源配置，政企不分、政资不分、政事不分问题远未解决，抑制了市场优化资源配置功能的发挥，一句话，政府与市场的关系没有理顺。

二　改革进展缓慢的四个原因

第一，上上下下专注于发展顾不上改革。这几年可以说从中央到地方，领导的精力都专注于发展顾不上改革。国家政府部门主要精力用于发展，解决发展中碰到的各种问题如煤电油运问题，使改革难以摆上议事日程，所以不少学者把中国政府形容为发展主义政府或增长主义政府。地方政府更是全力以赴抓短期 GDP 增速最大化。有的地级市市委书记说，我只抓项目，别的不管，人称项目书记。抓投资抓项目成为地方政府各部门的主要工作。

在方针原则上，我们常说发展中出现的问题要靠进一步的发展来解决，这个说法值得进一步研究。我们要做大"蛋糕"，但做大"蛋糕"后分"蛋糕"中出现的分配不公、差距过大等问题，光靠进一步做大"蛋糕"是很难解决的。从经济理论来说，生产、流通、分配、消费都是相对独立的过程。分配过程中出现的问题光靠发展生产是难以解决的。这个问题值得进一步研究。

在实践上，有的学者认为中国现在就是要靠发展，通过加快发展增加财政收入，用丰裕的财政收入来改善民生，保社会稳定，改革要冒较大风险，不能期望有多少举动，以免出事。这有一定道理。但这不是长久之计，还会不断积累矛盾，或者使矛盾往后推。还是要靠改革来逐步理顺体制和各方面关系，实现长治久安，让老百姓过上稳定的好日子。这才是根本之策。

第二，既得利益群体的阻挠和反对。垄断行业改革很难推进，新的厂商很难进入垄断行业，竞争机制很难引入，国务院两个"36 条"很难落实，重要原因，在于受到既得利益群体的阻挠和反对。政府改革的难度也很大。强势政府主导资源配置对政府官员有很大好处，这个权力极难割舍，这也是审批体制改革进展缓慢的原因。政府支配资源过多，介入经济过深，必然会阻碍市场对资源配置发挥基础性作用。政府改革已成为深化各项改革的关键环节，但这一改革因会使相当一部分官员利益受损而难有进展。

第三，学界有人怀疑市场化改革产生争议影响改革的顺利推进。如有的经济学家认为对国有经济中垄断行业和垄断企业需要进行改革是个"伪命题"；有的文章主张就是要"国进民退"；有人认为当前主张民富优先是奇谈怪论，是挑拨人民群众同政府之间的关系；有的文章把当前居民收入差距过大归咎于民营经济发展过快，动摇了公有制的主体地位，等等。上述观点的提出，在学界引起争论，同时也在一定程度上不利于改革的顺利推进。

第四，缺少改革专门机构的统筹协调与有力推进。2003 年国务院机构改革把原国家体改办同国家计委合并组建国家发改委，这样就不再有专司改革的机构了。当时主张把体改办与国家计委合并的一个重要根据是，那几年由国家计委提出的民航、电信等垄断行业分拆改组的改革方案，由于能把改革和发展较好地结合起来，在发展中推进改革，比较现实可行，因而在实践中被采纳并初见成效。与此不同，那时体改办等提出的方案却未被采纳。这在当时是有说服力的，也把当时参加机构改革方案起草的成员说服了。但是从 2003 年到现在八年的实践看，那次机构改革后并没有更好地推进改革包括垄断行业改革，而是改革进展缓慢，重要原因，是国家发改委这几年几乎是全力以赴地处理经济高速增长中碰到的各种紧迫问题如煤电油运紧张问题，无力顾及改革，或者抽不出更多精力来推进重要领域和关键环节的改革。这样，原来以为把体改办并入国家发改委有利于更好地推进改革包括垄断行业改革的如意算盘落空了。最近，原国家体改办主任陈锦华在《国家体改委志在改革》[①] 一文中也说："国家体改委机构撤销，人员没有留住，有些重要改革也没有继续深化下去。体改委消亡有点儿过早了，中国还不到这一步。"

三　不但要顶层设计,还要顶层推动

2010 年中央关于制定"十二五"规划的建议提出，要更加重视改革顶层设计和总体规划，大力推进经济体制改革等。现在需要很好地做顶层设计和总体规划。改革发展到今天，一些深层次改革往往会损害一部分人的

---

① 《百年潮》2011 年第 5 期。

既得利益，因此不能再像过去那样改革可以靠自下而上大胆地试、大胆地闯，而是首先要进行顶层设计，从全局和长远利益考虑安排改革攻坚。要认识到现阶段要实现科学发展，转方式调结构，关键靠深化改革。中国经济要转型，是因为靠粗放扩张追求短期 GDP 增速最大化已难以为继，是不可持续的。不深化政府改革、国企改革和财税金融价格改革以及收入分配制度改革，就很难推进转方式调结构，经济就难以转入良性循环。因此，改革的顶层设计应围绕如何促进经济转型和转方式调结构进行。这样也可以提高大家对深化改革的重要性和紧迫性的认识。

有了顶层设计还不够，还要有自上而下的有力推动，主要是要打破既得利益群体的阻挠和干扰。有些改革，包括垄断行业改革，光靠政府部门协调往往是很难协调下来的，要有最高层的决心和推动才行。20 世纪 90 年代初，在推进生产资料价格双轨制并轨时，有的产品如水泥等建材产品，供求已基本平衡，双轨价差已很小，完全具备并为市场单轨价的条件，但当时主管部门就是不同意并轨，当时的物价局多次协调就是协调不下来，最后还是靠国务院颁布价格目录，把水泥等建材产品列为价格放开产品，才使这些产品从双轨价变为市场单轨价。这就是自上而下推动的重要实例，值得我们今天借鉴。

（原载《社会科学报》2011 年 11 月 24 日）

牢牢把握加快改革这一强大动力

去年年底召开的中央经济工作会议指出，推动 2012 年经济社会发展，要突出把握好稳中求进的工作总基调，并要求牢牢把握加快改革创新这一强大动力，抓住时机尽快在一些重点领域和关键环节取得突破。我国经济体制改革攻坚面临的任务繁重，2012 年需要下更大力气推进。

一　对一些难度较大的改革做好顶层设计和总体规划

我国经济体制改革已进入"深水区"，面临攻坚任务，如垄断行业改革、收入分配制度改革、政府职能转变改革、中央和地方财政管理体制改革、生产要素和资源产品价格市场化改革等。这些改革涉及比较重大的利益调整，困难和阻力比较大，不是一年两年就能完成的。只有加强顶层设计，做好总体规划，然后自上而下强力推动，才能取得实质性进展。

做好顶层设计和总体规划，应体现全局和整体的利益，排除既得利益群体的干扰。比如，不应由垄断部门自己来设计本部门的改革方案，或者改革方案必须获得该部门同意才付诸实施，因为这样很难调整既得利益格局，也就难以推进实质性改革。当然，在设计改革方案时应听取有关部门的意见并吸收其合理建议，但不能让利益中人左右改革方案及其实施。做好顶层设计很重要，因为顶层设计最能体现全局和整体利益，有利于高屋建瓴、群策群力，集中各界智慧，制订出比较合理和可行的改革方案和规划。

需要顶层设计的改革都是重点领域和关键环节的改革，是需要攻坚的改革，是不可能毕其功于一役的改革。所以，不仅需要提出改革的目标，而且需要提出改革的路线图。比如，生产要素和资源产品价格市场化改革就既包括利率市场化改革，又包括水、电、天然气、成品油价格市场化改革等，牵涉面广，比较复杂。其中，各种能源价格改革还应互相配套，如不能长期维持煤炭实行市场价格而电力实行计划价格。

党的十六大明确提出，要在 2020 年建成完善的社会主义市场经济体制和更具活力、更加开放的经济体系。党的十六届三中全会提出以人为本、全面协调可持续的科学发展观。党的十七大提出加快转变经济发展方式的任务。经济体制改革是为经济发展和改善民生服务的，是经济发展的强大动力。因此，深化经济体制改革，完善社会主义市场经济体制，应围绕经济转型和发展方式转变进行。今年秋天我们党将召开十八大，在这一重要年份，如果能做好重点领域和关键环节经济体制改革的顶层设计和总体规划，对于今后顺利推进改革开放、完善社会主义市场经济体制，从而顺利推进转方式、调结构、惠民生，以及到 2020 年全面建成小康社会，都具有重要意义。

二　积极推进有利于稳中求进的改革

2012 年除了应做好重点领域和关键环节经济体制改革的顶层设计和总体规划，还应积极推进有利于稳中求进的改革，力争取得新突破。

稳步推进利率市场化改革。推进利率市场化，最大好处是可以改变长期存在的负利率状态。因为负利率会刺激对资金的过度需求和投资过快增长，引发通货膨胀，影响经济稳定。推进利率市场化，使资金利率能够反映资金市场供求关系，并逐步改变负利率状态，有利于经济平稳健康运行，抑制投机。在相当长一段时间，由于实际利率为负，不少群众包括中低收入群体不愿意把钱存在银行，而是投入到高风险行业，常常吃亏上当，怨言不少。负利率还必然带来资金的浪费和错配，不利于转方式、调结构，不利于规范金融市场秩序。所以，为了更好地推动经济转型，有效治理通货膨胀，稳定经济，稳定物价，需要加快推进利率市场化改革，逐步改变负利率状态。这也有利于理顺居民收入分配关系。因为在负利率状态下，储蓄倾向更高的中低收入者往往吃亏，而比较富有的投资者、企业家则因资金成本低而受益。当前，由于中央宏观调控有力、得当，物价上涨过快的势头开始得到有效抑制，这就为推进利率市场化改革创造了比较有利的条件。

推进重要资源产品价格改革。应把水、电、天然气、成品油等价格改革放在优先位置，逐步使这些资源产品的价格能够反映市场供求关系、资源稀缺程度和环境损害成本。总的看应逐步提高这些资源产品的价格，通过价格杠杆促进资源节约和有效利用，促进资源节约型、环境友好型社会建设。但应强调，资源产品价格改革并不仅仅是涨价，应在这些产品的生产和供应过程中尽可能引入竞争机制，打破垄断，改善管理，降低成本，从而在一定程度上对冲涨价压力。应当看到，这方面的潜力很大，需要充分挖掘。还有，对于居民用水、用电、用天然气等价格的调整应采取慎重态度，在提价时应分步进行，不能一下子提高幅度过大，并应给低收入群体以必要的补贴。2012 年，我国物价上涨压力比 2011 年要小，估计上年涨价翘尾因素影响今年 CPI 上涨率约两个百分点，如果今年 CPI 上涨率计划控制在 4% 左右的话，可以考虑其中一个百分点用于资源产品价格改革，这样就可以在理顺资源产品价格关系方面迈出实质性步伐，既不会影响经济稳定和物价稳定，又能提高资源配置效率，推动转方式、调结构，提高整个经济活动的质量和效益。

继续优化财政支出结构。我国财政收入连年大幅度增长，财力比过去雄厚得多。今后应在促进财政收入合理增长的同时，着力调整和优化财政支出结构，更好地为稳增长、稳物价、转方式、惠民生服务。财政支出应向"三农"倾斜。去年财政用于"三农"支出首次超过 1 万亿元，同比增长 21% 以上。今年应进一步加大投入，更好地夯实"三农"基础，保证农业生产特别是粮食生产稳定发展。财政支出应加大扶贫开发力度。去年 11 月召开的中央扶贫开发工作会议将国家扶贫标准大幅提高到农民人均纯收入的 2300 元，比 2009 年提高了 92%，扶贫规模从 2010 年年底的 2688 万人扩大到 1.28 亿人（2011 年年底），占现有农村户籍人口的 13.4%。这充分说明我国经济发展水平显著提高，因此有必要、有能力大幅度提高扶贫标准。财政今后应拿出更多的钱用于扶贫开发，让贫困人口尽快脱贫过上好日子，共享改革发展成果。财政支出应更多用于改善民生。最近几年各地财政支出逐步向民生项目倾斜，但还可以做得更好。根据我国国情，今后财政支出中应逐步增加教育、社会保障、廉租房建设、公共医疗卫生、公共文化等支出，向群众提供更多更好的公共产品和公共服务，逐步改变我国公共产品和公共服务相对短缺的状态。这是从经济建设型财政向公共服务型财政转型的最重要内容。

三 深化改革需要凝聚共识、综合配套、顶层推动

做好经济体制改革的顶层设计和总体规划，适时推出有利于稳中求进的改革，需要凝聚共识、综合配套、顶层推动。

凝聚共识。我国经济经过多年快速增长，2010年起成为世界第二大经济体，人均GDP超过4000美元，进入中等偏上收入国家行列。与此同时，也出现了不平衡不协调不可持续的问题。针对这种情况，党的十七大提出加快转变经济发展方式的任务。2008年国际金融危机爆发后，中央进一步提出转变经济发展方式刻不容缓。经过这几年的实践和研究，越来越多的人认识到，要切实转方式、调结构，最重要的是继续深化社会主义市场经济取向的改革，使经济社会真正转入科学发展的轨道。有些人误认为改革就是涨价和增加经济负担，这需要解释清楚。的确，资源产品价格改革会使一些产品价格上涨，但应看到，这些产品价格是逐步上涨的，会考虑群众的承受能力，对低收入群体给予涨价补贴，更重要的是这一改革非常有利于资源节约型、环境友好型社会建设，从而使大家普遍受益，使子孙后代受益。还应看到，经济改革不只是价格改革，很多改革特别是垄断行业改革将有力推动垄断行业引入竞争机制，优化资源配置，降低成本和价格，提高服务质量，使老百姓普遍受益。

综合配套。我国确立社会主义市场经济体制为经济体制改革目标模式后，政治体制、文化体制、社会体制等改革须同发展社会主义市场经济相适应。因此，深化经济体制改革，要求政治体制等方面改革的配合和支持。比如，当前一些经济体制改革攻坚，包括垄断行业改革、财政体制改革、价格改革等，都离不开政府改革和政府职能转变。2005年，党的十六届三中全会指出，加快行政管理体制改革，是全面深化改革和提高对外开放水平的关键。加快行政管理体制改革，主要指加快政府改革、转变政府职能。当前加快政府改革，解决政府职能越位、错位、缺位问题，对经济体制改

革攻坚、更好地发挥市场优化资源配置的功能至关紧要。社会领域如医疗卫生体制改革和社会保障制度建设等，在很大程度上是经济体制改革的重要组成部分。文化体制改革也同经济体制改革密切相关，其中发展文化产业是加快发展第三产业的重要内容。因此，深化经济体制改革应同深化政治体制等方面的改革配套进行、相互促进，共同推动社会主义市场经济体制的完善。

顶层推动。改革进入"深水区"和攻坚阶段，不仅改革规划需要顶层设计，而且改革规划的落实需要顶层推动，就是需要自上而下有步骤地推行。为什么需要顶层推动？主要是要打破既得利益群体的阻挠和干扰。有些改革如垄断行业改革、行政审批改革，光靠改革主管部门是很难协调下来的，这时就需要有顶层的决心和推动才能比较顺利地推进。20世纪90年代初，在推进生产资料价格双轨制向市场单轨制过渡时，有的产品供求已经基本平衡，计划价和市场价差已大大缩小，具备了并为市场单轨价的条件，但当时这些产品的主管部门就是不同意并轨，提出种种理由保留计划价，把住定价权不放。最后还是靠国务院下达价格放开目录把这些产品列为价格放开产品，才使得这些产品从双轨价变为市场单轨价。这就是自上而下推动改革的实例，值得我们今天借鉴。

（原载《人民日报》2012年2月7日；《理论动态》2012年第1917期）

以顶层设计给力改革深水区

　　改革开放以来，经过三十多年接近两位数的经济高速增长，中国已成为全球第二大经济体，2011 年人均 GDP 按当年汇率计算已超过 5000 美元，进入中等偏上收入国家行列。但是，长期以粗放扩张为主的经济快速增长，也积累了一些亟待解决的问题，尤其是不平衡、不协调、不可持续的问题突出，这就需要转变经济发展方式，实现经济转型，即从数量规模扩张型转变为追求质量和效益型。要切实推进经济发展方式转变和经济结构调整，最根本的是要加快推进经济体制改革、行政管理体制改革、社会领域改革、文化体制改革等。

一　进一步凝聚改革共识

　　中国经过三十多年的改革开放，社会主义市场经济体制已初步建立，但是还不完善，仍然有许多攻坚克难的任务。进入新世纪，特别是 2003 年以来，各方面专注于发展，经济增长业绩喜人，但改革进展缓慢，有的领域甚至停滞不前。最近十年，我们推进了上市公司股权分置改革、四大国有商业银行整体上市、集体林权制度改革、人民币汇率形成机制改革、增值税转型、企业和个人所得税制改革、资源税费改革、文化体制改革、医疗卫生体制改革、社会保障体系建设等。但是，也要承认，这几年的确没有特别重大、足以带动全局的改革。同飞速前进的经济增长相比，改革显得滞后了。

　　改革滞后的领域主要有：政府职能转换远未到位，政府常常越位代替市场成为资源配置主角；国企、央企特别是垄断行业改革进展缓慢，既得利益群体千方百计阻挠新的厂商进入并开展平等竞争，妨碍增进效率；资本等生产要素和资源产品价格市场化改革进展过于迟缓，造成资源的滥用和浪费；财政向公共服务转型缓慢，一些地方政府仍然把大部分财政支出用于经济建设而不是用于向居民提供公共服务和产品；金融体制改革滞后，高度垄断没有完全打破，中小企业金融机构较少，货币市场、资本市场发展缓慢；收入分配关系远未理顺，劳动所得偏低，严重侵犯农民利益，居民收入分配秩序混乱、差距扩大，等等。应该说，中国改革攻坚任务还很重，远未过关。

党的十六大报告明确提出，要在2020年"建成完善的社会市场经济体制和更具活力、更加开放的经济体系"，这同邓小平1992年南方谈话提出的要求是一致的。现在距离2020年只有八九年的时间，我们要提高加快推进改革紧迫性的认识，更加重视和加快推进各方面改革。要清醒地认识到，如果按照前几年的做法和推进速度，那么2020年建成完善的社会主义市场经济体制的目标就很有可能落空或者大打折扣。

加快推进改革的紧迫性还在于，面对国际金融危机和欧洲不少国家主权债务危机的冲击，欧美经济增速放缓、外需不振，我国延续多年的粗放扩张的老路已难以继续走下去了，必须加快转变经济发展方式，调整经济结构，转到以内需特别是消费需求推动经济增长的轨道上来。这就要求必须加紧推进政府改革、财政体制改革和收入分配体制改革，大幅度提高居民收入和消费占GDP的比重；还要打破垄断，放宽市场准入，让民间资本进入许多服务行业，增加就业岗位，满足人民群众多方面需要，等等。只有这样，我国经济的快速增长才是可持续的，发展的路子才能越走越宽广。

二 做好改革的顶层设计

中国改革发展到今天，已经不再是主要靠"摸着石头过河"了。胡锦涛总书记在纪念党的十一届三中全会召开30周年大会上的讲话，已经总结出十条宝贵经验，为今后深化改革、完善社会主义市场经济体制指明了方向。目前，中国经济体制改革已进入"深水区"，一些改革攻坚任务由于久拖不决逐渐成为老大难问题，这些改革都涉及比较重大的利益调整，困难和阻力比较大，不是一朝一夕、一年两年就能完成的。这首先就需要顶层设计，做好总体规划，然后自上而下进行强有力的推动，才能取得实质性进展。

做好顶层设计和总体规划，要体现全局的整体的利益，要充分吸收基层和广大群众的经验和诉求，特别是要排除既得利益群体的干扰。需要顶层设计的都是重点领域和关键环节的改革，都是需要攻坚克难的改革，而且不是短时期"毕其功于一役"就能完满实现的改革。不仅要提出改革的目标，还要提出改革的路线图。比如，人民币资本项目的可兑换、人民币的国际化就要分好多步才能实现；生产要素和资源产品市场化改革，就既包括利率市场化改革，还包括水、电、天然气、成品油价格市场化改革等，其中各种能源价格改革还要互相协调，不能长期维持煤炭实行市场价格而电则是计划价格。

在推进经济体制改革、完善社会主义市场经济体制的同时，我们还要积极推进行政管理体制改革、社会领域改革、文化体制改革等，使之相互支持、相互配套。当前，一些经济改革攻坚，包括垄断行业改革、财政体制转型、收入分配体制改革、价格改革等，都离不开政府改革和政府职能转换。党的十六届五中全会指出，"加快行政管理体制改革，是全面深化改革和提高对外开放水平的关键"。加快行政管理体制改革，主要指加快政府改革和政府职能转换。当前，加快政府改革，改变政府越位、错位和缺位状态，特别是其中的越位状态，更好地发挥市场优化资源配置的功能，对经济改革攻坚至关紧要。社会领域改革，如医疗卫生体制改革和社会保障体系建设等，在很大程度上就是经济改革的重要组成部分。文化体制改革也同经济改革息息相关，其中发展文化产业是发展第三产业的重要内容。

总之，做好改革的顶层设计和总体规划，对于今后顺利推进经济改革和其他改革，完善社会主义市场经济体制，从而顺利推进转方式、调结构、惠民生，以及实现到 2020 年全面建成惠及十几亿人的小康社会的目标，都具有重要的现实意义。

三　择机强力推进改革

进一步改革，除了凝聚改革共识，做好顶层设计，还要付诸行动。有些改革，如收入分配制度改革、垄断行业改革，可能要在做好顶层设计后才能系统推开；但也有许多改革，特别是有利于稳中求进的改革，是在当前就可以强力推进的。笔者认为，比较重要的经济改革有以下几个方面：

第一，稳步推进利率市场化改革。利率市场化意味着商业银行存贷款利率由资金供求关系形成，并逐步改变长期以来不合理的负利率状态。负利率会刺激对资金的过度需求和投资增速过快，引发通货膨胀和物价过快上涨，影响经济稳定。实际利率转正后，储户在银行的存款就不会越存越少，这有利于中低收入者增加财产性收入，而不会盲目地把有限资金投入股市等高风险行业并常常受损。利率市场化有利于资金的有效和优化配置，有利于转方式、调结构，有利于规范金融市场秩序。因此，为了更好地推动中国经济转型，有效治理通货膨胀、稳定物价、稳定经济，应不失时机地推进利率市场化改革。

第二，推进重要资源产品价格改革。要逐步使各种资源产品价格真正能够反映市场供求关系、资源稀缺程度和环境损害成本。总的来说，是要逐步提高各种资源产品的价格，通过价格杠杆促进资源的节约和有效利用，促进资源节约型、环境友好型社会建设。资源产品价格改革并不光是涨价，在改革过程中，要力求在这些产品的生产和供应中积极引入竞争机制，打破垄断，改善管理，降低成本，使之在一定程度上对冲涨价压力。同时，对于居民用水、用电、用气等价格的调整要采取慎重的态度，在提价时要考虑居民的承受力，分步进行。

第三，深化财税改革，逐步向公共财政转型，着力调整和优化支出结构。继续推动营业税改为增值税的增值税扩围，继续推行对小微企业减免征收所得税；可以考虑像有的国家那样，对最基本的食品免征或低征增值税，以减轻居民食品支出负担；扩大房地产税征收试点，将政府收入全部纳入预算管理。财政支出主要用于向居民提供公共产品和服务，而不是用于经济建设。财政支出要向"三农"倾斜，2011年财政用于"三农"支出首次超过1万亿元，同比增长21%以上，但是仍未达到财政收入24.8%的增速；财政支出要加大扶贫开发力度，让贫困人口尽快脱贫过上好日子，共享改革发展成果；财政支出应继续增加对教育、科学技术、社会保障、廉租房建设、公共医疗卫生、保护生态和环境、公共文化等投入，为老百姓提供更多更好的公共产品和服务，逐步改变我国公共产品和服务相对短缺的状态。

第四，放宽市场准入，扩展民间资本活动空间，特别是让民间资本更多地进入服务业，加快第三产业发展。温家宝总理在今年 3 月 5 日作的政府工作报告中指出，"完善和落实促进非公有制经济发展的各项政策措施，打破垄断，放宽准入，鼓励民间资本进入铁路、市政、金融、能源、电信、教育、医疗等领域，营造各类所有制经济公平竞争、共同发展的环境"。这样做，可以加快第三产业的发展，优化我国产业结构，改变我国服务业发展相对滞后的状况；可以大量增加就业岗位，特别是可以安排更多的大学毕业生就业，并增加新就业人员和家庭的收入；可以满足老百姓多方面的服务需要，提高服务质量，降低服务收费，是一举多得的事情。

第五，加快推进政府改革。政府改革涉及范围很广，这里说的主要是政府职能转换问题，特别是政府经济职能的定位问题。当前政府改革最重要的是要处理好政府与市场的关系，改变政府越位主导资源配置的状态，从全能型政府、发展主义政府转变为服务型政府，切实履行好经济调节、市场监管、公共服务和社会管理职能。政府不再以追求短期 GDP 最大化作为主要目标，考核政府官员的业绩也不是唯 GDP 最大化，而是以是否为老百姓增收入、谋幸福为主要标准。要使经济社会转移到科学发展的轨道，推进转方式、调结构，关键在于切实推进政府改革和政府职能的转换。

（原载《学术前沿》2012 年第 3 期）

意义重大的理论创新

社会主义市场经济体制改革目标的确立，实现了改革开放新的历史性突破，打开了我国经济、政治、文化、社会发展的崭新局面。这一重大理论创新，对推进我国改革开放具有根本性、全局性的意义和影响。

一　改革开放经验的科学总结和理论升华

确立建立社会主义市场经济体制的改革目标，是对1978年之后10多年改革开放实践经验的科学总结。改革开放初期，农村实行家庭联产承包责任制，极大解放了农村社会生产力。在城市，扩大企业经营自主权，使企业具有了一定的活力和增产积极性。实行对外开放，利用外资，兴办经济特区。在流通领域，逐步放开小商品、农副产品、工业消费品和生产资料以及各种服务的价格，放到哪里活到哪里，市场呈现一片繁荣景象。所有这些，都显示了市场机制的"魔力"，显示了价值规律对于搞活生产和流通的革命性作用。广大群众切身感受到改革开放带来的实惠，衷心拥护改革、支持改革。1984年党的十二届三中全会通过《中共中央关于经济体制改革的决定》，首次在党的文件中肯定社会主义经济是公有制基础上的有计划的商品经济，从而有力地促进了商品生产和商品交换的进一步发展。在改革的成功实践推动下，人们的商品意识、市场意识普遍提高。社会主义市场经济体制改革目标的提出，正是对改革开放实践经验的科学总结。

确立建立社会主义市场经济体制的改革目标，是我们党和理论界对怎样建设社会主义认识深化的结果。1979年在江苏省无锡市举行的价值规律问题讨论会上，一些经济学家就提出社会主义经济也是一种商品经济或市场经济，市场竞争是其内在机制，企业是独立的商品生产者和经营者。1984年党中央肯定社会主义经济是有计划的商品经济后，一些经济学家又提出社会主义商品经济就是社会主义市场经济或有宏观调控的市场经济。也有一些经济学家怀疑社会主义市场经济的提法。1992 年年初，邓小平同志在南方谈话中明确指出，市场经济不等于资本主义，计划和市场都是经济手段。同年 6 月，江泽民同志在中央党校省部级干部进修班上的讲话中表示比较倾向于使用"社会主义市场经济体制"这个提法。同年 10 月，党的十四大确立社会主义市场经济体制改革目标。社会主义市场经济体制改革目标的最终确立，是我们党和理论界对改革开放和建设中国特色社会主义认识深化的结果。

二 社会主义与市场经济的有机结合

确立建立社会主义市场经济体制的改革目标，意味着我们要在社会主义条件下发展市场经济，即实现社会主义与市场经济相结合。这是马克思主义经典著作中没有提出过的全新课题，是前无古人的创举。

社会主义经济是以公有制为主体的，社会主义与市场经济相结合就意味着公有制与市场经济相结合。以往的市场经济都是建立在私有制基础上的，公有制怎样与市场经济相结合呢？经济改革的实践告诉我们，关键在于找到能够与市场经济相结合的公有制的实现形式。从改革开放伊始，各个方面都在努力探寻国有企业改革的路子，先后实行放权让利、利改税、承包制。20 世纪 80 年代中后期，已有一些经济学家主张采取股份制代替普遍实行的承包制，股份制和股份合作制逐渐在各地兴起。1993 年党的十四届三中全会明确国有企业改革的方向是建立现代企业制度。1997 年党的十五大报告提出要努力寻找能够极大促进生产力发展的公有制实现形式，肯定了社会主义也可以采用股份制这一现代企业的资本组织形式。1999 年党的十五届四中全会提出，积极探索公有制的多种有效实现形式。2003 年党的十六届三中全会进一步指出，要使股份制成为公有制的主要实现形式。我国国有企业改革的实践证明，推进公有制企业的公司制股份制改革，可以使公有制企业适应市场经济的发展，成为自主经营、自负盈亏的市场主体和法人实体。因此，将公有制企业特别是国有大中型企业改革为投资主体多元化的现代公司，就可以适应发展市场经济的要求，不仅可以在国内同各种企业展开平等竞争，而且可以走向国际市场参与竞争。可见，通过实行股份制，我国公有制特别是国有企业找到了与市场经济相结合的形式和途径。

社会主义与市场经济相结合，公有制与市场经济相结合，不是简单的外部结合，而是互相渗透的内在结合，是你中有我、我中有你的结合。市场经济发展须适应社会主义共同富裕目标，努力防止私有制市场经济通常会带来的贫富两极分化。以公有制为主体的社会主义基本经济制度、国家宏观调控、注重公平的分配政策和财政政策，能够避免或减少包括贫富两极分化在内的市场经济的种种弊端。另一方面，社会主义公有制须适应市场经济，国有企业等公有制企业要通过公司制股份制改革使自己成为有竞争力的市场主体，在市场发挥基础性作用的经济体制中继续发挥国有经济在国民经济中的主导作用。

三 社会主义市场经济理论是中国特色社会主义经济理论的核心

社会主义与市场经济相结合的理论，是我们党对发展马克思主义作出的历史性贡献，是重大的理论创新，是中国特色社会主义理论体系的重要支柱，是中国特色社会主义经济理论的核心。

社会主义市场经济理论，是我们党和一批马克思主义经济学家长期探索中国社会主义建设道路的结晶。早在新中国成立初期，党和国家领导人以及一些经济学家就开始探索社会主义建设中计划与市场的关系问题，就曾提出要发挥和重视市场的作用、重视价值规律的作用。1959 年，新中国成立后全国第一次经济理论讨论会曾专门讨论价值规律在社会主义经济中的作用问题。20 世纪 60 年代初期，经济学界讨论社会主义再生产、经济核算、经济效果三大问题，提出财经管理体制的中心问题是作为独立核算单位的企业的权力、责任和它们同国家的关系问题，利润是考核企业经营管理好坏的中心指标等有价值的见解。1978 年实行改革开放后的 10 来年，经济学界讨论最多的仍然是计划与市场的关系问题、发展商品经济问题、发挥市场调节和价值规律作用问题等。所以，1992 年确立建立社会主义市场经济体制的改革目标，是我们党和社会各方面长期以来特别是改革开放后探索社会主义现代化建设道路水到渠成的结果；社会主义市场经济理论是中国特色社会主义经济理论的核心。

我国改革开放三十多年经济增长的巨大成就充分证明，在社会主义建设中引入市场机制，建立和完善社会主义市场经济体制，是最适合社会生产力发展要求的。中国作为世界上人口最多的大国，在社会主义条件下成功发展市场经济，在世界经济发展史上提供了一个新的范例。社会主义市场经济理论这一重大理论创新，显示出强大生命力和科学性，成为中国特色社会主义理论体系的重要支柱。

（原载《人民日报》2012 年 5 月 28 日）

走向"社会主义市场经济论"

——纪念社会主义市场经济体制 改革目标提出 20 周年

1992 年，党的十四大报告明确提出建立社会主义市场经济体制的改革目标。社会主义市场经济论的提出不是一蹴而就的。中国市场化改革是渐进式的。从计划与市场关系的研究到社会主义市场经济论的确立，经历了一系列中间阶段，中间研究成果浩如烟海。大体说来，第一步是在经济活动中引入市场机制；第二步是确立社会主义商品经济论；第三步才是确立社会主义市场经济论。

第一步：改革开放初期，在经济活动中引入市场机制，尊重价值规律的作用

1978 年 12 月，具有伟大历史意义的党的十一届三中全会开启了改革开放的新时期。全会否定"以阶级斗争为纲"的错误理论和实践，做出了把党和国家的工作中心转移到经济建设上来、实行改革开放的历史性决策。全会公报指出："现在我国经济管理体制的一个严重缺点是权力过于集中，应该有领导地大胆下放，让地方和工农业企业在国家统一计划的指导下有更多的经营管理自主权"，"应该坚决实行按经济规律办事，重视价值规律的作用，注意把思想政治工作和经济手段结合起来，充分调动干部和劳动者的生产积极性"。为了大力恢复和加快发展农业生产，全会建议国务院做出决定，粮食统购价格从 1979 年夏粮上市的时候起提高 20%，超额部分在这个基础上再加价 50%，棉花、油料、糖料、畜产品、水产品、林产品等农副产品的收购价格也要分别情况，逐步做相应的提高。

1979 年 4 月在江苏省无锡市举行的全国第二次经济理论讨论会，主题是探讨社会主义制度下价值规律的作用。参加讨论会的有 300 多人，我国最负盛名的经济学家薛暮桥、孙冶方参加了这次会议并作大会发言，与会人员提供的论文上百篇，提出了许多具有深远影响的理论观点，包括：肯定社会主义经济是商品经济或市场经济，肯定社会主义经济中市场调节的作用；在社会主义经济中，价值规律起调节作用，竞争是其内在机制；企业是独立的或相对独立的商品生产者和经营者，主张逐步扩大企业的自主权；对现有不合理的价格体系和管理体制需进行改革，逐步缩小工农业产品价格"剪刀差"。

总之，在经济活动中引入市场机制和竞争机制，扩大市场调节作用，按价值规律办事，是这次讨论会的主调，这对中国启动市场化改革起着先导的作用。

在此期间，经济学界对计划与市场关系问题展开了热烈的讨论，发表了大量很有见地的文章。

首先，提出如何认识和处理计划与市场关系，是经济体制改革的根本问题，是划分体制模式的主要标志。有文章说，"正确认识和处理计划经济和市场调节的关系，是我国经济体制改革的一个根本问题"。"比较各种计划－市场模式的得失"，"选择或者设想建立哪一种模式，是关系到经济管理体制改革方向的一个极其重要的问题"。有的经济学家进一步认为，"计划与市场的关系问题，是体制改革的核心问题"，应该"以计划与市场的关系作为划分体制模式的主要标志"。

计划与市场如何结合，经济学界提出了几种主要主张：

1. "板块结合说"。主张"对于有关国计民生的重要产品，必须实行计划调节，就是说，由国家统一计划生产，统一规定价格，统一进行产品的分配。""对于其他产品，则可以实行市场调节的方式。"

2. "渗透结合说"。认为"社会主义经济中的计划性和市场性是互相渗透的，你中有我，我中有你"。或者说，"计划调节与市场调节是实现社会主义经济按比例发展的两种形式，它们之间本来是紧密结合，互相渗透，你中有我，我中有你，把它们截然分开以至对立起来是不够妥当的"。

3. "胶体结合说"。认为计划与市场之间的互相渗透有两种情况："第一种是，国民经济总体分为两个部分（两块），一部分是计划调节，一部分是市场调节，同时每种调节部分都渗透有另一种调节的因素。第二种情况是，整个国民经济不再分为两块，计划机制与市场机制胶合成为一体，在统一的国家计划指导下发挥市场机制的作用。"从发展来看，"最终将形成在统一的国家计划指导下充分利用市场机制，把计划和市场紧密胶合在一起的统一体"。

1979 年以后，改革首先从农村迅速展开。家庭联产承包制的推行，使农民开始得到生产什么、生产多少农副产品的自主权，是农村经济活动引入市场机制的重大举措。家庭联产承包制同调整和放开农产品价格一起，使中国的农业连年丰收，农业生产迅速恢复和发展起来，农民收入大幅度提高。许多经济学家在总结农村改革的成功经验时，都归因于在农村经济活动中尊重农民作为商品生产者的权利。在市场机制作用下，放开哪种农产品的价格，哪种农产品很快就会像泉水般地涌流出来，市场的"魔力"开始显现。

第二步：1984 年确立社会主义商品经济论，这是迈向社会主义市场经济论的决定性步骤

社会主义经济是公有制基础上有计划的商品经济，这一命题作为全党和全国人民统一的认识是在 1984 年 10 月以后确立的。而在我国经济学界，则在 20 世纪 70 年代至 80 年代初，一直有人写文章提出和论证了上述论断，例如有的文章明确提出社会主义经济是计划经济和商品经济的统一，有的文章认为社会主义经济兼有计划性和市场性，有的文章更直接地把社会主义经济规定为有计划的商品经济等。但是，这种认识有反复。1982 年，有的同志发表文章认为社会主义经济具有商品经济属性，遭到一些同志的反对。自那以后，大概有一年的时间，在论坛上主张社会主义经济也是一种商品经济的文章销声匿迹。但是，经济体制改革的实践，冲垮了上述理论框框。1983 年以后，社会主义商品经济论，以其更强烈的现实背景、更充分的理论论证，重新登上中国的论坛，吸引着千百万人的注意。1984 年 10 月，党的十二届三中全会，对我国经济界和理论界多年的争论，做了总结，以党的决议的形式，肯定了我国社会主义经济是公有制基础上的有计划的商品经济。这就使我们的研究和讨论进入一个崭新的阶段。

需要指出，党的十二届三中全会的《决定》，也有经济学界的一份"功劳"。党的十二届三中全会文件，从 1984 年 6 月开始起草，用了一个多月时间提出了一个提纲，但这个提纲没有脱离原来的"计划经济为主，市场调节为辅"的调子，后来，重新调整了文件起草班子。正在这个时候，中国社会科学院院长马洪，受命组织院内的几位专家撰写了《关于社会主义制度下我国商品经济的再探索》的文章，为商品经济翻案。该文提出，在肯定社会主义经济是计划经济时，不要"否定社会主义经济同时也具有商品经济的属性。商品经济的对立物不是计划经济，而是自然经济"，不能把计划经济同商品经济"对立起来"。文章重新肯定此前被否定的"社会主义经济是有计划的商品经济"的提法。马洪院长把这篇文章送给了一些老一辈革命家征求意见，结果文章不但没有招来批评，还得到了王震等同志的称赞，并对文件起草产生了一定影响。党的十二届三中全会《关于经济体制改革的决定》虽然有不够完善的地方，但它毕竟实现了社会主义理论的重大突破。对此，邓小平评价说，它"是马克思主义的基本原理和中国社会主义实践相结合的政治经济学"。

肯定社会主义经济是商品经济，就意味着：（1）社会经济关系的商品货币化，商品生产和商品流通在社会经济活动中占统治地位，各种产品全部或绝大部分转化为商品，卷入商品流通的旋涡。（2）具有独立经济利益的商品生产者和经营者是商品经济的基本要素，他们之间既有交换关系，又有竞争关系，生产与消费、供给与需求在生产发展和技术进步的基础上出现失衡是商品经济运动的必然现象，通过竞争达到暂时的均衡。（3）市场协调是商品经济运行机制的基础特征，价值规律通过市场价格及其变化自发地调节商品生产和商品流通，使有限的经济资源自动地从效率低的行业流向效率高的行业，使资源配置适应市场和社会的需要，实现资源的有效配置。（4）商品市场关系的扩展要求克服民族经济的孤立性和闭塞性，实行对外开放，走向世界市场，开拓世界市场，逐步融入经济全球化进程中。

社会主义商品经济论的确立，为社会主义市场经济论打开了大门。1984 年，社会主义商品经济论确立后，经济体制改革无论是企业改革、价格改革，还是宏观经济管理改革、收入分配制度改革、涉外经济体制改革等均迅速开展起来。1985 年，大部分农产品价格放开。1987 年，国家体改委委托中国社会科学院、国务院发展研究中心、北京大学、中共中央党校、中国人民大学、国家计委、上海市等组织课题组，研究和提出今后8年（1988—1995年）我国经济体制改革的中期规划，并汇编成书出版。1988年，试图价格改革"闯关"。1991年，实行多年的工业生产资料价格双轨制并轨，并为市场单轨制。1984年起，探索企业改革"两权分离"（即国家所有权和企业经营权分离）的路子。总之，传统的计划经济体制，被商品货币关系冲出一个又一个缺口，市场取向的改革呈不可阻挡之势向前推进。

第三步：1992年社会主义市场经济论的确立

社会主义商品经济论确立以后，经济学家没有就此停步，而是继续探索。20世纪80年代后半期，经济学家进一步提出，中国的经济改革，应明确是市场取向的改革，是市场化改革。内容包括：企业应成为市场竞争主体，价格改革的目标是建立市场价格体制，建立和发展包括商品市场和要素市场在内的市场体系，宏观经济管理要从直接管理转变为以间接管理为主，实行全方位对外开放，参与国际市场竞争，等等。1986年，有的文章认为，宏观经济管理的目标模式，主线是国家掌握市场（即国家主要通过经济手段和市场参数调节供需，实现对市场的"领导权"），市场引导企业，或者是"国家调控市场，市场引导企业"。20世纪90年代初，吴敬琏等明确提出，改革的目标就是建立社会主义市场经济体制，并对新体制的框架做了比较详尽的论证。

1992年春，中国改革开放的总设计师邓小平在南方谈话中，进一步阐发了他对计划和市场问题的看法，他说："计划多一点还是市场多一点，不是社会主义与资本主义的本质区别。计划经济不等于社会主义，资本主义也有计划；市场经济不等于资本主义，社会主义也有市场。计划和市场都是经济手段。"同年6月，江泽民在中央党校省部级干部进修班上的讲话中表示比较倾向于使用"社会主义市场经济体制"这个提法。10月，党的十四大报告把中国经济体制改革的目标模式确定为建立社会主义市场经济体制，使市场在资源配置中发挥基础性作用。这标志着对经济改革理论的认识达到一个崭新的阶段。此后，社会主义市场经济理论随着改革的推进，改革经验的丰富，日益充实和发展。

　　需要指出，社会主义市场经济论的确立并不是一帆风顺的。有的经济学家对市场取向改革表示怀疑或否定，主张从"市场取向"转为"计划取向"。由于大部分经济学家坚持"市场取向"改革，也由于1990年至1991年邓小平几次讲话，明确指出不要以为计划经济就是社会主义，市场经济就是资本主义，计划和市场都是手段，都可以为社会主义服务等，这场理论争论不久就平息下去了。

　　社会主义市场经济理论还随着中国经济改革的深化而深化。1993年，党的十四届三中全会《关于建立社会主义市场经济体制若干问题的决定》确定了社会主义市场经济体制的基本框架，包括：坚持以公有制为主体、多种经济成分共同发展的方针，进一步转换国有企业经营机制，建立适应市场经济要求，产权清晰、权责明确、政企分开、管理科学的现代企业制度；建立全国统一开放的市场体系，实现城乡市场紧密结合，国内市场与国际市场相互衔接，促进资源的优化配置；转变政府管理经济的职能，建立以间接手段为主的完善的宏观调控体系，保证国民经济的健康运行；建立以按劳分配为主体，效率优先、兼顾公平的收入分配制度，鼓励一部分地区一部分人先富起来，走共同富裕的道路；建立多层次的社会保障制度，为城乡居民提供同我国国情相适应的社会保障，促进经济发展和社会稳定。必须围绕这些主要环节，建立相应的法律体系。以上就是著名的社会主义市场经济的"五大支柱"。党的十五大提出了从战略上调整国有经济布局的任务，以求从整体上搞好国有经济，明确个体私营等非公有制经济是社会主义市场经济的重要组成部分。党的十六大提出了建立中央政府和地方政府分别代表国家履行出资人职责，享有所有者权益，权利、义务和责任相统一，管资产和管人、管事相结合的国有资产管理体制的任务。党的十六届三中全会提出了完善社会主义市场经济体制的任务，提出股份制是公有制主要实现形式、建立现代产权制度等。党的十七大提出了加快建立国有资本经营预算制度，完善反映市场供求关系、资源稀缺程度和环境损害成本的生产要素和资源价格形成机制，建立全覆盖的社会保障制度，深化政府、财税、金融、农村改革等任务。

　　与此同时，经济学家对社会主义市场经济理论问题展开了热烈的讨论，发表了大量的论著，社会主义市场经济理论逐步深入人心。现代企业制度理论、公司治理理论、利用外资理论、资本市场理论、公共财政理论、金融创新理论、服务型政府理论、社会保障理论、效率与公平关系理论、法治市场经济理论、公有制与市场经济结合理论、收入分配理论、"三农"研究等，经济学界都有深入研究，其中有些成果具有超前性。

在社会主义市场经济理论创新和党的强力推动下，中国的市场化改革步步深入。举其要者有：1994 年分税制改革，20 世纪 90 年代以来国有企业的公司制股份制改革，1992 年以后个体私有经济的迅速发展，20 世纪末开展的以明晰产权为中心的集体企业改革，2001 年加入世界贸易组织，2002 年以来的国有资产管理体制改革，2003 年以来财政向公共财政转型并要求逐步做到基本公共服务均等化，2005 年以来上市公司股权分置改革，中国建设银行、中国银行、中国工商银行先后整体上市，20 世纪末开始的农村综合改革，进入 21 世纪后尤其是以全覆盖为目标的社会保障制度建设，等等。

应当清醒认识，到现在为止，中国社会主义市场经济体制仍然不够完善，还有不少改革攻坚任务有待完成。举其要者至少有：政企分开、政资分开尚未很好实现，政府职能转变尚未到位，各种所有制经济平等竞争环境尚未很好形成，国有资产管理体制有待健全，垄断行业改革刚刚开始，宏观调控过多地运用行政手段，收入分配关系远未理顺，社会保障体系尚待逐步完善，防范系统性金融风险的机制亟待完善，对外开放有待进一步提高水平和质量，市场经济法制体系远未完备，等等。今后要加大改革力度，力争到 2020 年建立起完善的社会主义市场经济体制。可以预期，随着改革攻坚的深入开展，随着社会主义市场经济体制的逐步完善，社会主义市场经济理论将不断丰富和发展，形成一套完整的理论体系，成为中国特色社会主义理论体系的一个最重要的组成部分，并使马克思主义经济学原理划时代发展。

（原载《北京日报》2012 年 6 月 4 日）

确立社会主义市场经济体制
改革目标的伟大意义

今年是我国确立社会主义市场经济体制改革目标 20 周年。20 年前的 1992 年，党的十四大根据年初邓小平南方谈话精神，明确提出我国经济体制改革的目标模式是建立社会主义市场经济体制，这标志着我国经济体制改革从摸着石头过河逐步走向自觉有序推进的转变，有力地推动了我国社会主义现代化建设事业的迅猛发展。

一　确立社会主义市场经济体制改革目标是
改革开放过程中合乎逻辑的正确选择

1978 年我国实行改革开放后，在各项经济活动中逐步引入市场机制，使社会经济生活逐步活跃起来。改革初期农村推行家庭联产承包责任制，农民开始有了按自身和市场需要的生产经营自主权，大大解放了农村生产力，农业生产迅速恢复和发展，农民收入大幅度提高。按可比价格计算，农林牧副渔业总产值，1985 年比 1978 年增长 61.6%，年均增速达 7.1%，显著高于一般年份 2%—3% 的增速。与此同时，逐步放开农副产品、工业消费品和服务价格。结果是，放到哪里活到哪里。哪种商品价格一放开，哪种商品就很快像泉水般涌流出来。企业生产经营自主权的扩大，个体经济乃至私营经济的发展，使城乡就业者迅速增加。所有这些都使社会各界深切体会和认识到发展商品生产和交换、尊重和发挥价值规律的作用。1984 年党的十二届三中全会作出的《关于经济体制改革的决定》肯定了社会主义经济是公有制基础上有计划的商品经济，这就为中国走向社会主义市场经济体制迈出了重要的一步。

随着市场化改革的节节推进和成效日益显露，一些经济学家进一步提出，社会主义商品经济就是社会主义市场经济，社会主义商品经济体制就是有宏观管理的市场经济体制。建立竞争性市场经济体制，能够有力地促进资源配置优化和效率提高，推动经济起飞。但也有一些经济学家对此表示怀疑。在这关键时刻，政治家和领导人的政治智慧与勇于创新的精神对确立社会主义市场经济体制的改革目标具有决定性作用。1992年年初，邓小平在南方谈话中指出，计划多一点还是市场多一点，不是社会主义与资本主义的本质区别。计划经济不等于社会主义，资本主义也有计划；市场经济不等于资本主义，社会主义也有市场。计划和市场都是经济手段。同年6月9日，江泽民在中共中央党校省部级干部进修班上的讲话中，谈到对建立新体制问题的认识时说："我个人的看法，比较倾向于使用'社会主义市场经济体制'这个提法。有计划的商品经济，也就是有计划的市场经济。"同年十月，党的十四大确立社会主义市场经济体制的改革目标。

可见，20年前中国确立社会主义市场经济体制的改革目标是1978年实行改革开放过程中合乎逻辑的必然结果，此后中国社会主义现代化建设飞速发展的实践证明，这是极其正确的选择。

二 社会主义市场经济体制目标确立后，改革大步推进，新体制日臻完善

1992年以后，由于改革目标明确，加上1993年党的十四届三中全会对新体制基本框架设计相当合理，使改革全面大步展开，社会主义市场经济体制比较快地建立起来，我国初步实现了由传统的计划经济体制向社会主义市场经济体制的根本性转变。

第一，我国已经确立了以公有制为主体、多种所有制经济共同发展的基本经济制度。我们积极推进公有制特别是国有经济的改革，明确国有企业以建立现代企业制度为方向，走公司化股份化的路子，不断增强市场竞争力。目前国有大中型企业多数已通过上市、不同所有制企业互相参股等形式转为现代公司。国有经济继续控制着国民经济命脉，在国民经济中发

挥主导作用。其他公有制如各种形式的合作制和集体所有制经济也在改革中焕发了活力。与此同时，个体和私营经济快速发展，成为社会主义现代化建设一支不可或缺的重要力量。

党的十七大报告提出，要毫不动摇地巩固和发展公有制经济，毫不动摇地鼓励、支持、引导非公有制经济发展，坚持平等保护物权，形成各种所有制经济平等竞争、相互促进新格局，从而为完善基本经济制度进一步指明了方向。

第二，市场已开始在资源配置中发挥基础性作用。我国绝大多数产品和服务的价格已经由市场调节，生产要素价格已走上市场化改革进程，统一、开放、有序的市场体系已经建立，多数经济学家都认同我国经济的市场化程度已达70%以上，说明中国经济已转入主要由市场主导的阶段。

第三，政府对宏观经济的管理已从直接管理转变为以间接管理为主。保持宏观经济的稳定增长是政府义不容辞的任务。通过宏观经济管理体制改革，我国政府已做到主要运用经济手段，根据经济形势的变化实施相应的财政政策和货币政策等，辅之以必要的行政手段，促进宏观经济的平稳和健康运行。20年来，我国总体上实现了既保持经济的高速增长，又避免出现过高的通货膨胀率。在这期间，我国稳步推进了财政金融体制改革。

第四，建立了以按劳分配为主体、多种分配方式并存的分配制度，明确要走共同富裕的道路。逐步健全劳动、资本、技术、管理等生产要素按贡献参与分配的制度，探索和努力协调好公平与效率的关系。

第五，努力建立全覆盖的社会保障制度。按照广覆盖、保基本、多层次、可持续的方针，积极推进覆盖城乡居民的社会保障体系建设，并稳步提高保障水平。

第六，不断扩大对外开放，全面提升开放型经济水平。2001年年底，我国加入世界贸易组织，使我国经济快速融入经济全球化进程，对外贸易加快发展，走出去步伐逐步加大。我国现已成为全球最大货物出口国和第二大进出口贸易国。

与此同时也要清醒地看到，我国的社会主义市场经济体制还不完善，经济发展中还存在一些体制机制障碍。特别是有一些改革攻坚任务，由于涉及比较重大的利益调整，困难和阻力比较大，需要进一步凝聚改革共识，做好顶层设计和总体规划，然后择机由上而下强力推进，争取到 2020 年实现党的十六大提出的建成完善的社会主义市场经济体制的历史性目标。

三　社会主义与市场经济的有机结合是前无古人的伟大创举

我国作为一个大国，在社会主义条件下发展市场经济，是前无古人的伟大创举。一方面，我们要坚持社会主义方向和道路，坚持公有制为主体，按劳分配为主，以人为本，发展经济的目的是普遍增进人民群众的福利，实现共同富裕。另一方面，又要发挥市场配置资源的基础性作用，使经济活动遵循价值规律的要求，不断解放和发展社会生产力，增强综合国力，更好地实现经济建设这个中心任务。改革开放以来特别是 1992 年以来，中国社会主义现代化建设取得的令世人瞩目的辉煌业绩表明，我国已做到了社会主义与市场经济的有效结合。

社会主义市场经济的最大特点和难点是市场经济同公有制相结合，而不像以往那样市场经济都是同私有制相结合的，因此是一个全新的课题。

我国已确立了公有制为主体、多种所有制经济共同发展的基本经济制度。在这一基本经济制度框架中，个体、私营等非公有制经济能够与市场经济结合，这是没有问题的。问题在于公有制特别是国有制能不能与市场经济相结合或怎样与市场经济相结合。这不但是一个理论问题，更是一个从未有过的实践问题。传统的计划经济体制下的公有制和国有制是难以同市场经济相结合的。改革开放后，经过多年的探索和实践，我们终于找到了能够同市场经济结合的公有制和国有制的实现形式——股份制。1997 年，党的十五大报告指出，"股份制是现代企业的一种资本组织形式，有利于所有权和经营权的分离，有利于提高企业和资本的运作效率，资本主义可以用，社会主义也可以用"。2003 年党的十六届三中全会进一步指出，"要适应经济市场化不断发展的趋势，进一步增强公有制经济的活力，大力发展国有资本、集体资本和非公有资本等参股的混合所有制经济，实现投资主体多元化，使股份制成为公有制的主要实现形式"。中国国有企业改革实践证明，推进公有制企业包括国有企业的公司制股份制改革，可以使公有制企业适应市场经济的发展，成为自主经营、自负盈亏的市场主体和法人实体，并逐步完善公司法人治理结构。因此，将公有制企业特别是国有大中型企业改革为投资主体多元化的现代公司，就可以同一般市场经济国家的现代公司接轨，不仅在国内同非公有制企业展开平等竞争，而且可以参与国际市场竞争。这方面的探索目前还在进行中，并不断取得实效。

我们相信，随着社会主义市场经济体制的进一步完善，新体制的优越性和生命力将更好地发挥出来，从而有力地推动全面建设小康社会和社会主义现代化建设。

（原载《光明日报》2012 年 6 月 9 日）

打破垄断避免"权贵"市场经济[*]

一 经济增速回调有客观必然性

《上海证券报》：20 多家机构对今年三季度 GDP 增长速度的预期，高的很乐观，超过 8%，低的很悲观，7% 刚出头。上下如此悬殊，记忆中还是第一次。中国经济真是雾里看花，搞不懂了吗？

张卓元：目前，大部分观点认为中国经济在第三季度仍然会低于 8%。

分歧大小暂且不论。看问题不仅要看表象，更要看实质。只有认真分析，才能更加贴近实际地看待中国经济的未来。

《上海证券报》：那您认为上半年经济增长速度回落到 7.8%，GDP 增速破 8 的主要原因是什么？

张卓元：2012 年中国经济出现明显回调，GDP 增速自 2002 年以来罕见地降到 9% 以下，有的季度如第二季度甚至不排除降到 8% 以内。我认为，这是以下三重因素叠加决定的。

第一，这是 2003 年至 2007 年间连续五年 GDP 增速高达两位数及以上，大量透支资源、环境和过分压低劳动报酬，要求经济再平衡的结果。

记得还在 2004 年，在全国政协经济委员会讨论经济形势时，就有不同意见，一种认为中国经济增速如果超过两位数特别是连年超过两位数必然会走向过热，需要适当收紧宏观经济政策；另一种认为中国经济怕冷不怕热，增速高一点不必大惊小怪，没有必要进行紧缩。当时我是持前一种意见的。但是当时的主流观点是持后一种意见的。经济两位数增长一直持续到 2007 年，才有比较多的人发现经济不平衡、不协调、不可持续的问题越

---

[*] 《上海证券报》记者为卢晓平。

来越严重，"三过"即固定资产投资增速过快、信贷投放过多、贸易顺差过大问题突出。2007 年 GDP 增速达 14.2%，2008 年 CPI 涨幅达 5.9%。2007年党的十七大报告在讲到当前面临的困难和问题时，也说突出的是："经济增长的资源环境代价过大"等。

因此，即使 2008 年不爆发国际金融危机，中国调整经济也势在必行。而调整经济首先要求把过高的经济增速适当降下来。

第二，这是对 2008 年国际金融危机的过度反应，是当时经济主要靠大规模投资"铁公基"项目和天量投放贷款的结果。

2008 年国际金融危机是"二战"后最严重的经济危机，至今一些主要发达国家还受它的困扰。与此同时，也要看到，这次危机与 1929 年那次经济危机有不同之处。这次危机只是使 2009 年全球经济收缩 0.7%，此后几年又恢复为正增长，2010 年和 2011 年全球经济分别增长 5.1% 和 4%，预计 2012 年全球经济仍将增长 3% 左右。现在回过头来看，我国在 2009 年应对国际金融危机似乎有点过度，四万亿的投资刺激计划，近十万亿的大量贷款，带来又一轮大规模粗放扩张。2009 年在全球主要发达国家经济负增长、其他国家经济低迷的条件下，我国经济增速高达 9.2%，2010 年进一步增长 10.4%，使国民经济不平衡、不协调、不可持续的问题更加突出，转变经济发展方式显得刻不容缓。

第三，这是中国经济经过去三十多年持续高速增长、人均 GDP 超过5000 美元以后，经济增速将逐步放缓的必然结果。我国在 1978 年年底实行改革开放后，经济迅速起飞。1979—2011 年，GDP 年均增速达 9.9%，2011年 GDP 达 47.16 万亿元，经济总量从 2010 年起跃居世界第二位，人均 GDP达 5432 美元，进入中等偏上收入国家行列，这是一个令世人瞩目的成就，被称为"中国的奇迹"。而根据世界银行对许多国家经济发展史的研究，一个国家在进入中等收入国家行列后，如果继续沿袭粗放扩张，一味追求经济增速，不更新发展思路和战略，不协调好经济增长与保护资源环境的关系，不改善居民收入分配结构让老百姓分享发展成果，就会跌入"中等收入陷阱"，无法跨进高收入国家行列，无法成为现代化国家。

由上可见，今年中国经济增速回调有其客观必然性，是很正常的。

二 刺激措施不能过度投资，应向民生倾斜

《上海证券报》：看来我们将承受经济增速回落的痛苦。问一个具体问题，您预期今年三季度经济会是什么态势，第四季度呢？

张卓元：我预期三季度经济还是在相对低位徘徊，预计 GDP 增速在 7.6% 左右。这要看政府稳定经济的后续力度。如果力度稍微大点，应该会超过 7.6%，否则，会低于 7.6%。这只是预期，要看动态的进展情况。

至于四季度，应该是经济回暖期间。中央政府从今年 5 月、6 月开始，就为稳增长采取了系列举措，央行 6 月末全部金融机构人民币各项贷款余额 59.64 万亿元，同比增长 16%；上半年增加 4.86 万亿元，同比多增 6832 亿元。这表明项目新开工数量增加。而这些举措有望在四季度逐步显现出来，不出大的意外，预计四季度 GDP 增速将会超过 8%，全年经济有望保持在 8% 左右的水平运行。

《上海证券报》：现在有一种观点，认为政府又在重蹈覆辙，着急下重手救经济的举措并不妥当。您如何看待？

张卓元：经济出现回调是肯定的，但不能回调过猛，比如增长率一下子跌到了 7% 以下，这样地方将承受不了，经济增速跌幅过大，不仅就业问题会很突出，各级政府的政绩也会大受影响。因此，当经济增速下行风险过大时，政府采取一些刺激措施稳定经济增长是必要的、可以理解的。

数据也显示，在当前经济下行态势下，如果政府不及时出手，会带来很多后遗症。但 1—5 月，工业增加值同比增长 10% 多，全社会固定资产投资同比名义增速仍达 20.1%，社会消费品零售额同比实际增速仍达两位数，出口也有一定幅度增长，就业形势比较稳定，没有出现 2009 年初大批农民工回乡现象，这就决定了中国经济增速今年不太可能掉到 7% 或以下。因此，事物要辩证地看待。

现在的问题是，刺激措施不能过度，不能再搞天量贷款，不宜继续主要靠"铁公基"项目带动经济增长，扩大投资应尽量向民生项目倾斜，总的方向是逐步使消费成为主要增长动力源。

《上海证券报》：听了您的一席话，一块石头落地。那是否意味着中国

经济将缓过劲来，继续向前快走呢？

张卓元：应该这样说，中国经济经过这次调整后，有望告别两位数增长，未来 10 年、20 年中国经济逐步进入次高或中高增速新阶段。

但这是有条件的，而不是原有模式的复制。中国从 2003 年就提出科学发展观，接着又提出要转变经济发展方式，调整经济结构，这些都是避开"中等收入陷阱"的正确选择和战略举措。而要实现科学发展，切实推进转方式、调结构，就必须放弃唯增长主义，适当放缓经济增速，把主要精力用到提高经济增长的质量和效益上，做到经济转型、产业升级、人人共享改革发展成果。我们应该吸取教训，当时面对全球金融危机的时候，若刺激计划不是那么庞大，贷款不是那么"天量"，现在应对经济下行压力的政策选择余地也会大一些。

三　改革需从打破垄断等三方面攻坚

《上海证券报》：胡锦涛总书记近日在省部级主要领导干部专题研讨班开班仪式上发表重要讲话强调，我国发展仍处于可以大有作为的重要战略机遇期。我国过去 30 多年的快速发展靠的是改革开放，我国未来发展也必须坚定不移依靠改革开放。对此，您怎么理解？

张卓元：说得非常正确。只有改革开放才能发展中国、发展社会主义、发展马克思主义。我国以经济建设为中心是兴国之要，发展仍是解决我国所有问题的关键。其本质要求就是坚持科学发展，以加快转变经济发展方式为主线，把推动发展的立足点转到提高质量和效益上来，全面深化经济体制改革，不断增强长期发展后劲。

我认为，从完善社会主义市场经济体制的角度来说，当前改革攻坚的着力点主要有三个方面：一是垄断行业的改革，二是收入分配制度的改革，再一个是政府职能转变和行政体制改革。

垄断行业改革，已成为一个久拖不决、亟待突破的方面。垄断行业改革的进展如何，直接影响着公平市场秩序的建立和整个经济社会健康发展特别是实体经济发展的成效。垄断行业的改革最重要的是放开市场准入，引入新的竞争，让民间企业、外资企业进来参与竞争，这样才能提高效率。

垄断行业的改革目前最大的难题是垄断行业自己有利益在那里。因此，亟须加快垄断行业的改革，打破垄断、放开准入、公平竞争、高效服务，激发非公有制经济的动力和活力，激发人们创业、创新、创富的热情。

收入分配制度改革，直接牵涉到每个人的利益，问题已经积累多年了。收入分配制度的改革现在面临着基本收入差距过大的问题，灰色收入、以权谋私造成了收入差距过大。所以，要坚持和完善以按劳分配为主体、多种分配方式并存的分配制度，按照初次分配和再分配都要处理好效率和公平的关系、再分配更加注重公平的要求，完善收入分配制度，进一步理顺政府、企业和个人的分配关系，努力提高居民收入在国民收入分配中的比重、劳动报酬在初次分配中的比重，努力实现居民收入增长和经济发展同步、劳动报酬增长和劳动生产率提高同步，逐步形成中等收入者占多数的"橄榄形"分配格局。

把政府职能转变和行政体制改革放到更加突出的位置。进一步转变政府职能，加快推进政企分开，减少政府对微观经济活动的干预，加快建设法治政府和服务型政府。当前政府"越位"的问题太大了，政府主导资源配置，政府出面招商引资，政府过深地介入经济，由此带来了一系列问题，容易造成"权贵"市场经济。而政府的经济调节、市场监管、公共服务、社会管理"不到位"。政府改革也很难，因为它牵涉政府官员自身的利益。

这些改革攻坚任务，由于涉及比较重大的利益调整，如政府改革、垄断行业改革等，困难和阻力比较大，需要进一步凝聚改革共识，做好顶层设计和总体规划，包括充分吸收基层和群众的好经验、好做法、好建议，然后择机由上而下强力推进，争取到 2020 年实现党的十六大提出的建成完善的社会主义市场经济体制的历史性目标。

四　借力顶层设计，化解改革阻力

上海证券报：面对新形势、新变化，单就第一、第二、第三产业而言，最具备发展爆发力的在哪？

张卓元：应该说，我国经济经过 30 多年的快速发展后，已经从粗放式的快速发展期进入精耕细作的发展阶段。因此，要寻找"打个小眼，就能冒油"的情况已经不多了，而且会越来越少，立竿见影的好事真的难找了。在这种环境下，我们要眼睛向内，转变观念，挖掘内生性潜力，才能使经济保持健康稳健的发展态势。

在我看来，服务业也就是第三产业的真正放开，让更多的包括民营资本在内的各路资本进入，形成良好的竞争格局，迸发出真正的生命力和经济推动力。比如，医疗卫生、养老保障、教育等领域，还有很多未开发的领域。

上海证券报：目前各部委已经纷纷出台支持民营资本进入的相关政策措施，这还不够吗？

张卓元：改善体制和机制不是朝夕之事。要清醒地看到，我国的社会主义市场经济体制还不完善，经济发展中还存在一些体制机制障碍。

面对新形势、新变化，许多领域新的问题和挑战不断凸显——商品领域的市场化发展起来了，但要素领域市场化还相对滞后，土地、劳动力、环境和资金等要素价格和资源产品价格存在着一定扭曲，制约着实体经济的发展；经济增长速度起来了，但能源、资源和环境对发展的制约也强了；在"总量"问题已经基本解决的背景下，提升"质量"的要求日益迫切；民营经济搞起来了，但在诸多行业和领域，制约民营经济做大做强的"瓶颈"也不断凸显；适应社会主义市场经济要求的行政管理体制基本建起来了，但经济调节"越位"、市场监管"缺位"、社会管理"错位"、公共服务"不到位"的问题依然存在；"蛋糕"做大了，但"蛋糕"的分配变难了，收入差距扩大趋势并没有根本扭转，社会保障制度依然滞后于经济社会发展；改革已经成为共识，但改革的难度大了。中国社会进入到利益格局调整的关键阶段，市场化改革进入深水区、胶着期、关键期。

我力主中央加强对改革的领导和推动，更加重视改革顶层设计和总体规划，不让部门、地区利益和少数既得利益者左右改革方案和进程，以更大的决心加快推进改革，只有这样，深层次改革才能顺利推进。

因此，在各种因素处于胶着期，民营资本要想充分发挥其应有作用，还需要时间的考量。

（原载《上海证券报》2012 年 8 月 2 日）

希望对建成社会主义市场经济体制有具体部署[*]

倏忽二十载!

年近八十岁,曾参与过 1993 年、2003 年中央有关社会主义市场经济体制建立和完善文件起草工作的、中国社会科学院学部委员张卓元在接受本报记者专访时表示,"现在希望十八大敲定一个总的改革目标,最好是十八届三中全会能够对今后,特别是到 2020 年建成完善的社会主义市场经济体制,有一个具体的部署,从现在起还有 8 年时间,能够给出一个整体或者顶层的设计,把改革继续推进"。

1992 年中共十四大报告确定了要建立社会主义市场经济体制的改革目标,在随后的 1993 年和 2003 年,中共中央分别出台了《关于建立社会主义市场经济体制若干问题的决定》、《关于完善社会主义市场经济体制若干问题的决定》的两项重大决定,这使得社会主义市场经济体制初步建立,并逐步完善。这也造就了 20 世纪 90 年代以来的经济黄金增长期。

不过,过去由于政治体制改革滞后,金融、财税、收入分配、垄断行业等领域的改革推进不力。同时,"十二五"时期中国人口红利即将结束,资源环境瓶颈约束更加突出,以及国际金融危机的影响,中国在未来几十年,特别是到 2020 年如何找到新的改革动力?

张卓元从一个市场经济体制改革 20 年的设计者、参与者和观察者的角度,娓娓道来他眼中改革的得失利弊,以供下一个改革周期借鉴。

---

* 《21 世纪经济报道》记者为定军。

一 《决定》是比较好的顶层设计

我参加的那个组研究关于现代企业制度的特征如何概括，当时还请了国家经委副主任陈清泰等到玉泉山一块儿来研究，最后定了产权清晰、权责明确、政企分开、管理科学这四条。

《21世纪》：1993年制定的中共中央《关于建立社会主义市场经济体制若干问题的决定》（以下称《决定》）出台的背景是什么？当时出台的迫切性是不是很大？

张卓元：1992年十四大报告确定了要建立社会主义市场经济体制的改革目标，我记得这是在争论比较大之后不久，在高层的推动下定下来的，特别是包括邓小平1992年年初的谈话。在这之前，时任中共中央总书记江泽民曾召开过11次专家座谈会，达成建立社会主义市场经济体制的改革目标共识。

但十四大确立的社会主义市场经济体制到底怎么来具体建设，1992年来不及解决这个问题。所以，1993年十四届三中全会需要来回答这个问题。就是已经确定了目标了，但社会主义市场经济体制属于新东西，怎么去建立，怎么去建设，这是十四届三中全会做出《关于建立社会主义市场经济体制的若干决定》的背景。

实际上1993年制定的《中共中央关于建立社会主义市场经济体制若干问题的决定》，是把十四大确定的改革目标具体化，比如怎么来落实，怎么来推进建立，因为建立不是一句话的问题，要从所有制，从市场，从宏观调控，从分配，从社会保障等方面，来共同努力，将新体制建立起来。

《21世纪》：当时出台决定，做过很多理论探索，现在回过头来看哪些是取得重大突破，哪些是当时做得不是很成功的地方，现在该怎么评价此《决定》？

张卓元：1993年《中共中央关于建立社会主义市场经济体制若干问题的决定》最大的贡献是确定了基本框架，即所谓五根支柱吧。

这包括：必须坚持以公有制为主体、多种经济成分共同发展的方针，进一步转换国有企业经营机制，建立适应市场经济要求，产权清晰、权责明确、政企分开、管理科学的现代企业制度；建立全国统一开放的市场体系，实现城乡市场紧密结合，国内市场与国际市场相互衔接，促进资源的优化配置；转变政府管理经济的职能，建立以间接手段为主的完善的宏观调控体系，保证国民经济的健康运行；建立以按劳分配为主体，效率优先、兼顾公平的收入分配制度，鼓励一部分地区一部分人先富起来，走共同富裕的道路；建立多层次的社会保障制度，为城乡居民提供同我国国情相适应的社会保障，促进经济发展和社会稳定。

这五个方面，构成社会主义市场体制的基本框架，这个基本框架要逐步以法律形式固定下来。

现在看起来这些都还是站得住的，这在当时是比较好的顶层设计，这是一个最大的贡献。

具体还有几个方面有突出贡献，比如国有企业的改革要以建立现代企业制度为方向。这个是很重要的。因为以前实行的是承包制，有人主张承包制要"万岁"，或者实行几十年，而承包制是一个落后的制度。现代企业制度是现代公司制，国有企业要走现代公司制的路子。

我们把现代企业制度确立为四个基本特征，即产权清晰、权责明确、政企分开、管理科学。当时概括这四个特征很费劲。

当时在玉泉山起草时我不在这个组，后来我又参加了那个组的研究，研究关于现代企业制度的特征如何概括，当时还请了时任国家经委副主任陈清泰等到玉泉山一块儿来研究，最后定了这四条。这四条直到今天还是站得住脚的。

在培育和发展市场体系中，有一个词"劳动力市场"。在这之前，十二届三中全会上有个决定讲过，"企业、劳动力等不是商品"，因此过去都用"劳务市场"，不用"劳动力市场"。而这次专门讲到"市场"时，讲到了"劳动力市场"，现在看来这也是个突破，目前已经是很朴素的常识了，但是当时要实现这个突破是很不容易的。原来写的稿子是"劳务市场"。"劳务市场"是不准确的。

《21世纪》：当时是不是还有些没有突破的，留待以后再慢慢探索的、有些争议的地方？

张卓元：1993 年是社会主义经济体制的建设刚刚定这个目标，没有太多的实践经验。1978 年以后虽然是推行市场取向改革，但是建立社会主义市场经济体制还没有很多经验，比如说怎么推进垄断行业改革，当时研究就不很透彻。

还有关于政府的改革，尽管讲到转换政府职能，讲到政企分开，但是究竟怎么转换，还不太清楚；还有关于农村的土地问题，当时对农村的土地制度研究得不够，这个问题到现在也研究得不很清楚。

导致如此的原因是，当时经验不够，当时以为实行承包制度就是很好的了。此外，当时城市化并未展开，到底土地制度应该怎么完善，怎么尊重农民土地的权益，经济还没发展到这一层。所以很多问题认识得不够。

而且有些问题暴露的不是很突出，比如垄断行业问题。

再有一个就是，"效率优先、兼顾公平"，这个提法在当时是对的。当时要强调一部分人和地区先富裕起来，强调先富带动后富，走共同富裕的道路。但是经过发展，特别是进入新世纪以后，大家觉得分配差距、分配不公的问题日益突出，所以从 2004 年的十六届四中全会开始就不再提"效率优先、兼顾公平"，而是提出"更加注重公平"。这应该说是经历实践发展后，原先一些提法不用了，这是实践发展的结果。

《21 世纪》：那么在 2003 年以后为什么又出台一个《关于完善社会主义市场经济体制若干问题的决定》？

张卓元：1993 年出台《关于建立社会主义市场经济体制若干问题的决定》以后过了 10 年，随着各个方面改革的推进，特别是到 2000 年，社会主义市场经济体制初步建立起来了，框架都搭建起来了，但是还不是很完善，所以在 2003 年要对已经初步建立的体制进行完善。

比如说当时提出股份制要成为公有制的主要实现形式。这是很重要的，特别是国有制要走股份制的道路，把股份制作为主要的形式。

又比如说，2003 年的时候提出要加快垄断行业的改革，这个提出来也是很重要的。特别是进入新世纪以后，在经济增长方面暴露出来一些问题。

所以 2003 年《关于完善社会主义市场经济体制若干问题的决定》提出了要建立以人为本、全面协调可持续的发展观，也就是科学发展观。

我觉得我们以后的完善市场经济体制，应该围绕怎么实现科学发展来进行，因为体制是为生产力的发展而服务的嘛，你这个体制怎么来完善呢，所以 2003 提出科学发展观，是当时非常重要的贡献。

二　行政体制改革早有提出

2005 年的十六届五中全会，以及"十一五"规划建议，提出了一个非常重要的观点：加快行政管理体制改革是全面深化改革和提高对外开放水平的关键。

《21 世纪》：2003 年的《关于完善社会主义市场经济体制若干问题的决定》，现在看起来还要有什么要随着实践而发展的地方？

张卓元：这个就是要随着改革的深化而发展。比如说 2005 年的十六届五中全会，以及中央关于"十一五"规划建议，提出了一个非常重要的观点：加快行政管理体制改革是全面深化改革和提高对外开放水平的关键。

这个比 2003 年的观点又进了一步，它把行政体制改革的重要性提出来了，这说明深化改革实际上要抓住行政管理体制改革，行政体制改革的关键就是政府改革，这涉及政府职能的转换。当时已经普遍认识到，光靠经济体制改革，光靠国有企业改革，虽然也很重要，但是仍很难全面深化。

如果行政体制改革跟不上，那么政企很难分开，国有企业改革包括垄断行业改革很难推进。垄断的关键问题是行政垄断。所以这些都是随着改革的深化，有些新的问题暴露出来。

还有，随着经济的发展，我们国家长时期的粗放型发展，发展到一定阶段，就很难持续，因为有一些不协调不可持续的问题需要改变。所以 2003 年《关于完善社会主义市场经济体制若干问题的决定》讲到科学发展的时候专门讲了五个统筹，这五个统筹非常重要，"统筹城乡发展、统筹区域发展、统筹经济社会发展、统筹人与自然和谐发展、统筹国内发展和对外开放"，这五个统筹与科学发展观同时提出来，非常重要。所以科学发展观主要就是以人为本，五个统筹，全面协调可持续发展。

《21 世纪》：现在看起来原来做的决定有的是不是不够深入，比如说国家垄断城镇土地一级市场？

张卓元：这个涉及我们的土地制度问题。城镇土地实施国有制，这个没有问题，现在的土地制度问题主要不是在城镇，城镇土地国有化这个已经明确了。关键是集体所有的土地，特别是集体土地转为国家所有的过程中，农民利益受到严重的侵犯，这是个大问题，这个问题到现在为止还不是解决得很好。

当时我们研究土地问题的时候，还没涉及集体所有制土地的产权明确和保护问题。当时谈到国家垄断一级土地市场，是考虑到土地如何更好更节约利用和管理，没想到现在变成了土地财政，反而更加糟糕，很多地方政府侵犯农民的利益，把土地弄来又没有高效地利用，当时是没有估计到这种问题，因为实践还没有发展到这一步，那个时候还没有土地财政这个情况。

《21世纪》：1993年《关于建立社会主义市场经济体制若干问题的决定》提出，建立中央和地方的分税制，当时也想到过地方财权可能将出现财力不足的问题？

张卓元：当时想到的解决的主要矛盾是中央财政占的比重太小，因此影响中央宏观调控的能力发挥，所以当时要实行分税制，当时的那个财政包干制度，是一个非常落后的制度，它完全是不规范的，完全是个一对一谈判的结果。

市场经济不应该是这样的，市场经济应该是规范的，所以实行分税制是市场经济国家通行的办法，当时从承包制走向分税制是一个很大的进步，实行市场经济体制必须要改变的。

当然这个分税制建立以后，本来中央的转移支付应该是规范的，但是后来也出现了扭曲，所以原来所设想的中央集中财力，然后比较规范地给地方一些转移支付，建立比较规范的转移支付制度，本来是应该能够做好的，但是实际上没做好。

国外一些国家中央转移支付做得较好，不像我们弄得差距很大，而且里面不规范的做法很多。但是从财政大包干转为分税制这是一个很大的进步，这应该是肯定的，但是在实行分税制几年来出现的问题，怎么来完善这是另外一个问题。

还有就是中央应该负责的一些财政支出也推给了地方，这样导致地方财政负担很大；并且有些中央应该正常的转移支付的加大也没有做到。还有应该给地方必要的财权，让地方有自主权，那个也没有很好的做到。

《21世纪》：当时也已经谈到征收房产税的问题，但这个房地产税也存在重复征税的问题，因为我们已经交了70年的土地出让金，这是不是个问题？

张卓元：当时十四届三中全会也提到开征房地产税，本来房地产税对增强地方财力是非常重要的，但这也没有做到。交70年的是土地的税费，房产税是涉及房产的税。

三　期待新的整体的设计

未来改革核心还是要处理好政府与市场的关系，现在政府太强势了，控制的资源过多，在经济发展中起的主导性作用过大，市场对资源配置的基础作用不能更充分地更好地发挥。

《21世纪》：1993年、2003年出来改革措施，与之前的1989年、1990年经济低迷，以及1998年、1999年亚洲金融危机有关，2009年又遇到全球金融危机，是不是需要新的改革设计方案？

张卓元：我们都寄希望于有新的改革举措。我个人认为中国改革开放以来，最重大的改革开放事件有三个：一个是农村联产承包责任制，第二个是确立社会主义市场经济体制改革目标，第三个是加入世贸组织，这三条都是在2002年以前提出和推进的，2002年以后改革动作，到现在为止还找不到能跟以前三个相比的重大改革。

所以，现在改革方面积累的问题很多，本来很迫切需要改革但是没有很好推进，特别是政府的改革，垄断行业的改革，收入分配的改革等。

因为政府的改革包括面非常广，财政的改革、金融的改革，在某种程度上可以说是政府改革的一部分，财政改革和政府改革的关系最大，公共财政主要是政府改革的内容，政府是公共服务型政府，财政就应该是要保证公共需要，为公共服务，现在积累了很多问题。

现在希望十八大敲定一个总的改革目标，最好是十八届三中全会能够对今后，特别是到2020年建成完善的社会主义市场经济体制，有一个具体的部署，从现在起还有8年时间，能够给出一个整体或者顶层的设计，把改革继续推进。

《21 世纪》：下次改革，包括政府改革、农村土地改革这一块能否作为重点？

张卓元：对，这个包括土地制度改革，政府的改革，垄断行业改革，收入分配的改革，如果能够有一个通盘的设计，那么这样不仅是对建成完善的社会主义市场经济体制，还有更好地推动我们科学可持续的发展，都是很重要的，这对于我们 2020 年顺利地全面建成小康社会也是很重要的体制保障。

《21 世纪》：过去讲社会主义初级阶段的基本经济制度要以"公有制为主体、多种所有制经济共同发展"，但是现在民营企业解决了就业的 70% 以上，解决税收、出口等也是五六成，这个"公有制为主体"会做修改吗？

张卓元：关于这个"公有制为主体"，工商联的同志曾经开过几次座谈会讨论这个问题。但是我估计十八大要改变"公有制为主体"的提法很困难。另外我认为十五大提出的"公有制为主体"给的定义，是不影响多种所有制的共同发展的。

因为十五大给"公有制为主体"的定义有三条：第一是公有资产在社会总资产中占优势；第二是国有经济控制国民经济命脉；第三是对经济发展起主导作用。

这三条"公有制为主体"的定义没有问题，现在都还可以这么说，给民营经济的发展留下了很大的空间。

所谓公有资产占优势，就我们现在城市的土地，农村集体的土地，还有自然资源的资产，还有国有企业和国有单位的经营性资产和非经营性资产，公有资产占优势没有问题，国有经济控制国民经济命脉也没有问题，国有经济强大得很，其主导作用也没有问题。

民营经济对 GDP 贡献率超过 50% 那没有关系，因为当时在十五大给"公有制为主体"定义的时候没有说"公有经济对 GDP 的贡献占 50% 以上"这一条。

所以在上面这三条下，多种所有制经济平等发展、共同竞争是没有问题的。

《21 世纪》：我们注意到，在西方军火生产私人也可以去做，所以，在新的时期，到底哪些是命脉，只能国有企业可以做，私营企业不能做？

张卓元：1999 年十五届四中全会有明确定义，国有经济需要控制的行业和领域主要包括：第一个是涉及国家安全的行业，第二个是自然垄断的行业，第三个是提供重要公共产品和服务的行业，第四个是支柱产业和高新技术产业中的重要骨干企业。

当时提出，其他行业和领域，可以通过资产重组和结构调整，集中力量，加强重点，提高国有经济的整体素质。

所以说，当时已经明确了国有经济需要控制行业的四个方面，现在问题是，在明确的这四个方面你要不要去超越。比如说房地产业是不是支柱产业还有待考虑。

它只是要求支柱产业里重要的骨干企业为国有企业，并不是要求所有的企业都是国有企业。像国家电网，是自然垄断，因为它可以保证用电安全，这也是很重要的。

像石油开采主要是资源问题，是资源垄断性的，和自然垄断不完全一样，现在没完全放开，以后发展到一定程度以后引入竞争应该是没有问题的。

《21 世纪》：未来改革重点你认为还有哪些？

张卓元：核心还是要处理好政府与市场的关系，现在政府太强势了，控制的资源过多，在经济发展中起的主导性作用过大，市场对资源配置的基础作用不能更充分地更好地发挥。

（原载《21 世纪报道》2012 年 10 月 29 日）

记酝酿经济改革重要思想的专家会

改革开放至今,我国最重大的经济制度创新有三件:一件是改革开放初期农村实行家庭联产承包责任制,使农业生产迅速恢复和发展,快速改变了新中国成立三十年来农产品全面紧缺、限量供应的局面。另一件是1992年确立社会主义市场经济体制改革目标,为此后经济高速增长提供了稳定的制度安排。第三件是2001年年底加入世界贸易组织,使中国加快融入经济全球化进程并从中受益。

在这三项制度创新中,第二项不仅处于中间时段,而且相对更具全局性、战略性和根本性,因而更显重要。在这项制度创新中,有一件事非常值得重视,就是1991年10月至12月中央主持召开了11次专家座谈会(每次半天),酝酿了社会主义市场经济体制改革目标确立过程中的一些重要思想。我是这11次会议的参加者,虽然已经过去二十多年,但有些情况仍然记忆犹新。

一 会议背景和座谈会设计

1991年8月初,中央就开始酝酿召开若干次座谈会,对一些重大经济问题进行系统研究和讨论,主要目的是为次年召开的党的十四大经济体制和政策纲领提法进行酝酿、听取意见。时任总书记的江泽民同志找了一些对经济体制和经济政策有研究的同志(如吴敬琏、周小川)谈话,请他们作准备。

事实上,早在改革开放初期,中央就提出要在经济管理体制中利用市场调节,尊重价值规律的作用。1982年,党的十二大明确提出"计划经济为主、市场调节为辅"的指导方针;十二届三中全会进一步提出社会主义经济是"公有制基础上的有计划的商品经济",使大家的认识跨越了一大步。到了 1987 年，党的十三大提出，社会主义有计划的商品经济体制，应该是计划与市场内在统一的体制，计划和市场的作用、范围都是覆盖全社会的，新的经济运行机制总体上说应当是"国家调节市场，市场引导企业"的机制。

1989 年，一些经济学家和经济工作者对前一段"市场取向"改革产生了怀疑，有人甚至提出要回到计划经济体制；但是，另一些经济学家则认为应当坚持"市场取向"改革，主张实行有宏观管理的市场经济体制。

上述争论在 1990 年和 1991 年比较激烈，报刊也发表了一些表达不同观点的文章。更好地坚持党的十一届三中全会改革开放路线，凝聚改革共识，一项重要工作就是召开专家座谈会，为党的十四大提出具有前瞻性、现实可行的方案与构想，特别是在以什么样的经济体制作为经济改革目标、计划与市场的关系应作何表述等方面，广泛听取有关专家的意见。

参加 11 次座谈会的专家大部分是经济学家，其中有中国社会科学院的刘国光、蒋一苇、李琮、陈东琪、张卓元，国务院发展研究中心的吴敬琏、王慧炯、林毅夫，国家体改委的杨启先、傅丰祥、江春泽，中国银行的周小川，国家计委的郭树清，以及外交部、安全部、中联部的专家等，总共不到 20 人。每次会议均由江泽民同志主持，一些中央领导同志也出席其中一些会议。

在一开始主持会议时，江泽民同志就明确指出，座谈会是内部研究，主要是听取大家意见，不作结论。会议充满了自由讨论的气氛，与会者没有桌签，专家到会议室后自由选座位，发言顺序也不预定，多数专家不是念事先准备好的发言稿，而是敞开思想着重讲自己的意见；也有即兴发言的，但一般要求会后提供书面发言稿。

座谈会讨论的问题：第一个是分析资本主义为什么"垂而不死"，其体制机制和政策有哪些值得我们借鉴。第二个是对苏联和东欧国家的剧变进行分析，研究是什么因素导致苏东各国经济和社会发展出现停滞和危机，以致发生解体和剧变。在对这两个问题进行深入分析的基础上，专家们解放思想，对我国如何进一步推进改革开放的重大问题进行研讨。

二　座谈会的主要成果

总体看，11 次座谈会的最主要成果是酝酿了"社会主义市场经济体制"的倾向性提法，同时对这一重要提法给出两点解释：一是市场在资源配置中发挥基础性作用，二是市场是有国家宏观调控而不是放任自流的。这就为江泽民同志 1992 年 6 月 9 日在中央党校的讲话和 1992 年 10 月党的十四大确立社会主义市场经济体制改革的目标提供了重要的理论准备。

提出社会主义市场经济体制这一重要提法，是认真研究资本主义"垂而不死"和苏东剧变的逻辑结果。一些专家提出，从许多国家经济发展实践看，由市场配置资源是比较有效率的，是比由计划配置资源有效的。1929 年世界经济危机后，主要资本主义国家纷纷借鉴社会主义国家搞计划经济经验对宏观经济进行调节，重视保持宏观经济的稳定运行，改善工人福利缓和阶级矛盾，推动科技进步，使现代资本主义经济制度仍然能够容纳生产力的发展，并且在与实行传统社会主义经济体制的国家竞赛中占了上风。因此，中国社会主义制度要在资本主义包围中站稳脚跟，要在经济和技术上追赶发达资本主义国家，就要大胆借鉴资本主义国家由市场配置资源的做法，使有限的资源得到高效利用，同时实行宏观调控，努力使整个国民经济稳定高速健康发展。

提出社会主义市场经济体制这一重要提法，更是总结我国改革开放成功经验的必然结果。1978 年年底实行改革开放后，由于推行农业联产承包责任制，承认农民是独立的商品生产者和经营者，同时大幅度提高农产品收购价格（1979 年提高 25%），大大调动了农民生产积极性，农业迅速增产，农产品供应大量增加。20 世纪 80 年代，国家又逐步放开了农副产品、工业消费品和部分工业生产资料等价格，结果"放到哪里、活到哪里"，市场迅速繁荣和扩大，各种各样的商品琳琅满目，长期凭票供应的商品越来越少直至完全取消，老百姓充分感受到了"市场机制"的神奇魔力，切身体会到改革开放给大家带来了真正的实惠，从而拥护改革、支持改革。因此，与会专家一致认为，既然"市场取向"改革能够有力地推动经济的快速增长和市场繁荣，能够不断提高人民群众的生活水平和质量，我们就要坚持它、发展它，而不能倒退。

1992 年 6 月 9 日，江泽民同志在中央党校对省部级主要领导干部发表重要讲话，系统回顾了党的十一届三中全会以来各方面对计划与市场的关系的认识与发展，表示他"倾向于使用'社会主义市场经济体制'这个提法"。在征求意见中，这个提法也得到了普遍赞同。同年 10 月，党的十四大报告指出："实践的发展和认识的深化，要求我们明确提出，我国经济体制改革的目标是建立社会主义市场经济体制，以利于进一步解放和发展生产力。""我们要建立的社会主义市场经济体制，就是要使市场在社会主义国家宏观调控下对资源配置起基础性作用，使经济活动遵循价值规律的要求，适应供求关系的变化；通过价格杠杆和竞争机制的功能，把资源配置到效益较好的环节中去，并给企业以压力和动力，实现优胜劣汰；运用市场对各种经济信号反应比较灵敏的优点，促进生产和需求的及时协调。"

可见，11 次专家座谈会对于中央拿定主意提出社会主义市场经济体制的改革目标发挥了重要作用。当然，1992 年年初邓小平同志的"南方谈话"起了关键性作用。他指出："计划多一点还是市场多一点，不是社会主义与资本主义的本质区别。计划经济不等于社会主义，资本主义也有计划；市场经济不等于资本主义，社会主义也有市场。计划和市场都是经济手段。"

三　几点粗浅体会

作为 11 次座谈会的与会专家，我有三点体会。

首先，座谈会为我国明确社会主义市场经济体制是经济体制改革的目标模式起到了重要作用。回顾 1991 年秋冬，经济学界怀疑社会主义市场经济体制的大有人在，报刊上常可以看到不赞成搞社会主义市场经济体制的文章。可以说，这 11 次座谈会最重要的意义就是为中央下决心确立社会主义市场经济体制改革目标提供了必要的智力支持，促成了党的十四大明确经济体制改革目标模式，并使此后社会主义市场经济理论成为我国经济学界的主流观点。大部分原来对社会主义市场经济理论表示疑虑的经济学家，也转而公开表示接受十四大的决定。

其次，座谈会上中央领导的插话和专家发言，为 1993 年党的十四届三中全会《关于建立社会主义市场经济体制若干问题的决定》（俗称"50条"）的诞生提供了许多重要观点和素材。"50 条"，被认为是我国市场化改革过程中一个很好的顶层设计，其中关于社会主义市场经济体制五大支柱至今仍然有很强的指导意义。"50 条"指出："必须坚持以公有制为主体、多种经济成分共同发展的方针，进一步转换国有企业经营机制，建立适应市场经济要求，产权清晰、权责明确、政企分开、管理科学的现代企业制度；建立全国统一开放的市场体系，实现城乡市场紧密结合，国内市场与国际市场相互衔接，促进资源的优化配置；转变政府管理经济的职能，建立以间接手段为主的完善的宏观调控体系，保证国民经济的健康运行；建立以按劳分配为主体，效率优先、兼顾公平的收入分配制度，鼓励一部分地区一部分人先富起来，走共同富裕的道路；建立多层次的社会保障制度，为城乡居民提供同我国国情相适应的社会保障，促进经济发展和社会稳定。这些主要环节是相互联系和相互制约的有机整体，构成社会主义市场经济体制的基本框架。"

显然，座谈会上的一些思想体现于"50 条"之中。比如，既要利用外资，也要发展国内多种经济形式；要试点搞股份制，找几个大的企业试一试；扩大对外开放，敢于利用外资包括世界银行贷款，发展对外贸易，多搞外贸信贷；尊重人才，重视科技进步；加强和完善宏观经济调控，等等。

最后，从研究经济思想史的角度，披露 11 次专家座谈会的内容可以更充分地说明社会主义市场经济体制改革目标确立的过程和根据。我过去写的或主编的一些论著，对于"为什么确立社会主义市场经济体制改革目标"多归结为两点：一是 1991 年、1992 年有经济学家主张把社会主义市场经济体制作为改革的目标，二是邓小平同志"南方谈话"的推动。这两点虽然没有错，但没有全面、完整地说明社会主义市场经济体制改革目标确立的过程。现在看来，正是 1991 年 11 次座谈会，与会专家基本上形成了社会主义市场经济体制可以作为改革目标的共识，形成了对这一新体制的两点解释或要点的共识，才为提出社会主义市场经济体制改革目标作了理论准备和思想准备。

今年是我国社会主义市场经济体制改革目标确立二十周年。回顾 1991 年召开的 11 次专家座谈会，目的是增强社会主义市场经济体制改革目标确立的丰富内容和真实性，也是全面客观研究经济思想史非常需要和必不可少的。

（原载《前线》2012 年第 11 期）

不失时机深化重要领域改革[*]

2012 年 11 月 8 日，备受外界关注、决定中国未来发展路向的中共十八大在北京人民大会堂开幕了。

深秋的京城，天高云淡，秋日照射在车水马龙的长安街上，映照出一派繁忙、喧腾的景象。十八大开幕当天下午，我们如约来到位于长安街上建国门的中国社会科学院，采访了曾参与中共十五大、十六大和十七大大会报告起草的著名经济学家、中国社会科学院学部委员张卓元。

这位中国经济改革理论和政策制定的参与者和见证者，虽年过古稀，仍忙于参加各种学术活动。他思路异常清晰，说话字斟句酌。刚一落座，他就拿出刚刚打印出来的胡锦涛总书记在开幕式上所作的报告，用略带广东客家人口音的普通话，用过去曾参与过报告起草资深专家的视角，向记者解读了这份谋划全面建成小康社会、着力完善社会主义市场经济体制的行动纲领。

"报告首次提出了全面建成小康社会的两个'翻一番'的新指标，这也向外界传递出这样的信号：未来中国更加重视经济发展质量、更加注重改善百姓生活。"张卓元对记者说，从指标看，我们完全有能力实现这个目标，目标设定是合理的。不过，他提醒，"要如期全面建成小康社会，任务十分艰巨"。

他还说，十八大报告强调"科学发展观是党必须长期坚持的指导思想，必须把科学发展观贯彻到我国现代化建设全过程、体现到党的建设各方面"。这是十八大报告的最大亮点。

毋庸讳言，我国持续 30 多年的快速发展，也积累了诸多矛盾、问题和挑战，譬如粗放型传统经济发展方式难以为继、贫富差距拉大、生态环境

---

[*] 《经济导报》记者为庄字辉、何凡。

恶化、腐败现象滋生、群体性事件多发，等等。"十七大以来的实践充分证明，科学发展观为我们解决复杂的国际国内矛盾、应对各种风险和挑战提供了强大的理论武器"，他强调。

一　两个"翻一番"新指标，向外界传递出这样信号：未来中国更加重视经济发展质量、更加注重改善百姓生活

《经济导报》：针对 2020 年全面建成小康社会的目标，中共十八大报告中首次提出"实现国内生产总值和城乡居民人均收入比 2010 年翻一番"两个新指标。舆论认为这是十八大报告的一大亮点。您曾经参与十五大、十六大和十七大报告的起草工作，请您谈谈这两个"翻一番"的新指标是怎么提出的？意味着什么？

张卓元：十六大、十七大时，我当时在报告起草组的经济组，十六大的时候，中央提出建设小康社会的经济指标是在 2020 年国内生产总值（GDP）比 2000 年翻两番。十七大的时候，要求提高了，要求到 2020 年的人均 GDP 比 2000 年翻两番，而且还要降低消耗，节约资源，转变经济发展方式。

现在，十八大报告关于全面建成小康社会的目标更高，标准更严了，要求 2020 年"实现国内生产总值和城乡居民人均收入比 2010 年翻一番"这两个新指标还要求，经济持续健康发展，人民民主不断扩大，文化软实力显著增强，人民生活水平全面提高，资源节约型、环境友好型社会建设取得重大进展。

那么，最引人注目的这两个"翻一番"的新指标是怎么提出来的？

2000—2010 年，我国经济高速增长，特别是十六大以来，年均经济增速超过 10%，到 2010 年时，GDP 就比 2000 年增长了 1.7 倍，人均 GDP 也增长 1.5 倍。按这样的发展态势，十七大提出的"2020 年的人均 GDP 要比 2000 年翻两番"的小康社会目标，轻而易举就可以实现了！即今后 9 年每年维持人均 GDP 增长率 4.5% 就够了。

于是，经过充分调研、论证中共中央决定，十八大报告首次提出了全

面建成小康社会的两个"翻一番"的新指标。这也向外界传递出这样的信号：未来中国更加重视经济发展质量、更加注重改善百姓生活。

《经济导报》：那么，您认为这两个"翻一番"的指标能否如期实现、怎么实现？

张卓元：我们先来算笔账：要实现两个"翻一番"的目标，未来八年，只要经济年均增速达到7%左右就可实现GDP翻一番目标，考虑到人口增长因素，要实现人均收入翻一番的目标，对经济发展要求会更高一些，特别是要完善国民收入的分配结构。粗略测算GDP年均增速和人均收入年均增速7%左右即可。

从指标看，我们完全有能力实现这个目标，目标设定是合理的。

为什么？因为，我国经济发展的动力和潜力都还很大，这也充分考虑了未来一段时间我国经济增长和老百姓生活改善的新格局。国家正在推进新型工业化、信息化、城镇化、农业现代化，深化经济体制改革，加快转变经济发展方式，实施创新驱动发展战略，我国仍处于重要战略机遇期，经济增长的潜力、空间还很大，GDP年均增速7%左右是可以实现的。至于城乡人均收入，我国人均收入起点比较低，增收潜力很大，特别是十八大报告中明确提出要千方百计增加居民收入，着力调整收入分配关系。像日本在上世纪六十年代提出并实现了国民收入倍增计划，我国现在更有条件实现人均收入年均增速7%左右的预期指标。所以，我相信，经过努力，两个"翻一番"目标是完全可以实现的，做好了，还会比预期目标完成得稍微多一点。

当然，要如期实现全面建成小康社会的目标，任务十分艰巨。因为，不仅要完成两个"翻一番"目标，还要实现：经济持续健康发展，人民民主不断扩大，文化软实力显著增强，人民生活水平全面提高，资源节约型、环境友好型社会建设取得重大进展。因此，诚如胡锦涛总书记在报告中强调的，"全面建成小康社会，必须以更大的政治勇气和智慧，不失时机深化重要领域改革，坚决破除一切妨碍科学发展的思想观念和体制机制弊端，构建系统完备、科学规范、运行有效的制度体系，使各方面制度更加成熟更加定型"。

二 十八大后,最关键的仍然是毫不动摇地坚持 社会主义市场经济体制改革方向,不失 时机地推进重要领域和关键环节改革

《经济导报》:十八大报告强调要加快完善社会义市场经济体制,我们对照到 2020 年建成完善的社会主义市场经济体制的目标,眼下一些重点领域和关键环节的改革还不到位。您是中国市场经济体制改革 20 年的建言者和参与者,在您看来,十八大后,新一届政府为完善市场经济体制应首先着力推动哪些方面的改革攻坚?

张卓元:社会主义市场经济体制的完善是当前和今后一段时期的重大任务。对照到 2020 年建成完善的社会主义市场经济体制的目标,我们要毫不动摇地坚持社会主义市场经济的改革方向,不失时机地推进重要领域和关键环节改革。我认为,当前和今后一段时期改革攻坚的着力点主要有三个方面:一个是政府职能转变和行政管理体制改革,二是垄断行业的改革,三是收入分配制度的改革。

转变政府职能是转变经济发展方式的关键,政府职能转变的滞后影响了整个社会主义市场经济体制的完善,未来必须在加快政府职能转变上取得新的突破,把政府职能转变和行政管理体制改革放到更加突出的位置。要加快推进政企分开,减少政府对微观经济活动的干预,加快建设法治政府和服务型政府。

当前政府"越位"的问题太大了,政府主导资源配置,政府出面招商引资,政府过深地介入经济,由此带来了一系列问题,容易造成"权贵"市场经济。而政府的经济调节、市场监管、公共服务、社会管理则"不到位"。政府太强势了,控制的资源过多,在经济发展中起的主导性作用过大,现在有些地方政府就是主导经济和追求短期内 GDP 的最大化,粗放扩张,建设了不少高耗能高污染低技术的企业,市场对资源配置的基础性作用不能更充分更好地发挥。这样经济发展方式很难转变。因此,十八大报告强调,"经济体制改革的核心问题是处理好政府和市场的关系,必须更加尊重市场规律、更好发挥政府作用"。必须进一步调整政府和市场、政府与

公民、政府与社会组织的关系。政府要有所为，有所不为，做好自己该做的事，而不要越俎代庖。政府和市场的界限要分清，经济发展的主体在企业，凡市场能有效做好的就交由市场去做。政府应主要做好经济调节、市场监管、社会管理和公共服务，特别是致力于创造并维护一个良好的市场环境。政府应是一个公正的裁判员，而非集裁判员和运动员于一身。

垄断行业的改革，已成为一个久拖不决、亟待突破的方面。垄断行业改革的进展如何，直接影响着公平市场秩序的建立和整个经济社会健康发展特别是实体经济发展的成效。垄断行业的改革最重要的是放开市场准入，引入新的厂商，让民间企业、外资企业进来参与竞争，这样才能提高效率。因此，十八大报告表示，"保证各种所有制经济依法平等使用生产要素、公平参与市场竞争、同等受到法律保护"。垄断行业的改革目前最大的难题是垄断行业自己有利益在那里。因此，亟须加快垄断行业的改革，打破垄断、放开准入、公平竞争、高效服务，激发非公有制经济的动力和活力。

转变政府职能是转变经济发展方式的关键，政府职能转变的滞后影响了整个社会主义市场经济体制的完善，未来必须在加快政府职能转变上取得新的突破，把政府职能转变和行政管理体制改革放到更加突出的位置。

三　改革重点是缩小收入差距：加大提高低收入者收入的力度，着力扩大中等收入群体，适当限制高收人群体收入的增长

《经济导报》：您刚才谈到收入分配制度改革也是今后一段时期改革攻坚的着力点，收入分配与百姓切身利益密切相关，十八大报告提出要千方百计增加居民收入、深化收入分配制度改革，那么，改革将会给民众带来哪些实惠？改革的重点、难点在哪里？

张卓元：收入分配制度改革，直接牵涉到每个人的利益，问题已经积累多年了，百姓高度关注是可以理解的。收入分配制度的改革现在面临着基本收入差距过大，灰色收入、以权谋私造成了收入差距更大，"基尼系数"高达0.5，我国收入差距已超过国际公认的警戒线。收入分配问题既是经济问题也是社会问题。

应该说，为了普遍增加居民收入，缓解社会矛盾，这几年中央政府在收入分配方面也采取了一些举措。首先，这几年中西部经济增速已经逐渐赶上或超过东部，区域性差异有一定缩小。其次，中央决定将财政支出向三农和民生方面倾斜，逐步实现基本公共服务均等化。这些也将有助于缩小收入差距。另外，在社会保障制度方面也有了较大改善，比如在医疗、养老方面，现在不少地区农村的老人每月能领取 65 元或更多的养老金。

为回应民众的新期待，十八大报告在重申了收入分配改革政策的同时明确提出：要千方百计增加居民收入，必须深化收入分配制度改革。改革的重点是如何缩小收入差距：加大提高低收入者收入的力度，着力扩大中等收入群体，适当限制高收入群体收入的增长，使"基尼系数"逐步降下来。逐步形成中等收入者占多数的"橄榄形"分配格局。

可以预见，未来几年，国家会加大对民生领域的投入，积极推动城乡基本公共服务均等化；以高校毕业生、农村转移劳动力和城镇就业困难人员为重点服务对象，实施更加积极的就业政策；建立健全职工工资的正常增长机制，严格执行最低工资制度。国家还会加强对垄断行业工资总额和工资水平的双重调控，严格规范国有企业和金融机构等高管人员薪酬管理；促进农民持续增收；规范收入分配秩序，增加收入分配的透明度；加大税收对收入差距的调节力度，切实减轻中低收入者税收负担。值得一提的是，温家宝总理今年春天在"两会"记者招待会上承诺的"收入分配体制改革总体方案"，现在正在紧锣密鼓地抓紧研究制订，很快就要出台了。

当前，收入分配改革的难点是，如何理顺社会分配关系，特别是如何通过加强规制，理顺垄断行业和非垄断行业的收入分配关系，在推进城镇化过程中理顺城乡收入分配关系，推进工资集体协商谈判，理顺资本所有者、经理层与一般职工的收入分配关系。

四　十八届三中全会或将对完善市场经济体制进行详细设计

《经济导报》：您从 1993 年的十四届三中全会起就参与有关社会主义市场经济体制的建立和完善的文件的起草工作，为了到 2020 年建成完善的社会主义市场经济体制，您是否认为中央应该尽快作出整体的设计和具体的部署？

张卓元：到2020年，我们要建成完善的社会主义市场经济体制。对于如何完善社会主义市场经济体制及如何实现这一目标的详细的经济体制改革设计，估计将在2013年的十八届三中全会上才能做出，就像十四届三中全会和十六届三中全会所作的一样。

要把一切成功的有效的改革经验和做法及时上升为法律，以便更好地指导改革、推进改革。逐步把改革和发展纳入法治轨道，使社会主义市场经济法治化。只有这样，才能避免使社会主义市场经济蜕变为"权贵资本主义"或"坏的"市场经济。

五　力主中央加强对改革的领导和推动，做好"顶层设计"和总体规划

《经济导报》：随着十八大的召开，中国的改革再一次走到一个历史节点上。如果说，过去三十多年，中国改革的动力多是自下而上的。那么，您认为，十八大开启的改革是否更多的是自上而下进行，是否需要一张"改革路线图"？

张卓元：中国经济体制改革是渐进式改革，渐进式改革虽然能够平稳推进，但就是很容易形成既得利益群体。既得利益群体原来可能是积极参与改革的，可是当它有了既得利益，变成改革对象的时候，它就容易变成改革的阻力了。中国经济经过三十多年的发展，已经形成了一些既得利益群体。

当前经济改革的主题是完善社会主义市场经济体制，正处于改革的攻坚阶段。之所以是攻坚，主要是改革涉及某些既得利益者和一些权力部门与政府官员的利益，有些改革会受到某些既得利益者的阻挠。比如，要改革审批体制，就触及原来有审批权力的部门和人的利益，困难重重。要推进垄断行业改革，放宽市场准入，必然会遇到垄断行业既得利益者的阻挠和抵抗。改革改到自己头上来了，总会感到不舒服的。既得利益固化后，更难放弃。中国社会进入到利益格局调整的关键阶段，市场化改革进入深水区、胶着期、关键期。

因此，我力主中央加强对改革的领导和推动，进一步凝聚改革共识，做好"顶层设计"和总体规划，加强对改革的总体指导和统筹协调，同时也要尊重群众的首创精神，充分吸收群众的好经验好做法好建议，然后由中央来全力推动，以更大的决心和力度由上而下强力推进改革，不让部门、地区利益和少数既得利益者左右改革方案和进程，使改革受到扭曲，或者半途而废，一定要做到2020年建成完善的社会主义市场经济体制。

（原载《经济导报》2012年第11期）

未来十年政府改革是关键

张卓元教授是最近 20 年来中国重要经济政策制定的参与者和见证者。作为中国当代著名经济学家，他先后参与了中共十五大、十六大、十七大报告和中共十四届三中全会通过的《中共中央关于建立社会主义市场经济体制若干问题的决定》、中共十六届三中全会作出的《关于完善社会主义市场经济体制若干问题的决定》等重要文件的起草工作，还参与了中央"十五"计划、"十一五"规划建议的起草工作。

近日，在接受财新《中国改革》记者专访时，张卓元教授回顾了自改革开放尤其是中共十四大以来，中共历届党代表大会在经济改革理论和实践上的重大创新和突破，并对即将召开的十八大作了前瞻性分析，对十八大之后如何继续推动中国经济实现科学发展提出了自己的建议。

一 从十二大到十七大，市场取向的改革共识不断拓展和深化

通过逐步推动市场化、城镇化、工业化、信息化、全球化发展，最终实现现代化。

财新《中国改革》：你曾多次参与中共代表大会报告和中央重要文件的起草工作，请你对改革开放以来历次党代会作一下回顾和梳理，这些会议在经济改革理论上都有哪些创新和突破？

张卓元：我主要从经济改革方面来谈。纵观改革开放以来的历次党代表大会报告，总体而言，呈现社会主义市场经济取向的改革共识逐渐拓展和深化的过程。党的十二大在经济领域确立了"计划经济为主、市场调节为辅"的总方针，这较之以往纯粹的计划经济是一个重大突破，毕竟把市场调节纳入总方针了。十二届三中全会进一步明确社会主义经济是"公有

制基础上的有计划的商品经济"。这又是一个重大突破。党的十三大对如何完善社会主义商品经济体制进行了探索，提出了"国家调节市场，市场引导企业"的新的经济运行机制。

从1989年下半年到1991年，这种市场导向的改革趋势曾稍有过迟疑、徘徊和反复。但总的看，改革开放以来仍是一个市场取向和市场机制不断扩大的过程。

1991年10月至12月间，时任中共中央总书记的江泽民同志主持召开了11次专家座谈会，就将于第二年召开的中共十四大上"经济体制改革目标如何确定"、"计划与市场的关系如何表述"等重大问题听取经济学家等的意见。我参加了这11次座谈会。当时，大家一致的意见还是改革开放只能前进，不能倒退，取得了建立社会主义市场经济体制的共识。这个社会主义市场经济体制有两重含义，一是市场在资源配置中发挥基础性作用，二是这样的市场是有国家宏观调控而非放任自流的。

1992年春，邓小平同志发表一系列南方谈话，指出计划经济不等于社会主义，市场经济也不等于资本主义。

1992年6月9日，江泽民同志在中央党校讲话中表示，他自己倾向于"建立社会主义市场经济体制"这个提法。

在这些力量的推动下，同年10月召开的中共十四大就把"建立社会主义市场经济体制"明确为改革目标。

1993年召开的中共十四届三中全会出台《中共中央关于建立社会主义市场经济体制若干问题的决定》，进一步明确了社会主义市场经济体制的内涵、基本框架和构成要素。该《决定》提出了支撑社会主义市场经济体制的"五根支柱"，明确了以公有制为主体、多种经济成分共同发展，国企改革的方向是建立"产权清晰、权责明确、政企分开、管理科学"的现代企业制度；建立统一开放的市场体系；转变政府管理经济的职能，政府宏观调控应以间接手段为主；以按劳分配为主体，鼓励一部分地区一部分人先富起来，走共同富裕的道路；建立多层次的适合中国国情的社会保障体系。

我认为，这是一个很好的"顶层设计"，到现在还是适用的，譬如国企改革、社保体系建设等，到现在也还有待大力推进。

到1994年，中央推行了分税制改革，逐渐规范税制。

1997 年召开的中共十五大有很多贡献。一是提出对国有经济实施战略性调整，国有经济应该有进有退。国有经济主要是控制国民经济命脉，可以从一般竞争性领域退出来。十五届四中全会进一步提出"抓大放中小"，把国有中小企业都放开搞活。二是公有制有多种实现形式，股份制是一种较好的企业组织形式。三是提出依法治国。四是进一步明确了社会主义初级阶段的基本路线和纲领，在分配方面，坚持以按劳分配为主体、多种分配方式并存的制度。

2001 年，中国加入世界贸易组织，这是中国经济融入世界进程的一个重要里程碑。

2002 年召开的十六大是一次换届的大会。十六大的最大特色是提出了到 2020 年全面建设小康社会的目标。在经济体制改革方面，十六大提出，要到 2020 年建成完善的社会主义市场经济体制。要深化国有资产管理体制改革。即在坚持国家所有的前提下，充分发挥中央和地方两个积极性。国家要制定法律法规，建立中央政府和地方政府分别代表国家履行出资人职责，享有所有者权益，权利、义务和责任相统一，管资产和管人、管事相结合的国有资产管理体制。中央政府和省、市（地）两级地方政府设立国有资产管理机构。十六大还提出，要"走新型工业化道路，大力实施科教兴国战略和可持续发展战略"等。

我认为，比较重要的还有 2003 年召开的中共十六届三中全会及其做出的《关于完善社会主义市场经济体制若干问题的决定》。该《决定》首次提出了科学发展观，提出了"五个统筹"，即按照统筹城乡发展、统筹区域发展、统筹经济社会发展、统筹人与自然和谐发展、统筹国内发展和对外开放的要求，更大程度发挥市场在资源配置中的基础性作用，增强企业活力和竞争力，健全国家宏观调控，完善政府社会管理和公共服务职能，为全国建设小康社会提供强有力的体制保障。

这是基于新世纪以来中国在城乡、区域、经济社会、人与自然（即资源环境）、国内国外市场等五个方面发展已不均衡的状态而提出来的。这是以"以人为本，全面、协调、可持续发展"为内核的科学发展观的重要内容。

"五个统筹"看起来针对的是发展问题，实际上指向的也是改革问题，因为所有这些统筹，都需要通过制度革新来实现。

十六届三中全会还提出，股份制是公有制的主要实现方式；要建立现代产权制度，保护产权；加快对垄断行业的改革等。

值得一提的是，2005 年召开的十六届五中全会提出加快推进行政体制改革，转变政府职能。

2007 年召开的十七大，最主要的贡献是由胡锦涛总书记阐述了科学发展观。十六届三中全会只是提出了科学发展观，但未详述，十七大上，胡锦涛同志对此充分展开阐述。十七大还提出建设和谐社会，继续深化其他方面的改革。

总的来看，每次会议，都是在不同的发展阶段，根据当时的形势，有针对性地提出与之相适应的发展战略。这些会议的主线，就是通过逐步推动中国的市场化、城镇化、工业化、信息化、全球化发展，最终实现现代化。

二 党代会报告是如何炼成的

报告的形成历时十月，一般要经过二三十次的反复修订。

财新《中国改革》：根据你的经历，党代会报告起草组规模有多大？由哪些成员组成？起草周期有多长？起草程序是怎样的？

张卓元：据我所知，十四届三中全会报告起草组有 20 多人，起草组组长由中央领导同志担任，下面分设几个小组，我在市场组。此后，起草组规模越来越大。十五大报告起草组有近四十人，我在经济组；十六大报告起草组有四五十人；十七大报告起草组有 50 多人。

起草组成员一般来自中共中央政研室、中宣部、中组部、统战部、国家发改委、国务院发展研究中心、中国社会科学院、中共中央党校等机构，还有来自地方的高级干部。

起草组一般在岁尾年初开始工作，工作时间大概十个月。

十五大、十六大、十七大报告的起草组成立时，先由时任总书记讲话，提出总的指导思想和要求，一般是最主要的战略的主导思想（比如，以邓小平理论为指导，以改革开放为主调，等等）。然后，起草组开始拟出提纲。

　　记得在草拟十六大报告提纲时，对于新世纪头 20 年是以全面建设小康社会为主要目标，还是以加快实现现代化为主要目标，起草组内部有不同意见。经充分讨论，大多数人还是觉得前一个提法比较务实。在讨论时，大家解放思想，不设框框，畅所欲言，一旦落实到文件，就变成全党的集体智慧，不再是个人思想。

　　在起草过程中，一般要向中央汇报多次。形成征求意见稿后，一般发给全国 100 多个省部级单位，征求领导干部的意见。然后对征集到的意见，一条一条讨论，决定是否吸收并修订。一般要经过二三十次修订。

　　党代表大会报告，还要经过中央全会和全体代表讨论并提出意见。按照这些意见，经过多次斟酌修改后，由代表大会通过。

三　未来十年，政府改革是关键

　　政府应特别致力于创造并维护一个良好的市场环境。

　　财新《中国改革》：十八大将于 11 月 8 日召开，你能否就其主旨做些前瞻性分析？你对十八大有何期望？

　　张卓元：我觉得，十八大以后，还是要着力推动两个《决定》（即十四届三中全会通过的《中共中央关于建立社会主义市场经济体制若干问题的决定》和十六届三中全会做出的《关于完善社会主义市场经济体制若干问题的决定》）的落实和完善，把改革置于更加突出的位置。这两个决定都是很好的顶层设计，关键是要推动落实。

　　到 2020 年，我们要力争建成完善的社会主义市场经济体制。关于如何完善社会主义市场经济体制及如何实现这一目标的详细的经济体制改革设计，估计将在 2013 年的十八届三中全会上才能做出，就像十四届三中全会和十六届三中全会所作的一样。

　　我觉得，今后中国经济发展要实现调结构、转方式，最重要的是推动政府改革、垄断行业改革和分配制度改革，其中，政府改革是关键。政府要有所为，有所不为，做好自己该做的事，而不要越俎代庖。政府和市场的界限要分清，凡市场能有效做好的就交由市场去做。政府应主要做好经济调节、市场监管、社会管理和公共服务，特别是致力于创造并维护一个良好的市场环境。政府应是一个公正的裁判员，而非集裁判员和运动员于一身。

目前，虽然中国的商品市场化发展起来了，但是，要素和服务领域的市场化还相对滞后，土地、劳动力、环境和资金等要素价格存在着一定程度的扭曲，制约着实体经济的发展。经济增长速度提高了，但能源、资源和环境对发展的制约也开始显现。在大家都重视"总量"问题的背景下，提升"质量"的要求日益迫切。民营经济搞起来了，但在诸多行业和领域阻碍和制约民营经济做大做强的垄断因素也不断凸显。适应社会主义市场经济要求的行政管理体制基本建立，但经济调节"越位"、市场监管"缺位"、社会管理"错位"以及公共服务"不到位"的问题依然存在。社会财富在飞速增长，但是，"蛋糕"的分配却不够合理，收入差距扩大的趋势并没有根本扭转，社会保障制度依然滞后于经济社会的发展。

鉴乎此，中国经济改革的关键在于：深化国企改革和打破行业垄断，这有赖于政企分开和政资分开；深化国有资产管理体制改革，有赖于政资分开和政事分开；建设现代化的统一开放的市场体系，有赖于打破地方政府的市场封锁和分割；深化要素和资源的市场化价格改革，有赖于放松和消除行政管理价格；建立公共财政体系，逐步实现基本公共服务均等化，有赖于强化政府社会管理和公共服务职能，加快服务型政府建设；完善现代金融体系，有赖于政府的有效监管和调节；要更好地发挥市场在资源配置中的基础性作用，有赖于政府不再充当资源配置的主角，加强和改善宏观调控，实施适当的宏观经济政策，使"看不见的手"和"看得见的手"有机结合起来。

要把一切成功的有效的改革经验和做法及时上升为法律，以便更好地指导改革、推进改革。逐步把改革和发展纳入法制轨道，使社会主义市场经济法制化。

四 保持7%左右的经济增速

关键是要又好又快发展，在好的前提下发展，不要追求太高速度。

财新《中国改革》：对中国经济能否像以往一样继续长期保持高增长态

势，在经济学家群体中有不同看法，有人乐观，有人悲观。你怎么看？

张卓元：目前，继续要求中国经济达到两位数增长，反而对改革不利。

旧的发展方式造成的资源匮乏、环境破坏、投资和消费失衡、民众收入水平提高过慢、最终需求不足、产能过剩等问题依然远未消除，我们实在不能继续走这条给我们带来巨大代价的盲目追求高增长的老路了，中国必须走良性发展的路子。经济增速不放缓，增长方式就很难转；要转变经济增长方式，就要适当放缓增长速度。

作为经济大国，中国若能保持7%左右的经济增速，已经算相当不错了。中国将7%左右的经济增速保持至2020年，应该不成问题，因为中国正处于工业化、城镇化发展阶段。关键是要又好又快发展，在好的前提下发展，不要追求太高速度。从长远看，高速度的代价很大，治理污染和恢复生态需要漫长的过程。

财新《中国改革》：除工业化和城镇化外，欲使中国经济保持7%左右的速度继续增长至2020年，还需要哪些支撑条件？

张卓元：技术创新很重要，但技术创新本身也需要改革体制。所以，关键在改革。

财新《中国改革》："转方式"需要哪些关键环节或要素做保障呢？

张卓元："转方式"的关键环节在于调整经济结构，落实"五个统筹"，深化垄断行业改革，加速技术进步，提高劳动生产率，摒弃高污染、高耗能的盲目投资。

五　需要顶层设计，更要顶层推动

特殊既得利益集团的力量很强大，若非顶层发力，则很难撼动。

财新《中国改革》：据媒体报道，十八大后，对一些有碍市场经济健康发展的权力部门将会实施改革。你觉得有无可能？

张卓元：估计这些改革将是十八届一中全会上组成新一届领导班子之后的事情，十八届二中全会可能会提出机构改革方案。对铁道部而言，是政企分开、打破垄断的问题。

由于这些权力部门的存在甚或强化，导致行政垄断未见削弱，反而扩张；不仅使国企改革进展缓慢，反而出现了局部领域"国进民退"的势头。这与市场化改革方向渐行渐远。

国企改革的关键在于政企分开、打破垄断。目前，一些国企最严重的问题就是行业垄断，而垄断行业的改革特别难，因为它形成了既得利益群体。

所以，尽管国务院先后两度推出"非公经济36条"，但由于垄断的高额利润诱惑和既得利益集团的势力强大，虽则有一些推进，但尚未取得实质性进展。因此，加快垄断行业改革的关键在于大力推行政府改革，切实转变政府职能。

财新《中国改革》：你曾经说过，在改革的问题上，需要顶层设计，更需要顶层推动。改革需要上下互动，形成合力。

张卓元：上下合力，有利于推动改革，但更关键的还是顶层。因为，既得利益集团的力量很强大，若非顶层发力，则很难撼动。当然，底下也得施加压力，使自下而上的压力与自上而下的改革力量形成合力。

实践证明，光有顶层设计，没有实际推动，设计最后往往都被束之高阁。现在唯一的办法就是由中央强有力地推动，才能打破既得利益集团的阻挠。

举个例子：1990年，我还在社科院财贸所工作的时候，各方面提出要对生产资料价格双轨制并轨，准备破除"计划内"和"计划外"的价格体制。到1990年底至1991年初的时候，"计划内"和"计划外"两种价格已经非常接近。以建材为例，两个价格有时候相差只有20%。

在大多数人都认为价格并为市场轨的条件已经出现的时候，物价局也与主管建材价格的部门协商，然而当时的主管部门以"一旦放开价格管制，将来市场必然动荡"为由不赞成并轨。最后，还是通过国务院颁布一个价格管理目录，未将建材价格列入政府管理的目录，才实现了建材价格的市场化并轨。

财新《中国改革》：如何打破僵局，把改革推向深入？转型时期，需要改革的方面又是如此之多，先从何处下手为宜？

张卓元：我想，改革不会成为"可遇而不可求"的事情，因为，危机会逼着你改革。形势发展到这一步，迫于压力，就不得不改革。形势比人强，它会逼着你走。譬如，中国经济发展到现在，不得不转方式，而要转方式，就必须深化改革，别无他途。

政府自己先要带头改革。这必然会牵连到政府官员自身的利益，故要有顶层设计，并由顶层以强有力措施推动之。

当下，中国社会进入利益格局调整的关键阶段，市场化改革进入深水区、胶着期和关键时期。中央应该加强对改革的领导和推动，更加重视对改革的顶层设计和总体规划，坚决防范改革方案和进程受到一些部门、地区利益集团和少数既得利益者的左右。同时，尤须强化对"顶层设计"的"顶层推动"和"顶层实施"。只有这样，深层次的改革才能顺利推进。

财新《中国改革》："薄熙来事件"警示人们，"文革"的土壤还在。要防止类似"文革"这样的灾难重现，执政党就必须强化防腐反腐的制度设计，就必须加强公民对公共权力的监督和制衡。你对于这样的制度设计有何建言？

张卓元：对中国当下而言，很重要的，是要走向法治。而且是良法之治，决不能走向恶法之治。市场经济一定要建立在良善法治的基础之上。

现在，许多良法和好政策往往得不到强有力的执行，一方面，"政令不出中南海"；另一方面，"歪嘴和尚"故意把"经"念歪。

官员财产公开是很有效的防腐反腐制度，却得不到实施。许多贪官案发以后，冒出那么多财产，令人触目惊心。这光靠网络监督是不够的，要全面加强监督制度建设，譬如推行官员财产公示制度。

（原载《中国改革》2012 年第 11 期）